Ludwig Duncker
Annette Scheunpflug
Klaudia Schultheis

Schulkindheit

Anthropologie des Lernens im Schulalter

Verlag W. Kohlhammer

© 2004 W. Kohlhammer GmbH Stuttgart
Umschlag: Gestaltungskonzept Peter Horlacher
Gesamtherstellung:
W. Kohlhammer Druckerei GmbH + Co. Stuttgart
Printed in Germany

ISBN 3-17-017412-6

Inhalt

Teil 2
Leiblichkeit als Dimension kindlicher Weltaneignung 93

**Leibphänomenologische und erfahrungstheoretische Aspekte
einer Anthropologie kindlichen Lernens**

Klaudia Schultheis

Zu diesem Buch

Im Prozess des lebenslangen Lernens kommt den verschiedenen Altersstufen eine unterschiedliche Bedeutung zu. Auch die Zeit der Schulkindheit ist eine Phase im Lebenslauf, die nicht ohne eine Klärung dessen verstanden werden kann, welchen Stellenwert das Lernen in ihr einnimmt. Wie der Begriff andeutet, spielt die Schule dabei eine so bedeutsame Rolle, dass sie dieser Phase, die immerhin etwa die Hälfte der Dauer der gesamten Kindheit einnimmt, eine eigene Bezeichnung – die „Schulkindheit" – geben kann. Die Schule beeinflusst und prägt das Lernen im Kindesalter in einer neuen Weise, so dass die Schulkindheit bezüglich der Formen und Inhalte des Lernens vom Vorschulalter deutlich unterscheidbar wird. So macht es Sinn, die Zeit der Schulkindheit in ihren spezifischen und für die Aneignung von Wirklichkeit typischen Ausprägungen des Lernens zu beschreiben und im Spiegel ausgewählter theoretischer Zugriffe zu untersuchen.

Dabei hängt es von den gewählten wissenschaftlichen Perspektiven ab, welche Erfahrungen und Fähigkeiten von Schulkindern in den Blick genommen und wie sie als Spezifika des Lernens im Schulalter thematisiert werden können. Die Wahl der Prämissen wird deshalb Rückwirkungen haben auf den Begriff von Kindheit selbst, wie er in den Netzen der Wissenschaft gleichsam „eingefangen" und sichtbar gemacht werden kann. Insofern wird Schulkindheit zu einem Paradigma, dessen Produktivität sich für das Verständnis des Aufwachsens in Kultur und Gesellschaft immer im Kontext der ausgewählten Perspektiven wird erweisen müssen.

Der Fokus anthropologischer Forschung

Wo Lernen in den Gesamtzusammenhang des Aufwachsens und Erwachsenwerdens hineingestellt und für die Ausformulierung eines Begriffs und Verständnisses von Kindheit erschlossen wird, ist das Feld pädagogisch-anthropologischer Forschung beschritten. Seit ihren frühen Wurzeln in der philosophischen Anthropologie und Kulturphilosophie hat sie sich immer auch der Frage gewidmet, welche Bedeutung dem Lernen als einer „Erweiterung des Sinnhorizonts" (Giel 2000) zukommt. Solche Sinnhorizonte versucht sie vor allem in den Artikulationen kindlicher Erfahrungen und Lebensäußerungen aufzuspüren. Was sich dabei in den historisch-epochalen und lebensgeschichtlich-biografischen Kontexten von Kindheit jeweils als Sinn ermitteln lässt, bleibt freilich rückgebunden an die wissenschaftlichen Verfahren und Beobachtungsweisen, die heute eine große Breite gewonnen haben. Sie reichen von rein interpretativen Verfahren der philosophischen und pädagogischen Hermeneutik über phänomenologische zu kulturvergleichenden Methoden, über die Einbeziehung qualitativer und quantitativer Studien der Erziehungs- und Sozialwissenschaften bis hin zu naturwissenschaftlichen Erkenntnisweisen. Ebenso vielfältig sind die theoretischen Bezüge, in denen anthropologische Fragestellungen ihren Rückhalt und ihre Vernetzung finden. Bildungstheorie und Kultursoziologie, Didaktik und Schultheorie,

Biologie und Sozialisationstheorie treten, um nur eine Auswahl zu nennen, als Bezugs-disziplinen in Erscheinung, wenn es darum geht, einzelne Aspekte oder Begründungs-zusammenhänge von Schulkindheit anzusprechen und aufzuklären.

Für das hier vorgelegte Buch werden drei Zugänge ausgewählt und als je eigenständig profilierbare, andererseits doch vielfältig ineinander verwobene und miteinander korre-spondierende Betrachtungsweisen vorgestellt:

- *Ludwig Duncker* unternimmt es in einem ersten Teil des Buches, Schulkindheit im Schnittfeld kulturtheoretischer und pädagogisch-anthropologischer Betrachtungen an-zusprechen. Dabei wird die Dialektik von Individuierung und Enkulturation in einer solchen Weise erschlossen, dass es möglich wird, Kulturaneignung als Bildungsprozess auszulegen.
- *Klaudia Schultheis* entfaltet im zweiten Teil eine Anthropologie des kindlichen Lernens im Schulalter. Aus der phänomenologischen Perspektive zeigt sich dabei die grund-legende Bedeutung der Leiblichkeit für das Lernen des Schulkindes. Die erfahrungs-theoretische Interpretation macht darüber hinaus deutlich, dass die Schule im Rahmen ihrer Bildungsaufgabe an die unmittelbare, leibliche Erfahrung des Kindes anschließen, diese aber auch weiterführen und transzendieren muss.
- *Annette Scheunpflug* formuliert im dritten Teil des Buches eine Anthropologie der Schulkindheit vor dem Hintergrund naturwissenschaftlicher Anthropologie. Sie nimmt Bezug auf Ergebnisse der Hirnforschung und der Verhaltensforschung; gleichzeitig werden diese Theorien aber auch im Hinblick auf ihre Leistungsfähigkeit für eine Anthropologie der Schulkindheit in den Blick genommen.

Zusammengenommen verstehen sich die drei Zugänge als Beiträge zu einer Anthropologie der Schulkindheit, die den *Aspekt des Lernens* in den Mittelpunkt stellt. Die grundlegende Frage nach einem tragfähigen Selbstverständnis von *Kindheit als Schulkindheit* wird des-halb als die Frage nach dem Sinn des Lernens rekonstruiert. Im Lernen, so könnte man die Ausführungen in diesem Buch etwas pointiert zusammenfassen, kommt sowohl der eigen-tätige kindliche Drang nach Weltaneignung und Erfahrungserwerb als auch das kulturelle und gesellschaftliche Interesse nach Tradierung und Erneuerung sowie nach Fortschrei-bung zum Ausdruck.

Der Bildungsanspruch des Lernens

Die anthropologische Perspektive erlaubt es, den in zahlreichen wissenschaftlichen Zu-sammenhängen erkennbaren Versuch, Lernen von vornherein in den Dienst gesellschaft-licher Verwertungsinteressen zu stellen, zu vermeiden und Lernprozesse auch aus sich selbst heraus verständlich zu machen. Es entspricht einer Grundüberzeugung der anthro-pologischen und insbesondere auch phänomenologischen Tradition von Theoriebildung, dass der Eigensinn und die innere Logik des Lernens auch in den Lernprozessen selbst entdeckt und aufgespürt werden muss. Dieser Eigensinn erschließt sich nicht, wenn man versuchen wollte, Kindheit als eine Phase zu verstehen, die lediglich auf das Tüchtigwerden in der Gesellschaft ausgerichtet ist. Lernen lässt sich nicht angemessen verstehen, wenn man es auf einen Funktionszusammenhang, beispielsweise den Erwerb nützlicher und nachgefragter Qualifikationen, eingrenzen wollte. Sinn und Eigenwert, Selbstartikulation und Horizonterweiterung, Kulturaneignung und Entwicklung sind deshalb Kategorien, die für eine anthropologische Betrachtungsweise bedeutsam werden und in den eigenen Theorieansätzen bevorzugt Verwendung finden.

Damit wird der *Anschluss an bildungstheoretische Fragestellungen* möglich. In Vorgängen des Aufbaus und der Entfaltung von Lernfähigkeit lassen sich immer auch Vorgänge der Bildung und Selbstbildung beschreiben. Auch Bildungsprozesse lassen sich nicht allein in Kategorien der Verwertung und Indienstnahme für die Bewältigung und Besorgung des Alltags erschließen, weshalb schließlich auch die Schule, die Bildungsprozesse anbahnen will, auf einen Lernbegriff zurückgreifen können sollte, der eine pädagogische Anschlussfähigkeit erlaubt.

Der Bezug zur Schule ist in Ausführungen, die ein Verständnis von Schulkindheit entfalten wollen, zwingend. Deshalb kann dieses Buch über Schulkindheit nicht geschrieben werden, ohne dass immer wieder die Schule selbst mitthematisiert und in ihrem Anspruch, Lernprozesse als Bildungsprozesse auszugestalten, einbezogen wird. Dies kann nur gelingen, wenn auch die *schultheoretische Diskussion* aufgenommen und auf ihre Implikationen für ein Verständnis von Schulkindheit geprüft wird. Es wird zu zeigen sein, dass gerade aus dem Blickwinkel einer Anthropologie der Kindheit heraus Rückfragen an die Schultheorie formuliert werden können. Wir sehen es als einen Ertrag dieses Buches an, dass die anthropologische Perspektive auch der schultheoretischen Diskussion im Hinblick auf die Berücksichtigung und Beachtung eines umfassenden Verständnisses von Kindheit neue Impulse geben kann. Es wäre eine eigene Arbeit wert, vor diesem Hintergrund eine Theorie der Schule aus anthropologischer Perspektive zu erarbeiten[1].

Selbstständigwerden als anthropologische Kategorie

Die gegenwärtige Kindheitsforschung hat eine soziologische und sozialwissenschaftliche Ausprägung. Ihre Themen gehen von der quantitativ-empirischen Erhebung der Bedingungen des Aufwachsens bis hin zur qualitativen Untersuchung der Raumaneignung, des Freizeitverhaltens, der sozialen Beziehungen oder der Geschlechterkonstruktion im Kindesalter.

Zunächst waren es die veränderten Bedingungen des Aufwachsens, insbesondere die zunehmende Variabilität von Familien- und Lebensformen, der Einfluss der Medien oder auch die Migrationsbewegungen, die zu einem verstärkten Interesse an den Lebenslagen von Kindern führten. Quantitative Bestandsaufnahmen über die Situation von Kindern und Jugendlichen (vgl. Nauck 1995; BMFSFJ 1998), aber auch Kindersurveys (vgl. Silbereisen/Zinnecker 1996/1998), in denen die Kinder selbst als Meinungsträger zu Wort kommen, haben dabei seit den 1990er Jahren eine Fülle von Datenmaterial erbracht, die zu neuen Bildern über die Sozialisation von Kindern in unserer Gesellschaft ausgearbeitet wurden. Sie konnten die These vom *„Wandel der Kindheit"* (vgl. Rolff/Zimmermann 1985/1997; Preuß-Lausitz u. a. 1991) belegen und zeigen, dass seit der Nachkriegszeit eine Veränderung der kindlichen Erfahrungen und Biografien stattgefunden hat. Die „Verinselung" kindlicher Erfahrungsräume (vgl. Zeiher 1983), der wachsende Einfluss der Medien (Fernsehen, Computer) als auch die steigende Tendenz zur Konsumorientie-

---

[1] Eine solche Anthropologie pädagogischer Institutionen liegt bereits als ein Entwurf einer allgemeinen Theorie vor (vgl. Göhlich 2001).

rung und zur Individualisierung, die bereits in früherem Alter Entscheidungskompetenz und Selbstständigkeit abverlangen, weisen auf solche Veränderungen der Kindheit hin.

Diese Befunde trugen zu einer neuen Sichtweise der Kindheit bei, was in der soziologischen Kindheitsforschung auch zu einer kritischen Reflexion des Begriffs von *Sozialisation* führte. Beeinflusst wurde sie durch die konstruktivistische Wende in den Sozialwissenschaften, nicht zuletzt auch durch die feministische Forschung. Am Sozialisationsbegriff wurde bemängelt, dass er eine Trennung von Individuum und Gesellschaft festschreibe sowie die Vorstellung enthalte, dass das sich bildende Individuum Objekt von Sozialisationsprozessen sei. Auch ginge er von einem Konzept stabiler Persönlichkeit und Identität aus, das durch Sozialisation entstünde (vgl. Bilden 1991/1998, S. 279). Die Ablehnung und Dekonstruktion des Sozialisationsbegriffs führte zu einem veränderten Blick auf die Kinder. Sie wurden nun nicht mehr in ihrem Erwachsen*werden* und aus der Perspektive ihrer Entwicklung, sondern in ihrem gegenwärtigen Kindsein betrachtet.

Die sich in den 1990er Jahren herausbildende Soziologie der Kindheit als „neue" Kindheitsforschung betont dementsprechend die aktive Auseinandersetzung der Kinder mit ihrer Umwelt und bezeichnet sie als *„soziale Akteure"*, die über eigene, spezifische Muster der Realitätsverarbeitung sowie Kompetenzen zur Gestaltung ihrer sozialen Beziehungen verfügen. Diese Soziologie der Kindheit geht damit von einem Bild des Kindes aus, das gegen die Dominanz der Erwachsenen gerichtet ist und vom Denkansatz des Konstruktivismus getragen wird. Kinder werden in dieser Perspektive als „Produzenten ihres Lebenszusammenhangs statt als Rezipienten der Erwachsenenkultur" (Honig/Leu/Nissen 1996b, S. 11 ff.) betrachtet. Kindheit wird nicht mehr als Übergangsstadium, sondern in ihrer Eigenständigkeit gesehen; Kinder gelten nicht als „Werdende", sondern als „Seiende". „Kind" und „Kindheit" erscheinen dabei als „Konstrukte", die sozial und kulturell variieren können. Analog zur feministischen Differenz von „sex" und „gender" wurde auch gefordert, von einer „natürlichen" und einer „sozialen" Kindheit auszugehen (vgl. Alanen 1992; dazu: Honig/Leu/Nissen 1996b, S. 21). Die Kindheitsforschung hat sich entsprechend als subjekt- bzw. lebensweltorientierte Erforschung des Alltags und der Kultur der Kinder etabliert, vornehmlich aus der Perspektive von Kindern (vgl. z. B. Du Bois-Reymond u. a. 1994; Zeiher/Zeiher 1994/1998).

Kennzeichnend für das Forschungsdesign und die Methode der soziologischen Kindheitsforschung ist die Betonung sozialer und lebensweltlicher Aspekte. Dabei werden soziale Strukturen, Lebensweisen und Lebensformen von Kindern sowie deren Relationen und Wandel analysiert. So untersucht die *ethnografische* Kindheitsforschung (vgl. Krappmann/Oswald 1995; Breidenstein/Kelle 1998), die als Spielart der soziologischen Kindheitsforschung verstanden werden kann, beispielsweise die sozialen Interaktionen von Kindern. Nicht in den Blick kommen dagegen Interaktionen von Kindern und Erwachsenen bzw. im Schulkontext von Kindern und Lehrer(inne)n.

Aufgrund ihres spezifischen Blickwinkels verlieren damit in dieser Theoriebildung pädagogische Reflexionskategorien, wie etwa das Zusammenspiel von Entwicklung und Erziehung oder Formen und Einflussmöglichkeiten pädagogischen Handelns und dessen normative und zielorientierte Implikationen, an Bedeutung. Dies führt sogar dazu, dass in Teilen der Kindheitsforschung das Pädagogische ignoriert, ausgeblendet oder auch abgewertet wird. Dies ist zum Beispiel dann der Fall, wenn im Aufwachsen der Kinder insgesamt eine Tendenz zur Pädagogisierung und Expertisierung festgestellt wird. Als soziologische Beschreibung mag dies zutreffen, auch kann es eine Verarmung im Verhältnis der Generationen zueinander bedeuten, wenn „signifikante Erwachsene" außerhalb familialer und institutioneller Kontexte schwinden. Als pauschale Abwertung erzieherischer Professionalität wäre eine solche Sicht jedoch problematisch.

Die in diesem Band vorgelegte pädagogisch-anthropologisch orientierte Kinderforschung versteht sich demgegenüber als genuin pädagogisch und stellt das „werdende" Kind in den Mittelpunkt. Dies bedeutet weder, dass kindliche Kompetenzen missachtet oder dass der Eigenwert der Kindheit geleugnet würde, noch, dass damit eine Erwachsenenzentrierung verbunden wäre. Kinder werden keineswegs als defizitär in Bezug auf Erwachsene gesehen, sondern werden gerade in ihrer Lernfähigkeit, in ihren Ausdrucksmöglichkeiten und hinsichtlich ihrer Potenzialität in den Blick genommen. Dies impliziert eine Auffassung von Kindern als Menschen in Entwicklung und „Personen aus eigenem Recht" (Honig/Leu/Nissen 1996b, S. 10).

Ein pädagogisch-anthropologischer Blick auf das Kind bedeutet vornehmlich, Bezug auf sein Lernen zu nehmen und damit seine Lernfähigkeit, seine Bildsamkeit und seine Lernvoraussetzungen zu erforschen. Das schließt ein Wissen über die Bedeutung der Eigentätigkeit und Selbstständigkeit für das kindliche Lernen ein. Es wird sich in den Studien dieses Bandes zeigen, dass Selbstständigkeit einerseits als anthropologische Grundtatsache betrachtet werden muss, dass sie andererseits aber auch als Ziel der Erziehung in Erscheinung tritt. Hierin liegt ein zentraler Unterschied zur soziologisch-sozialwissenschaftlichen Kindheitsforschung, den Lippitz so zusammenfasst: „Geht es in pädagogisch-anthropologischer Sicht um das Selbstständig*werden* von Kindern, so wird sozialwissenschaftlich das Selbstständig*sein* der Kinder thematisch" (Lippitz 2003, S. 130; Herv. i.O.).

Implikationen einer anthropologischen Theorie der Schulkindheit

Eine pädagogische Anthropologie der Schulkindheit in dem hier dargelegten Verständnis geht in ihrer Entscheidung für eine erziehungswissenschaftliche Perspektive von folgenden Prämissen aus:

- Sie geht von der Beeinflussbarkeit des Lernens, aber auch seiner gleichzeitigen Unverfügbarkeit aus und nimmt damit gleichermaßen die Freiheit des lernenden Subjekts und den pädagogischen Einfluss auf das lernende Subjekt in den Blick.
- Sie geht vom faktischen Vorhandensein von Erziehung aus und der Notwendigkeit in der heutigen Gesellschaft, Heranwachsenden über Erziehung und Bildung Möglichkeiten der Teilhabe an der Moderne zu eröffnen.
- Sie beobachtet und erforscht den Zusammenhang von Lernen und Erziehung, d. h. wie pädagogisches Handeln auf das kindliche Lernen und seine Voraussetzungen Bezug nehmen kann.

Wenn wir trotz des vielfach festgestellten „Technologiedefizits" erzieherischen Handelns von der grundsätzlichen Möglichkeit von Erziehung ausgehen, schließt dies in keiner Weise aus, eine solche Kindheits- und Kinderforschung zu betreiben, in der auch Kinder selbst zu Wort kommen. Nur so öffnen sich Wege, um kindliche Lernprozesse, die immer schon kulturell geprägt und pädagogisch konfiguriert werden, auch gleichsam „von innen her" verstehen zu können.

Diese Perspektive legt die Unterscheidung zwischen Kindern und Erwachsenen nahe. Kinder sind aus pädagogischer Sicht aber nicht die „ganz Anderen", Fremden (vgl. Lippitz

2003, Meyer-Drawe/Waldenfels 1988). Sie sind uns aufgrund der Erfahrung unserer eigenen Kindheit immer auch ein Stück weit vertraut. Nur in der doppelpoligen Bestimmung von Vertrautheit und Fremdheit lässt sich das Verhältnis der Erwachsenen zu den Kindern erfassen. Ein Kind kann zwar als Individuum für die Beobachtung und Wahrnehmung der Erwachsenen fremd sein, nicht aber als lernendes Kind an sich. Dass Erziehung möglich ist, beruht deshalb auf Differenzen und auf Gemeinsamkeiten.

- Gerade in der Umsetzung der Erfahrung von Methode, wie *Ludwig Duncker* am Beispiel des Sammelns, des Musizierens oder der Literalität aufzeigt, unterscheiden sich Kinder und Erwachsene nicht grundsätzlich, sondern zeigen Ähnlichkeiten, wenn auch in je anderen Ausprägungen, Formen, Einstellungen und Wertmaßstäben.
- Kindern und Erwachsenen ist der leibliche Zugang zur Welt gemeinsam, denn auch den Erwachsenen geht die unmittelbar-leibliche und vorprädikative Dimension der Erfahrung nicht verloren. Insofern bleibt vieles „Kindliche" auch den Erwachsenen zugänglich und verständlich – gerade bezüglich der Leiblichkeit, der Sinnlichkeit und des Erwerbs und der Erfahrung von Methode (vgl. den Beitrag von *Klaudia Schultheis*).
- Die Phase der Kindheit unterscheidet sich in ihren grundsätzlichen biologischen Bedingtheiten nicht von der des Erwachsenseins; wohl aber können gerade aus einer Perspektive der naturwissenschaftlichen Anthropologie die für die Kindheit charakteristischen Entwicklungsperspektiven beschrieben werden (vgl. den Beitrag von *Annette Scheunpflug*).

Gerade dann aber, wenn Kinder selbst zu Wort kommen, stellt sich die Frage, wie diese Äußerungen zu *verallgemeinern* sind. Jede typologisierende Kindheitsforschung muss mit den phänomenologischen Befunden kompatibel bleiben, so dass diese als „Fall" und „Beispiel" verstanden werden können. Insofern stellt sich für jede erziehungswissenschaftliche Forschung die Frage, wie sie eine „situative Individualforschung" (Langeveld) mit Theoriekonzepten verbinden und dadurch das Problem der Verallgemeinerung bewältigen kann. In dem hier vorlegten Band wird versucht, das „Typische" und damit Verallgemeinerbare zur Schulkindheit durch einen Rückgriff auf jeweils unterschiedliche Theorien herauszuarbeiten. Die in diesem Band verwendeten Theorien unterscheiden sich allerdings in ihrer Reichweite, in ihrem Geltungsbereich und in ihrer empirischen Unterfütterung.

Aus der Perspektive einer *pädagogischen Anthropologie, die an die Tradition der Geisteswissenschaften* anknüpft, sind Theoriezugang und Geltungsbereich folgendermaßen zu beschreiben: Wer kindliches Lernen wissenschaftlich erschließen und verständlich machen will, kommt an vielen Stellen mit dem weiten Feld geisteswissenschaftlicher Theoriebildung in Berührung. Diese ist, trotz manchmal vordergründiger und teilweise auch berechtigter Kritik (vgl. Dahmer/Klafki 1968; Kümmel 1976 und 1979; Scheuerl 1980), in vieler Hinsicht immer noch eine unaufgebbare Plattform, die es ermöglicht, wesentliche Grundfragen zu stellen und pädagogische Probleme in ihren großräumigen Einbindungen zu reflektieren. Wo es in geisteswissenschaftlicher Tradition darum ging, die Bedingungen des menschlichen Lebens aufzuklären, wurde deshalb immer schon die Anbindung an die Kulturphilosophie gesucht. Insofern ist der kulturelle Kontext auch dort mitzudenken, wo es in pädagogischer Wendung darum geht, individuelle Fragen kindlichen Lernens zu untersuchen. Im Rahmen einer hermeneutischen Ausrichtung bemüht sich deshalb auch die pädagogische Anthropologie um eine Beschreibung und Klärung des kulturellen Wandels als eines sich historisch entfaltenden Erfahrungsprozesses, der den Rahmen und die Bedingungen stiftet, in denen sich kindliches Lernen als ein

Prozess der Kulturaneignung bestimmen lässt. Dies schließt den Perspektivenwechsel im Sinne einer dialektischen Rekonstruktion der sog. „Erziehungswirklichkeit" mit ein, nämlich Lernen und Entwicklung auch aus der Sicht des einzelnen Kindes und seiner Lebensgeschichte heraus zu verstehen. Das in der pädagogischen Anthropologie formulierte Bild vom Kind stützt sich deshalb auf die Selbstartikulationen kindlicher Lebensäußerungen, die innerhalb und außerhalb pädagogisch gestalteter Situationen entstehen und in Forschungskontexten ermittelt werden. Spätestens hier erweitert sich jedoch der hermeneutische Zusammenhang pädagogischer Beobachtung und Deutung und nimmt Verfahren auf, die heute zum Spektrum qualitativer und quantitativer Forschungsmethoden zählen.

Eine pädagogische Anthropologie, die der *leiblichen Dimension* kindlichen Lernens und kindlicher Erfahrung Rechnung zu tragen versucht, kommt zudem nicht umhin, sich auch interdisziplinär zu orientieren. Forschungsergebnisse der Entwicklungspsychologie, der Biografie-, Geschlechter- oder Familienforschung können dabei genauso Impulse geben wie Erkenntnisse der philosophisch orientierten Leibphänomenologie, um Aufschluss über die Entwicklung und Entfaltung der menschlichen Lernfähigkeit und den Aufbau der Erfahrung zu erhalten. Der pädagogische Filter liegt dabei immer in der Frage nach der Bildsamkeit als Grundlage für Erziehung, d. h. also in der Frage, inwieweit die Erkenntnisse anderer Disziplinen zur Klärung des Zusammenhangs von Lernen und Erziehung beitragen.

Auch hinsichtlich der kindlichen Entwicklung und der Entfaltung seiner Lernfähigkeit bleibt der in der geisteswissenschaftlichen Tradition vertretene Anspruch wichtig, dass erzieherisches Handeln als gestaltbar betrachtet wird und die Prinzipien von Freiheit und Verantwortung als bestimmende Größen auch im pädagogischen Kontext wirksam bleiben müssen.

Im Hinblick auf den anthropologischen Zugang aus *naturwissenschaftlicher Perspektive* werden aus den Biowissenschaften Erkenntnisse generiert und diese für die Erziehungswissenschaft fruchtbar gemacht. Fokus dieser Theorie ist die Differenz oder Gleichheit zwischen Tieren und Menschen (und nicht zwischen Erwachsenen und Kindern). So ist aus naturwissenschaftlicher Perspektive keine geschlossene Theorie der Kindheit zu erwarten. Die einheitliche Theorieperspektive ergibt sich vielmehr aus der Ausgangshypothese dieser Forschungsrichtung: dem Paradigma der Evolution. Menschen sind evolvierte Lebewesen, die eine mehrere Jahrmillionen dauernde Entwicklungsgeschichte hinter sich haben. In ihnen steckt das evolutionäre Erbe ihrer tierlichen Säugetiervorfahren, das der Primaten und die gesamte Entwicklungsgeschichte der Menschen. Spuren dieser Entwicklungsgeschichte finden sich im Aufbau des menschlichen Gehirns, im kindlichen Verhalten und in der Art, wie gelernt wird. Nur im Hinblick auf diese Entwicklungsgeschichte ist von Universalität zu sprechen – konkrete Phänomene von Kindheit können in unterschiedlichen kulturellen, zeitlichen und ökonomischen Kontexten ganz unterschiedliche Ausprägungen erfahren (und es wäre der noch nicht eingelöste Anspruch naturwissenschaftlicher Anthropologie, diese unterschiedlichen Ausprägungen erklären zu können). Diese Theorieperspektive erlaubt nicht nur den Theorieimport aus den Biowissenschaften, sondern ermöglicht darüber hinaus eine spezifisch erziehungswissenschaftliche Perspektive, wenn die Logik dieser Theoriebildung fruchtbar gemacht wird. In diesem Sinne lässt sich diese Forschungsrichtung als „evolutionäre Erziehungswissenschaft" bzw. „evolutionäre Pädagogik" bezeichnen (vgl. Scheunpflug 2002).

Alle drei Zugänge unterscheiden sich in ihrem Fokus und in ihrem Bezug auf unterschiedliche Wissenschaftstraditionen. Gleichzeitig verbindet sie aber mehr, als es auf den ersten Blick scheinen mag:

- In bestimmten Reflexionskontexten wird die Entwicklung zum Erwachsenwerden als Verlust und Zugewinn verstanden. Die hier beschriebenen Zugänge arbeiten hingegen ohne eine Eichstelle, von der aus man Verluste oder Zugewinne bezeichnen könnte. Vielmehr wird hier die aktive Entwicklung von Heranwachsenden als ein Veränderungsprozess beschrieben.
- Den hier beschriebenen Zugängen ist gemeinsam, dass sie heranwachsende Kinder als aktive, eigene Subjekte und Personen beschreiben. In der Tradition anthropologischen Denkens nach Langeveld könnte man ausdrücken, dass Kinder immer schon „jemand" sind. Darin treffen sich die hier versammelten Studien mit der soziologischen und ethnografischen Kindheitsforschung.
- Den hier verwendeten Zugriffen ist gemeinsam, dass sie Kinder einerseits als aktive Subjekte ihrer eigenen Weltaneignung beschreiben, andererseits aber auch die kosubjektiven und kommunikativen kulturellen Räume sowie die Lebensbedingungen des Aufwachsens in den Blick nehmen. Eigenaktivitäten von Kindern können durch diese umgebenden Situationen gefördert, aber auch begrenzt werden. Darin liegt die Möglichkeit pädagogischen Handelns begründet.
- Damit wird Erziehung als prinzipiell möglich beschrieben, auch wenn keine direkte Kausalität des Einwirkens unterstellt wird. Kinder sind insoweit „Fremde", als ihr Lernen letztlich unverfügbar ist und pädagogische Einflussmöglichkeiten technologisch defizitär bleiben müssen. Zwar ist das Bewusstsein von Kindern keinem erzieherischen Einfluss direkt zugänglich; dies entbindet aber nicht von der pädagogischen Verantwortung, die Rahmenbedingungen für das Aufwachsen so angemessen wir möglich zu gestalten und durch die Gestaltung von Bildung und Erziehung Einfluss auf kindliche Lernprozesse zu nehmen.
- Gerade die partielle Schwäche und Unterlegenheit von Kindern gegenüber Erwachsenen verweist auf die besondere Verantwortung von Erwachsenen gegenüber der heranwachsenden Generation.

Wir möchten mit diesem Buch zur Anthropologie des Lernens im Schulalter verschiedene, bereits vorliegende Untersuchungen zu einem neuen Verständnis von Schulkindheit zusammenführen und um bislang nicht formulierte Aspekte erweitern. Dies ermöglicht es, Einsichten und Perspektiven zu gewinnen, die nicht nur eine Grundlage bieten, um die erziehungswissenschaftliche Diskussion weiterzuführen, sondern über die Diskussion hinaus auch Anstöße zu geben, um pädagogisches Handeln neu reflektieren und orientieren zu können.

Ludwig Duncker, Annette Scheunpflug, Klaudia Schultheis

Teil 1

Ludwig Duncker

Kulturaneignung als Bildungsprozess

Schulkindheit im Schnittfeld kulturtheoretischer und pädagogisch-anthropologischer Betrachtungen

Einleitung

Das Verständnis von Kindheit ist in unserem Kulturkreis in sehr wesentlicher Weise auch durch die Schule geprägt worden. Es lässt sich historisch nachweisen, dass die Kindheit als eine vom Erwachsensein abgrenzbare Lebensphase vor allem über den Umweg der Erfahrungen mit Schulkindheit unterscheidbar wurde (vgl. Ariès 1975). Es ist also nicht so, dass eine Einsicht in die Spezifika kindlicher Weltaneignung zur Erkenntnis geführt hat, dass Schulen für die Entfaltung kindlicher Lernfähigkeit notwendig und deshalb institutionelle Formen der Belehrung einzurichten sind, sondern eher umgekehrt: Die Formen der Unterweisung und die Reflexion der Schwierigkeiten und Probleme, die entstehen, wenn Kinder durch Unterricht belehrt werden, haben in einem historischen Prozess dazu geführt, das Bild vom Kind mit seinen Potenzialen des Lernens, der Bildung und der Begabung nach und nach zu entdecken und auszudifferenzieren. Im Spiegel der kulturellen Beanspruchungen durch die Schule schält sich in neuer Weise ein Verständnis von Kindheit heraus. Insofern kann man von Kindheit zumindest ab dem Schuleintrittsalter nicht außerhalb jener Implikationen sprechen, die mit den Folgen des Schulbesuchs verbunden sind.

Die grundsätzliche Bedeutung der Schule für das Verständnis von Kindheit ist in den Rekonstruktionen dessen, was unter Schulkindheit verstanden werden kann, zu beachten. Anthropologisch bedeutsam ist dabei, dass das Bild vom Kind nicht ohne die Rückbindung an jene Entwicklungsaufgaben erfolgen kann, die ihm durch die Schule zur Bewältigung auferlegt werden. Diese Entwicklungsaufgaben begleiten in einem kulturellen Sinne den Prozess des Erwachsenwerdens, so dass das Erwachsenwerden auch nur als ein kultureller Vorgang interpretierbar wird. Dabei wird ersichtlich, dass Schulkindheit in anthropologischem Sinne nur dann beschreibbar wird, wenn dieser Weg als ein eigentümlicher Bildungsprozess verstanden wird, der bestimmte Potenziale des Lernens aufgreift, entwickelt und fördert, andere jedoch übergeht, ausblendet und vernachlässigt. Leistungen sind mit Verlusten verbunden, ausgeschöpfte Möglichkeiten die Kehrseite nicht genutzter Chancen.

Der pädagogisch-anthropologische Blick auf Schulkindheit legt ein Verständnis von Schule zugrunde, das sich in vieler Hinsicht von einigen Entwürfen einer Theorie der Schule unterscheidet. Dort wird der Zusammenhang schulischen Lernens häufig *in gesellschaftlichen Funktionen* beschrieben (vgl. z. B. Tillmann 1976; Fend 1980), genauer noch, die Schule wird insgesamt „als eine Funktion der Gesellschaft" begriffen. Über zwei Jahrzehnte hinweg – von etwa Mitte der 70er Jahre bis weit in die 90er Jahre hinein – haben solche strukturfunktionalistischen Ansätze einer Theorie der Schule dominiert. Sie haben zwar die vielfältigen Verflechtungen von Schule und Gesellschaft aufgezeigt und dabei viele, zuvor oft unterschätzte Zusammenhänge offen gelegt und verstehbar gemacht, allerdings geriet dabei eine andere wesentliche Dimension schulischen Lernens aus dem Blickfeld: Die strukturfunktionalistischen Ansätze konnten weder ein Verständnis vom bildenden Lernen noch vom Schulkind als eines lernenden Individuums aufnehmen. Die Fokussierung auf Funktionszusammenhänge zwischen Schule und Gesellschaft hat deshalb mit dazu beigetragen, dass ein fruchtbarer wissenschaftlicher Dialog zwischen Schultheorie und Kindheitsforschung, der Erhellendes auch zum Begriff der Schulkindheit hätte beitragen können, unterblieb.[1]

Eine solche Verzahnung könnte in anthropologischer Perspektive jedoch gelingen, wenn man Schulkindheit als eine eigenständige Phase des Erwachsenwerdens begreift, die eingebunden ist in das grundlegende *Spannungsverhältnis von Individuierung und Enkulturation* (vgl. Duncker 1994), ein Spannungsverhältnis, das gerade durch die Schule in einer qualitativ neuen Weise aufgegriffen und bearbeitet wird. Diese These, die den Ausführungen des ersten Teils dieses Buches zugrunde liegt, gilt es als einen dialektischen Zusammenhang zu beschreiben und zu entfalten:

Zum einen betrifft dies die Frage, welchen Beitrag die Schule *zur Individuierung des Kindes* leistet. Individuierung meint dabei den Prozess der Personwerdung und des Erwachsenwerdens, der hier nicht als biologische Reifung verstanden wird, sondern als Entfaltung von Potenzialen und Fähigkeiten des Kindes (wie z. B. Sinnes- und Verstandeskräfte, Anschauungs- und Urteilskraft, Erkenntnis- und Handlungsfähigkeit). Individuierung gibt es aber nur im Zusammenhang von Enkulturation, also im Kontext des Hineinwachsens in die Ordnungen und Bestände einer Kultur. Individuierung ist deshalb immer auch ein Vorgang von Bildung im Sinne der Kultivierung von Fähigkeiten, die in Auseinandersetzung mit der bestehenden Kultur und durch die Anforderungen, die sie stellt, erworben werden. Bildung ist mehr als Ausbildung, bedeutet mehr als Qualifikation und verwertbares Wissen. Sie entfaltet in umfassender Weise die Personalität eines Menschen, ohne darauf fixiert zu sein, welche Momente letztlich in Zwecke übergehen können und in einem funktionalen Sinne nützlich werden. Individuierung bedeutet deshalb immer, Begabungspotenziale im Kontext kultureller Beanspruchungen durch eigene und fremde Hilfe zur Entfaltung zu bringen. Die Schule wird dadurch als ein Ort verstehbar, an dem Kinder den Anforderungen der Kultur in einer neuen sachbezogenen Weise begegnen. Deshalb vermag sie in dem Maße zur Individuierung beizutragen, wie sie Aufgaben so auswählt, dass die Kinder sich durch ihre Bewältigung an das Neue heranwagen, dabei Mut gewinnen und die Chance ergreifen, die eigenen Kräfte zu steigern.

---

[1] Erst auf der Jahrestagung der Grundschulforschung im Jahr 2002 wurde dieser Zusammenhang als Tagungsthema aufgegriffen (vgl. Panagiotopoulou/Brügelmann 2003).

Der andere Teil der anthropologischen Fragestellung betrifft das Verhältnis der Schule zur Kultur. Hier wird schnell deutlich, dass der (soziologische) Begriff der „Reproduktion" (vgl. Fend 1980) zu kurz greift und die Wechselbeziehung zwischen Schule und Kultur kaum zureichend erfassen kann. Reproduktion meint hier den Erhalt der Gesellschaft durch Vermittlung der erforderlichen Qualifikationen und des notwendigen Wissens. Die Aufgabe, die die Schule übernimmt, wäre dabei vor allem die der Überlieferung und der Vermittlung von Kompetenzen, die das Bestehende tradieren. Dies bedeutete jedoch eine Verkürzung und Halbierung ihres Auftrags. So wichtig auf der einen Seite die Überliefe-rung der bestehenden Kultur ist, weil sie nur dadurch erhalten bleibt und zum Medium von Bildung werden kann, so bedeutsam ist auch die *kulturelle Erneuerung*. Kultur ist nichts Statisches, sie muss dynamisch verstanden werden. Jede Generation prägt das kulturelle Geschehen auf ihre eigene, unverwechselbare Weise. Ohne den kulturellen Wandel, der notwendig mit dem Wechsel der Generationen verbunden ist, würde jede Kultur unbe-weglich werden und erstarren. Bereits Friedrich Schleiermacher (1826/1966) hatte darauf hingewiesen, dass Kultur immer auf Tradition *und* Erneuerung angewiesen ist, und diese Doppelaufgabe bestimmt auch heute den kulturellen Stellenwert der Schule für die Kind-heit. Sie wird auf diese Weise zu einem großen Umschlagplatz für Altes und Neues und zu einer wichtigen Drehscheibe des generationellen Wandels. Deshalb sind Kompetenzen auch in ihrer innovativen Dimension zu verstehen und für die Weiterentwicklung kultu-reller und gesellschaftlicher Prozesse zu beanspruchen.

Die kulturelle Bedeutung der Schule kann deshalb auch daran festgemacht werden, dass sie das Moratorium der Kindheit wenn nicht geschaffen, so doch entscheidend gefördert und gestützt hat. Die Schule hat wesentlich das Verständnis vom Kind und seinen (noch nicht festgelegten) Potenzialen definiert und damit die nachwachsende Generation als Hoffnungsträger entdeckt. Individuierung und Persönlichkeitsentfaltung sind deshalb auch Ausdruck einer nicht vollständigen Vereinnahmung in und durch Funktionen.

Auf den soziologisch geprägten schultheoretischen Funktionalismus ist hier deshalb hinzuweisen, weil er im Hinblick auf ein Verständnis der Kindheit nur sehr enge Interpreta-tionsspielräume öffnet. Eine Anthropologie der Schule will dagegen die Schule nicht als eine gesellschaftliche Institution, sondern als ein *Organ der Kultur* verstehen, durch das Bildungsprozesse hervorgebracht werden. Das von Otto Friedrich Bollnow im Anschluss an Helmut Plessner formulierte „Organon-Prinzip" (1983, S. 31) könnte jedenfalls die qualitative Dimension einer kulturellen Ausprägung von Kindheit im Rahmen schulischer Beanspruchungen weitaus besser aufnehmen.

Damit kann die Argumentation an Martinus J. Langeveld (1960) anknüpfen, der als einer der ersten den „Versuch einer Anthropologie der Schule" unternommen hat, in der die Schule „als Weg des Kindes" thematisiert wird. Schon im ersten Satz formuliert er – in fast visionärer Vorwegnahme der Entwicklung strukturfunktionalistischer Positionen – die Absicht, „die Schule einmal nicht in der üblichen Weise [...] als bloße ‚Funktion' darzu-stellen, sondern als eine vom Erwachsenen für das Kind geschaffene [...] eigentümliche Lebensform, die dazu eingerichtet ist, dem Menschen auf seinem Weg vom Status des Kindes zum Status des Erwachsenen die Hilfe der Erziehung anzudienen" (a.a.O., S. 11). Langeveld versteht hier die Schule „als Produkt und Agens der Selbstverwirklichung des Menschen" und will von daher „ihren Ort in der Welt des Kindes bestimmen" (ebd.). Sein Verdienst ist, die Schule nicht von außen, sondern von innen her zu begreifen und damit eine Einsicht in ihren Sinn zu gewinnen, der dem außenstehenden Betrachter verborgen bleiben muss. Dieser Sinn der Schule erschließt sich nicht, wenn man die Schule als einen Dienstleistungsbetrieb für die gesellschaftliche Reproduktion betrachtet, sondern nur dann, wenn man von der Frage ausgeht, was die Schule für das Kind, für das Erwachsenwerden in der Kultur und für den kulturellen Wandel selbst bedeutet. Deshalb wird die Schule von Langeveld als „Weg des Kindes" thematisiert, ein Weg, der einen Eigenwert aufweist und auf dem sich das Großwerden in vielfältiger Weise abbildet, widerspiegelt und bricht.

Das dialektische Begriffspaar der Individuierung und Enkulturation, das wechselseitig sich bedingende und einander hervorbringende Prozesse aufeinander bezieht und ineinander verschränkt, lässt sich insofern an den Bildungsbegriff zurückbinden, als es den Weg einer Habitualisierung von Bildung beschreibt. Dieser Gedanke ist bislang in der pädagogischen Anthropologie noch nicht theoretisch durchformuliert worden, lässt sich aber produktiv an ein kultursoziologisches Theorem von Pierre Bourdieu (1994) anschließen. Die Habitualisierung von Bildung erzeugt jedenfalls eine neue Disponibilität, die bereits Schulkinder in die Lage versetzt, eigenständige Formen einer kulturellen Praxis zu erzeugen und die eigene Urteilskraft auszudifferenzieren. Die Schule als Ort kultureller Auseinandersetzung und Selbstdarstellung öffnet einen Interpretationsrahmen, durch den es möglich wird, Lernen als einen Prozess der Kulturaneignung zu begreifen, in dem sich kulturelle Tradierung mit schöpferischem Hervorbringen von neuen kulturellen Objektivationen verbindet.

Diese Vermittlung in dialogisch aufeinander bezogene Formen auszugestalten, ist die große Aufgabe der Didaktik. Sie hat sicherzustellen, dass die gegenläufige Dialektik von Individuierung und Enkulturation, die immer Gefahr läuft, in unvermittelte Prozesse auseinander zu brechen, produktiv aufeinander bezogen wird und dadurch die Habitualisierung von Bildung ermöglicht. Welchen Beitrag hier die Schule leistet und wie dabei Kindheit in Schulkindheit überführt wird, soll im Folgenden exemplarisch an folgenden Feldern gezeigt werden:

- In der *Bedeutung der Literalität für das Lernen* zeigt sich eine besondere Veränderung für die Personwerdung des Kindes. Gleichzeitig wird eine neue Symbolwelt erschlossen, die für das Verständnis unserer Kultur von substanzieller Bedeutung ist. Insofern kann hier die Dialektik von Individuierung und Enkulturation paradigmatisch sichtbar gemacht werden. (Kapitel 1)
- Die Schule ändert das *Verhältnis des Kindes zur Zeit*. Sie trägt zu einer Ausdifferenzierung des Zeitbewusstseins bei, verschärft aber auch die Friktionen, die die Zeitverhältnisse des modernen Alltags zu einer Belastung machen. Nicht zuletzt wird Kindheit in der Schule unter neue Formen des Leistungsdrucks gestellt, die das Verhältnis zur Zeit unter Karrieremuster stellt. (Kapitel 2)
- In einem dritten Teil wird die Frage aufgeworfen, wie die Habitualisierung von Bildung auf dem Weg des *Erwerbs methodischer Kompetenzen* erfolgt: Die Schüler sind Kinder, die sich Methoden aneignen. Gegen Ende der Kindheit, das mit dem Beginn der Pubertät markiert werden kann, gilt es deshalb die Frage zu reflektieren, wie das Verhältnis zur Wirklichkeit entworfen wird und welche Formen dabei bevorzugt werden. Solche methodischen Formen werden jedoch nicht als „äußerliche" Verhaltensdispositionen begriffen, sondern gleichsam als Organe, in denen sich die Kinder ihrer Fähigkeiten vergewissern und eine Persönlichkeit entwerfen und entwickeln. (Kapitel 3)
- In einem vierten Abschnitt gilt es, den *Anschluss an die schultheoretische Diskussion* herzustellen. Dabei gilt es, auch institutionelle Fragen aufzugreifen, ohne jedoch in die Verengungen eines schultheoretischen Funktionalismus zu verfallen. Die Diskussion

muss den Raum für die vielfältigen *symbolischen Vermittlungen* öffnen, die einerseits die Formen kindlicher Weltaneignung begründen, andererseits aber auch die institutionellen Intentionen und Zwänge beschreibbar machen. Ein anthropologischer Begriff von Methode kann hier die Brücke zwischen Kulturvermittlung und Kulturaneignung bilden und damit ein Verständnis von Schulkindheit vorbereiten, es sowohl in seinen kulturellen Vereinnahmungen durch die Schule, andererseits jedoch auch in seinen schöpferischen Freiheiten begründen. (4. Kapitel)

Mit diesen vier Kapiteln soll die pädagogisch-anthropologische Perspektive auf die Prägung der Kindheit durch die Schule entfaltet werden. Sie wird an vielen Stellen durch *kulturtheoretische Argumentationen* abgestützt, die übergreifende und die Kindheit überschreitende Zusammenhänge aufnehmen und verdeutlichen. Dadurch bleibt auch das Bild vom Kind als eines Konstrukts identifizierbar. Denn es kann auch in anthropologischer Perspektive nicht gesagt werden, was Kindheit „eigentlich" ist. Das Verständnis von Kindheit bleibt zurückgebunden an die Kriterien, Begriffe und wissenschaftlichen Vorannahmen, die sich in der Tradition der pädagogischen Anthropologie ausgebildet haben und auch den heutigen erziehungswissenschaftlichen Diskurs bestimmen. Hinzu kommt, dass eine scharfe Trennlinie zwischen „Kindheit" und „Schulkindheit" zumindest im Schulalter nicht gezogen werden kann, weil in einer Gesellschaft, die die Schulpflicht zu einem wichtigen normativen und bildungspolitisch-demokratischen Gut erklärt, alle Kinder zur Schule gehen. Kinder, die nicht im Einflussfeld der Schule stehen, gibt es jedenfalls in Europa so gut wie nicht.

Für das Verständnis von Kindheit wie für das Verständnis von Schule hat dies weit reichende Konsequenzen. Die Universalität schulischer Unterweisung strahlt auch in solche kindliche Lebensbereiche aus, die scheinbar fern von der Schule sind und Tätigkeiten betreffen, denen die Kinder nur außerhalb des Schulbesuchs nachgehen. Je mehr es der Schule gelingt, Prozesse der Habitualisierung von Bildung zu initiieren – und dies entspricht ihrem Erziehungs- und Bildungsauftrag –, desto weniger kann im Schulalter eine Unterscheidung von Kindsein und Schülersein vorgenommen werden. Die „Wirkungen" bleiben auch dort erhalten, wo der situative Kontext von Schule und Unterricht verlassen wird. Insofern ist in den folgenden Ausführungen dort, wo von „Schulkindheit" gesprochen wird, von Kindern im Schulalter die Rede.

1 Der Erwerb der Schrift

Eine für die Kindheit einschneidende Erfahrung ist die Begegnung mit Symbolen und Zeichen, unter denen die Schrift eine herausragende Stellung einnimmt. Die Schule ist der Ort, in dem der Schriftspracherwerb auf eine systematische Grundlage gestellt wird. Insofern ist Schulkindheit immer verbunden mit dem Einstieg in die Literalität. Dies bedeutet sehr viel mehr als den bloßen Erwerb einer „Kulturtechnik", die das Lesen und Schreiben als Fähigkeit ansieht, die instrumentell einsetzbar und für Anwendungszwecke verfügbar gemacht wird. Literalität ist vielmehr ein *Modus von Kulturalität*, der in einer wichtigen Phase des Aufwachsens in die Dialektik von Individuierung und Enkulturation eingebunden wird. Dem widerspricht nicht, dass bereits im Vorschulalter erste Begegnungen mit Symbolwelten und Schriftzeichen stattfinden. Oft entsteht bereits vor der Schulpflicht eine Neugier über das Geheimnis der Schrift, die bisweilen zum Phänomen des „Frühlesens" (Neuhaus-Siemon 1993) führt. Doch bedeutet in der Regel erst der Leselehrgang der Schule und die Einführung in die Schriftlichkeit *aller* Kinder, dass Literalität zu einem entscheidenden Vorgang der Enkulturation wird.

1.1 Literalität als Erwerb eines kulturellen Habitus

Die umfassende Bedeutung der Literalität für die kindliche Entwicklung kann daran bemessen werden, dass es beim Erwerb der Schriftsprachlichkeit um die *Aneignung eines kulturellen Habitus* geht, der auch dort wirksam bleibt, wo Lernprozesse das Gebiet der Schriftsprache längst überschreiten und verlassen.

Dies ist eine These, die, noch bevor auf die Folgen für die Kindheit eingegangen werden soll, im Rückgriff auf einige kulturgeschichtliche und kulturanthropologische Untersuchungen zur Schriftlichkeit zu erläutern ist. Die Untersuchungen, die hier herangezogen werden, sind im Zusammenhang der Analyse des kulturellen Übergangs von der Oralität zur Literalität im antiken Griechenland entstanden (Goody u. a. 1986; Ong 1987; Goody 1990; Havelock 1992). Dieser Übergang, der für die Entwicklung der abendländischen Kultur von entscheidender Bedeutung ist, wirft auch einige wichtige Erkenntnisse für die Konsequenzen der Literalität in modernen Gesellschaften und der Kinder, die in ihnen aufwachsen, aus.

An dieser Stelle können nicht alle relevanten Ergebnisse dieser Untersuchungen aufgenommen werden. Vielmehr sollen einige pädagogisch bedeutsame Strukturmomente in den Vordergrund gestellt werden, die im Zusammenhang der *Umformung des Denkens durch die Schrift stehen.* Neil Postman (1983) beschreibt diesen Prozess plastisch:

„Mit dem Lesen erlernt man zugleich ein eigentümliches Verhalten, das sich in der Fähigkeit, still zu sitzen, nicht erschöpft. Die Selbstbeherrschung ist eine Herausforderung nicht nur an den Körper, sondern auch an den Verstand. Sätze, Abschnitte und Seiten entbergen sich langsam, in einer bestimmten Abfolge und gemäß einer Logik, die sich durchaus nicht von selbst versteht. Beim Lesen muss man warten, bis man eine Antwort erhält, man muss warten, bis man zu einer Schlussfolgerung gelangt. Und während man wartet, ist man verpflichtet, die Gültigkeit der Sätze zu prüfen – zumindest muss man wissen, wann und unter welchen Bedingungen man das eigene Urteil einmal außer Kraft setzen darf" (a.a.O., S. 91).

Was Postman hier beschreibt, ist der Beginn eines Vorgangs, der zu den herausragenden Leistungen der Schrift zählt. Die der Schrift inhärente lineare Anordnung der alphabetischen Zeichen, die die zeitliche Abfolge des gesprochenen Worts nachbildet, fördert eine Neuorganisation und Umformung des Denkens. Analog zur typografischen Struktur der Sätze wird das Denken unter dem Einfluss der Schrift selbst zur Linearität erzogen. Das Aneinanderketten von Sätzen, Seiten und Kapiteln übt einen Zwang aus, komplexe Sachverhalte in einzelne Bestandteile aufzuschlüsseln, um sie im Text hintereinander anordnen zu können. Erst so wird der Aufbau eines Gedankengangs möglich, der an einem Ausgangspunkt beginnt und zu einem Zielpunkt hinführt. Dadurch tritt eine in dieser Strenge zuvor unbekannte Struktur in Erscheinung und fördert auch die Vorgänge des Distanzierens, Prüfens und der Kritik. Im Text treten mögliche Ungereimtheiten und Widersprüche hervor, die nicht nur zum Vergleich zwischen einzelnen Textstellen, sondern auch zum Vergleich von Text und Wirklichkeit zwingen und damit zahlreiche Anlässe zur Überarbeitung schriftlich verfasster Gedanken geben.

Die Passung von Sprache und gemeintem Inhalt erhält ebenfalls eine neue Beachtung und wird erst im Zusammenhang der Literalität als Problem erkennbar. Das Denken kann sich aus der unmittelbaren Anschauung befreien und sich eine eigene lineare und logische Verfasstheit geben. Deshalb ist die Idee der Logik als einer neutralen und von Personen unabhängigen Form des Denkens ohne die Schrift kaum vorstellbar. Heinz Schlaffer hält deshalb fest: „Formales, logisches Denken kann nicht ohne die Schrift entstehen, es ist dem Vorgang des Schreibens selbst immanent, der eine überlegte Wahl und Komposition der Wörter erfordert" (1986, S. 19 f.).

Der analytische Aufbau und die sequenzielle Struktur der Schrift bringen auch ein neues Verhältnis zur Wahrheit hervor, das nun an Intersubjektivität, Objektivität und Rationalität gewinnt und sich darin vom beweglichen Wahrheitsgehalt mythischen Denkens – typisch für orale Kulturen – radikal unterscheidet. Wo Logik und Ratio den Verstand zu formieren beginnen, bekommen Aussagen den Charakter von Argumenten, die überprüfungsbedürftig, profilierungsfähig und streitbar sind und die nicht mehr an einen sozial zwar überaus wirksamen, inhaltlich aber unscharfen Konsens oraler Kulturen erinnern.

André Leroi-Gourhan (1988) hat diesen Übergang vom Mythos zur Rationalität als einen Wandel vom strahlenförmigen zum linearen Denken beschrieben. Das Denken habe sich erst unter dem Einfluss der Schrift zu einer geradlinige Fortbewegung weiterentwickelt. Infolge dieser Begradigung bilde die Schrift eine Technik aus, die auch zum Paradigma anderer Symbolverhältnisse werden konnte. Allerdings trage die strenge Linearisierung durchaus ambivalente Züge. Denn die Ausbreitung der Schrift bedeute auch eine „Verarmung an Mitteln zum Ausdruck irrationaler Momente" und einen „Verlust eines mehrdimensionalen symbolischen Denkens" (a.a.O., S. 264). Neben den Leistungen der Folgerichtigkeit, Logik und Kausalität, der Zweckrationalität, Effizienz und Machbarkeit treten im Rahmen der Literalität bildhafte Assoziationen, mythische Verweise und Irrationalismen zurück.

Dies ist ein Gedanke, der auch pädagogisch höchst relevant ist. Die Nebenfolgen der Schriftlichkeit erzeugen auch im Unterricht ihr eigenes Problemfeld. Schüler dazu zu bringen, einen Gedankengang stringent weiterzuentwickeln und den Verlockungen des assoziativen Abschweifens zu widerstehen, kann zu einem schwierigen didaktischen Geschäft geraten. Gleichzeitig kann gerade im Grundschulalter beobachtet werden, wie mythisch-ästhetische und logisch-rationale Formen des Denkens noch miteinander verflochten sind und sich erst im Laufe der Grundschulzeit – auch durch den Einfluss der Schule selbst – allmählich ausdifferenzieren und trennen.

Mit diesen Hinweisen über die „Konsequenzen der Literalität" (Goody/Watt 1986) soll die These belegt werden, dass Alphabetisierungsprozesse sehr viel mehr sind als der Erwerb einer Technik. Wo die Fähigkeit zu denken neu strukturiert und geformt wird, ist es berechtigt, Schriftspracherwerb als Erzeugung eines *kulturellen Habitus* zu verstehen, über den die Dialektik von Individuierung und Enkulturation neu ausgesteuert wird.

Dieser Aspekt lässt sich auch im Anschluss an Pierre Bourdieu (1994) vertiefen. Literalität als Habitualisierung der Methode des Schreibens erzeugt eine Disponibilität, die zu neuen Distinktionen und Differenzierungen von individueller und gesellschaftlicher Urteilskraft führen:

„Mit dem Habitus als inkorporierter Notwendigkeit, verwandelt in eine allgemeine und transponierbare, sinnvolle Praxis und sinnstiftende Wahrnehmung hervorbringende Disposition, erfährt die den jeweiligen Lernsituationen immanente Notwendigkeit über die Grenzen des direkt Gelernten hinaus systematische Anwendung: Der Habitus bewirkt, dass die Gesamtheit der Praxisformen eines Akteurs [...] als Produkt der Anwendung identischer (oder wechselseitig austauschbarer) Schemata zugleich systematischen Charakter tragen und systematisch unterschieden sind von den konstitutiven Praxisformen eines anderen Lebensstils" (a.a.O., S. 278).

Damit ist noch einmal behauptet: Weit über ihre Fähigkeit hinaus, Gesprochenes in Zeichen zu fixieren und aufzubewahren, kann die *Schrift als eine Methode* begriffen werden, über die es möglich wird, individuell und kollektiv bedeutsame Vorgänge in der Kultur komparativen Prozessen zu unterwerfen. Schriftlichkeit wird damit zu einem Motor individueller und kultureller Entwicklung. In dieser These schließen sich pädagogische, kulturtheoretische, schultheoretische und evolutionstheoretische Argumentationen zusammen: Mit der Erfindung und Ausbreitung der Schrift ist nicht nur die Einrichtung und Ausbreitung des Schulwesens in Europa verbunden, die Schule selbst hat mit der Vermittlung der Fähigkeit im Lesen und Schreiben den Prozess kultureller Entwicklung gefördert und mitgestaltet. Drittens ist ein kultureller Begriff von Schulkindheit nicht vorstellbar, ohne die Implikationen zu beachten, die mit dem Erwerb der Schriftlichkeit im Rahmen institutionell veranstalteter Lernprozesse durch die Schule verbunden sind. Diese dreifache These der wechselseitigen Hervorbringung von Schule, Kindheit und Kultur durch die Schrift ist bislang eher von Seiten der Kulturanthropologie (Wimmel 1981) und einer anthropologisch orientierten Schul- und Bildungstheorie (Duncker 1994; Sting 1998) erschlossen, nicht jedoch als Thema der Kindheitsforschung bearbeitet worden.[2] Gleichwohl ist zu erwarten, dass sich gerade hier interessante Thesen für die Konstituierung von *Kindheit als Schulkindheit* gewinnen und begründen lassen.

---

[2] Auch das fast 1200 Seiten umfassende Handbuch zum Zusammenhang von Kindern, Kindheit und Lebensgeschichte (vgl. Behnken/Zinnecker 2001) greift diesen Zusammenhang nicht auf.

1.2   Konstituiert Literalität Schulkindheit?

Vor dem Hintergrund der skizzierten Facetten, die kulturtheoretisch als bedeutsame „Konsequenzen der Literalität" (Goody/Watt 1986) beschrieben werden können, ist nun der Frage nachzugehen, welchen Gewinn eine Anthropologie der Schulkindheit daraus erfährt. Hier gilt es zunächst an der interessanten These von Postman (1983) anzusetzen, der den Begriff der Kindheit substanziell mit der Existenz von Literalität verknüpft hat. Er versucht historisch zu belegen, dass mit der Ausbreitung der Schrift in Europa Kindheit erst entstanden ist, wobei der Reformation und der Erfindung des Buchdrucks eine Schlüsselrolle zukomme: „Die Druckerpresse brachte eine neue Definition von Erwachsenheit hervor, *die auf dem Lesenkönnen gründete*, und entsprechend eine neue Auffassung von Kindheit, *die auf dem Nichtlesenkönnen beruhte*" (a.a.O., S. 28, Hervorh. i. O.). Umgekehrt gelte, dass dort, wo keine Schriftkultur verbreitet sei, eine entsprechende Unterscheidung nicht beobachtbar sei. Postman mündet ein in die Pointe, dass in unserer heutigen, durch Bildmedien beherrschten und durch eine konsumierende Weise von visuellen Botschaften geprägte Aneignung von Wirklichkeit der Anspruch der Literalität letztlich verspielt werde und infolgedessen auch ein „Verschwinden der Kindheit" – so der provokante Buchtitel – zu beklagen sei.

Postman verwischt bewusst die Grenzen zwischen Kindheit und Schulkindheit – dies verschärft die Bedeutung seiner Ausführungen. Gleichwohl ist anzumerken, dass er dabei von einem Begriff der Kindheit ausgeht, der bereits eingebunden ist in den Kontext literaler Gesellschaften. Dies ist allerdings auch im Zeitalter der Globalisierung nicht überall als selbstverständliche Voraussetzung gegeben, da Kindheit in der Dritten Welt vielfach außerhalb von Schulbildung und Alphabetisierung existiert. Überzeugender wird seine These deshalb, wenn seine Argumentation auf die Schulkindheit hin ausgerichtet wird. Auf die Schulkindheit in literalen Gesellschaften bezogen kann Postmans Position so gedeutet werden: Bücherwelt und Alltagswelt enthalten unterschiedliche Formen des Wissens und der Erfahrung. Aber erst die Kenntnis der Bücherwelt weitet den Horizont über den Alltag hinaus und öffnet den Blick in Bereiche, die über die Alltagserfahrung selbst nicht erschlossen werden können. Die Schule als Ort der Einführung in die Schrift macht die Kinder dadurch erwachsen, dass sie die nur schriftlich zugänglichen Geheimnisse der Erwachsenen, die in Buchstaben verschlüsselt sind, zugänglich und verstehbar macht.

Es sind aber nicht nur Geheimnisse, die zugänglich werden. Das Lesen und Schreiben von Texten enthält den Anspruch formaler Fähigkeiten, die bereits Leroi-Gourhan mit seinen Hinweisen zum Übergang vom strahlenförmigen zum linearen Denken festgestellt hat. Entscheidend ist, dass dieser kulturelle Prozess vom Einzelnen immer als Anforderung und Anstrengung wahrgenommen wird. Postman fasst dies so zusammen:

> „Die Form des gedruckten Buches erzeugte eine neue Methode, Inhalte zu organisieren, und förderte damit eine neue Methode zur Organisierung des Denkens. Die strenge Linearität des gedruckten Buches – der sequenzielle Charakter seiner Satz-für-Satz-Darstellung, seine Einteilung in Abschnitte, seine alphabetisch geordneten Register, seine vereinheitlichende Orthografie und Grammatik – begründete Denkgewohnheiten und eine Bewusstseinsstruktur, die der Struktur der Typografie eng verwandt waren [...]" (a.a.O. 41 f.).

Bedeutsam ist, dass Kinder mit dem Schuleintritt und dem damit beginnenden Schriftspracherwerb Leistungsanforderungen ausgesetzt sind, die durch die Schwierigkeiten der Sache begründet sind. An diesen sachbezogenen Anforderungen kann man prinzipiell scheitern. Das Prinzip der Literalität stellt so die Kindheit in eine Ambivalenz, die vor allem die Schulkindheit prägt: Der Schulerfolg wird insgesamt gefährdet, wenn der Prozess des Lesen- und Schreibenlernens ins Stolpern gerät (vgl. Schulenberg 1970). Schulkindheit wird zum Risiko, das auszuhalten ist, solange Alphabetisierung zum gesellschaftlichen Konsens gehört. Die Schulkinder stehen unter Erfolgszwang und Leistungsdruck. Gelingt diese Einbindung in den Leistungsanspruch, der durch die Schrift gegeben ist, endet konsequenterweise die Kindheit zu jenem Zeitpunkt, in dem Schiftkompetenz im Lesen und Schreiben ausgebildet und Literalität umfassend habitualisiert ist.

1.3 Der Prozess der Literalisierung von Kindheit im Spiegel didaktischer Beanspruchungen

Im Folgenden sollen einige Aspekte der Literalisierung von Kindheit durch die Schule verdeutlicht und mit Dokumenten illustriert werden. Dabei kann vor allem auf die Befunde der *Didaktik des Schriftspracherwerbs* zurückgegriffen werden, die sich als eine bedeutende Teildisziplin der Grundschuldidaktik entwickelt und das Lesen- und Schreibenlernen vielfältig erforscht hat (vgl. Brügelmann 1989; Hasler 1992; Balhorn/Niemann 1997). Dabei kann hier jedoch nicht differenziert auf all die Fragestellungen und Probleme eingegangen werden, die den Prozess des Schriftspracherwerbs in der Grundschule begleiten. Es soll vielmehr anhand sechs ausgewählter Felder exemplarisch sichtbar werden, wie das Eintauchen in die Schriftkultur die Kindheit verändert und dabei den Prozess der Habitualisierung von Bildung unterstützt. Erinnerung und Erweiterung von Kommunikation, Reflexion von Erfahrung und Kritikfähigkeit, Begegnung mit Literatur und Anpassung an Normen sind die Stichworte, unter denen im Folgenden die Formung der Kindheit durch die Schrift aufgezeigt und erläutert werden soll.

Die Pflege der Erinnerung – die Beispiele Poesiealbum und Tagebuch

Dass die Schrift einen enormen Einfluss auf den Umgang mit der Erinnerung hat, ist, wie bereits angedeutet, unter kulturellen Aspekten mit den Konsequenzen der Literalität substanziell verbunden und durch zahlreiche kulturanthropologische, geschichtsphilosophische und altphilologische Studien nachgewiesen. Dass die Schrift jedoch auch die individuellen Vorgänge des Erinnerns an biografisch bedeutsame Ereignisse verändert und mit der Alphabetisierung bereits im Kindesalter neue Formen des Umgangs mit Lebensgeschichte erzeugt, ist noch kaum untersucht worden.

Diese These soll hier mit Hinweisen auf die im Grundschulalter beliebten Poesiealben und Tagebücher verdeutlicht werden. Sie bilden eine frühe Form eigener schriftkultureller Praxis, die einen biografisch neuen Umgang mit Erinnerung erzeugt. Es sind mehr Mädchen als Jungen, die solche Dokumente pflegen, eine geschlechtsspezifische Ausprägung, über deren Gründe wenig Genaues bekannt ist. Eine Stichprobe befragter Grundschullehrerinnen ergab jedoch ein einheitliches Bild: Jungen interessieren sich weniger häufig für Poesiealben als Mädchen.[3]

---

[3] Eine repräsentative Untersuchung ist dem Autor nicht bekannt. Auch die jüngste Veröffentlichung von Dieter Kirchhhöfer (2001), die einen differenzierten und historisch-vergleichenden Einblick in die Praxis des Peosiealbums gibt, enthält keine Aussagen über geschlechtsspezifische Vorlieben und Unterschiede zu diesem Thema.

In *Poesiealben* werden schriftliche Einträge von Personen gesammelt, denen die Kinder nahe stehen. Freunde und Verwandte, Lehrer und Mitschüler werden reihum gebeten, einen Spruch, einen Vers oder andere besinnliche und freundlich gemeinte Zeilen einzutragen und ggf. mit bildhaften Ornamenten auszuschmücken. Auf diese Weise dokumentieren Poesiealben das soziale Netz der Eigner zu einem bestimmten Zeitpunkt ihrer Biografie. Ein wichtiger Aspekt kommt hinzu: Der Brauch, in solche Poesiealben allgemeine Ratschläge, moralische Sentenzen, mahnende Sprichwörter und Lebensweisheiten aufzunehmen, konfrontiert die kindlichen Leser mit Ansammlungen einer Art Rezept- und Regelwissen, die (vermeintlich) den Rat zu einer „besseren" Lebensführung enthalten und die in ihrer Diktion bisweilen engführende, aufdringliche und bis in den Befehlston autoritativ gesteigerte Anweisungen enthalten. Poesiealben enthalten deshalb oft einen schriftlich fixierten Moralkodex, wie er später vielleicht nur noch bei Kommunion und Konfirmation in solch dichter Form beobachtet werden kann. Ein Beispiel mag dies illustrieren:

Abbildung 1: Auszug aus einem Poesiealbum

Die Kultivierung der Erinnerung kommt in Poesiealben in doppelter Weise zum Vorschein: Sie dokumentieren das soziale Netz während seiner Entstehungszeit, und sie tragen als gut gemeinte, wenn auch nicht immer ernst genommene Ratgeberliteratur dazu bei, die Biografie unter das Postulat einer moralisch „guten" Lebensführung zu stellen. Sie bewahren als Schatzkiste in Merksätzen gewonnene Lebensweisheiten auf.

Bei *Tagebüchern* ist dies anders. Sie richten sich in der Regel nicht an Adressaten, sondern bleiben ein Mittel des Festhaltens autobiografisch bedeutsamer Ereignisse und ihrer subjektiven Interpretation noch unter dem Eindruck ihrer unmittelbaren Erfahrung. Aufgeschrieben werden nicht nur Daten und Fakten des Alltags, sondern auch Eindrücke und Gefühle, Hoffnungen und Ängste, Wünsche und Träume. Insofern enthalten sie dichte Lebensspuren in einer subjektiven Reflexion und Bearbeitung. Auch belastende Erlebnisse werden dem Tagebuch anvertraut, so dass es dabei helfen kann, Distanz zur Erfahrung zu gewinnen und erlittene Schmerzen zu verarbeiten.

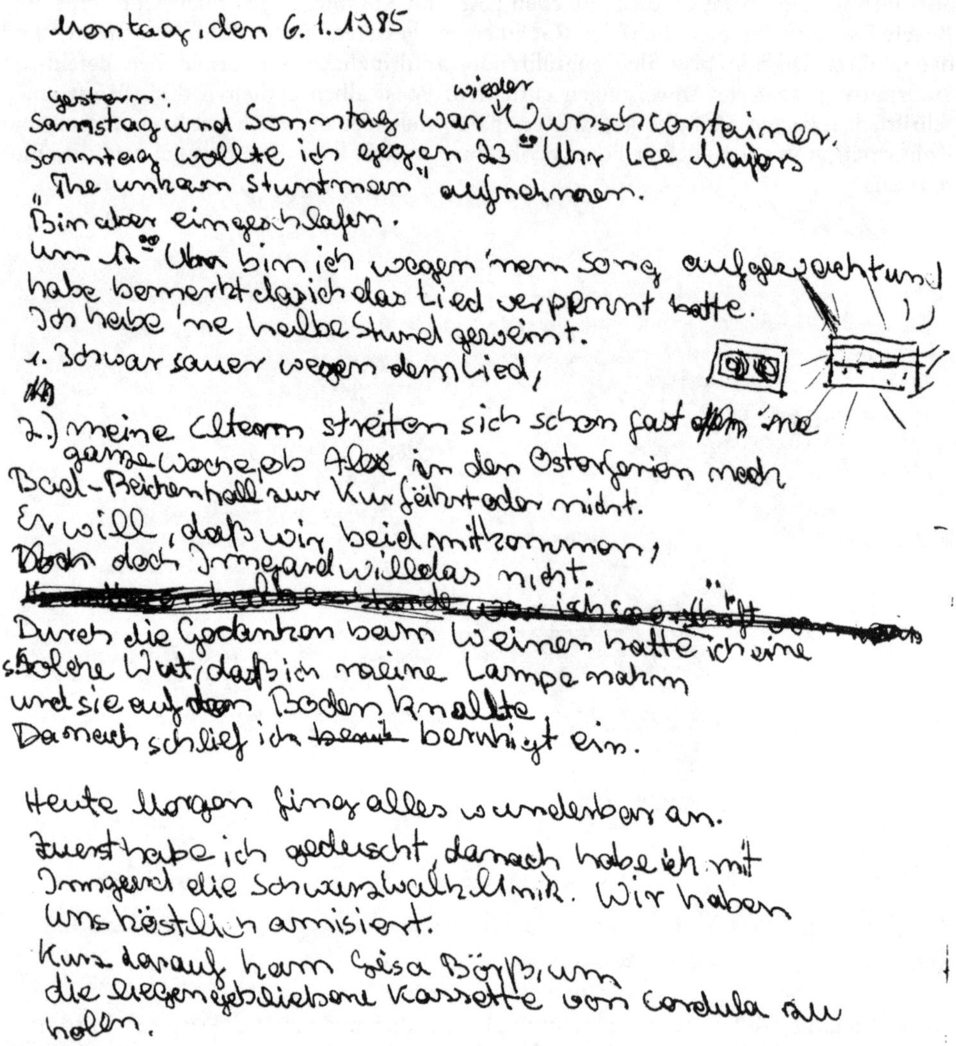
Montag, den 6. 1. 1985

gestern: wieder
Samstag und Sonntag war Wunschcontainer.
Sonntag wollte ich gegen 23°° Uhr Lee Majors
"The unkown Stuntman" aufnehmen.
Bin aber eingeschlafen.
Um 1°° Uhr bin ich wegen 'nem Song aufgewacht und
habe bemerkt das ich das Lied verpennt hatte.
Ich habe 'ne halbe Stund geweint.
1. Ich war sauer wegen dem Lied,
2.) meine Eltern streiten sich schon fast 'ne
ganze Woche, ob Alex in den Osterferien nach
Bad-Reichenhall zur Kur fährt oder nicht.
Er will, daß wir beide mitkommen,
doch Irmgard will das nicht.
Durch die Gedanken beim Weinen hatte ich eine
solche Wut, daß ich meine Lampe nahm
und sie auf den Boden knallte.
Danach schlief ich beruhigt ein.

Heute Morgen fing alles wunderbar an.
Zuerst habe ich geduscht, danach habe ich mit
Irmgard die Schwarzwaldklinik. Wir haben
uns köstlich amüsiert.
Kurz darauf kam Gisa Börß, um
die liegengebliebene Kassette von Cordula zu
holen.

Abbildung 2: Tagebucheintrag eines Mädchens (10 Jahre)

Berühmt geworden sind die Tagebücher der Anne Frank, die dem Leser einen authentischen Einblick in die Verfolgung jüdischer Familien durch Nationalsozialisten und die Qualen, denen sie ausgesetzt waren, geben. Gerade der kindliche Blick auf diese Ereignisse spiegelt die Betroffenheit in einer Weise, die diese Tagebücher zu einem wichtigen Zeitzeugnis auch für spätere Generationen werden ließen (vgl. Lee 2001).

Tagebücher sind auch für die pädagogische und psychologische Forschung zu einer wichtigen Quelle geworden (vgl. Deutsch 2001). Bis hinein in die Analyse lebensgeschichtlicher Spuren bei der Entstehung psychischer Störungen und Krankheiten haben sie viel zur Erforschung biografischer Entwicklungen und den subjektiven Verarbeitungsformen pathogener Erfahrung beigetragen (vgl. Bernfeld 1931/1978; Herrmann/Priem 2001). Daneben sind sie jedoch auch heitere Zeugnisse glücklicher Kindheitserlebnisse, die dem Vergessen preisgegeben wären, wenn sie dem kindlichen Autor nicht wichtig genug gewesen wären, aufgeschrieben und damit erinnerbar gehalten zu werden.

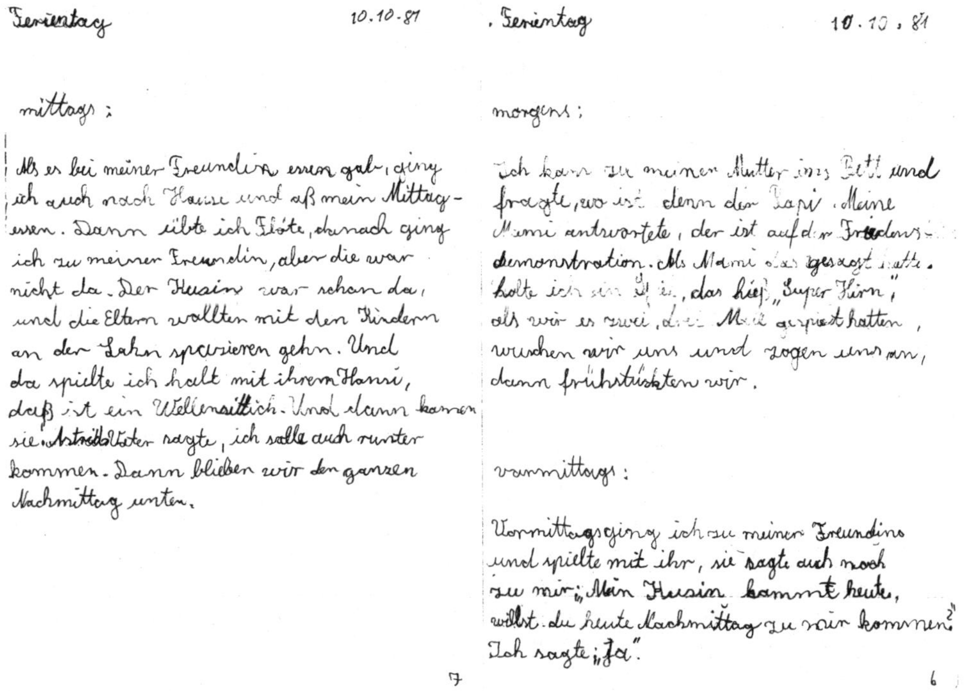
Ferientag 10.10.81

mittags:

Als es bei meiner Freundin essen gab, ging ich auch nach Hause und aß mein Mittagessen. Dann übte ich Flöte, danach ging ich zu meiner Freundin, aber die war nicht da. Der Kusin war schon da, und die Eltern wollten mit den Kindern an der Lahn spazieren gehn. Und da spielte ich halt mit ihrem Hansi, daß ist ein Wellensittich. Und dann kamen sie. Ihr Vater sagte, ich solle auch runter kommen. Dann blieben wir den ganzen Nachmittag unten.

7

Ferientag 10.10.81

morgens:

Ich kam zu meiner Mutter ins Bett und fragte, wo ist denn der Papi. Meine Mami antwortete, der ist auf der Friedensdemonstration. Als Mami das gesagt hatte, holte ich ein Spiel, das hieß „Super Hirn“, als wir es zwei, drei Mal gespielt hatten, wuschen wir uns und zogen uns an, dann frühstückten wir.

vormittags:

Vormittags ging ich zu meiner Freundin und spielte mit ihr, sie sagte auch noch zu mir: „Mein Kusin kommt heute, willst du heute Nachmittag zu mir kommen?“ Ich sagte: „Ja“.

6

Abbildung 3: Eintrag ins Ferientagebuch

In einer dritte Variante lebensgeschichtlicher Erinnerung im Kindesalter geht es um eine Art vorliterales Gedächtnis: Es geht um Sammlungen, die von Kindern oft über längere Zeit gepflegt werden und nicht nur die Entfaltung und den Wandel der Interessen dokumentieren, sondern auch zur Ausbildung eines vertikalen Zeitbewusstseins beitragen. Dabei bilden die Einzelstücke der Sammlungen, die nach und nach zusammengetragen werden und den Bestand ergänzen, objektivierbare Fixpunkte in der Zeitachse biografischer Erfahrung. Die Erinnerung „hängt“ an den Gegenständen und kann an ihnen als einem gleichsam nach außen gekehrten Gedächtnis jederzeit wachgerufen werden. In diesem Sinne bilden Sammlungen eine Art Text, in dem die Sammelstücke wie Sätze gelesen und gedeutet werden können, so dass ihre Entstehungsgeschichte zurückverfolgt und wie ein Lebensprotokoll rekonstruiert werden kann (siehe auch weiter unten die Ausführungen in Abschnitt 3.2).

Die Erweiterung der Kommunikationsfähigkeit – das Beispiel Briefe und Geschichten schreiben

Schriftliche Mitteilungen an einen Adressaten oder für ein Publikum zählen gewiss zu den großen Erweiterungen eigener Kommunikationsmöglichkeiten. Das erste Verfassen von Briefen und Aufsätzen, das Vortragen einer selbst geschriebenen Geschichte vor der Schulklasse sind bedeutsame Erfahrungen, die einen Eindruck davon vermitteln, dass es überlegt sein will, was man zu sagen hat. Schriftliche Mitteilungen bedürfen einer Vorbereitung und Auseinandersetzung mit dem eigenen Text. Schulkinder machen die Erfahrung, dass das aufgeschriebene Wort einen anderen, oft höheren Wert besitzt als das gesprochene. Die Worte wollen mehr geprüft und überlegt, sorgfältig ausgewählt und bedacht werden. Geschriebene Worte unterscheiden sich deshalb vom gesprochenen Wort erheblich. Etwas in Briefform mitteilen zu wollen oder eine Erzählung aufzuschreiben verlangen eine Haltung und Einstellung, die an die Übernahme der Rolle eines Autors geknüpft sind. Die Erfahrung von Autorenschaft hat auch Rückwirkungen auf die soziale Konstruktion zwischen Autor und Leser. Der Text rückt zwischen beide Seiten, vermittelt Bedeutungen, die in den Text hineingelegt werden und vom Leser interpretiert werden müssen. Insofern entsteht mit dem Lesen- und Schreibenlernen ein neues Bewusstsein von bedeutungshaltigen Botschaften.

Diesen Prozess veranschaulicht die folgende Beschreibung aus einer Grundschule sehr anschaulich[4]:

„Orhan hat außerhalb der Schule kaum Kontakt mit Schrift. Seine Eltern können nicht lesen und schreiben, sein großer Bruder hat auf diesem Gebiet eher unerfreuliche Erfahrungen gemacht. Aber Orhan kommt voll Ehrgeiz in die Schule. Er will alles lernen, was ihm wichtig erscheint für ein gesellschaftlich anerkanntes und geachtetes Leben. Die anderen schulischen Bereiche vernachlässigt er. Aber mit Eifer macht er sich ans Lesen, Schreiben und Rechnen. Orhan arbeitet mit großer Energie, denn er will die Techniken schnell beherrschen. Indes bleibt das Schreiben für ihn zunächst eine Technik. Es ist ihm egal, was er schreibt; wahllos notiert er, was ihm unter die Finger kommt.

Im Stuhlkreis erfährt Orhan täglich aufs Neue, dass Aufgeschriebenes hörens- und lesenswert ist. Aber er möchte für die anderen Kinder schreiben. Auch seine Texte sollen vorgelesen werden. Aber Orhan mag nur einzelne Wörter schreiben. So schreibt er etwa im September lediglich mit einzelnen Wörtern auf, was Lilo, die Klassen-Lese-Maus, mit der die Kinder intensiv kommunizieren, alles mag.

---

[4] Entnommen aus: Michael Knight und Batman, Pippi Langstrumpf und die kleine Hexe – Zugänge zur Schriftkultur. Arbeitshilfe für den Deutschunterricht in der Grundschule, herausgegeben von der Freien und Hansestadt Hamburg, Behörde für Schule, Jugend und Berufsbildung: Amt für Schule. Hamburg 1993, S. 21–24. Der hier zitierte Bericht stammt von Hannelore Schröder.

Abbildung 4: Text von Orhan, 1. Schuljahr

[...]

Eines Tages bringt Orhan eine kleine Batman-Figur mit in die Schule. Er versucht, die anderen Kinder damit zu beeindrucken, ist jedoch bestrebt, den Batman nicht seine Lehrerin sehen zu lassen. Batman wird in der Hosentasche verborgen. Am nächsten Tag erhält Batman einen der so begehrten Briefe von unserer Klassen-Lese-Maus:

6. DEZEMBER

LIEBER ORHAN!

DU BIST MEIN FREUND.
GESTERN WAR BATMAN
HIER! BEI UNS!
WER IST DAS, BATMAN?
DAS MÖCHTE ICH WISSEN.
DEINE FREUNDIN LILO.

Lilo fragt nach Batman! Und nun beginnt Orhan, Briefe zu schreiben, die einen wirklichen Inhalt haben. Am 7.12. schreibt er:

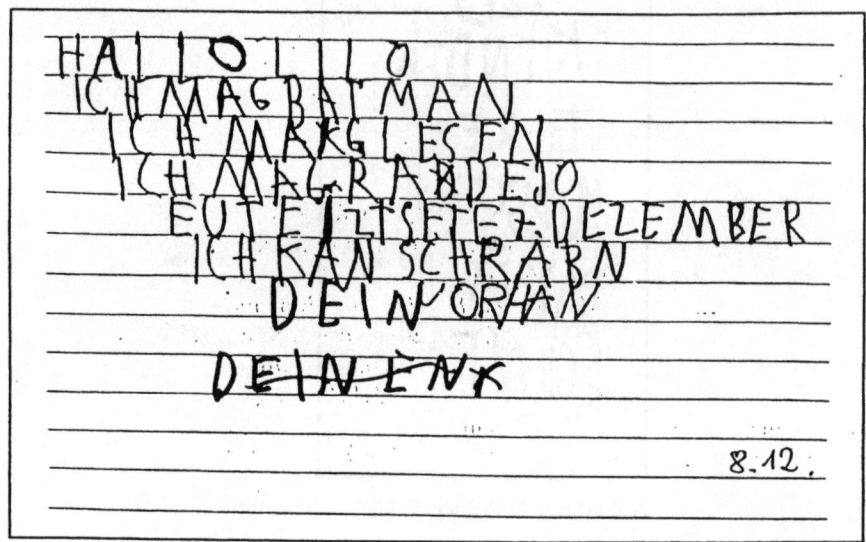

Abbildung 5: Brief von Orhan

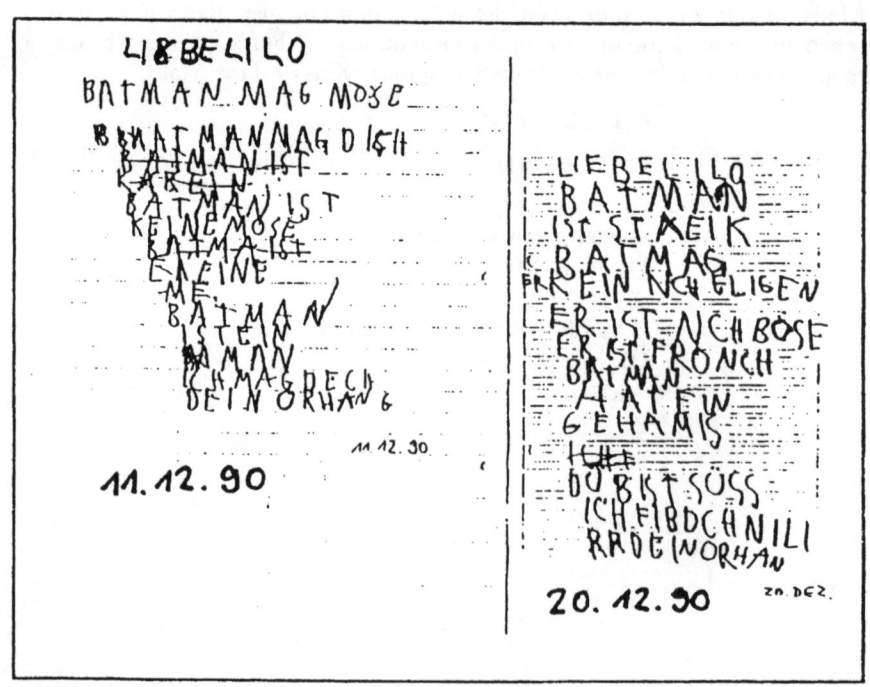

Abbildung 6: Briefe von Orhan

Hallo Lilo / Ich mag Batman / Ich mag lesen / Ich mag Radio / Heute ist der 7. Dezember / Ich kann schreiben / Dein Orhan

Fasziniert erlebt er, dass seine Briefe auf das Interesse der Kinder stoßen. Sie wundern sich, sie freuen sich, sie fragen nach. Einige Kinder schalten sich in den Briefwechsel ein, nehmen Stellung, teilen Vorlieben und Abneigungen mit. Und der eher schulfremde Schreibgegenstand wird als Schreibanlass in der Schule akzeptiert – wie alle anderen Briefthemen auch – als etwas Alltägliches. Herausgestellt und zum Thema gemacht wird er jedoch nicht.

Wann immer in nächster Zeit es eine Möglichkeit gibt, schreibt er zum Thema „Batman".

Liebe Lilo / Batman mag Mäuse / Batman mag dich / Batman ist keine Mäuse (gemeint ist Maus)/ Batman ist ein Mann / Ich mag dich / Dein Orhan

Liebe Lilo / Batman ist stark / Batman / Er kann nicht fliegen / Er ist nicht böse / Er ist freundlich / Batman hat ein Geheimnis / Du bist süß / Ich finde dich niedlich / Dein Orhan

Mit Batman beschäftigt sich Orhan noch eine ganze Zeit. Aber jetzt ist Schreiben für ihn mehr als eine Technik. Schrift hat einen Wert bekommen für die eigene Person, ist ein Stück Kulturgut geworden. Und Orhan selbst ist mit seinen Briefen außerordentlich zufrieden. Der festgelegte äußere Rahmen gibt im Sicherheit."

Die Artikulation von Erfahrung – das Beispiel Freies Schreiben in der Schuldruckerei

Eine wichtige Bedeutung der Sprache liegt in ihrer Fähigkeit, Erfahrungen einen Ausdruck zu verleihen und in einem Prozess des Nachdenkens auf den Begriff zu bringen. Dies gilt zwar schon für die mündliche Form des Sprachgebrauchs, findet aber über den Weg der Verschriftlichung eine zusätzliche Verdichtung und Steigerung. Der hermeneutische Prozess der Reflexion der Erfahrung in der Sprache kann in den Objektivationen der Schrift besonders klar ausgedrückt, der Bearbeitung zugänglich und unabhängig vom Anlass auch für andere nachvollziehbar gemacht werden.

Dieses prinzipielle Strukturmerkmal kann bereits eindrucksvoll in Texten von Grundschülern identifiziert werden, wie sie beispielsweise im Rahmen didaktischer Arrangements des so genannten „Freien Schreibens" im Grundschulunterricht entstehen. Die Formulierung eigener kleiner Texte, die erfahrungshaltig sind und durch eine künstliche „Verlangsamung" während des Schreibvorgangs eine prägnante Dichte erhalten, kann dies anschaulich belegen. Wenn diese Schriftstücke dann gemäß der Tradition der Freinet-Pädagogik auch noch in mühsamer Buchstabierarbeit mit der Druckerpresse gesetzt, illustriert und in sorgfältiger Handarbeit gedruckt und vervielfältigt werden, geraten sie zu einem eindrucksvollen Zeugnis authentischer Darstellung bedeutsamer Erlebnisse (vgl. Freinet 1980). Die ästhetische Gestaltung wirkt auf die Produktion der Texte zurück: Jedes Wort erhält ein eigenes Gewicht, erscheint nicht mehr austauschbar und spiegelt den besonderen Sinn, der hier den kindlichen Autoren mitteilenswert erscheint. Es handelt sich um autobiografische Miniaturen, die den subjektiven Wert der schriftlich fixierten Erfahrung eindrücklich dokumentieren.

Einige Beispiele aus einer zweiten Grundschulklasse mögen einen Einblick in die Intensität der Arbeit geben, die hier mit der Druckerpresse für die Artikulation eigener Erfahrung erreicht wurde.

Meine Freundin ist in der
I Klasse

Sie fällt immer hin, weil +
sie so rutschige Schuhe an
hat.Wenn sie hinfällt,helfe
ich ihr .Wenn sie blutet,
gebe ich ihr ein Pflaster.

Bettina

Wie ich meinen Freund gefunden habe

Alexander hat mich
immer geärgert.
Einmal hat er mich
auf dem
Nachhauseweg von
der Schule geschlagen
Ich habe mich

gewehrt. Am
nächsten Tag hat
mich Alexander
gefragt,ob wir
Freunde werden.Ich
habe:,,Ja"gesagt.

Martina

Abbildung 7–9: Schülerprodukte aus der Schuldruckerei, 2. Schuljahr

Die Förderung von Kritikfähigkeit – Das Beispiel Schreibkonferenz

Das Festhalten von Gesprochenem in der Schrift ermöglicht eine neue distanzierte Einstellung zur Sprache. Die überlegte Wahl von Worten und Begriffen, ihre Fixierung in Texten sowie die Möglichkeit zur Korrektur und Überarbeitung lassen es zu, ein kritisches Verhältnis zu eigenen Produkten zu entwickeln. Dabei wird weit über die bloße Verbesserung der Texte hinaus insgesamt eine Entwicklung von Kritikfähigkeit gefördert. Dies ist besonders deutlich erkennbar in den didaktischen Arrangements der *Schreibkonferenz* im Deutschunterricht der Grundschule, die hier stellvertretend für einen kritisch-reflexiven Umgang mit Texten erwähnt werden sollen. Schreibkonferenzen (vgl. Spitta 1992) sind ein Verfahren, selbst verfasste Texte einer kritischen Öffentlichkeit zu präsentieren. Auf dem Weg der Vorstellung und Diskussion eigener Texte in der Schulklasse erhalten die Autoren wertvolle Hinweise für eine Überarbeitung. Die Reaktionen der Leser und Hörer können ausgewertet und für die Veränderung und Verbesserung nutzbar gemacht werden. Der pädagogische Gewinn erwächst für beide Seiten, für den Autor als auch für das kritische Publikum: Im Umgang mit kleinen literarischen Produkten entfaltet sich eine Workshop-Atmosphäre, wie sie auch in Lesezirkeln oder Literaturcafes beobachtet werden kann und wie sie für eine Sensibilisierung literarischer Wirkungen bedeutsam ist. Die wechselseitigen Anregungen tragen aber nicht nur zur Verbesserung des schriftsprachlichen Ausdrucks bei, sie bedeuten auch einen wesentlichen Beitrag zur mündlichen Kommunikation und zur Entfaltung eines sachbezogenen und fairen Diskussionsstils. Gudrun Spitta protokolliert und kommentiert eine solche Schreibkonferenz in der Grundschule (1992, S. 12 f., in Auszügen):

Stephan und Martin, beide elf Jahre alt, äußern sich nach zwei Jahren Erfahrung mit Schreibkonferenzen in ihrer Grundschulklasse in einem Interview dazu.

Stephan: *„Ich fand es auch gut, wie die Kinder mich in der Schreibkonferenz beraten haben und dass jedes Kind auch mal seine Meinung über die Geschichte sagen konnte."*

Martin: *„Und wenn man dabei aufpasst, lernt man auch Geschichten schreiben. Wenn man Schriftsteller werden will, da bekommt man Tipps dafür."*

Sonja beschreibt Mitte der dritten Klasse für den Elternabend, wie eine Schreibkonferenz funktioniert: *„...Dann machst du eine Schreibkonferenz mit ein bis zwei Kindern, manchmal sogar noch mit der Lehrerin. Aber nun will ich erst mal richtig erklären, was eine Schreibkonferenz ist. Man setzt sich mit den zwei Kindern in eine ruhige Ecke. Derjenige, dem der Entwurf gehört, liest seinen Entwurf vor, und die anderen Mitarbeiter sagen eben, was derjenige vielleicht besser schreiben könnte. Zum Beispiel auf den Punkt am Satzende achten, auf Satzanfänge, auf wörtliche Rede usw. ..."*

Julia und Daniel aus derselben dritten Klasse finden: *„Die Schreibkonferenzen sind toll, weil man da die Geschichten schon hört."*

Michaela und Markus aus einer anderen dritten Klasse erklären bei einer schriftlichen Befragung zu den Schreibkonferenzen: *„Das freie Schreiben finden wir gut, weil man da schreiben kann, was man will. Das Schreiben macht uns Spass. Die Entwürfe werden bearbeitet. Dazu machen wir eine Schreibkonferenz. Die Schreibkonferenzen sind ganz gut, weil man dadurch neue Ideen fürs nächste Mal hat."*

Deniz, ein türkischer Junge, bringt auf den Punkt, was in fast allen Kinderäußerungen über Schreibkonferenzen wieder zu finden ist: *„Ich finde die Schreibkonferenzen schön, weil ich da die Fehler herausfinden kann."*

[...]

Neben der positiven Würdigung dieses Verfahrens benennen die Kinder in realistischer Einschätzung auch ganz deutlich die hohen intellektuellen Anforderungen sowie die Notwendigkeit zu Konzentration und Ausdauer, die diese Art zu schreiben an sie stellt. Diesen Ansprüchen stellen sie sich aber offensichtlich bereitwillig – wegen der begehrten Möglichkeit der Veröffentlichung ihrer Texte in der Dichterlesung bzw. Textausstellung.

Conny (3. Klasse) zum Beispiel schätzt die Arbeit in Schreibkonferenzen sehr, stellt aber gleichzeitig lapidar fest: *„Die Schreibkonferenz ist anstrengend."*

Martin „philosophiert" zu Beginn der 5. Klasse über das Schreiben im allgemeinen und thematisiert dann die zeitliche Dimension, nämlich dass *„...Schreiben sehr lange dauert. Also, das Schreiben, das Überlegen, alles dauert lange."* Trotz seiner Erklärung darüber, dass er gerne wieder mit Schreibkonferenzen arbeiten würde, fährt er dann so fort: *„Das Überarbeiten fand ich am langweiligsten, weil das so lange dauert und dann mag ich schnell lieber weiterschreiben. Aber am schönsten ist dann das Vorlesen!"*

Swantje aus der dritten Klasse hat mit dem Überarbeiten in Schreibkonferenzen keine Probleme, aber das fehlerfreie Abschreiben für die Veröffentlichung findet sie ausgesprochen mühsam: *„...Wenn die Geschichte verbessert ist, kommt die schrecklichste Sache der Welt – das Abschreiben. Dabei möchte man doch so gerne veröffentlichen."*

Die Begegnung mit Literatur – das Beispiel Gedichte lesen

Die Konstruktion von Kindheit lässt sich im Spiegel wissenschaftlicher Betrachtungen ebenso untersuchen wie im Spiegel von Literatur (vgl. Ewers 2001). Was jeweils in einer Epoche oder auch in bestimmten gesellschaftlichen Kreisen bis hin zu einzelnen Autoren in einer Zeit als „kindgemäß" oder „kindgerecht" gilt, ließe sich in Sekundäranalysen wissenschaftlicher Studien genauso wie anhand literarischer Produkte recht deutlich herausarbeiten. Jede Zeit erzeugt ihren eigenen Begriff von Kindheit, und die Entwürfe der Erwachsenen prägen die jeweiligen Leitbilder, an denen Kinder gemessen werden und die auf ihre Erziehung zurückwirken. So sorgt auch die Erziehung immer wieder dafür, dass die Kinder den Bildern, die sich die Erwachsenen von ihnen machen, auch ähnlich werden.

Die anthropologischen Prämissen, die in solchen – nur als kulturelle Vorgänge begreifbaren – Wirkungszusammenhängen enthalten sind, lassen noch einmal die These von Neil Postman aufleuchten, der den Begriff von Kindheit eng an den Prozess der Literalisierung zurückbindet. Im Bereich der Literatur erscheint diese These sogar besonders plausibel, da sie in der Tat verborgene Geheimnisse enthält, die sich nur demjenigen öffnen, der lesen kann.

Literatur wird in der Regel von Erwachsenen geschrieben, sogar dort, wo sie als Kinderliteratur an die Adresse kindlicher Leser gerichtet ist. Die Zirkelhaftigkeit der wechselseitigen Entsprechung von Kindheit und Kindheitsbildern der Literatur lässt sich etwas lockern, wenn Kinder selbst Literatur auswählen und nicht nur auf didaktisch ausgewählte Angebote reagieren. Dies hat in einer verblüffend einfachen und doch sehr einleuchtenden Weise Ute Andresen (1992) versucht, die in einer Schulklasse eine Anthologie mit Gedichten aus verschiedenen Zeiten und Epochen vorgestellt hat – eine Sammlung großen Umfangs, die nicht mit pädagogischem Anspruch als Schulbuch zusammengestellt, sondern für erwachsene Leser gemacht wurde – ein Querschnitt von verschiedenartigen Gedichten aus der Literaturgeschichte. Was Schulkinder hier auswählen, überrascht auch den erwachsenen Leser, da die Kinder zahlreiche Erwartungen an das, was Erwachsene als kindgemäß bewerten würden, durchkreuzen. In der Schulklasse wählte jedes Kind ein Gedicht aus, das ihm besonders wichtig war. In vielen Stunden der Freiarbeit hatten sie Gelegenheit, im Buch zu blättern und eine persönliche Wahl zu treffen. Daran schlossen sich Gespräche an, die bewusst nicht entlang der didaktischen Diktion literaturwissenschaftlicher Gedichtinterpretationen angelegt wurden, sondern in offener Weise jene Eindrücke zuließen, die den Kindern subjektiv bedeutsam waren.

Die Gespräche über die Gedichte hat Ute Andresen festgehalten und dokumentiert. Auf diese Weise entstanden reizvolle Einblicke in die Arbeit mit Kindern, die exemplarisch aufzeigen, wie didaktische Arrangements auch in der Schule so angelegt sein können, dass über die Artikulation unerwarteter Gedanken neue Aspekte von Kindheit sichtbar werden. Im Rahmen unterrichtlicher Beanspruchungen – hier durch die Beschäftigung mit einem selbst gewählten Gedicht – wird deshalb Kindheit auch weitergeführt und in bildendem Sinne „kultiviert". Ute Andresen schreibt (1992, S. 50 ff.):

„Die Gesprächsausschnitte, die im Folgenden zu lesen sind, zeigen, was grundsätzlich im Gespräch mit Kindern über Gedichte möglich ist. Es sind Ausschnitte aus Gesprächen im kleinen Kreis mit einer vertrauten Erwachsenen, die keine bestimmten Erwartungen hat, die Zeit lässt, sich dem Gedicht mit Muße und immer wieder zu nähern, es auch lange zu beschweigen, wenn nichts reif zum Sagen ist. Das Tasten und Schweigen ist hier nicht abgebildet. Gestrichen ist auch, was in bloßen Worten langweilig ist, weil es ohne das, was im Gespräch dem Gegenüber durch Blicke, Gesten, Haltungen und Tonfall gesagt wird, zu mager bleibt.
Die Gedichte von Ivan Blatny und Selma Meerbaum-Eisinger gehörten zu den ersten, über die ich Sendungen mit Kindern machte. Später ergänzte ich die Studiogespräche durch Ideen, wie man dem Gedicht und seinem Gegenstand anders als durch Reden näherkommen könnte. Was ich dann von den Menschen erzähle, die die Gedichte geschrieben haben, kann ich einen weiteren Zugang öffnen. Ich hoffe, es weckt auch die Neugier auf ganze Werke und Dichtung überhaupt.

Der Erwerb der Schrift

Das Gewicht der Bienen,
die im Kelch verschwunden,
wird des Stängels Schwingung
deutlich dir bekunden,
so wie Dichterworte
ein Gewicht verraten,
ob sie leicht geraten,
wenn sie warm und herzhaft
deinem Mund entschweben
und die andre Seele
die es dankt mit Tränen.

(Ivan Blatny)

Aus dem Gespräch mit Petra, Nina und Jan:[5]

Petra: Einige Sachen übersieht man einfach. Wenn man normalerweise das Leben so dahinlebt, dann übersieht man Sachen. Aber wenn man das mal im Gedicht so liest, und angenommen, es ist etwas ganz Fremdes, angenommen es sind Tiere, die sind so wie wir, dann merkt man erst richtig, wie die Menschen normal sind.

Nina: Vielleicht bedeutet „dass sie warm geraten", dass man sich damit identifizieren kann oder dass man auch an andere Leute denkt.

Petra: Wenn man sich das mal genau überlegt, dann ist das ja eigentlich ein Vorgang, der nicht alltäglich ist, sondern das ist ja auch, ich weiß nicht, wie ich das erklären soll...

Nina: Vielleicht etwas Alltägliches, wo man noch nie so darauf geachtet hat.

Petra: Genau!

Ute: Was aber wert ist, betrachtet zu werden, und was schön ist, wenn man dem zusieht. Und eine Biene, wenn man die Fliegen sieht, scheint fast gewichtslos zu sein. Aber wenn sie in eine Blüte schlüpft, die auf einem sehr feinen Stängel sitzt...

Petra: Dann wackelt der Stängel auch. Also hat sie doch ein Gewicht.

Ute: Haben Worte ein Gewicht?

Petra: Ja! – Wenn sie zum Beispiel im Gedicht stehen, dann sind sie genauso, wie wenn die Biene in die Blume reinfliegt, sozusagen, die hat ja auch ein Gewicht. Und wenn man die Worte in einem Satz zusammenstellt, dann haben sie auch ein Gewicht.

Nina: Aber es kommt darauf an, ob sie ein Gewicht haben, in welcher Stimmung man gerade ist.

Ute: Ich glaube auch nicht, dass hier gemeint ist, dass sie im Satz ihr Gewicht spüren lassen.

Petra: Im Sinn: Eher im Sinn. Man kann ja so'n Gedicht einfach lesen, einfach drüberlesen. Aber wenn man sich das dann durch den Kopf gehen lässt, hat das bei mir wenigstens ne andre Wirkung, als wenn ich's nur einmal lese.

Jan: Nach einem Gedicht oder so, da liegen bestimmte Wörter kräftig im Kopf, und dann muss ich immer wieder dran denken und dann werden sie ganz schwer, finde ich, ganz schwer, und vielleicht mit dem Kelch, dass das der Kopf ist und der Körper der Stängel ist.

Ute: Und die Worte entsprächen dann...

Jan: ...der Biene.

Ute: Ja.

---

[5] „Ute" im Gespräch mit den Kindern ist Ute Andresen selbst.

Nina: Die dann schwer werden.

Jan: Die werden wahnsinnig schwer.

Ute: Was bewegt sich dann? ... Der Körper?

Jan: Der Mund.

Ute: Schau mal genau hin!

Jan: Die Seele! Ich glaub', dann spürt man sie auch erst richtig, wenn man ein bestimmtes Wort im Kopf hat und das will nicht raus, und du denkst immer wieder dran und dann wird's doch sehr schwer.

Nina: Wenn's auch am Anfang einem so leicht erschienen ist wie ne Biene.

Petra: Ich meine, dass vielleicht die Seele dafür dankbar ist, die Seele ist ja sozusagen auch leicht, die spürt man ja gar nicht. Und mit dem Gedicht, glaub' ich, dass sie dann auch ihr Gewicht bekommt.

Ute: Spürbar.

Petra: Spürbar wird, ja.

Nina: Ich glaube, dass man unbewusst sich dann besser fühlt. Vielleicht braucht auch die Seele auch irgendwas, wie der Körper das Essen, worüber man nachdenken kann. Wenn man nichts hat, dann wird man krank, obwohl einem nichts fehlt, aber trotzdem...

Petra: Ich denke öfter über so Gedichte nach, weil, mir macht das Spass und ich brauch' manchmal was, wo ich mich dran festhalten kann.

Nina: Wo man sich denkt: Die anderen lachen mich aus, wenn ich das sage. Dann fühlt man sich nicht mehr so alleine, wenn man es offen zugibt. Denn oft trägt man so Gefühle mit sich rum, und man traut sich nichts zu sagen, weil man Angst hat, dass man deswegen ausgelacht wird.

Petra: Wenn das Gedicht z. B. über Menschen geschrieben wird, dann kann ich mir den Menschen viel besser vorstellen, als wenn er mir z. B. vorgestellt wird. Mit dem Gedicht, da kann ich mich so richtig in den Menschen reindenken.

Nina: Vielleicht ist es auch so, dass ich ein Gefühl find, das ich noch gar nicht kannte.

Jan: Dann denkt man mehr darüber nach.

Nina: Vielleicht ist man da erschrocken, wenn man merkt, dass einer so gut über einen Bescheid weiß.

Ute: Die Nicola hat mir mal ein Gedicht mitgebracht, das hatte sie irgendwo gefunden, hatte das abgeschrieben, sehr schön, und aufgeklebt und noch ein bisschen verziert und hat gesagt, wie sie das gesehen hat, hat sie das Gefühl gehabt, das müsste mir gefallen. Und es gibt nichts, womit Nicola mir so gut hätte zeigen können, dass sie mich versteht, und auch, dass sie sich sicher Gedanken gemacht hat und mich sehr ernst genommen hat. Für mich ist das eine Art Freundlichkeit, die ... ja, eigentliche ist es das, worum es sich für mich überhaupt lohnt, mit Menschen zusammen zu sein,

Jan: Aber ich glaub', das gibt es nur in der Grundschule. Weil, wenn man jetzt in der Oberschule ist, da lernt man die Lehrer gar nicht richtig kennen, sondern da kommen sie rein, geben ihre Stunde und gehen wieder raus, gehen nach dem Lehrplan, und damit hat sich die Sache. Aber richtig kennen lernen tut man die gar nicht.

Die Art und Weise, wie Ute Andresen mit den Kindern an die Gedichte herangeht, lässt übrigens viele Parallelen zum Philosophieren mit Schulkindern (Freese 1989; Martens/ Schreier 1998) erkennen, ein Gebiet, das sich inzwischen zu einem wichtigen Feld zwischen Didaktik und Kindheitsforschung entwickelt hat.

Die Anpassung an Regeln und Normen – das Beispiel Orthographie

Die Schrift öffnet nicht nur neue Horizonte des Wissens und der Weltdeutung, sie erweitert nicht nur die Möglichkeiten der Kommunikation und der Erinnerung, sie erzeugt auch einen Anpassungsdruck an Regeln und Normen, die in ihrer Bedeutung für die Sozialisation im Schulalter nicht unterschätzt werden dürfen. Die Beherrschung der Schriftsprache erfordert die Kenntnisse der Orthografie, eines Regelwerks, dessen Komplexität nur in einem über viele Schuljahre hinweg dauernden Lernprozess bewältigbar ist. Anders als in der Beschäftigung mit Texten über Interpretation, Kommentar und Kritik geht es bei der Rechtschreibung um die Beherrschung des eindeutigen Richtig und Falsch, um die Vermeidung von Fehlern und den Erwerb einer Sicherheit in der Anwendung orthografischer Regeln. Die Entfaltung von Individualität, Kreativität und Interpretationskunst ist hier nicht gefragt. Im Rahmen einer Habitualisierung von Bildung zählt die Rechtschreibung deshalb eher zum „niedrigen", wenn auch notwendigen Handwerkszeug. Dennoch ist ihre Beherrschung insofern folgenschwer, als der Schulerfolg insgesamt gefährdet ist, wenn das richtige Aufschreiben von Wörtern und Sätzen nicht gelingt. Ihre Nichtbeachtung zieht erhebliche gesellschaftliche Sanktionen nach sich.

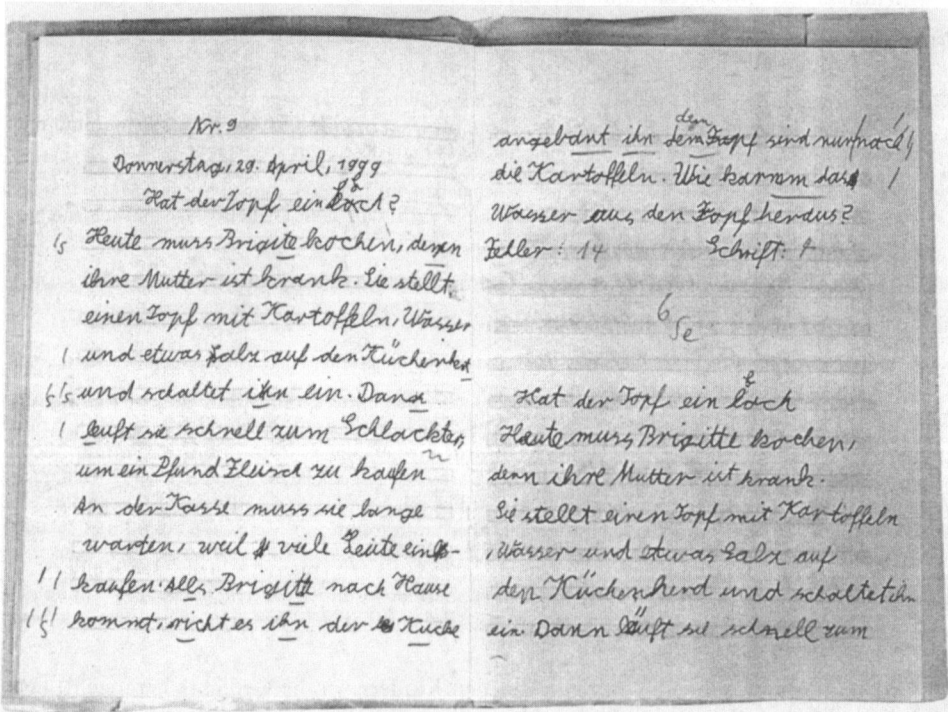

Abbildung 10: Zensiertes Diktat, entnommen aus „Lernchancen", Heft 11/1999, S. 35

Schulkindheit wird unter den Beanspruchungen der Orthografie ähnlich wie beim Rechnen im Lernbereich Mathematik unter eng definierte Leistungserwartungen gestellt, die als Selektionsmechanismus wirken und wesentlich zur Entscheidung über die Schullaufbahn und Schulkarriere beitragen. Erfolge und Misserfolge bei der Bewältigung von Leistungsanforderungen durch die Schule werden in der Regel erstmals im Bereich des Schriftspracherwerbs sichtbar, so dass hier in grundlegender Weise auch das Selbstbild vom Kind als eines „schlechten" oder „guten" Schülers geprägt wird. Selbstkonzepte, die hier in einem frühen Stadium der Erfahrung mit schulischem Lernen zu Bildern des „Versagers" und „Verlierers" ausgearbeitet werden, können so zu einer schwer wiegenden Hypothek für spätere Bildungsprozesse und Schulkarrieren werden. Vor allem die Karriere des Schulversagers ist in ihrer immanenten Logik und Dramaturgie jedenfalls unter den Anforderungen einer durch Normen und Regel bestimmten Schriftsprache in hoch riskanter Weise auslösbar.

Die pädagogische Forschung hat deshalb zu Recht auf vielen Ebenen des didaktischen Handelns nach Wegen gesucht, das Gelingen des Schriftspracherwerbs abzusichern und auf eine erfolgswahrscheinliche Basis zu stellen. Hier ließe sich eine lange Traditionslinie zurückverfolgen bis zu Johann Heinrich Pestalozzi, der mit seiner Elementarmethode wesentliche Fortschritte in der Praxis des Schriftspracherwerbs erzielte. Fallstudien zu den Lernbiografien des „schlechten Schülers" (Höhn 1967), Berichte aus einer engagierten pädagogischen Praxis in Sonderschulen (z. B. Jegge 1979) und schließlich die schulische Sozialisationsforschung der zurückliegenden Jahrzehnte (vgl. zusammenfassend Ulich 1998) haben gerade den Aspekt der strukturellen Benachteiligung lernschwacher Schüler und ihrer Folgen für misslingende Schulkarrieren detailliert untersucht und offen gelegt.

1.4 Die kulturelle Ambivalenz des Schrifterwerbs

Die Bedeutung der Schrift hat sich im Zusammenhang der Entwicklung neuer technischer Medien erheblich verändert. Eine Zeit lang sah es sogar aus, als würde die Schriftlichkeit gegenüber der neuen Dominanz des Bildes an Bedeutung verlieren, als würden Fernseh- und Videokonsum sowie die Aufdringlichkeit der Bilderwelt ein Zurückdrängen der Schrift und mit ihr auch der schriftkulturellen Leistungsanforderungen bewirken. Auch Neil Postman hat befürchtet, dass mit dem Bedeutungsverlust der Schrift ein Verlust an kognitiven und charakterlichen Leistungsformen und damit eine wachsende Infantilisierung der Gesellschaft einhergehe: Wenn das Medium des Erwachsenwerdens, nämlich die Schrift, zugunsten des Bilderkonsums zurückträte, entfalle auch ein entscheidender Anschub für die Dynamisierung von Individuum und Gesellschaft. Das Betrachten von Bildern würde, so die Aussage von Postman, nicht jene Denkleistungen beanspruchen und fördern wie die Schrift selbst. Auch Walter Wimmel, der „die Bedeutung der Textualität für das geschichtliche Werden" (1981) als Vorgang kultureller Komparation und Fortsteigerung interpretiert, stimmt hier zu, wenn er sagt, dass „eine Preisgabe der Schrift und geschriebenen Literatur als des erstrangigen Fixierungs- und Kommunikationsmittels bedeuten (würde), dass wir zugleich auf ein Mittel des Lern-Appells und der charakterlichen Formung verzichten, das seit den Anfängen der Schriftkultur nie ernstlich in Frage gestellt war. Und wir würden vermutlich auf *das* Mittel verzichten, das uns im Geschichtsverlauf befähigt hat, die Komparation nicht nur zu vollziehen, sondern auch zu ertragen, der wachsenden Differenzierung des Kulturgangs zu folgen und von Stufe zu Stufe eine ausreichende Zahl von jungen Menschen auf den erforderlichen ‚Bildungs-Stand' [...] zu bringen" (a.a.O. 136 f.).

Die kulturkritischen Stimmen, hier mit Neil Postman und Walter Wimmel vertreten, müssen sicher ernst genommen werden. Sie sind als Warnungen gegen eine Bildüberflutung und andere mediale Auswüchse in der heutigen Gesellschaft zu verstehen, die längst auch die Schulkindheit und die Didaktik erreicht haben. Sie verbieten es, die kulturellen Errungenschaften der Literalität im Rahmen schulpädagogischer Neuorientierungen wie auch in ihren Folgen für die Kindheit zu gering zu veranschlagen.

Die Veränderungen haben in den Erziehungswissenschaften ein neues Nachdenken bewirkt – und beispielsweise der Medienpädagogik und der ästhetischen Bildung und Erziehung zu einem großen Aufschwung verholfen (vgl. z. B. Gogolin/Lenzen 1999; Neuß 1999). Was für das Verständnis von Schulkindheit wesentlich bleibt, ist die kulturelle Ambivalenz, in die die Kindheit durch die Begegnung mit Literalität hineingerät. Das Schriftprinzip und das ihr inhärente Strukturmoment der Linearisierung des Denkens hat die Schulkindheit in einen starken Sog der Zukunftsorientierung hineingestellt, die dem pädagogischen Anliegen, Räume des Lernens für die Erfahrung einer erfüllten Gegenwart zu bieten, hinderlich wurde und deshalb erhebliche Folgeprobleme erzeugt hat. Das seit Schleiermacher gültige pädagogische Postulat einer Verbindung von Gegenwarts- und Zukunftsorientierung, konstitutiv für Erziehungs- und Bildungsprozesse, wurde unter dem Diktat der Schrift stark zugunsten des Zukunftsbezugs verschoben. Verstärkt wurde dies dadurch, dass die Schule immer dazu tendiert hat, den Bezug zur Erfahrung *indirekt* über eine Interpretation von Texten herzustellen. Dies hat in der Geschichte der Schule auch dazu geführt, dass sich diese Texte zwischen Schule und Wirklichkeit wie eine Mauer aufgetürmt und den Blick auf die Welt verstellt haben. Das scholastische Übel, sich in eine Welt aus Texten einzumauern, Texte, die am Ende die Welt nicht mehr erklären, sondern ihr Verständnis eher behindern, hat der Schulkritik tonnenweise Nährstoff gegeben. So wurden zum Beispiel die Entschulungsdebatte der 70er Jahre und die Debatte um offene Lehr- und Lernformen in den 80er Jahren dadurch wesentlich abgestützt. Verstärkt wurde diese Argumentation auch durch sozialisationstheoretische Untersuchungen zu den Selektionswirkungen der Schrift, da die Literalität Anforderungen stellt, an denen man prinzipiell scheitern kann. Auf kaum einem anderen Gebiet haben Leistungsschwächen derart schwere soziale Folgen wie auf dem Gebiet der Schriftlichkeit. Schulerfolg wird insgesamt gefährdet, wenn der Schriftspracherwerb ins Stolpern gerät und nicht erfolgreich bewältigt wird (vgl. Schulenberg 1970; Hasler 1991). Die internationalen Vergleichsstudien im Schulalter (Baumert u. a. 2001) haben diese These erneut erhärtet und belegt.

Diese doppelte Kritik am Prinzip der Schriftlichkeit, also der drohende Erfahrungsverlust und die hohe soziale Selektivität, treten als belastende Faktoren für die Schulkindheit in Erscheinung. Sie dürfen jedoch nicht den Blick darauf verstellen, dass dieselben Momente auch dazu beitragen, Kindheit in einem kulturellen Sinne zu überschreiten – womit ein wesentlicher Aspekt des Erziehungs- und Bildungsauftrags der Schule benannt sind.

Die Bedeutung der Literalität für das Verständnis von Kindheit wird auch durch Untersuchungen zur Kindheit in sog. Entwicklungsländern der Dritten Welt bekräftigt. „Das Recht, schreiben und lesen zu lernen", zählt zu den zwölf Rechten einer Charta der Kinderrechte, die 1984 von afrikanischen Kinderorganisationen gemeinsam erarbeitet wurden. Sie sind im Jahr 1989 auch in die UN-Konvention über die Rechte des Kindes eingegangen, die nicht verstanden werden können ohne den Kontext der Lebenssituation und vor allem der Kinderarbeit, die in den Ländern der Dritten Welt weit verbreitet ist und für die betroffenen Kinder nicht nur ein Mittel der Existenzsicherung bedeutet, sondern auch ein Modus darstellt, um Selbstbewusstsein, Selbstsicherheit und lebenswichtige Erfahrungen erwerben zu können: „Wenn wir nicht arbeiten würden, blieben wir Analphabeten, müssten wir in Unterhosen leben, im Elend verkommen und vor Hunger sterben" (zit. nach Liebel 2001, S. 17).

Manfred Liebel (2001) plädiert deshalb für einen neuen Blick auf die Kinderarbeit, der nicht die europäischen bürgerlichen Erfahrungen des 19. und 20. Jahrhunderts in seinen verengenden Implikationen fortsetzt.

„Die Kinder sehen in ihrer Arbeit nicht einfach eine Last oder eine Notwendigkeit, sondern auch eine Gelegenheit, Dinge zu lernen, die ihnen die Schule nicht bietet. Sie sagen, ‚unsere Arbeit hilft uns, uns zu bilden‘, sie dient dazu, ‚die Erfahrungen der Erwachsenen aufzugreifen, uns verteidigen zu lernen, uns unabhängig zu machen, das Leben zu meistern, uns vorzubereiten, jemand im Leben zu sein‘" (a.a.O., S. 15).

Die Kategorie der Arbeit prägt bislang die auf Europa zentrierten Studien zur Anthropologie der Kindheit noch nicht. Gleichwohl lassen Manfred Liebels Untersuchungen zur Kinderarbeit in anderen Kulturen und Kontinenten erkennen, dass sie ähnlich wie die Literalität selbst ein Verständnis von Kindheit prägt und die Relation zur Welt der Erwachsenen tangiert. Der partielle Schonraum, in dem behütete Kinder aufwachsen, kann durch Arbeit und durch Literalität aufgebrochen und überwunden werden. Dies ist Chance und Risiko zugleich.

2 Der Gewinn neuer Zeitverhältnisse

Es ist bereits an mehreren Stellen des vorangegangenen Kapitels sichtbar geworden, dass die Kindheit unter den Veränderungen, die sie im Prozess der Literalisierung erfährt, auch in ein *neues Verhältnis zur Zeit* gesetzt wird. Die Einflüsse der Schule auf die Formen des Zeitbewusstseins im Kindesalter sind jedoch weit komplexer, als dass sie nur als Folge des Schriftspracherwerbs beschrieben werden könnten. In einem eigenen Kapitel ist deshalb auszuführen, welchen Anforderungen Schulkinder im Umgang mit der Zeit ausgesetzt sind, welche Erfahrungen sie dabei gewinnen und wie sie auch eigenständige kulturelle Formen des Verhältnisses zur Zeit entwickeln.

Auch in einer Analyse struktureller Veränderungen in den Bewusstseinsformen von Zeit kommt der pädagogisch-anthropologische Blick nicht ohne kulturtheoretische Argumentationen aus. Kindheit steht auch unter zeitstrukturellen Aspekten im Kontext übergreifender kultureller Einflüsse, die die Kinder gerade über die Schule in einer neuen Qualität erreichen. Die Schule beeinflusst damit auch die Erfahrung von und den Umgang mit Zeit erheblich. Auch das Spannungsverhältnis, das sich zwischen der erforderlichen Anpassung an Zeitstrukturen und der Unterwerfung unter Leistungszwänge einerseits und dem Gewinn neuer zeitlicher und souverän ausgesteuerter Freiräume auf der anderen Seite entdecken lässt, prägt die Zeit der Schulkindheit in substanzieller Weise. Die Komplexität des modernen gesellschaftlichen Alltags zu bewältigen bedeutet zu einem großen Anteil eine Bewältigung des Verhältnisses zur Zeit (Levine 1998) – und hiervon ist auch der Alltag der Schulkinder betroffen.

Dabei lohnt es sich, zunächst einen Blick aus größerer Entfernung zu nehmen und einen historischen Hinweis auf die institutionelle Entwicklung der Schule zu geben. Hier wird deutlich, dass die Ausbreitung des Schulwesens in Europa eng verbunden ist mit der Zunahme gesellschaftlicher Komplexität (vgl. Leschinsky/Roeder 1983). Dort, wo die Komplexität in Kultur und Gesellschaft zunimmt, wächst auch die Bedeutung der Schule. Wo sich neue Welten des Wissens und der Spezialisierung etablieren, wird es für den Erhalt und Fortbestand der Gesellschaft wichtig, die nächste Generation durch spezielle Formen des Belehrens und Zeigens zu unterweisen und so den Prozess der „kulturellen Komparation" (Wimmel 1981) abzustützen und zu sichern. Die Schule verbreitet sich vor allem dort, wo eine Teilhabe der Kinder am alltäglichen Leben nicht mehr ausreicht, um die komplex gewordene Wirklichkeit zu verstehen und das in ihr erforderliche Wissen und Können zu erwerben. Die Ausdifferenzierung, Verdichtung und Steigerung gesellschaftlicher Komplexität ist dabei einer wachsenden Beschleunigung unterworfen, von deren Dynamik die Schule unmittelbar betroffen ist. Es ließe sich nachweisen, dass die Schule solchen Entwicklungen nicht nur reflexartig hinterherläuft, dass sie vielmehr auch selbst kulturelle Veränderung erzeugt und anstößt. Die Kindheit ist hier *als Schulkindheit* in erheblichem Maße tangiert.

Mit diesen Aussagen soll noch einmal die wechselseitige Verzahnung von Schule, Kindheit und Kultur unterstrichen werden, die – mit allen Ungleichzeitigkeiten, Brüchen und

Verwerfungen – in einer evolutionären Verflechtung ineinander verwoben sind. In einer Abbildung über den Zeitbegriff lassen sich solche Prozesse analytisch erfassen und sichtbar machen. Welche Folgen dabei für die Schulkindheit erwachsen, wird in den folgenden Abschnitten besonders zu betonen sein.

2.1 Die Erfahrung von Zeit unter den Gesichtspunkten der Effizienz und des Leistungsprinzips

Im Rahmen der wachsenden Komplexität der Zeitverhältnisse ist zunächst ein Faktor näher zu betrachten, der wegen seiner Auswirkungen auf die Kindheit immer wieder zu kritischen Auseinandersetzungen mit der Schule geführt hat: Die Schule ist von Anfang an von einem *Effizienzgedanken* getragen. Sie ist nicht nur vom Bildungsprinzip geprägt und dem Anspruch, einen wesentlichen Beitrag zur individuellen Entfaltung der Persönlichkeit zu leisten, sondern auch davon, dass sie für die gesellschaftliche Entwicklung *nützlich* ist.[6] In einem kalkulierbaren Zeitraum Wissen und Kenntnisse, Fähigkeiten und Fertigkeiten zu vermitteln, ist untrennbar mit der Idee der Schule verknüpft. Schulzeit ist deshalb – zumindest partiell – vereinnahmte Zeit der Kindheit für die Sicherung zweckrational verwertbarer Qualifikationen. Um die Prinzipien der Nützlichkeit und Effizienz als Kategorien einer optimalen Verwertung der Lernzeit in der Schule zu realisieren, sind in zeitstruktureller Hinsicht vor allem zwei Strukturmomente wirksam, die im Folgenden skizziert werden. Sie üben einen nicht zu unterschätzenden Einfluss auf die Habitualisierung neuer Zeitverhältnisse im Schulalter aus, die implizit auch Bildungsprozesse betreffen. Sie sind als wesentliche Parameter zu verstehen, die in prinzipiell ambivalenter Weise in Erscheinung treten – als hilfreiche, notwendige und für die Fortschreibung von Kultur und Gesellschaft wichtige Faktoren, andererseits jedoch auch als Strukturmomente, die eine negative Dialektik in sich tragen.

Die Linearisierung der Zeit

Ein Strukturmoment, kindliches Lernen unter Steigerungsgesichtspunkte zu stellen, besteht darin, dass Ziele definiert und die Wege des Lernens auf diese Ziele hin ausgerichtet werden. Diese Ausrichtung gilt als umso besser, je *geradliniger* sie zu den gesetzten Zielen hinführt. Denn je geradliniger dieser Weg ausgelegt ist, desto weniger Zeit beansprucht er. Zeitraubende Umwege und Suchbewegungen, Sackgassen und Zwischenaufenthalte müssen vermieden werden, da sie das schnelle und rechtzeitige Erreichen der Ziele behindern. Der Erfolg der Schulkarriere wird also *vom Ende der Schulzeit* her betrachtet: Als sinnvoll gilt schulisches Lernen dann, wenn die Ziele erreicht werden und die beabsichtigten Kenntnisse, Fähigkeiten und Fertigkeiten nachweisbar erreicht sind. Die Definition von Eingangsvoraussetzungen und Abschlüssen erlaubt eine curriculare Verzahnung von Bildungsgängen, die bausteinartig aufeinander aufbauen und Laufbahnen berechenbar in Aussicht stellen. Hinzu kommt verstärkend die in der Linearisierung der Lernprozesse

---

6 Mit diesem Hinweise werden strukturfunktionalistische Ansätze der Schultheorie nicht rehabilitiert. Es wird zu zeigen sein, dass gerade mit dem Bezug auf die Nützlichkeit Folgekosten verbunden sind, die den Bildungsgedanken aushöhlen.

erkaufte Gleichschaltung der Individuen. In dem Maße, wie die Vermittlung der gleichen Qualifikation dieselbe Anforderung für alle Kinder bedeutet, treten individuelle Ansprüche zurück. Hierin liegt auch die normierende Kraft schulischer Unterweisung, die notwendig zur Struktur schulischen Lernens dazu gehört.

Die innere Ausgestaltung des Lernens erfolgt deshalb idealtypisch in Lehrgängen und Kursen, in Trainingsangeboten und Programmen, die alle nach einem ähnlichen Muster gestrickt sind: Sie wollen *in systematisch-methodischer Weise geradlinig zum Ziel* führen und zwischen den festgelegten Anfangs- und Endpunkten den kürzesten Weg beschreiben. Eine Steigerung dieses Prinzips ist dadurch möglich, dass die Linearisierung der Lernwege optimal an individuelle Lerntempi angepasst wird. Insofern ist die Bearbeitung von Lernprogrammen am Computer der konsequenteste Ausdruck zweckrationaler Gestaltung und Ausnutzung von Lernzeit.

Kulturgeschichtlich interessant ist die Parallelität zwischen der Ausbreitung der Literalität und der wachsenden Bedeutung von Linearität, auf die hier noch einmal hingewiesen werden soll. Die kulturanthropologischen Studien von Leroi-Gourhan (1988) haben gezeigt, dass das Denken unter dem Einfluss der Schrift eine geradlinige Form angenommen hat, weil die lineare Anordnung der Gedanken in der Abfolge der geschriebenen Worte unser Bewusstsein umformt. Der Übergang von der Oralität zur Literalität impliziert einen Wandel vom strahlenförmigen zum linearen Denken. Wo die Bedeutung der Schriftlichkeit und der Alphabetisierung wächst, wird deutlich, über welch kulturprägende Kraft die Schule verfügt: Sie erzieht über Alphabetisierung und Textualität zum linearen Denken und befördert damit ein *lineares Zeitbewusstsein*, das auf reale und mögliche Zukünfte hin ausgerichtet ist (Rammstedt 1975). Der gegenwärtige Moment wird dem zukünftigen unterworfen, er wird in eine zielgerichtete Strukturierung des Verhaltens und Handelns eingeordnet und so unter das Diktat des Leistungsprinzips gestellt.[7]

Die Anforderungen an die Kinder wachsen erheblich: Die Disziplinierung des Körpers und der Sinne, die Konzentration auf Ziele und Verfahren, der Aufbau von Widerständen gegen Ablenkung und Zerstreuung, das Aufbringen von Geduld und Bedürfnisaufschub usw. sind Stichworte, die im Zusammenhang einer linearen Ausrichtung systematischer Lernprozesse stehen. Sie bilden die Ambivalenz jeder Leistungsanforderung: Positive Verstärkung, Belohnung und Anerkennung von außen bei einer erfolgreichen Bewältigung, auch Entwicklung von Motivation und Leistungsbereitschaft, die beglückende Erfahrung lohnender Anstrengung und des Erwerbs von Erfolgszuversicht in das Gelingen, umgekehrt jedoch erwachsen Mutlosigkeit, Desinteresse und Versagensangst, die sich in ihren Auswirkungen bis hin zur Leistungsverweigerung steigern können. Eine Fülle von Befunden aus der schulischen Sozialisationsforschung (vgl. Ulich 1998) belegt die Auswirkungen schulischer Leistungsanforderungen auf die Kinder, so dass oft die Forderung nach Abbau von Leistungsdruck oder gar, wie beispielsweise in der Alternativschulbewegung, der Leistungsanforderungen überhaupt verlautet. Sie werden als strategische Argumente für die Reform des Bildungswesens in nahezu allen Feldern schulpolitischen Handelns verwendet.

---

[7] Dieses Prinzip der Linearität wird kulturgeschichtlich auch durch die jüdische und christliche Religion verstärkt. Wo Heilserwartungen auf eine Zukunft ausgerichtet sind, wo die religiöse Praxis als Vorbereitung auf das ewige Leben verstanden wird und die Theologie eine Eschatologie einschließt, entsteht auch bezüglich des Zeitbewusstseins eine neue Linearität (vgl. Whitrow 1999).

Die Schule stellt Kindheit unter das Leistungsprinzip. Im Unterschied zum Kindergarten begegnet das Kind in der Schule normierten Leistungserwartungen, die erfüllt werden müssen und dadurch die Lernzeit zu einem prinzipiell begrenzten Gut bestimmen. Von der Erfüllung der Leistungserwartungen hängen Bildungswege und Lebenschancen ab. Insofern werden Schulkinder zu Hoffnungsträgern einer aussichtsreichen Zukunft, die immer den drohenden Absturz einschließt: Nur wer in der Lage ist, sich den Verlockungen und Risiken der Geradlinigkeit auszusetzen, kann die Chance, Biografie als Karriere auszulegen, auch tatsächlich nützen.

Die Zerstückelung der Zeit

Eine zunächst diametral gegenteilige Strategie zur optimalen Ausnutzung von Lernzeit besteht darin, Lernprozesse in kleine Einheiten zu zerteilen und sie gleichsam in handhabbare Elemente aufzulösen. Komplexität in Lernprozessen soll hier dadurch bewältigt werden, dass über den Weg der Elementarisierung in kleine Bestandteile eine optimale Auswahl und Anordnung der Lernschritte ermöglicht wird. Das Zergliedern und wieder Zusammensetzen der Bausteine soll das Lernen im Unterricht verfügbar, machbar, beherrschbar werden lassen. Am konsequentesten ist dieses Zergliedern in didaktischen Konzepten des lernzielorientierten Unterrichts verwirklicht worden, in denen über eine Operationalisierung der Lernschritte messbare Einheiten entstehen, die, in eine logische Abfolge gebracht, ein effizientes und ökonomisches Vorgehen versprechen. Bildungszeit als knappes Gut zu begreifen, das zugunsten ökonomischer Interessen als auch zur Ausschöpfung von Begabungsreserven nutzbar gemacht werden müsse, war das bildungspolitische Leitthema der 60er und 70er Jahre, in denen diese Strategie auf breiter Basis verfochten wurde. In Anlehnung an den industriellen Zeittakt der Fließbandarbeit wurde hier kritisch auch von einer „Taylorisierung des Unterrichts" (Bruder 1971) gesprochen, um den Irrsinn einer übertriebenen Zerteilung der Zeit anzuprangern. Diese Kritik hat jedoch übersehen, dass die optimale Ausnutzung von Lernzeit eine strukturelle Bedingung von Schule ist.

Die Aufteilung und Zerstückelung von Zeit wird als Verfahren zur Optimierung schulischer Lernzeit sichtbar. Von der didaktischen Gliederung des Unterrichts in einzelne kleinschrittige Phasen, wie sie vor allem während der Ausbildung von Praktikanten, Lehramtsanwärtern und Referendaren in Unterrichtsentwürfen oft minutiös kleingearbeitet werden, bis hin zur Budgetierung von Zeitanteilen über Fächergliederungen, Stundentafeln und Lehrdeputaten zeigen, dass sowohl die Dramaturgie des Unterrichtsgeschehens wie die verwaltungstechnische Beherrschung der Schule über eine Zerstückelung von Zeitanteilen gestaltet wird. Das Leben nach der Uhr mit ihren zeitlichen Untergliederungen diktiert den Ablauf des schulischen Geschehens. Die kindliche Erfahrung von Zeit erhält deshalb mit dem Schulbeginn eine neue Qualität. Zeit wird dann oft als Fremdbestimmung und Oktroy, als Zwangsinstrument und individuelle Freiheitsberaubung empfunden mit all den beobachtbaren Strategien, sich solchen Zwängen zu entziehen. Sich „durchmogeln" und Schule schwänzen sind jedenfalls Ausdruck von Schülerfluchten, die bis weit hinein in die literarische Verarbeitung von Schulerfahrung das Bild vom Schülersein gezeichnet haben, auch wenn dabei bisweilen ein Zerrbild von Schule entstanden ist (Gregor-Dellin 1979; Unterbrochene Schulstunde 1980).

Gleichwohl ist auch hier eine ambivalente Wertigkeit anzusprechen, die oft übersehen wird: In der weit verbreiteten Kritik am Fächerkanon der Sekundarstufe, der im Gegensatz zum Stundenplan der Grundschule weitestgehend noch immer im 45-Minuten-Rhythmus organisiert ist, wird oft eine Zerstörung von Motivation und Interesse, von Konzentration und vertiefender Aneignung der Unterrichtsinhalte unterstellt. Dem wäre hier die These entgegenzustellen, dass das Fächerprinzip den Schulkindern eine geistige Beweglichkeit abverlangt, die auch als Anreiz und Anforderung für die Ausbildung von Flexibilität begriffen werden könnte. Sich den Wechseln unterschiedlicher fachlicher Beanspruchungen auszusetzen, die bewältigt sein wollen, kann als heimlicher Lehrplan des schulischen Fächerprinzips bezeichnet werden, dem in einer schnelllebigen Zeit durchaus eine gewisse Rationalität und Funktionalität zugesprochen werden könnte. Es ist jedenfalls noch nicht untersucht, ob der Fächerkanon, organisiert im Stundentakt wechselnden Fachunterrichts, immer nur als hinderliche Bedingung für die Entfaltung von Lernfähigkeit gelten kann. Hiermit sind Strukturmomente benannt, die gerade beim Übertritt in die Schularten der Sekundarstufe zu teilweise erheblichen Gewöhnungs- und Anpassungsproblemen führen (vgl. Büchner/Koch 2001). Ihre Bewältigung könnte im dynamischen Wandel der gesellschaftlichen Verhältnisse eine wichtige Übung und Vorbereitung bedeuten.

2.2 Unstetige Formen des Lernens und die ästhetische Dimension der Weltaneignung im Kindesalter – Folgeprobleme für das Lernen

Die Prozesse der Linearisierung und Zerstückelung von Zeit, dies wurde zu zeigen versucht, erweisen sich als Strategien zur Optimierung von Lernzeit. Sie dienen dazu, Abkürzungswege zu definieren, die ein effizientes Erreichen vorgegebener Ziele ermöglichen. Eine Verbindung beider Verfahren wird dort sichtbar, wo die Zerstückelung der Lernprozesse in einzelne Bestandteile betrieben wird, um sie in eine sukzessive Reihenfolge und damit in eine lineare Anordnung zu stellen. Vielleicht könnte man zur Verdeutlichung dieses Verfahrens auch den Begriff einer *Digitalisierung des Lernens* verwenden, der jedoch eher als *Lehr*strategie und nicht als *Lern*strategie bezeichnet werden müsste.

Solche Lehrstrategien erzeugen erhebliche pädagogische Folgeprobleme, die nun skizziert werden sollen. Die erste Problematik erweist sich darin, dass eine lineare und strukturfunktional optimierte Schule *nur schwer mit den Formen kindlichen Lernens vereinbar* ist. Das Lernen der Kinder lässt sich nur in Ausnahmefällen als ein einlinig gerader und eindimensionaler Prozess der zielorientierten Aneignung vorgegebener Wissensinhalte verstehen. Kindliches Lernen schließt auch Momente des Staunens und Verweilens, des Suchens und Probierens ein. Es ist durch Überraschungen und plötzliche Ideen, durch wiederholtes Nacherleben und Erinnern, durch Suche nach Kontrasterfahrung und Abwechslung und schließlich auch durch stilles Genießen gekennzeichnet (vgl. Duncker 1997a). Die Aufzählung dieser Stichworte beansprucht keine Vollständigkeit, aber sie mag verdeutlichen, dass das Phänomen lernender Aneignung von Wirklichkeit nur begrenzt als Struktur einer linearen Optimierung von Wissenserwerb rekonstruiert werden kann. Kindliches Lernen ist nicht ausschließlich auf Zukunft ausgerichtet, sondern erschließt eine Qualität, die auch das Recht des Augenblicks einfordert und die Bedeutung des gegenwärtigen Moments unterstreicht. Solche Aspekte sind vor allem in der pädagogischen Anthropologie hervorgehoben worden (vgl. Bollnow 1972; Duncker 2001 a).

Die Bedeutung der Gegenwart im Lernen des Kindes

Die didaktischen Konzeptionen des Unterrichts, die in den letzten drei Jahrzehnten vor allem das Lernen in der Grundschule erfolgreich verändert haben, lassen sich im Hinblick auf ihre inhärenten zeitlichen Orientierungen in den Blick nehmen. Trotz aller unterschiedlichen Akzente, die sie in Bezug auf die Auswahl von Lerninhalten, auf fachliche Belange und bevorzugte methodische Arrangements aufweisen, gibt es doch eine große Gemeinsamkeit: Im Offenen Unterricht wie im entdeckenden Lernen, im Wochenplan wie in der Freien Arbeit, im Projektunterricht wie im Stationenlernen tritt als verbindende Größe das *neue Verhältnis zur Zeit* hervor. Als Gemeinsamkeit wird sichtbar, dass die neuen Lehr- und Lernformen eine Variabilität in der Einteilung und Nutzung individueller Lernzeiten ermöglichen, um so dem Postulat der inneren Differenzierung und der Beachtung unterschiedlicher Lernwege gerecht zu werden. In einer qualitativ neuen Weise werden durch „variable Lernwege" (Bönsch 1991) individuelle Lernzeiten und differenzierte Lehrangebote aufeinander abgestimmt. Gerade unter dem Aspekt der individuellen Ausgestaltung von Lernzeiten wird ein flexibler Rahmen geschaffen, der, beginnend bei der Berücksichtigung unterschiedlicher Lerntempi und Konzentrationsfähigkeiten, über die Wahl von Aufgaben und Bearbeitungszeiten bis hin zur Möglichkeit, das Gelernte in Wiederholungen zu sichern, den Faktor Zeit in einer neuen Weise beachtet. Die in traditionellen Formen des Unterrichts sichtbaren Zeitmuster, wie sie beispielsweise für den 45-Minuten dauernden Rhythmus des Frontalunterrichts und seine Unterteilungen typisch sind, können so überwunden und den individuellen Lernmöglichkeiten der Kinder angepasst werden. Aus dieser zeitlichen Flexibilität heraus erwächst der entscheidende pädagogische Gewinn, der darin zu erkennen ist, dass die Lernformen des Kindes aufgegriffen, breiter berücksichtigt und damit besser gefördert werden können als dies im Gleichschritt lehrgangsbezogener Beanspruchungen der Fall ist. Die „Eigenzeiten" im Lernen des Kindes zu beachten, kann jenen Phänomenen Raum geben, die weiter oben bereits angesprochen wurden: das staunende Verweilen und rätselnde Suchen, das Wiederholen als Sicherung und Bestätigung des Gelernten, die genießende Selbstvergewisserung des eigenen Lernfortschritts, die denkende Verarbeitung von Irritationen, die aus der Sache heraus erwachsen und intellektuell bewältigt werden müssen, das Verknüpfen des neu Gelernten mit der Vorerfahrung und dem bereits Gewussten und Bekannten, das Aufgreifen einer plötzlichen Idee und das Verfolgen von Nebenpfaden und Seitengassen, das Zulassen spontaner Impulse und wilder Neugier usw. All diese Vorgänge, die konstitutiv für die Qualität von Lernprozessen sind und die zeigen, dass es neben geradlinig stetigen auch die so genannten „unstetigen Formen des Lernens" (vgl. Bollnow 1959) gibt, enthalten die situative Offenheit als Grundbedingung für die Entfaltung von Lernfähigkeit, wie sie immer und für jedes einzelne Kind als ein *individueller Vorgang* begriffen und gewährleistet werden muss. Die zeitliche Variabilität ist dabei nicht der einzige, aber ein sehr wesentlicher Schlüssel für eine erfolgreiche Bewältigung dieser Voraussetzungen. Sie verweist noch einmal auf die Integration des gegenwärtigen Moments im Lernen, der nicht mehr zugunsten einer alles dominierenden Zukunftsorientierung verdrängt oder unterschlagen, sondern in die erwähnte grundlegende Dialektik von Gegenwarts- und Zukunftsbezug eingespannt wird.

Gleichwohl ist kritisch anzumerken, dass die Integration neuer Lernformen auch misslingen kann. Bisweilen erliegen offene Unterrichtsformen der Gefahr, dass der Vorwärtsdrang im Lernen gebremst, vernachlässigt oder gar nicht gesucht wird und dass die Beachtung der Gegenwart in Spass, Erlebnis oder auch in bloße Geschäftigkeit einmündet.

Dann wächst das Risiko, dass der Bildungswert des Lernens verloren geht und der Anspruch einer optimalen Nutzung der Schulzeit ausgeblendet wird. Offenheit kann in die Selbsttäuschung einmünden, dass unabhängig von Unterrichtsergebnissen schon das Prinzip selbst für unstrittig richtig gehalten und gegenüber jeder Kritik immun ist.

In schulpädagogischen Zusammenhängen erweist sich gerade dieser Aspekt als sensibel auszusteuernder Vorgang, nämlich die Gegenwart in ihrem Eigenrecht zu wahren, sie in ihren Qualitäten zu erschließen und doch behutsam Steigerungsmöglichkeiten im Auge zu behalten. Dies kann zur pädagogischen Zerreißprobe werden. Geduld und Hoffnung angesichts oft aussichtslos erscheinender Unterrichtssituationen zu kultivieren, bedeutet eine immense Herausforderung an die Profession des Lehrerberufs.

Lernrhythmen als Gestaltungsprinzip der Schule

Ohne dass es in seinen archaischen Wurzeln sichtbar gemacht worden wäre, hat die jüngere Geschichte der Schulreform für die Gestaltung des Schulalltags ein Verhältnis zur Zeit wieder entdeckt, das kulturgeschichtlich gesehen älteren Datums ist und weit vor den Veränderungen der Neuzeit ausfindig gemacht werden kann. Es ist ein so genanntes *zyklisches Zeitbewusstsein* (vgl. Rammstedt 1975; Wendorff 1988), das keiner modernen gesellschaftlichen Dynamik unterliegt, sondern in naturphilosophischem und anthropologischem Sinne das Verhältnis des Menschen zu seiner eigenen und der ihn umgebenden Natur beschreibt. Es geht darum, analog zu den zeitlichen Vorgängen der Natur, die im Wechsel von Ebbe und Flut, von Tag und Nacht, von Sommer und Winter usw. beobachtet werden können, auch die eigenen biologisch-physiologischen Bedingungen des menschlichen Lebens für die Gestaltung von Lernprozessen zu nutzen und in Rhythmen unterschiedlicher Beanspruchungen auszulegen. Schularten, die das Klassenlehrerprinzip beachten, wie beispielsweise die Grundschule, haben für die Berücksichtigung dieser Dimension vergleichsweise günstigere Bedingungen gegenüber Schularten, die das Fächerprinzip bevorzugen, weil sie die Gestaltung des Schulvormittags weitgehend in der Hand einer Lehrperson belassen. Es entsteht hier die große Chance, den Wechsel von Zeiten der Anspannung und Entspannung, der Konzentration und Zerstreuung, von Ruhe und Bewegung in rhythmischen Gliederungen auszulegen und durch die Ritualisierung solcher Wechsel die Lernfähigkeit des Kindes in geordnete Bahnen zu lenken (vgl. Giel 1987; Nickenig 1996). Gerade durch die vielfältigen außerschulischen Zumutungen einer technisierten und mediatisierten Welt ist die pädagogische Phantasie herausgefordert, mit der Beachtung zeitlicher Rhythmen den außerschulischen Irritationen und Verwahrlosungen entgegenzutreten und die rhythmischen Gestaltungsformen des Unterrichts kompensatorisch für die Steigerung von Lernfähigkeit zu sichern. Auch die Durchgestaltung von Unterrichtstagen und Schulwochen sowie die Gliederung des Schuljahres durch Feste und Feiern tragen wesentlich dazu bei, die Schule als sinnvoll strukturierte und durchschaubare Zeit zu erleben und als eine Ordnung wahrzunehmen, die durchkomponiert ist und so Produktivität freizusetzen vermag. Morgenkreis und Freie Arbeit, Lehrgänge und Übungen, Lernalltag und „Feiertage" sind in solchen Rhythmen auszulegen, die sich mit den biologischen, psycho-physiologischen und soziokulturell bedingten Rhythmen der Kinder vertragen. Das Prinzip der „Multitemporalität" (Levine 1998) könnte hier auch in seiner schulpädagogischen und didaktischen Dimension beachtet werden.

Klaus Mollenhauer hat die Aufgabe, die sich daraus für die Schule stellt, folgendermaßen formuliert: „Wie bringt man die Zeitrhythmen des individuellen Erfahrens und die Zeitrhythmen des institutionellen Lernens in eine Konkordanz, und zwar so, dass weder das Individuum mit seinem Interesse an persönlich artikuliertem Lebenssinn darunter leidet noch das Interesse an der Produktivität des ganzen Gemeinwesen zu kurz kommt?" (1987, S. 77).

Diese Fragen können unter den Bedingungen gegenwärtiger Schulwirklichkeit oft nur schwer ausbalanciert werden. Es scheint so, als wäre die Kategorie des „Behütens" (vgl. Schleiermacher 1826; Flitner 1982) zu einer neuen Herausforderung geworden, die im Aufwachsen der Kinder den Aspekt des Zeitlassens, der Zeitsouveränität und unverplanter Eigenzeiten auf eine neue Weise zu sichern hat, so dass auch die Rhythmen schulischen Lernens wieder ihre innere Produktivität entfalten können.

2.3 Die Umkehrung von Offenheit und Verplanung

Eine unter zeitstrukturellen Gesichtspunkten deutlich abbildbare Veränderung der Kindheit betrifft das Verhältnis von verplanter und frei verfügbarer Zeit in und außerhalb der Schule. Es wurde bereits darauf hingewiesen, dass große Teile der gegenwärtigen Schulreform als ein Trend zu mehr zeitlicher Variabilität und Flexibilität in der inneren Ausgestaltung von Lernprozessen beschrieben werden können. Die Postulate der Individualisierung und Differenzierung des Lernens schließen eine *Entstrukturierung* fixierter Zeitrhythmen ein. Ein Abschalten der Pausenklingel, die den Rhythmus des Stunden- und Fächerwechsels bestimmt, steht vielerorts als Zeichen für die neu gewonnene Freiheit, situationsspezifische Entscheidungen über die zeitlichen Intervalle und Interpunktionen des Unterrichts zu ermöglichen. Offene Lernformen ermöglichen in besonderem Maße eine selbstgesteuerte Ausrichtung der Lernzeiten, die sich beweglich an Konzentration und Interesse, an Lerntempo und Übungsbedarf anpassen lassen. Das Lernen im Gleichschritt und in frontal gelenkter Uniformierung wird dabei zum unzeitgemäßen und überholten Bild eines Unterrichts erklärt, der den Schulkindern deshalb nicht gerecht werden könne, weil er die individuellen Unterschiede im Lernen nicht beachte. Die Spielarten der Kritik sind vielfältig, sie reichen vom Vorwurf der Ineffizienz bis hin zum autoritären Zerrbild eines autokratischen Schulwesens, das abgeschafft werden müsse.

Diese Veränderungen, die insbesondere der Grundschule eine wachsende Tendenz zur Öffnung und Flexibilisierung der Zeitstruktur beschert haben, stehen nun in einem eigentümlichen Kontrast zu einer gegenteiligen Entwicklung außerhalb der Schule. Die Halbtagsschule, die ein konzentriertes Lernen und Arbeiten am Vormittag ermöglichen soll, hat ihre Berechtigung oft unausgesprochen dadurch gewonnen, dass sie davon ausging, dass am Nachmittag genügend freie Zeit zum Spiel und für andere selbstständig ausgeübte Freizeitaktivitäten bleibt. Diese Argumentation kann bis hinein in juristische Vorgaben verfolgt werden, die eine maximale Ausarbeitungszeit für das Anfertigen der Hausaufgaben vorsieht. Die Beanspruchung der Kindheit durch die Schule ist durch klare rechtliche Regelungen begrenzt, was immerhin auf einen gesellschaftlichen Konsens schließen lässt, wonach eine zu starke Vereinnahmung der Kinder durch die Schule schädlich für die Entwicklung der Kinder sei.

Diese „Verabredung" zwischen Schule und Gesellschaft bzw. Elternhaus, in der die anthropologische Position einer Gewährung freier Entwicklung und Selbsttätigkeit im Spiel während des Schulalters aufleuchtet, scheint nun von verschiedenen Seiten her einer Erosion ausgesetzt zu sein. Freizeit außerhalb der Schule wird dabei zunehmend zu einem Ort verplanter Zeit, sowohl die Anzahl und Dichte der Termine veranstalteter Aktivitäten betreffend als auch auf die innere Struktur dieser Zeiträume bezogen:

„Die Lebenswelt der Kinder ist mit einer großen Vielfalt an fixierten Zeiten ausgestattet, die sich zu komplexen zeitlichen Strukturen der kindlichen Umwelt überlagern, zu Strukturen aus langfristig zeitübergreifenden und kurzfristig detaillierten Zeitzuteilungen, aus Einzelterminen und Mustern für Zeiträume, aus Zeitschritten auf ein Ziel zu und aus zyklischen Mustern der Tages- und Wochenrhythmen, aus verbindlichen Vorgaben und aus selbst gewählten, selbst verabredeten Terminen" (Zeiher 1992, S. 106).

Was beobachtbar ist, ist Folgendes: Es gibt eine Tendenz, Stundenpläne für die Nachmittage zu erstellen, die gegenüber denen der Schule vergleichsweise eng und geschlossen erscheinen. Instrumentalunterricht und Mitwirkung in Orchestern und Chören, Sportverein und Reitstunden, Nachhilfeunterricht und Computerkurse, die Wahrnehmung regelmäßiger Arzttermine (z. B. Kieferorthopädie, Augenarzt), aber auch Fremdsprachenkurse und Skifreizeiten in den Schulferien usw. kumulieren zu einem Programm, das in festgelegten Zeiten absolviert und bewältigt werden will. Im Gegensatz zur Schule sind diese Nachmittags- (und Ferien-) Aktivitäten an unterschiedlichen Orten organisiert, so dass die Eltern im Nebenberuf zu Chauffeuren ihrer Kinder werden. Die Orte sind für die Kinder eigenständig und unabhängig, also zu Fuß, per Fahrrad oder mit öffentlichen Verkehrsmitteln, in der Regel kaum erreichbar, so dass das Phänomen der „Verinselung" (vgl. Zeiher/Zeiher 1994) der Lebensräume plausibel rekonstruierbar wird. Es ergibt sich eine für das kindliche Vorstellungsvermögen geografisch und räumlich nicht mehr integrierbare Aufsplittung von Aufenthaltsorten, die nur durch die Fahrdienste der Mütter und Väter zusammengehalten und koordiniert sind.

Auffällig an der inneren zeitlichen Struktur der Nachmittagsangebote ist, dass sie eher dem Muster geschlossener Curricula folgen. In kurzgeschlossenen Trainingseinheiten und engmaschig konzipierten Übungsformen, die bisweilen den Charakter eines Drills annehmen, werden Fertigkeiten und Kompetenzen erworben, die funktional auf eine Verwertbarkeit hin ausgerichtet sind. Eine Unterwerfung unter die Ziele und Methoden des Trainings wird fraglos hingenommen, ganz im Gegensatz zur Schule, wo die Frage nach demokratischer Selbstbestimmung, nach Eigenverantwortung und Mitsprache sich bereits an bescheidenen Zumutungen und Anforderungen entzünden kann. Die Rolle des Lehrers und der Lehrerin, die in schulpädagogischen und didaktischen Konzepten auf mehr demokratische Partizipation und Symmetrie zu den Schülern ausgerichtet wird und sich verstärkt am Profil des Beratens, des Helfens und Unterstützens orientiert, wird im außerschulischen Kontext durch eine klare hierarchische Rollenverteilung konterkariert. Dort entsteht mit dem Blick auf die anfallenden Kosten, Gebühren und Honorare eine deutliche Erwartung an eindeutig sichtbare Lernergebnisse.

Maria Fölling-Albers (2000) hat das hier skizzierte Paradox als „Entscholarisierung der Schule und Scholarisierung der Freizeit" beschrieben und mit empirischen Hinweisen belegt. Die Scholarisierung der Freizeit habe unter anderem mit gestiegenen Bildungserwartungen der Eltern zu tun und mit einem verschärften Wettbewerb um Bildungs- und Berufschancen, die auch dadurch gewachsen seien, dass der Erwerb von höheren Abschlüssen in der Schule den erstrebten gesellschaftlichen Aufstieg nicht mehr automatisch garantierten, weil die höheren Abschlüsse im Zuge der Bildungsreform von immer mehr Schülern erreicht und dadurch im Wert gemindert würden. Sie hätten eher den Charakter von Regelabschlüssen erhalten. Dies bedeute, dass soziale Differenzierung durch zusätzliche Anstrengung gesichert werden müsse, zum Beispiel durch eine Privatisierung des Lernens außerhalb der Schule über den käuflichen Erwerb von Bildung und Qualifikation. Die Kehrseite bestehe darin, dass dadurch ein Teil der Schüler wieder ausgeschlossen werde: „Schülerinnen und Schüler, die einen Zugang zu den nicht-schulischen Bildungsanbietern finden, profitieren von dieser Entwicklung und sind somit Gewinner. Kinder aus bildungsfernen Elternhäusern hingegen sind ausschließlich auf die Schule als Bildungs- instanz angewiesen" (a.a.O., S.127 f.). Es ist zu befürchten, dass sich eine neue gesell- schaftliche Differenzierung ausbreitet. Wenn die Schule nicht dazu befähigt wird, eine breite Bildung für alle Kinder zu sichern, werden privilegierte Schichten ihren Kindern die Möglichkeit geben, außerhalb der Schule die erwünschten Fähigkeiten zu erwerben. An- dere Teile der Schüler sind jedoch von diesen Förderungen abgeschnitten und den Ver- wahrlosungen der Straße oder des Medienkonsums ausgesetzt.[8]

	Montag	Dienstag	Mittwoch	Donnerstag	Freitag
1. Std.	Mathematik	Deutsch	Deutsch	Religion	Mathem.
2. Std.	Mathematik	Deutsch	Mathematik	Religion	Sachunt.
3. Std.	Sachunt.	Kunst	Sachunt.	Mathematik	Sachunt.
4. Std.	Deutsch	Kunst	Deutsch	Deutsch	Englisch
5. Std.	Musik				
14 bis 15 Uhr	Stadt- bibliothck	PC-Kurs	PC-Kurs		Fußball (Verein)
15 bis 16 Uhr		Klavier- unterricht		Sportunterricht (Schule)	Fußball (Verein)
16 bis 17 Uhr	Tennis		Pfadfinder	Sportunterricht (Schule)	
17 bis 18 Uhr	Tennis		Pfadfinder		

Abbildung 11: Der Stundenplan eines 10-jährigen Jungen aus Gießen im 4. Schuljahr

Möglicherweise gibt es noch weitere Zusammenhänge, die das Paradox von der „Entschu- lung" der Schule und der „Verschulung" der Freizeit erhellen. Zumindest müsste man darüber nachdenken, ob im schulischen Trend zu mehr Öffnung und Flexibilisierung das Bedürfnis nach effizientem Training zu wenig ernst genommen wird, ob die Ausbreitung des Nachhilfeunterrichts nicht auch auf Defizite schulischen Lehrens verweist. Dies könnte darauf hindeuten, dass ein Stück weit auch ein pädagogischer Zeitgeist korrigiert werden muss – ein Zeitgeist, der sich oft recht grundsätzlich gegen Leistungsanforderungen

---

[8] Diese Argumentation spielt auch in der gegenwärtigen Debatte um die Ausdehnung des Ganztagsschulangebots eine bedeutsame Rolle. In Ganztagsschulen können, eine entspre- chende Ausstattung vorausgesetzt, breiter angelegte Fördermaßnahmen auch jene Schülerin- nen und Schüler erreichen, die zu Hause kein anregungsreiches Bildungsmilieu und keine finanzielle Unterstützung zur Inanspruchnahme käuflich erwerbbarer Bildungsangebote er- warten können (vgl. Appel 2003; Hurrelmamm 2003).

gerichtet hat und in der Leistung nur die Erwartung von außen, den Druck und die Fremdbestimmung, nicht jedoch auch das Potenzial für Selbstentfaltung, Persönlichkeitsentwicklung und Sinnerfüllung gesehen hat. Schließlich ist auch eine weitere Hypothese denkbar: Die Verschärfung des Leistungsdrucks in der Welt der beruflichen Erwerbstätigkeit und der Karriereplanung hat längst auch die Freizeitgesellschaft erfasst. Auch hier werden neue Formen des Leistungsdrucks erzeugt, indem die Teilhabe an den prestigeträchtigen Sport- und Freizeitaktivitäten, die durch Leitbilder einer lifestyle- und konsumorientierten Spassgesellschaft ausgelegt werden, den eigenen Status absichern soll. Von diesem Sog ist auch die Kindheit nicht verschont, sie wird trotz des pädagogischen Ideals, wonach das Kind sich weitgehend selbstbestimmt entfalten müsse, in einen Stundenplan eingespannt, der aus der Freizeit eine effiziente Lernzeit machen soll.

2.4 Zeitmanagement und Zeitsouveränität

Kinderalltag im Schulalter ist in wachsendem Maße der zunehmenden Komplexität der Zeitverhältnisse ausgesetzt. Einerseits beginnt in einer qualitativ neuen Weise ein Leben mit der Uhr, eine Anpassung an Termine, Fristen und vorgegebene Zeitrhythmen, andererseits entstehen neue Freiheiten und Rahmenbedingungen für eine eigenständige Ausgestaltung des Alltags. Es gibt auf der einen Seite die verplante Zeit, gefüllt mit Erwartungen und Leistungsanforderungen, auf der anderen Seite entstehen frei verfügbare und selbst bestimmte Zeiträume, in denen eigene Interessen verfolgt und spontanen Regungen nachgegangen werden kann. Die widersprüchlichen Beanspruchungen, die in ihren gegensätzlichen Orientierungen auch zahlreiche Brüche, Risse und Friktionen aufweisen, erfordern bereits im Kindesalter eine neue Fähigkeit, die mit dem Begriff des *Zeitmanagements* umschrieben werden kann. Es betrifft die Fähigkeit, zwischen heterogenen Anforderungen eine Balance zu finden, Zeitpunkte und zeitliche Abläufe vorauszusehen, zu planen und zu koordinieren, so dass das „eigene Leben" (Beck u. a. 1997) bewältigt und mit den Ansprüchen selbst regulierter Interessen versöhnt oder zumindest in einen erträglichen Ausgleich gebracht werden kann. Es zeichnet sich in modernen Kindheiten ab, dass hier verstärkt Entscheidungen getroffen werden müssen über die Wahl von Veranstaltungen und Programmen, von Terminen und Öffnungszeiten, von Zeitbudgets und Zeitfenstern, die mit potenziellen Spielpartnern abgestimmt werden müssen: „Das Kind muss einen Weg finden zwischen den Verlockungen durch fertige Angebote und der damit verbundenen Einschränkung seines Entscheidungsspielraums. Es muss seine Selbstbestimmung behaupten gegen Herrschaftsansprüche. Es muss der Komplexität der zeitlichen Bedingungen Rechnung tragen und bei alledem den inneren Zusammenhang seines Handelns im Zeitverlauf wahren" (Zeiher/Zeiher 1994, S.162). Nicht alle Kinder bewältigen die zeitstrukturellen Herausforderungen. Wo nicht die Eltern helfen, zeitliche Ordnungen aufzubauen, die es ermöglichen, den wechselnden Rhythmen von Spielen und Lernen, von Konzentration und Zerstreuung, von sozialem Miteinander und individuellem Rückzug auszusteuern, wächst die Gefahr, dass der Alltag keine bewältigbare zeitliche Gestalt erhält, mit schwer wiegenden Folgen für die kindliche Entwicklung.

Der Erwerb von (partieller) *Zeitsouveränität* im eigenen Handeln erfordert eine neue Metaebene im Verständnis zeitlicher Abläufe, die auf Chancen und Möglichkeiten, aber auch auf Risiken und Grenzen hin abgetastet werden müssen, wenn sie mit den eigenen Bedürfnissen in Einklang gebracht werden sollen. Dies betrifft nicht nur den Familienalltag, der bereits für sich allein zahlreiche Regelungen erfordert, um die Individualisierungstendenzen der einzelnen Familienmitglieder auszuhalten und im hoch individualisierten Alltag noch gemeinsame Zeit für die Einnahme von Mahlzeiten, Freizeitaktivitäten und andere Beschäftigungen zu finden. In der Regel kündigt sich eine Auflösung und Verwahrlosung von Familialität an, wenn solche Koordinationen nicht mehr gelingen und jeder „seines Weges" geht. Darüber hinaus erfordert auch die Gestaltung der sozialen Bezüge im Freundeskreis neue Formen zeitlicher Disponibilität und Vereinbarung: die Notwendigkeit der Vorausplanung und der Abstimmung von Orten und Zeiten des Treffens sowie des Abschätzens von Zeitdauern, die erforderlich sind, um sie als in sich selbst sinnvolle Zeit erfahren zu können. So wird noch die Augenblicksorientierung bewusst als Zeit mit begrenzter Dauer wahrgenommen und mit dem Blick auf die Uhr kontrolliert.

Was sich in weiten Teilen der Schulkindheit herauskristallisiert hat, sind die Verabredungen zu zweit und die Bildung wechselnder Paarkonstellationen. Kinder verabreden sich in der Schule oder am Telefon für den Nachmittag. Hartmut und Helga Zeiher (1994) haben dies in ihrer Studie ermittelt:

„Die Kombinationen wechseln, doch die Zweierregel ist unumstößlich. So konnte Silke einmal an einem heißen Sommertag nicht zum Schwimmen gehen, weil alle ihre Freundinnen sich schon paarweise zu Schwimmbadverabredungen zusammengefunden hatten. Die Zweierregel verbietet es auch, am Nachmittag unangemeldet ein anderes Kind zu besuchen" (a.a.O., S. 132).

Was sich seit der Untersuchung von Hartmut und Helga Zeiher zusätzlich verändert hat, ist die Verbreitung der *Mobiltelefone*. Eine Stichprobe in einer Gießener Schulklasse ergab, dass von 30 Schülerinnen und Schülern eines 6. Schuljahres 25 ihr Handy dabei hatten – eine für die heutige Schülergeneration selbstverständliche Größenordnung, die nichts mehr mit Statusgewinn zu tun hat. Allerdings sind nach Angaben der Schüler die Handys überwiegend „für den Notfall" dabei, zum Beispiel für die Benachrichtigung der Eltern, wenn der Schulbus ausfällt. Auch beschäftigen sie sich auf den Schulhöfen eher mit den eingespeicherten Spielen. Für Kommunikationszwecke selbst werden immer häufiger SMS-Nachrichten versandt. Telefoniert wird aus Kostengründen eher selten. Es wird noch zu untersuchen sein, ob das Zeitmanagement von Schulkindern in Zukunft durch die Mobiltelefone beeinflusst wird und Verabredungen wegen der ständigen Verfügbarkeit und Erreichbarkeit eine neue Dynamisierung erfahren.

2.5 Krisen der Schulkindheit

Die Flexibilisierung der Zeitverhältnisse mit ihren neuen, oft widersprüchlichen Belastungen können auch zu ernsten krisenhaften Entwicklungen führen, die die Zeit der Schulkindheit erschweren und eine besondere Anstrengung zur Bewältigung erfordern, wenn sie nicht zur dauerhaften Störung und Beeinträchtigung der Persönlichkeitsentwicklung beitragen sollen.

Unter zeitstrukturellen Aspekten kommen Krisen als „Einschnitte im Lebensverlauf" (Bollnow 1959, S. 25) in den Blick, als Ausdruck einer Erfahrung, die in heftiger Weise als Irritation und Verunsicherung erlebt wird. In der Krise kumulieren Ereignisse, die in der Kontinuität bisheriger Lebenserfahrung nicht erwartet werden konnten und nun in einer Heftigkeit eintreten, die die Verarbeitung überfordern. Die Konfrontation mit dem Neuen und Unerwarteten bedeutet einen schmerzhaften Einschnitt, der verdeutlicht, dass der Prozess der Biografie in eine Situation hineingeraten ist, in der die Fortschreibung verfügbarer Muster zur Problembewältigung nicht mehr ausreicht: Das Repertoire zur Lösung des Problems scheint erschöpft, die Fähigkeit nicht vorhanden, Auswege aus der Krise zu finden und die Offenheit für neue Erfahrung wiederherzustellen. Krisen können, wenn sie überstanden werden, den Menschen stärken und seine Belastungsfähigkeit erhöhen, aber sie können auch Wunden und Narben hinterlassen, die schwach und mutlos machen, die Vermeidungsstrategien erzeugen und zu dauerhaften Ängsten führen.

Diese Ambivalenz hat Bollnow herausgearbeitet: In der Krise, die zu den unstetigen Einschnitten im Lebenslauf zählt, werde eine alte Lebensordnung in Frage gestellt, und die neue, die sich erst jenseits der kritischen Zäsur gewinnen lasse, sei noch nicht gefunden. Sie lasse sich nicht aus der alten Ordnung ableiten: „Die alte Ordnung muss zuvor vernichtet werden. Daher der qualvolle Charakter. Und dann kann etwas Neues beginnen, das sich in seiner Neuheit nicht vom Bisherigen verstehen lässt. Das Leben fängt nach der Krise auf einer neuen Ebene wieder an" (a.a.O., S. 30 f.). „Von einer unhaltbar gewordenen Ordnung geht es durch den Höhensturz der Verzweiflung über die lösende Entscheidung zu einer neuen Ordnung. Dies kann [...] auf eine niedriger gelegene Ebene führen. [...] Sie kann aber auch [...] eine schöpferische Leistung bedeuten, wenn wirklich im vollen Sinn nach der Krise ein neues und besseres Leben beginnt und bisher verschüttete Möglichkeiten dabei frei gelegt werden" (a.a.O., S. 34). Der Versuch, Krisen auszuweichen, könne zu „Unentschiedenheit" und „Wesenlosigkeit" führen, und umgekehrt vollziehe sich im mutigen Durchhalten der Krise eine „Reinigung" und „Erneuerung", die auf anderem Wege nicht erreichbar wäre. „In diesem Sinne dürfen wir vermuten, dass in der Tat die Krise notwendig zum Wesen des menschlichen Lebens gehört und dass die höhere Stufe der Reife grundsätzlich nur im Durchgang durch die Krise erreicht werden kann" (a.a.O., S. 36).

Folgt man der existenzphilosophischen Explikation von Bollnow, stehen Krisen der Schulkindheit in der Ambivalenz, Chancen für eine Entwicklung zu bieten, andererseits Kinder zu überfordern und sie damit in ihrer Persönlichkeitsentwicklung zu behindern oder gar zu beschädigen. Die Bestimmung dessen, was zumutbar ist, ist schwierig, denn eine bewusste Herbeiführung von Krisen wäre pädagogisch nicht verantwortbar: „Der Erzieher kann sie nicht herbeiführen oder sie beherrschen, er kann nur helfend dabei sein, wenn schicksalsmäßig ein solches Ereignis den Menschen trifft, er kann zu helfen versuchen, die Krise in ihrem Sinn klar zu begreifen und bis ans Ende durchzuhalten" (a.a.O., S. 37 f.).

Vor dem Hintergrund des von Bollnow entfalteten Zusammenhangs von „Krise und neuem Anfang" (vgl. auch Bollnow 1983) sind nun exemplarisch drei für die Schulkindheit typische Krisen zu benennen, nämlich Schuleintrittskrisen, Krisen im Übergang zur Sekundarstufe sowie Pubertätskrisen, soweit sie auch ihre schulische Reichweite betreffen.

Schuleintrittskrisen

In der grundschulpädagogischen Literatur zum Schulanfang und Anfangsunterricht wird immer wieder sehr deutlich die Aufgabe eines kontinuierlichen und gleitenden Übergangs vom Kindergarten in die Grundschule beschrieben und eingefordert. Er soll den Neubeginn und die Anforderungen der Schule für möglichst alle Kinder erträglich und zu einem ermutigenden Start machen (vgl. z. B. Meiers 1981; Hacker 1992). Die Gewöhnung an den Schulbetrieb und seine neuen Formen des Lernens soll allmählich und schrittweise erfolgen, so dass der Einstieg in die neue Umgebung, in den neuen sozialen Kontext und in die neuen Regeln der Institution Schule als prinzipiell gelingende Erfahrung bewältigbar gemacht wird.

Dennoch gibt es das Phänomen der Schuleintrittskrisen, die sich oft nicht in „lauten" und aggressiven Formen des Verhaltens ankündigen, sondern in einer „stillen" Art des inneren Rückzugs, der Sprachlosigkeit und Passivität sichtbar werden. Auch Appetitlosigkeit und Schlaflosigkeit sowie regressive Verhaltensweisen wie eine erhöhte Anlehnungsbedürftigkeit, Ängstlichkeit usw. können darauf hinweisen, dass der Schulbeginn von den Kindern psychisch nicht auf Anhieb bewältigt wird. Oft lösen sich die Probleme nach wenigen Wochen fast wie von selbst, die Kinder beginnen sich zurecht zu finden und öffnen sich wieder der Sache und den Anforderungen sowie den Mitschülern und Lehrkräften. Allerdings können diese Schwierigkeiten auch zu einer Krise auswachsen, die nicht nur vorübergehende Formen einer Verweigerung, eines stillen oder lauten Protests oder einer Regression erzeugen, sondern sich zur Gefahr des Schulversagens und der sozialen Desintegration ausweiten.

Knörzer und Grass (1992) haben Schuleintrittskrisen als Identitätskrisen interpretiert (vgl. S. 133 ff.), die eine Krise des Selbstbildes und der Ich-Identität einschließen. Im Rückgriff auf den symbolischen Interaktionismus wird hier Identität als ein Balanceakt verstanden, in dem es gelingen muss, die eigene Identität zwischen den Erwartungen von außen und den Erwartungen des eigenen Selbst auszusteuern und auszugleichen. Gerade im situativen Kontext der Schule, in dem den Kindern institutionelle Erwartungen in Form von einer Fülle neuer Anforderungen begegnen, ist der Balanceakt auf die Probe gestellt und der Erwerb einer neuen Identität mit besonderen Anstrengungen verbunden. Selbstkonzepte, die in die Schule mitgebracht werden, können sich im Blick auf die Anforderungen der Schule als zu hoch oder zu niedrig erweisen. In beiden Fällen muss das Bild von den eigenen Voraussetzungen und Fähigkeiten korrigiert und angepasst werden. Die häufigsten Auslöser von Schuleintrittskrisen liegen jedoch in einem überhöhten Fähigkeitsselbstbild begründet. Aber auch Ablöseschwierigkeiten von der Mutter oder kulturelle Differenzen im Bereich der Normen und Wertvorstellungen kommen häufig in Betracht.

„Es ist für Kinder recht schwierig, ein hohes Fähigkeitsselbstbild aufzugeben, so schwer wie für uns Erwachsene. Es gilt, vom ‚Paradies' der Selbstüberschätzung und den eigenen Größenphantasien Abschied zu nehmen [...]. So ist es verständlich, wenn manche Schüler Schwierigkeiten haben, die Erkenntnis zu verarbeiten, dass sie etwas nicht können. Statt sich einzugestehen, etwas nicht oder nicht so gut zu können, registrieren sie vielleicht ihre Defizite gar nicht, machen sich und anderen etwas vor, eine Taktik, der nur kurzfristig Erfolg beschert sein wird. Andere werten den Wirklichkeitsbereich, in dem die ‚Kränkung' geschah, ab: ‚Ich will gar nicht lesen und schreiben lernen' oder ‚Die Schule ist blöd!'. Sie können die Selbstabwertung dadurch zu kompensieren versuchen, dass sie Kompetenzbereiche hervorkehren, in denen sie sich stark fühlen, etwa indem sie den Klassenclown spielen, ihre körperliche Stärke demonstrieren usw. Die Selbstabwertung kann „narzisstische Wut" auslösen, die sich in Selbst- und Fremdaggressionen entlädt. Sie können endlich in geheime Größenphantasien ausweichen oder schlichtweg regredieren, kleinkindhaft sprechen und sich geben, wieder den Schnuller brauchen oder bettnässen" (Knörzer/Grass 1992, S. 148 f.).

Krisen beim Übergang von der Grundschule in die Sekundarstufe

Auch ein zweiter Einschnitt in der Schullaufbahn kann sich als anfällig für die Entstehung von Krisen erweisen. In der Regel ist der Übergang von der Grundschule in die Sekundarstufe mit einem Wechsel der Schule verbunden, unabhängig davon, ob sich eine integrierte Form der Orientierungs- bzw. Förderstufe oder eine Schulform des dreigliedrigen Schulwesens anschließt. Der oft als „zweite Einschulung" bezeichnete Übergang konfrontiert die

Abgänger der Grundschule mit einer andersartigen Lernkultur, die teilweise erhebliche Unterschiede zu den in der Grundschule bevorzugten pädagogischen und didaktischen Orientierungen aufweist.

An erster Stelle ist der ausdifferenzierte Fachunterricht zu nennen, der nun von zahlreichen verschiedenen Fachlehrern erteilt und in einem Stundenplan organisiert wird, der einen Wechsel im 45-Minuten-Rhythmus vorsieht. Gegenüber dem weitgehend im Klassenlehrerprinzip und in übergreifende Lernbereiche gegliederten Unterricht der Grundschule bedeutet dies eine erheblich gesteigerte Anforderung an die Flexibilität der Schüler, da sie sich mehrmals täglich auf neue Personen und Inhalte, Unterrichtsstile und Erwartungen, Leistungsbegriffe und Lernformen einlassen müssen. Das Prinzip des ständigen Wechsels der Lernarrangements und der personellen Konstellationen erschwert ein neues Zurechtfinden erheblich und bedarf einer Gewöhnungszeit, die anfällig ist für Störungen und Krisen. Hervorzuheben ist auch die in fachunterrichtlichen Kontexten immer noch dominante Form eines lehrerzentrierten, oft geschlossenen Unterrichts, der gegenüber den tendenziell offenen Unterrichtsformen der Grundschule von einem stärker sachbezogenen und weniger „kindorientierten" Selbstverständnis geprägt ist.

Der Eintritt in die Sekundarstufe wird von den Kindern überwiegend als Bruch und Diskontinuität wahrgenommen (vgl. Büchner/Koch 2001), er markiert einen „biografischen Übergang", der wiederum neue Chancen und Risiken enthält. Gelingt der Übergang nicht, sind schwer wiegende Folgen zu befürchten, die nicht nur die Schullaufbahn und die damit verbundenen erreichbaren Abschlüsse, sondern auch das Selbstbild und die eigene Identität des Kindes als Schüler belasten.

Aufgeladen ist der Erfolgsdruck durch die Bildungsaspirationen der Eltern und der drohenden Gefahr, von jenen Entwicklungsanreizen und Teilhabeprozessen ausgeschlossen zu werden, die den Weg zum Abitur erleichtern und ebnen. Die „riskanten Freiheiten" (Fend 1990), die mit einer relativ frühen Selektion und der Entscheidung für bestimmte Lebenswege verbunden sind, können sich im so genannten „Sekundarstufenschock" (Weißbach 1986) niederschlagen und eine Verarbeitung der Brüche zwischen Grundschule und Sekundarstufe erschweren (vgl. hierzu detailliert Hacker 1992).

Mehr als zu Beginn der Grundschule ist die Kindheit beim Übergang in die Sekundarstufe mit dem Leistungsprinzip konfrontiert. Das vierte Schuljahr steht bereits deutlich im Zeichen des bevorstehenden Übergangs, die Grundschulempfehlungen über den voraussichtlich geeigneten weiteren Bildungsweg haben juristisches Gewicht. Lernmotivation und Leistungsbereitschaft gewinnen deutlich hinzu, wenn der Übergang gelingt (vgl. Mitzlaff/Wiederhold 1989), umgekehrt können sie sogar dauerhaft Schaden erleiden und im Extremfall psychosoziale Fehlentwicklungen auslösen. Hauptschulen, die jene Kinder aufnehmen, die den Weg in die Realschule oder das Gymnasium nicht geschafft haben oder gar aus diesen Schularten als „Schulversager" zurückkommen, berichten vom Schweigen, der Lernunlust und Apathie oder auch – ins Gegenteil aussteuernd – von der latenten und offenen Aggressivität in Hauptschulklassen. Ein beschädigtes Selbstbewusstsein aufzurichten und eine konstruktive Einstellung zum Lernen wiederherzustellen bedeutet deshalb eine besondere Herausforderung an die pädagogische Phantasie und das didaktische und soziale Engagement von Hauptschullehrern (vgl. Scheufele 1996).

Pubertätskrisen

Im Übergang zum Jugendalter ist mit dem Eintreten der Pubertät ein Einschnitt zu nennen, der potenziell anfällig für krisenhafte Entwicklungen ist und auch im Zusammenhang mit der Schule neue Konfliktstoffe enthält. Unter zeitstrukturellen Gesichtspunkten ist er auch deshalb wichtig, weil hier eine Phase der Persönlichkeitsentwicklung zu beobachten ist, die stark mit regressiven Tendenzen durchsetzt ist. Dennoch bedeutet gerade dieser Entwicklungsabschnitt eine besondere „personelle und kulturelle Chance", wie Hans-Jürgen Wirth (1984) betont.

Es sind vor allem psychoanalytisch orientierte Autoren, die Pubertätskrisen am Beginn der Adoleszenz erklärungskräftig beschrieben haben. Die Verflüssigung der Ich-Strukturen in der Pubertät, deren äußeres Zeichen ein Zurückgreifen und Erinnern an frühe Stadien der Kindheit und eine Wiederbelebung regressiver Verhaltensweisen ist, dient dazu, zeitweise die Funktionen des Über-Ichs außer Kraft zu setzen, um den Ich-Ansprüchen und Trieben mehr Geltungs- und Bewegungsspielraum zu verschaffen. Man könnte deshalb mit Ernst Kris (1977) von einer „Regression im Dienste des Ich" sprechen. In dieser regressiven Orientierung bekommt das sinnliche Erleben der Gegenwart einen besonderen Stellenwert. Die „diakritische Wahrnehmung" wird zugunsten der „coenästhetischen Wahrnehmung" (Spitz 1965) zurückgedrängt. Die coenästhetische Wahrnehmung wird oft durch einen intensiven Konsum von Pop- und Rockmusik begleitet, umso die neue „Entregelung der Sinne" und die „sinnliche Stimulierung des Körpers" (Wirth 1984) zu unterstützen. Auch werden bisweilen Nikotin, Alkohol und sogar Drogen für das eigene „narzisstisch-regressive Verhalten" (Ziehe 1975; Nipkow 1981) nutzbar gemacht, auch wenn sie für die seelische und körperliche Gesundheit schädlich sind.

Die Verflüssigung von Ich-Strukturen in der Pubertät erschließt eine große Ambivalenz für die weitere Entwicklung. Die Gefahren jeder Regression liegen auf der Hand: Sie kann zu einer sozialen Desintegration führen, zum Verlust an Selbstautonomie und der Stabilität an Wertorientierungen. Aus der Verflüssigung und regressiven Orientierung können jedoch in einer neuen Qualität auch progrediente Züge erwachsen. Blos (1977) betont, dass Regression in der Adoleszenz die Vorbedingung für die progressive Entwicklung ist. Wirth (1984) erkennt im Jugendprotest, wie schon angedeutet, eine „personelle und kulturelle Chance", die wesentlich auf einer sich in der Regression ausbildenden „Schärfung der Sinne" beruhe.

Was über die persönliche Entwicklung hinaus als „kulturelle Chance" bezeichnet wird, ist näher zu erläutern. Es ist die neue *ästhetische Praxis*, die sich in der Pubertät anbahnt und die sich im regressiven Spiel mit symbolischem Material aus Erinnerung, Traum und Wunschvorstellungen eigentümliche Formen des Ausdrucks schafft und sich in immer wieder neuen Jugendstilen niederschlägt. Jedenfalls überrascht immer wieder die Kreativität und Originalität, mit der pubertierende Jugendliche ihre eigene „Sprache" finden – eine Sprache, die mit ästhetisch-symbolischen und nicht mit begrifflichen Instrumentarien arbeitet. Selbststilisierung und ästhetische Praxis sind Ausdruck einer Sinnsuche, in der ein eigenes Milieu und eine eigene Ausdruckswelt geschaffen werden, „wo über die Inszenierung des Ich Fragen des Glücksanspruchs, der gegenwärtigen Verfassung, aber auch der zukünftigen Sinnorientierung behandelt werden" (Baacke 1985, S. 211).

Identität wird in der Pubertät – und hier liegt ein krisenanfälliger Schwachpunkt – vorwiegend über *äußere* Formen der Inszenierung, der symbolisch aufgeladenen Situation, den Auftritt und die Wahl der Requisiten ausgesteuert. Auch Kleidung und Frisur, Gestik und Musik spielen dabei eine wichtige Rolle. Dadurch wird die Darstellung der Identität auch von einer ständigen Resonanz und Rückkoppelung an die Szenarien der Umgebung abhängig. Das Bedürfnis nach ständigem, unmittelbarem und direktem Erleben bindet die Identität zurück an die Gegenwart, die prinzipiell flüchtig ist. Die Identität ist dann in gleichem Maße existenziell gefährdet, wie der symbolisch aufgeladene Raum der Selbstinszenierung schwindet oder bedroht ist.

Der Entwicklungsschub der Pubertät mit seiner labilen und krisenanfälligen Suche nach neuer Identität kann in vielfältiger Weise zusätzlich mit den Anforderungen der Schule in Konflikt geraten. Die Schule ist auf die Phase der Pubertät und den Übergang von der Kindheit in das Jugendalter nicht eingestellt. Ihre Zeitstruktur bleibt auch während der Pubertät ihrer Schülerinnen und Schüler durch die lineare Ausrichtung an den Bildungszielen und den definierten Qualifikationsstandards bestimmt. Auch die methodischen Orientierungen und die Methoden des Lernens nehmen in der Regel keine Rücksicht auf die persönlichen Umwälzungen, die auf die Kinder in der Pubertät hereinbrechen. So sind die Konflikte vorprogrammiert: In der Pubertät dominiert ein horizontales Zeitbewusstsein und eine regressive Orientierung, die Schule aber setzt auf Zukunft; am Ende der Kindheit gewinnen symbolische und ästhetische Ausdrucksformen an Bedeutung, die Schule dagegen bevorzugt sprachlich-begriffliche Formen und einer Arbeit am Text; am Beginn des Jugendalters entfachen Phantasien über das Mögliche und Unwirkliche, die Schule dagegen will die Wirklichkeit zeigen, wie sie ist, und verfällt dabei immer wieder in einen naiven Positivismus; in der Pubertät dominieren Sinnlichkeit und bisweilen eine anarchische, wilde Assoziativität. Die Schule aber betreibt nüchternes Qualifizieren und fordert Folgerichtigkeit und Logik im Denken.

Die Liste der Oppositionen und gegensätzlichen Orientierungen könnte erweitert und ausdifferenziert werden. Sie mag verdeutlichen, dass die Schule denkbar ungünstig auf die sich anbahnende „ästhetische Praxis in der Pubertät" (Hartwig 1980) reagiert und diese zumindest institutionell und strukturell ignoriert. Daraus können Verschärfungen einer Krise erwachsen, in der sich die pubertierenden Mädchen und Jungen unverstanden fühlen und in ihrer Hilflosigkeit Auswege in der Destruktion suchen. Schülerprotest, Auflehnung und Störung des Unterrichts machen aggressive Potenziale sichtbar, die sich nach außen wenden. Es gibt aber auch die aggressive Wendung nach innen und gegen sich selbst, die zu narzisstischen Störungen, zu Essstörungen und in schlimmen Fällen sogar bis zum Suizidversuch reichen (Ziehe 1975).

Es ist eine schulpädagogische Herausforderung, die kulturelle Chance, die in der Pubertät begründet liegt, besser zu nutzen und damit auch den Übergang von der Kindheit ins Jugendalter sensibler abzustützen (vgl. Fend 1997). Ein wichtiger Weg könnte darin begründet liegen, das Prinzip der Literalität über den Bereich der Schrift im engeren Sinne hinaus auszuweiten und eine „ästhetische Alphabetisierung" bereits im Grundschulalter zu beginnen (vgl. Duncker 1997b). Dies nimmt der Pubertät nicht ihre eigene Dynamik – was weder wünschenswert noch machbar wäre –, erweitert aber schulisches Lernen in Bereiche der „Sprachen" und Ausdrucksformen hinein, die bislang wenig Beachtung finden, die aber gerade Pubertierenden entgegenkommen könnten.

3 Die Aneignung von Methode

In einem dritten Kapitel geht es nun darum, den Aspekt der Aneignung von Methode in seiner spezifischen Bedeutung für das Verständnis von Schulkindheit zu erschließen. Der anthropologische Blick darauf, dass der Erwerb eines methodischen Verhaltens eine konstitutive Bedeutung für die Schulkindheit hat, greift dabei sehr viel weiter aus, als es im Kontext pädagogischer und didaktischer Theorien bislang üblich ist. Es ist gerade die anthropologische Perspektive, die diese Erweiterung ermöglicht und damit Methode als eine grundlegende Kategorie für das Hineinwachsen in die Kultur erfassen kann. An den Paradigmen des Sammelns und des Musizierens soll diese Perspektive verdeutlicht und exemplarisch herausgearbeitet werden.

Ein sehr wesentlicher Aspekt einer anthropologischen Bestimmung von Methode liegt darin begründet, dass erst durch die Aneignung von Methode Kinder in die Lage versetzt werden, Selbstständigkeit im Denken und Handeln zu gewinnen und dadurch den Prozess der Kultur eigentätig aufzunehmen und fortzuschreiben. Erst über den Weg der Methode wird es für sie möglich, sich aus den Zufällen ihrer Biografie zu befreien und sich aus den Verstrickungen und Befangenheiten ihrer Herkunft soweit zu lösen, dass der Entwurf eigener Identität auch *als Überschreitung* sozialisationsbedingter Einbindungen eigenständig ausgestaltet werden kann. Der Weg der Selbstbefreiung des Menschen zu sich selbst – ein unumstößlicher Topos der Aufklärung – bedarf eines methodischen Verhaltens, der als Bildungsprozess wirksam wird und darin seine Potenziale zur Entfaltung bringt. Insofern sind Bildung, Kultur und Methode in sich verschränkte Kategorien, die es erlauben, den Weg der Selbstbestimmung – im Rahmen historisch begrenzter Bedingungen und Möglichkeiten – pädagogisch auszulegen.

Es ist bildungsgeschichtlich noch nicht detailliert aufgearbeitet worden, dass die Schule in diesem Prozess der Aufklärung einen wesentlichen Anteil genommen hat. Schulgeschichte ist bislang eher sozial- und institutionengeschichtlich aufgearbeitet worden, nicht jedoch unter dem Aspekt, wie die Aneignung von Methode als Vorgang der Befreiung im Sinne der Emanzipation und der Bildung zu verstehen ist. Dies hängt zweifellos damit zusammen, dass Methode in der Schule oft genug in einer sehr eingeengten Weise zum Tragen kommt und bisweilen in ihrem pädagogischen Sinne sogar pervertiert wird. Methode ist auf weiten Strecken der Schulgeschichte oft eher unter dem Blickwinkel des Zwangs, der Disziplinierung und der Unterdrückung in Erscheinung getreten. Die Zerrbilder schulischer Unterweisung haben eine Spur des Leidens gelegt, die bis heute ganze Bibliotheken mit Literatur über Schulkritik gefüllt und bisweilen das Verständnis vom Lernen in der Schule einseitig dominiert hat. Methode im Sinne von Schulmethode enthält deshalb bis heute oft eine negative Konnotation. Sich gegen den rigiden Zwang der Schulmethode zu stellen wurde auch in der Renaissance reformpädagogischen Denkens und Handelns vor allem in den 70er und 80er Jahren zum Bezugspunkt der Schulreform gewählt (Jürgens 2000). Offene und selbstbestimmte Formen schulischen Lernens sollten die Verengungen und Einschränkungen unterrichtlicher Methoden der Belehrung und

Wissensvermittlung überwinden. Dabei wurde jedoch ebenfalls ein enges Verständnis von Methode zugrunde gelegt. Methoden – kennzeichnend ist die Verwendung des Begriffs im Plural – werden in der Regel verstanden als Katalog didaktischer Maßnahmen zur Gestaltung von Unterrichtsprozessen. Dies ist der heute vorherrschende Begriff von Methode, die in diesem Sinne das Repertoire des Lehrers zur Vermittlung von Wissen und Kenntnissen, von Fähigkeiten und Fertigkeiten kennzeichnet. Eine einschlägige Kompendienliteratur von Hilbert Meyer (2002; 2003) bis Heinz Klippert (2002) steht in der Tradition dieses Methodenbegriffs. Demgegenüber ist hier ein anderer, grundlegenderer Begriff von Methode zu explizieren, dessen anthropologische Bedeutung darin liegt, dass er an die Formen der Weltaneignung zurückgebunden ist und den Weg der Befreiung zu eigenständigem Denken und Handeln kennzeichnet. In dieser Hinsicht kann der Mensch erst durch ein methodisches Verhalten fähig werden, sich aus seiner Unmündigkeit zu befreien und sinnstiftend seine Kultur zu schaffen.

Bereits Johann Heinrich Pestalozzi hatte versucht, dieses Verständnis von Methode mit seinem emanzipatorischen Gehalt freizulegen und als grundlegende Kategorie einer Elementarbildung zu entfalten. Dies ist ihm nur partiell gelungen. Seine Schriften enthalten neben wegweisenden Ideen und Perspektiven auch zahlreiche unbrauchbare und irreführende Aussagen, die erst in einer mühsamen Interpretation und theoretischen Aufarbeitung identifiziert werden mussten (vgl. Pfeffer 1961; Liedtke 1977). Aber er hat die befreiende Kraft der Methode immer wieder herausgestellt und damit neue Perspektiven für die Befreiung der Kinder aus ihren auch durch soziale Verhältnisse bedingten eingeschränkten Wahrnehmungen und Anschauungen aufgezeigt.

Wo Kindheit über eine prägende Phase des Aufwachsens hinweg als Schulkindheit ausgelegt wird, steht sie unter dem Einfluss und dem Anspruch einer Kultivierung methodischen Verhaltens. Dass dieser Anspruch in seinen emanzipatorischen Gehalten wirksam wird und nicht nur in seinen reglementierenden und einengenden Potenzialen erfahren wird, zählt zum Bildungsauftrag der Schule. Sie hat Wege aufzuzeigen, wie Erwachsenwerden als Möglichkeit der Befreiung zu sich selbst, als Weg der Bildung und der Kulturaneignung so begehbar gemacht werden kann, dass er gleichzeitig der Individuierung dient.

Methode hat etwas mit Disziplin zu tun, und im Begriff der Disziplin tritt die Ambivalenz des Begriffs deutlich hervor. Disziplin bedeutet Selbstbeherrschung und Zurückstellung spontaner Bedürfnisse, markiert den Anspruch an konzentrierter und vertiefter Arbeit an der Sache. Im Begriff der Disziplin steckt aber auch die fachlich gebundene und systematisch durchgestaltete Ordnung eines kontrollierten Denkens, die auch die Selbstdisziplin des Körpers erfordert. Dass Disziplin und Methode jedoch in Zwang umschlagen und ihrer emanzipatorischen Gehalte beraubt werden können, hat die Geschichte der Schule immer wieder in schmerzhafter Weise gezeigt. Dies darf jedoch nicht dazu führen, den befreienden Aspekt zu übersehen und in seiner Bedeutung für Bildung und Aufklärung zu missachten.

3.1 Methodisches Lernen als Habitualisierungsprozess

Kindheit wird unter den Bedingungen von Schule einer Veränderung ausgesetzt, die mit dem Begriff des Lernens zunächst nur unscharf umschrieben ist. Zumindest enthält der Begriff des Lernens die Möglichkeit zu dem Missverständnis, dass Lernprozesse vor allem in materialer und formaler Hinsicht zu bestimmen seien: Es komme auf Ergebnisse und Output, auf den Erwerb von Techniken, Fertigkeiten und Qualifikationen an. Es kommt jedoch noch eine dritte Dimension hinzu, die den kulturellen Einfluss der Schule auf die

Kindheit nachhaltig bestimmt: Es ist mehr der *Gewinn eines methodischen Verhaltens*, durch das das Kind in ein neues Verhältnis zur Welt gesetzt wird bzw. sich selbst in ein neues Verhältnis zur Welt setzt. Die Schule bringt Kind und Welt über den Weg der Ausdifferenzierung methodischen Verhaltens in einer neuen Qualität miteinander in Beziehung. Dies beschreibt ein Wechselverhältnis, das nicht auf funktionale Relationen reduziert werden darf. Der Satz, die Schule bringe dem Kind Methoden bei, verkennt die Dialektik, die hier angebahnt wird. Dem Schulkind werden nicht – gleichsam in additiver Weise – zusätzliche Kompetenzen angehaftet, die es wie eine Technik zu beherrschen erlernt. Das neu Erworbene bewirkt vielmehr eine Veränderung, die den ganzen Prozess des Erwachsenwerdens erfasst und auch die Lernfähigkeit des Kindes auf eine neue Grundlage stellt. Es wirkt auf das Selbstverhältnis des Kindes zu seiner Umwelt zurück.

Die Schüler, so wurde bereits zugespitzt behauptet, sind Kinder, die Methode erwerben. Aber dieser Vorgang bringt ein neues Verständnis von Kindheit und Erwachsensein hervor. Es ist so grundlegend, dass die Differenz von der „Natur" und der „Kultur" des Kindes verwischt und nur noch schwer unterscheidbar wird. Die Kultur wird zu einer Art zweiten Natur, weshalb im Schulalter Kindheit und Schulkindheit zunehmend weniger unterscheidbar werden. Die Einflüsse der Schule und des systematischen Lernens beginnen die Kinder in einer Weise zu prägen, dass Kindheit in unserer Kultur *außerhalb* von Schulkindheit kaum noch vorstellbar wird.

Die spezifische Prägung der Kindheit durch die Methode lässt sich wiederum in Anlehnung an die Theorie des kulturellen Habitus von Pierre Bourdieu (1994) *als Habitualisierungsprozess* verstehen. Methode beschreibt dann nicht den Erwerb spezifischer Kompetenzen, die sich gleichsam äußerlich als Fertigkeiten vermitteln und aneignen lassen, sondern weit mehr eine Disponibilität, die das Verhältnis zur gegenständlichen, sozialen und symbolischen Umwelt betrifft. Wo Methode über den Weg schulischer Bildungsprozesse angeeignet wird, wird an den Gegenständen des Lernens paradigmatisch ein neues Verhältnis zur Wirklichkeit gewonnen, das Rückwirkungen auf die Person des Kindes selbst erzeugt. Die Habitualisierung von Methode wird damit selbst zu einem Vorgang kultureller Formung, indem die Potenziale, die der Methode inhärent sind, in die Person, die sie erwirbt, gleichsam eingelagert werden. Sie erschöpfen ihre Anwendungsmöglichkeiten und ihren Nutzen nicht in singulär ausweisbaren Situationen, sondern bleiben als Einstellung und Können auch dort präsent, wo Gegenstände und Inhalte, an denen und mit denen sie erworben wurden, sich ändern oder auch ganz aus dem Gesichtskreis verschwinden.

Freilich gibt es unterschiedliche Grade und Reichweiten dieses Könnenserwerbs, so dass in den Stufen und Differenzierungen der Methode in anthropologischem Sinne auch kulturelle Leistungsformen sichtbar werden. Hier spielen zweifellos auch Begabungen eine Rolle, die die Disponibilität methodischen Verhaltens begünstigen oder behindern.

Die Habitualisierung von Methode durch Bildungsprozesse verweist wiederum an die Dialektik von Individuierung und Enkulturation als dem anthropologischen Bestimmungsstück für den Prozess der Kulturaneignung. Methode bleibt dann nicht in einem äußerlichen Sinne instrumentell auf die Anwendung eines Know-how verengt, sondern beschreibt den Kern eines Verhältnisses, mit dem Kinder mithilfe der Schule dazu befähigt werden, den Prozess der Kultur aufzunehmen und weiterzuschreiben. Kultur und Methode gehören deshalb zusammen. Methode beschreibt den Weg der Habitualisierung von Fähigkeiten, die die Kinder sowohl in die Lage versetzen, sich an kulturelle Tradition und Überlieferung anzubinden, diese zu verstehen und die Erinnerung an sie zu vergegenwärtigen, andererseits kommen damit gleichzeitig Potenziale zur Entfaltung, die es den Kindern erlauben, schöpferisch tätig zu werden und den Energien des Tätigseins und des Handelns Richtung und Ausdruck zu geben.

Individuierung und Enkulturation bilden in ihrem Wechselbezug ein dialektisches Spannungsverhältnis. Die Dynamik, die hier angelegt ist, bedarf eines Prozesses, der ihre Entfaltung in Gang setzt und vorantreibt. Es ist der Weg der Methode und ihrer inneren Verweise, die ein unabschließbares Wechselspiel des Aneignens und Erzeugens von Kultur ermöglichen. In den Differenzierungen der Methode wird deshalb sichtbar, wie Individuierung und Enkulturation ineinander greifen und sich wechselseitig hervorbringen.

Dieser Prozess bedarf der Unterstützung von außen. Die Schule ist von ihrer Idee her der Ort, an dem diese Unterstützung angeboten wird, damit auch folgende Generationen den Prozess der Habitualisierung von Methode aufgreifen können. Damit ist freilich noch nichts darüber gesagt, wie gut sie diese Aufgabe tatsächlich erfüllt und ob sie durch eigene institutionelle Regelungen nicht immer wieder selbst die Erfüllung dieses Auftrags untergräbt. Hier hat die Schulkritik ein ergiebiges Arbeitsfeld entdeckt.

Die kulturelle Leistung der Schule ist primär in den Sozialisationsleistungen zu suchen, die es ermöglichen, den Erwerb methodischer Kompetenzen als Habitualisierungsprozess auszugestalten. Deshalb muss hier erneut kritisch das Theorem von der Schule als einer gesellschaftlichen Institution angesprochen werden, das besagt, dass ihre Funktion vor allem in den Qualifikationsleistungen zu erkennen sei. Schultheorien, die diese Funktion als den Mittelpunkt des Bildungssystems geltend machen, blenden die kulturellen Leistungen im Sinne der Gestaltung von Bildungsprozessen aus. Aber auch immanent können sie nicht überzeugen. Dies konnte vor allem die Studie von Gero Lenhardt (1984) nachweisen, die aufzeigte, dass der Zusammenhang von Schule und Gesellschaft mittels des Qualifikationsbegriffs nicht herstellbar sei.

Pädagogisch schlüssiger scheint deshalb ein Ansatz zu sein, der von einer Habitualisierung methodischer Kompetenzen durch die Schule ausgeht und damit auch dort erklärungskräftig bleibt, wo der Schulerfolg und der gesellschaftlich nachgefragte Bedarf nicht zur Deckung kommen und wo Bildungsprozesse nicht in eine direkte Verwertbarkeit einmünden. Wo Schule insgesamt – an welchen Themen und Inhalten auch immer – auf den Erwerb methodischen Verhaltens ausgerichtet ist, werden übertragbare Fähigkeiten erzeugt, die dadurch wirksam werden, dass sie angeeignet *und* habitualisiert werden.

Die eigentümliche Sozialisationsleistung der Schule kann deshalb im Aufbau und der Entfaltung von *Methoden der Kulturaneignung* erkannt werden. Sie setzt nicht voraussetzungslos an, da bereits im Vorschulalter wesentliche Grundlagen eines methodischen Verhältnisses zur Wirklichkeit sichtbar werden. Spiel und Bewegung, ästhetische Praxis und Spracherwerb, Symbolverstehen und Handlungsfähigkeit sind beispielsweise auch im Kindergarten wichtige Felder des Lernens. In der Schule werden solche Formen des Kompetenzerwerbs jedoch ausdifferenziert und auf eine systematische und komparative Grundlage gestellt.

Schule als Ort der Methode steht in der Tradition der *artes*. Der Begriff der artes (lat. Plural von ars: Künste, Wissenschaft) enthält beide Bedeutungen in einer noch ungeschiedenen Weise. Er besagt, dass Künste etwas mit Wissenschaft zu tun haben und umgekehrt, dass sie wechselseitig ineinander übergehen können. Dies verweist auf ein spezifisches Theorie-Praxis-Verhältnis, das für zahlreiche schulpädagogische Zusammenhänge zugrunde gelegt werden kann (vgl. Duncker 2002). Demnach ist die wissenschaftliche Untersuchung des Lehrens und Lernens ein unaufgebbares Prinzip, das vor allem in der nachgängigen Analyse und Reflexion zum Tragen kommt. Die dabei ermittelten Einsichten und Erkenntnisse können jedoch aufgrund der Komplexität der Praxis nicht symmetrisch in eine Planung, Steuerung und Bewältigung praktischer Situationen überführt werden, gleichsam in einer technischen Anwendung. Das Unterrichten ist vielmehr zu einem erheblichen Anteil immer auch eine Kunst, die die Disponibilität des Lehrers, seine Geistesgegenwart und Spontaneität, seine Befähigung zum Dialog und zur Verständigung beansprucht, nicht zuletzt aufgrund der Einsicht, dass auch die Reaktionen, Einfälle und Ideen der Schüler unverfügbar sind. In Konzepten des Offenen Unterrichts kommt dies besonders deutlich zum Tragen. Es ist deshalb hilfreich, von einem hermeneutischen Theorie-Praxis-Verhältnis auszugehen, in dem Analyse und Planung, Reflexion und Konstruktion in einem wechselseitig offenen und vielschichtig ineinander verwobenen Prozess stehen, der nicht nur wissenschaftliche Kompetenzen, sondern auch dialogische und dramaturgische Fähigkeiten im Sinne übbarer Künste erfordert.

Auch Schulfächer sind Disziplinen, die als Künste verstanden werden können (vgl. Giel 1975 und 1997). Sie ermöglichen es, die Welt „lesbar" zu machen. Sie sind nicht allein den strengen Reglements der Wissenschaften unterworfen, obschon sie den Anspruch der Rationalität aufnehmen. Sie sind auch insofern Künste, als sie an die Entfaltung von Dispositionen individuellen Könnens und Sinnverstehens, die sich noch nicht von Personen abgelöst und in einer Methodologie verselbstständigt haben, zurückgebunden bleiben. Deshalb ist die *pädagogische* Bedeutung der artes nicht überholt. Im Gegenteil, sie bleiben anschlussfähig an die Entfaltung der Sinnes- und Verstandeskräfte. Wissenschaften im modernen Verständnis tragen diesen pädagogischen Anspruch nicht mehr in sich. Darin liegt auch begründet, dass Wissenschaft und Bildung nicht automatisch zusammenfallen.[9]

Diese allgemeinen Aussagen über die anthropologische Bedeutung der Aneignung von Methode sind nun zu konkretisieren und paradigmatisch in unterschiedlichen Praxisfeldern kindlichen Lernens auszulegen. Dabei soll auch verdeutlicht werden, welchen Einfluss die Schule auf die systematische Ausdifferenzierung methodischen Verhaltens und methodischer Bewusstheit nimmt. Es ist zu zeigen, wie die aktive Aneignung von Wirklichkeit in der Zeit der Schulkindheit unter methodischen Aspekten phänomenologisch beschreibbar wird. Dabei soll verständlich werden, wie sich der Habitus methodischen Verhaltens im Wechselspiel selbsttätigen und angeleiteten Lernens ausbildet. Hierbei werden gleichzeitig auch jene Formen des Denkens und Handelns generiert, die in kulturellem Sinne repertoirebildend wirken. Diese Vorgänge werden zunächst exemplarisch am Paradigma des kindlichen Sammelns entfaltet.

3.2 Sammeln als ästhetische Praxis der Schulkinder

Obschon das Sammeln im Kindesalter ein weit verbreitetes Betätigungsfeld darstellt, hat es bislang nur wenig wissenschaftliche Aufmerksamkeit erfahren. Vielleicht ist in den Augen der Wissenschaften das Anhäufen von Tintenpatronen und Schlümpfen, von Briefmarken

---

[9] Hier ließen sich weit reichende Gedanken zur Frage des wissenschaftsorientierten Lernens in der Schule anschließen. Dass Wissenschaft nicht per se Medium von Bildung sein kann, sondern nur im Kontext spezifischer Fragestellungen, die beispielsweise auch die Lernfähigkeit der Kinder berücksichtigen muss, ist vor allem in grundschuldidaktischen Diskussionen um den naturwissenschaftlichen Sachunterricht geführt worden. Exemplarisch kann dies in der Erörterung der Schriften von Martin Wagenschein aufgezeigt werden (vgl. z. B. Giel 1994; Köhnlein 1998).

und Münzen, von Postern und Stickern, von Plüschtieren und Telefonkarten, von ausgebrannten Teelichtern und Autoradkappen zu trivial, als dass es Forschungsaktivitäten anstoßen könnte. Die Motive und Wertmaßstäbe, die Kinder bei ihren Sammelaktivitäten verfolgen, sind teilweise andere als die von Erwachsenen, und man kann vermuten, dass die Faszination der Sammeldinge etwas mit einem ursprünglichen Staunen über die Vielfalt und Erscheinungsfülle der Welt zu tun hat. Daran knüpfen sich zahlreiche Formen methodischen Verhaltens an. Das Sammeln seitens der Kinder geschieht freiwillig und selbsttätig, und nur in wenigen Fällen geben Erwachsene Anleitung und Hilfestellung. Die Schule kann dennoch an vielen methodischen Implikationen des Sammelns ansetzen und sie durch Unterricht verstärken. Sie wirkt auf die Sammeltätigkeit außerhalb der Schule zurück, auch wenn im Unterricht oft andere Themen und Inhalte gewählt werden. Zunächst soll das Sammeln jedoch aus der Perspektive der Kinder angesprochen und in seinem phänomenologischen Aspektreichtum sichtbar gemacht werden. Dabei wird auf eine Befragung Leipziger Schulkinder im Alter von acht bis zwölf Jahren zurückgegriffen (vgl. Duncker/ Frohberg/Zierfuß 1999).

Zur Phänomenologie kindlichen Sammelns

Spricht man Schulkinder auf ihre Sammeltätigkeit an, so wird in vielen Fällen deutlich, dass im Sammeln intensive Beschäftigungen und Interessen beobachtet werden können, die sogar deutliche Affinitäten zu Bildungsprozessen aufweisen. In solchen Gesprächen entsteht oft der Eindruck, in kleine, zum Teil sehr persönliche Geheimnisse eingeweiht zu werden. Dabei sind Verstecke oder Geheimfächer zum Schutz der Sammlung vor unliebsamen Blicken keine Seltenheit: *„Das Album liegt in meinem Geheimfach, damit andere Kinder nicht herangehen."*

Anlässe für das Entstehen von Sammlungen sind sehr verschieden. Sie zeigen sich in persönlichen Erlebnissen, Eindrücken und Interessen – enthalten die Sammlungen doch immer auch ein Stück biografische Erinnerung. Die Bandbreite der Sammelgegenstände ist weit gefächert und versetzt den Betrachter oft in Erstaunen. Sammeltätigkeiten gehen über das einfache Besitzen der Gegenstände weit hinaus. Es verbinden sich unterschiedliche methodische Formen der Beschäftigung mit den verschiedenen Sammelstücken. Ihnen wird durch den Sammler eine hohe, sehr persönliche Wertschätzung beigemessen. So werden Muscheln, Steine, Briefmarken oder Postkarten zu etwas ganz Besonderem und ihre Präsentation zum bedeutsamen Ereignis. Was Kinder sammeln und besitzen, wird als kostbares Kleinod oder Schatz betrachtet und entsprechend verwahrt und gehütet: *„Manchmal fühle ich mich wie ein kleiner Schatzmeister."* Sammlungen sind in der Regel emotional dicht besetzt, sie sind mit den eigenen Neigungen und Interessen eng verflochten und sind Ausdruck von ihnen.

Sammlungen stehen als Bindeglied zwischen dem Kind und seiner gegenständlichen Umwelt. In den Sammlungen zeigt sich ein Ausschnitt aus der Vielfalt der Wirklichkeit, und ebenso öffnet sich das Kind gegenüber der Wirklichkeit. Man könnte also sagen, dass sich in den Sammlungen Kind und Sache wechselseitig erschließen. Die methodischen Aktivitäten sind, wie bereits angedeutet, sehr variantenreich. Zu beobachten sind Formen des Entdeckens und Untersuchens, des Ordnens und Findens, des Analysierens und Systematisierens, des Vergleichen und Erkundens usw. An solchen Aktivitäten können deshalb auch angeleitete Lernprozesse in der Schule fruchtbar ansetzen (vgl. Duncker 1999).

Sammlungen bestehen erfahrungsgemäß eine unterschiedliche zeitliche Dauer. Sie wechseln häufig mit den Interessen des Kindes für bestimmte Gegenstände sowie der persönlichen und emotionalen Beziehung zu ihnen. Auch dies ist ein Hinweis darauf, dass der Interessenhorizont im Sammeln erweitert wird und sich im Wechsel der Themen Neues erschließt.

Zunächst sollen die Sammelthemen von 80 befragten Leipziger Kindern aus den Jahren 1994 und 1995 genannt werden. Die meisten Themen wurden nur je einmal genannt, was als Beleg der hohen Individualität und Originalität kindlicher Sammlungen gelten kann. Allerdings gab es auch Themen, die von mehreren Kindern gewählt und genannt wurden. Spitzenreiter in dieser Erhebung sind die Sticker-Sammlungen, die 15-mal genannt wurden. Die in der hier zusammengestellten Übersicht (siehe unten) in Klammern gesetzten Zahlen geben an, welche Themen mehrfach genannt wurden. Es wurden insgesamt mehr als 80 Themen genannt, weil einige Kinder verschiedene Sammlungen haben.

Sammlungen von 80 Schulkindern, nach Häufigkeit sortiert:

Folgende Themen wurden mehrfach genannt:

Sticker (15), Steine (11), Überraschungseier-Figuren (10), Briefmarken (10), Muscheln (7), Schlümpfe (5), Geld (ausländische Währungen, altes Geld) (5), Stofftiere (Plüschtiere) (5), Stammbuchs-Bilder (4), Postkarten (4), Telefonkarten (3), Bierdeckel (3), Tintenpatronen mit Kügelchen (3), Münzen (2), Micky-Maus-Zeitschriften (2), Happy-Hippo-Figuren (2), Poster (2), Alles über die Kelly-Familie (2), Legosteine (2), Tierbilder (2), Radkappen (2), Bücher (2).

Folgende Themen wurden je einmal genannt:

Bleistifte, „Edelsteine" (Mineralien), Alles über „Take that", Kugelschreiber, Dosenlaschen, Stoffbären, („aber keine Kuscheltiere"), Parfüm, Eisenbahnschienen (Spur HO), Loks, Digedags-Bücher, Dinosaurier, Knöpfe, Jeans-Tatoos, „Flohkisten" (Zeitschrift), Natursachen (Moos, Steine, Federn, Rinde), Fußballmannschaften, Feuerzeuge, Ausgebrannte Teelichter, Kronkorken, Eisenbahnfahrkarten, Kaputte Stromkabel, Platzkarten vom Zug, Werkzeug, Tonarbeiten, Autos, Motoren, Sachen von Michael Schumacher (z. B. Bettwäsche), Stockbilder und Stocknägel, Kleine Zinnfiguren, Steine vom Meer, Gepresste Blätter, Bernsteine, Elektrozeug, Murmeln, Kleine Gegenstände, Tiere aus Porzellan und Plastik, Schneckenhäuser, Eigene Zeichnungen, Kinokarten, Fahrschnipsel, Angelzeug, Alles über Pferde, Fußballwitze aus Hanuta, Fahrscheine, Feldsteine, „Eisenchips", Dinos, Clowns, Masken, Gepresste Blütenblätter, Tierzeitschriften, Bravo, Wendy, Alles über Tiere (Bilder, Bücher, Puzzle, Kuscheltiere), Schildkröten (keine lebenden), Tote-Tiere-Sammlung, Figuren aus Setzkästen, Alles über Eisbären (Kuscheltiere, Kette, Stempel, Bücher).

Betrachtet man die Sammelgegenstände der Kinder genauer, so wird man feststellen, dass es einerseits zeitgebundene Themen gibt, die man als Modethemen bezeichnen könnte. Andererseits sind jedoch auch solche zu finden, die bereits schon von früheren Kindergenerationen gesammelt wurden, weshalb man annehmen kann, dass es Themen gibt, die sich generationsübergreifend großer Beliebtheit erfreuen.

Die Sammelthemen lassen sich ordnen. Eine mögliche Einteilung könnte wie folgt aussehen: Sammelklassiker, kommerzielle Dinge, Naturalien und Außergewöhnliches: Als Sammelklassiker wären beispielsweise Briefmarken, Postkarten, Münzen, Stammbuchbilder und Fahrscheine zu nennen. Aber solche Zuordnungen sind nicht mit Sicherheit zu treffen.

Kommerzielle Dinge werden zum Kauf angeboten. Sie richten sich gezielt, unterstützt durch Werbemaßnahmen, an kindliche Konsumenten. Solche kommerziell gesteuerten Sammelangebote zielen meist auf die Vollständigkeit einer Serie oder Reihe, so dass ein

Reiz für das Sammeln auch aus dem Wunsch erwächst, alle Dinge, die zur Serie gehören, zu besitzen. Dazu zählen beispielsweise Sticker, Fußballbilder, Überraschungseier-Figuren, Schlümpfe usw. Die industrielle Produktion solcher Dinge erfüllt keine anderen Zwecke als die, kindliche Sammler anzusprechen und in ihnen den Wunsch auszulösen, sie käuflich zu erwerben.

Sehr viel häufiger stößt man auf Themen, die man dem Bereich *Naturalien* zuweisen kann. Kinder sammeln häufig Steine, Muscheln und Blätter, sie pressen Blumen und Blüten, auch die Mineralien (Quarze, Amethyste, Katzengold usw.) kann man den Naturalien zuordnen.

Als besonders außergewöhnlich könnten dagegen solche Sammlungen bezeichnet werden, die originell, einmalig und neu sind und die bislang in Untersuchungen zum kindlichen Sammeln noch nicht als Sammelthema erwähnt wurden. In der hier gezeigten Liste wären vielleicht insbesondere die Sammlungen der *toten Tiere, der Radkappen, der Fleisch fressenden Pflanzen* oder der *Eisenchips* zu nennen.

Zur pädagogischen Anthropologie des Sammelns

Die Sammeldinge der Kinder wirken gegenüber den Themen des schulischen Bildungs-kanons oft mehr ausgefallen und exotisch. Dennoch gibt es auch Überschneidungen und gemeinsame Intentionen. Zumindest geht es darum, Gegenstände zu finden, die das Interesse der Kinder wecken. Es geht darum, Themen zu bestimmen, die eine lohnende, genussvolle und interessante Beschäftigung in Aussicht stellen und damit auch neue Erkenntnisse über die gegenständlich fassbare, bedeutungsvolle Wirklichkeit versprechen. Sie werden zu einem Bezugspunkt ästhetischer Erfahrung, die eine *Erkenntnistätigkeit* mit einer *Sinngebungsarbeit* verbindet (vgl. Langeveld 1955, Fatke/Flitner 1983).

Die Konstituierung von Sinn in der Sammeltätigkeit erlaubt es, das Sammeln mit dem Lesen zu vergleichen. Die „Lesbarkeit der Welt" (Blumenberg 1986) erscheint im Sammeln als ganz ursprünglicher und elementarer Vorgang des „Auflesens" und Findens, des Herauslösens, Aufgreifens und Zusammenstellens von Gegenständen in einem neuen Kontext, der den Dingen Sinn und Bedeutung zuweist. Das Sammeln gleicht einem *vorliteralen Akt des Lesens, Erkennens und Schaffens von Bedeutungen*, die ähnlich wie beim Lesevorgang selbst dem „Text" sowohl entnommen als auch in ihn hineingelegt (projiziert) werden. Ähnlich wie die Begriffe und Worte in einem Text werden auch Sammelstücke zu Trägern symbolischer Gehalte, die auf individuelle – und dort, wo sie übertragbar sind, auch auf kulturelle – Formen einer Sinngebungsarbeit hinweisen. Sammeln kann deshalb als eine Methode verstanden werden, die die gegenständliche und handgreiflich fassbare wie auch die „unsichtbare" Welt als einen Text verfügbar macht, der entziffert und in seinen möglichen (spekulativen, fantastischen) und realen (nachweisbaren, empirischen) Zusammenhängen entschlüsselt werden will. Dies wird im Schulalter auf eine komparative Grundlage gestellt.

Im Sammeln der Kinder können Denkformen beobachtet werden, die einerseits symbolisch-ästhetischer Art sind, die andererseits aber bereits den Anspruch einer logisch-grammatischen Rationalität bergen. Es sind Denkformen, die an vielen Stellen beide Formen annehmen und im Sammeln noch ihre gemeinsame Wurzel finden. Die Ausbildung von Rationalität hängt damit zusammen, dass das Erkennen von feinen Differenzen und Nuancen immer auch eine Herausforderung an den analysierenden Verstand bedeutet. Sammeln gibt Anlässe für die Aufstellung und Überprüfung von Hypothesen, das Nachspüren und Verfolgen von Zusammenhängen, so dass sich darin ein forschendes Lernen entfalten kann. Die Verbindung *ästhetischen und rationalen Denkens* ist deshalb ein Vorgang, der als höchst bildungsrelevant erachtet werden muss.

Auch das *Ordnen der Dinge zählt zu den methodischen Qualitäten* des Sammelns. Die Strukturierung der gegenständlichen Welt, die Identifikation und „Herauslösung" von Elementen und die Herstellung von Beziehungen zwischen ihnen dient dem Gewinn von Übersicht und Verfügungsmacht über die Wirklichkeit. Das Sortieren und Aufräumen, Klassifizieren und Selektieren lässt Ordnungen aus einem zuvor nur diffus wahrgenommenen Durcheinander entstehen. Es werden Strukturen sichtbar, die beim Antreffen der Fundstücke in ihrem ursprünglichen (natürlichen, kulturellen) Zusammenhang noch nicht zu erkennen waren. Die Sammlung ist demnach *ein Konstrukt, das Theoriearbeit enthält:* Sie verweist auf das Zusammenspiel objektiver Merkmale und subjektiver Sinndeutungen. Die Ordnung der Dinge erweist sich so nicht als Abziehbild der Wirklichkeit, sondern als eine Entscheidung, die eine Erkundung, Erprobung und Entdeckung von Beziehungen zwischen den Dingen voraussetzt. Allerdings muss dieser Aspekt dort eingeschränkt werden, wo es sich um kommerziell erworbene Sammlungen handelt. Wo Sammelalben, beispielsweise von Fußballbildern oder Stickern, jedem Elemente seinen Platz vorgeben, ist die Systematik der Ordnung bereits festgelegt. Hier geht es nur noch darum, die Sammelstücke vollständig zu erwerben und an der vorgesehenen Stelle einzukleben.

Außerhalb der kommerziell vorstrukturierten Aktivitäten kann aber das Ordnen der Dinge durchaus als eine Komponente ästhetischer Erfahrung begriffen werden. Es erfordert eine Intensität der Beschäftigung und eine Schärfung sinnlicher Unterscheidungsfähigkeit. Dabei ist die „Oberfläche" der Dinge nicht weniger interessant als mögliche Funktionen und Zwecke. Oft interessieren Nützlichkeiten sogar recht wenig, es treten manchmal Gesichtspunkte hervor, die eher einer Steigerung der Wahrnehmungs- und Genussfähigkeit dienen.

Sammlungen dokumentieren auch Fixpunkte und Einschnitte in der persönlichen Entwicklung, die im Aufbau der Sammlung ihre Spuren hinterlässt. Die Erinnerung „hängt" an den Gegenständen und kann an ihnen als einem gleichsam nach außen gekehrten Gedächtnis jederzeit wachgerufen werden. In diesem Sinne enthalten Sammlungen *signifikante Lebensspuren*, in denen biografische Ereignisse zurückverfolgt und erinnert werden können. Auf diese Weise wird auch die Rede vom „Erfahrungen sammeln" verständlich, da Erfahrungen ja ebenfalls individuelle Wachstums- und Reifungsprozesse enthalten und nicht nur das linear Ansteigende, sondern auch das ungerichtet Zufällige und das schicksalhaft Hereinbrechende einer Biografie zum Ausdruck bringen. Die Einzelstücke bilden dabei die Marksteine einer Entwicklung, die auf einer Zeitachse abgebildet werden können und mit bedeutungsvollen Stationen der eigenen Biografie verbunden werden. Foto- und Poesiealben dokumentieren anschaulich solche Lebensspuren, auch wenn sie die Biografie nur sehr ausschnitthaft repräsentieren. *Ästhetische Vergegenwärtigung der Erinnerung* – so könnte man diese vertikale Dimension der ästhetischen Erfahrung im Sammeln beschreiben. Dieser Aspekt bildet auch das Leitmotiv für die Einrichtung von Museen und Galerien, Gedenkstätten und Mahnmalen. Sie dienen weniger einer *individuellen Erinnerung* wie in den Beispielen kindlichen Sammelns, sondern vielmehr dazu, die *kulturelle Erinnerung* wachzuhalten.

Solche und weitere Dimensionen einer Kultur kindlichen Sammelns durch weitere empirische Studien zu untersuchen, kann einen wichtigen Beitrag zur Ausformulierung einer Anthropologie der Kindheit bedeuten. Im Anlegen einer Sammlung und den vielfältigen Tätigkeiten, die damit verbunden sind, kommen jene Qualitäten zum Vorschein, die das methodische Verhältnis zur Wirklichkeit ausdrücken und die es auch zu einem wertvollen Element der Schulkultur machen können.

Die Sammlungen treten als der materiale Bestand in Erscheinung, als die objektivierbare und in Handlungen sich artikulierende Komponente von Lernprozessen, deren „Außenseite" sie gleichsam bilden. Über die Außendinge werden – dies macht ihren Wert aus – auch die „inneren" Vorgänge im Lernen aktiviert. Diese *Verbindungen von Innen und Außen* sind für Lernprozesse im Kindesalter besonders wichtig. Je jünger die Schüler sind und je weniger die Fähigkeit zur Abstraktion ausgebildet ist, desto mehr ist Lernen nicht nur die gedankliche Aufnahme bereits gedeuteten Wissens, sondern bedeutet einen Vorgang, der notwendig einer „Außenseite" und deren Anregungsgehalte bedarf. In der Bearbeitung der Sammlung, im handlungsbezogenen Umgang mit den Dingen werden Denkprozesse initiiert und angeregt. Die Innen- und die Außenseite des Lernens beeinflussen sich wechselseitig, weshalb der Lernfortschritt – von außen betrachtet – in den Veränderungen und Differenzierungen der Bestände, der Ordnungen und anderer Qualitätsmerkmale einer Sammlung nachvollzogen werden kann. Auf seiner Innenseite bringt er jene Einsichten, Ideen und Gedanken zur Entfaltung, die im engeren Sinne als der subjektive Lernertrag gelten können. In diesen dialektischen Wechselwirkungen ist die Kultivierung des Lernens mit der Qualität der Schulkultur verbindbar. Ausgehend von der Neugier und dem Bedürfnis nach Aufklärung der Welt, in der man lebt, sind im Sammeln methodische Möglichkeiten geborgen, die die Klärung sachlicher Bezüge und die Steigerung kindlicher Fähigkeiten eng miteinander verknüpfen.

Um etwas von dem Reiz der Sammlungen zu vermitteln, sollen hier eine Liste beliebter Sammelthemen sowie einige originelle Einzelbeispiele mitsamt einiger ausgewählter Erläuterungen der Kinder aufgenommen werden.

Kindliche Sammler – Stichworte aus zwei Interviews

Fragen:	Antworten von Christoph, 11 Jahre:	Antworten von Johanna, 10 Jahre:
Was sammelst du?	Gepresste Blätter und Sticker	Tote Tiere
Kannst du dafür Gründe nennen?	Zum Zeitvertreib und aus Spass	Es macht Spass. Weil man es aufheben kann für später.
Sammelst du schon länger?	Vielleicht so 2 Jahre	Etwa 1 Jahr
Wie bist du auf die Idee gekommen?	Weil ich mich in den Herbstferien gelangweilt habe.	Erste Stücke wurden bei Spaziergängen im Gras gefunden. Da es so selten ist, habe ich es aufgehoben und angefangen zu sammeln.
Woher bekommst du die Sachen für Deine Sammlung?	Ich suche sie im Wald, da wo es seltenere Blätter gibt.	Ich suche sie meist in einer alten Fabrikhalle oder im Garten oder im Hof oder auf der Wiese. Aber man muss sehr genau suchen und geduldig und auch mit den Fingern tasten.

Fragen:	Antworten von Christoph, 11 Jahre:	Antworten von Johanna, 10 Jahre:
Wie wählst du deine Sammelstücke aus?	Egal, sie sollten bloß nicht kaputt sein.	Ich sammle alle möglichen Tiere, die ich finden kann. Weil ich froh bin, wenn ich etwas finde. Es ist auch egal, ob ein Bein fehlt oder das Tier schon ein bisschen kaputt ist (z. B. Schmetterlingsflügel).
Wo bewahrst du deine Sammlung auf?	In einem Hefter (Herbarium) mit Namen und Register	In einer Pappschachtel. Sie ist untergliedert, jedes Tier hat seinen Platz. Die Tiere sind geordnet nach Insekten und Schnecken.
Was weißt du über deine Sammlung?	Die Namen der dazugehörigen Bäume. Wie man die Blätter presst, es dauert ungefähr 4 Tage	Ich weiß meist, was es für Tiere sind, aber manchmal sehe ich auch in meinen Tierbüchern nach und erfahre auch Neues.
Wem hast du deine Sammlung schon einmal gezeigt?	Den Eltern, Oma, einigen Freunden, aber wir unterhalten uns nicht darüber. Es ist auch nur für zu Hause	Meine Eltern und meine Freundin wissen davon. Aber in Wirklichkeit ist es mein Geheimnis. „Die Schneckeneier habe ich heute zum ersten Mal mit, willst Du sie mal sehen?"
Was hat die anderen interessiert?		Die sagen meist nur: „Das ist aber sehr schön." Mutti hat gesagt: „Pass auf, dass Du sie nicht verlierst!"
Tauschst du auch mit anderen Kindern?	Nein, ich tausche nicht. Ich möchte meine Sammlung behalten.	„Nein, das würde ich nie, weil ich selbst froh bin, dass ich so viele Tiere habe!"
Gibt es Dinge, die du tauschen würdest?		Ich würde vielleicht aus meiner anderen Sammlung (Sticker) tauschen, weil man da andere Sticker bekommen kann. Aber bei meinen toten Tieren würde ich das nicht tun, weil es mühsam ist, sie zu finden und weil ich sie gefunden habe. Außerdem sammeln bestimmt nur wenige Kinder tote Tiere. Ich kenne kein Kind.

Fragen:	Antworten von Christoph, 11 Jahre:	Antworten von Johanna, 10 Jahre:
Weißt du, wie viele Stücke Du besitzt?	Ja, 33 Blätter	17
Kannst du dich erinnern, wie viele du am Anfang hattest?	Etwa fünf	2 Wespen, 1 Hummel, 1 Muschel. Aber eine Wespe und die Muschel habe ich leider verloren.
Ist es dir wichtig, so viele wie möglich zu haben?	Nicht unbedingt, ich wähle mir die aus, die mir gefallen.	Ja, ich sammle alles, was ich kriegen kann.
Hast du ein Lieblingsstück?	Jedes Blatt gefällt mir auf seine Art.	Ja, meine Hummel. Sie hat so schöne Farben, ihr „Fell" ist ganz weich. Es ist interessant, die Tiere zu betrachten und zu untersuchen. Ich finde immer wieder etwas, was ich noch nicht kenne. Sieh mal, hier unten drunter sind sogar noch kleinere Flügel! Ich habe sogar schon mal eine Hummel seziert.
Hast du schon einmal etwas gesammelt, was dich heute nicht mehr interessiert?	Ja, Sticker, aber es ist langweilig. Kaufen – tauschen – sammeln, es ist immer dasselbe!	Ja, Telefonkarten und Fahrscheine.
Hast du beim Sammeln schon einmal Schwierigkeiten erlebt?	Nein	Das Finden der Tiere ist sehr problematisch. Man braucht viel Geduld und Zeit. Manchmal finde ich schnell etwas, manchmal dauert es ewig.
Könntest du dir eine Situation vorstellen, in der du eine Sammlung verschenkst?	Nein, was ich angefangen habe, will ich auch zu Ende bringen. Ich höre auf zu sammeln, wenn das Interesse dafür nicht mehr da ist, aber ich würde es nie verschenken, weil viel Arbeit dahinter steckt und für mich ein großer Wert.	Nein. Die Tiere liegen mir so sehr am Herzen. Es ist so viel Arbeit, das Suchen.

Fragen:	Antworten von Christoph, 11 Jahre:	Antworten von Johanna, 10 Jahre:
Habt Ihr in eurer Klasse schon einmal etwas gesammelt? Welche Aufgabe hast du dabei übernommen?	Ich habe meine Sammlung mal im Unterricht gezeigt. Dann habe ich sie noch verwendet, als ich mich bei einem Projekt mit Chlorophyll in Blättern beschäftigt habe.	Nein, ich kann mich nicht erinnern. Ich habe meine Sammlung auch noch nicht mit in der Schule gehabt.

Erkenntnisse aus der Befragung

Eine vollständige Darstellung der 80 Befragungen ist aus Platzgründen hier nicht möglich, so dass durch eine summarische Wiedergabe einige methodische Implikationen beschrieben und durch Zitate aus kindlichen Erläuterungen illustriert werden sollen. Auch einige auffällige Besonderheiten sollen festgehalten werden.

Sammlungen beginnen durch Zufälle und situative Ereignisse, die in der Regel nicht geplant werden: Eine Postkarte wird im Papiermüll gefunden und aufbewahrt, es wachsen weitere hinzu. Kinder finden Steine im Urlaub oder in der alltäglichen Umgebung und nehmen sie mit nach Hause. Sie stoßen bei Freunden und Verwandten auf Dinge, die ihre Neugier wecken und die sie ebenfalls haben wollen. Sie sind beeindruckt von Sammlungen anderer Kinder oder Erwachsenen und beschließen zu einem bestimmten Zeitpunkt, selbst mit einer Sammlung zu beginnen – sei es zunächst als Nachahmung oder auch als bewusste Abgrenzung zu den Sammlungen von anderen Kindern *(„Ich wollte etwas Eigenes sammeln, etwas Außergewöhnliches und nicht immer dasselbe wie andere")*. Oft ist auch ein Geschenk der Anlass zu einer Sammlung: *„Ich habe einmal welche geschenkt bekommen, dann habe ich gleich gesammelt."* Dennoch bleiben die Motive für das Sammeln ein Stück weit im Dunkeln, die Frage nach ihnen bleibt erstaunlich unergiebig. Die Kinder sagen, es mache Spass, man könne die Sammlungen anschauen, mit ihnen spielen, es sei schön, sie zu haben und sich an ihnen zu erfreuen. Die ästhetische Anmutung der Sammelstücke hat, so ist in den Gesprächen sehr deutlich zu erkennen, einen hohen Stellenwert. Es sind in der Regel besondere Reize, die von den Dingen ausgehen und die die Aufmerksamkeit des Kindes anziehen, wobei es der individuellen Wertschätzung obliegt, nach welchen Kriterien ausgewählt und die Sammlung bestückt wird.

Die Ansprüche an die Sammlungen sind unterschiedlich. Zeitvertreib und Langeweile werden ebenso genannt wie der Wille, etwas Neues zu wissen und Kenntnisse in Spezialgebieten zu erwerben. In solchen Zusammenhängen zeigt sich die Sammeltätigkeit im Recherchieren möglicher Fundorte bis hin zur kundigen Dokumentation und systematisch ausgearbeiteten Präsentation. Entsprechend variantenreich sind die Ordnungen der Sammlungen. Manche werden ungeordnet in einem Schuhkarton aufbewahrt, andere werden nach eindeutigen Klassifikationsmerkmalen sortiert (z. B. das Aufstellen von Figuren nach ihrer Größe), wieder andere werden in sorgfältig angelegten Sammlungen mit Rubriken und Inhaltsverzeichnissen angelegt. Immer wieder werden auch Oberbegriffe genannt, die es ermöglichen, die Gliederung und Systematik der Sammlung zu verdeutlichen.

Kinder gewinnen zahlreiche Kenntnisse über ihre Sammlungen. Die Bezeichnung der Dinge wird vorwiegend von bestimmten äußeren Merkmalen abgeleitet und dient der vielfältigen Kommunikation mit gleich gesinnten Sammlern. Dies trifft besonders auf Sammlungen aus dem kommerziellen Bereich zu. Dieser Umstand soll am Beispiel der „Sticker" näher erläutert werden: Die Vielfalt dieser begehrten Sammelobjekte war zum Zeitpunkt der Befragung sehr groß. Um die einzelnen Gruppen voneinander unterscheiden zu können, werden phantasievolle Wortgebilde kreiert. Unterschieden wurden beispielsweise „Normalis", „Rundis", „Dickis", „Luftis", „Glitzis", „Stoffis" oder „Leuchtis", die jeweils bestimmte Eigenschaften hervorheben. Der Wert des bestimmten Stückes wird nach verschiedenen äußeren Merkmalen, seinem Preis und der Häufigkeit des Auftretens bemessen und festgelegt. Er ist Verhandlungsbasis beim Tauschen.

Kinder kennen die Bezeichnungen der Gegenstände oft sogar im Fachjargon. Darüber hinaus benutzen sie viele weitere fachliche Ausdrücke, die sie auch näher erläutern können. Kinder sind bestrebt, möglichst vielfältige Informationen über die Art oder den Typus der Gegenstände zu ergründen. Ihr Wissensdrang nach Neuem ist an den Aktivitätsformen ablesbar. Die Kinder erarbeiten sich ein Expertenwissen, das besonders im Zusammenhang von Briefmarkensammlungen und von Sammlungen diverser Tiere und Pflanzen sowie technisch orientierter Gegenstände erkennbar wird.

Die Auswahl der Sammelstücke erfolgt kriteriengeleitet: Die Kinder haben klare Vorstellungen davon, was sie in ihre Sammlung aufnehmen und was nicht. So dürfen Plüschtiere eine bestimmte Größe nicht überschreiten, Radkappen dürfen keine Schäden aufweisen, doppelte Exemplare werden nicht oder nur zum Tauschen aufbewahrt, die „Eisenchips" dürfen nicht rostig sein usw., oder es wird auch schlicht das Kriterium befolgt, dass die neuen Stücke eben „gefallen" müssen. Dies in allgemeiner Weise näher zu erläutern, fällt den Kindern in der Regel sehr schwer, aber im Einzelfall und mit einem in Frage kommenden Sammelstück konfrontiert, wissen sie sehr genau, ob es in ihre Sammlung aufgenommen werden kann oder nicht. Manchmal gibt es gegenüber Mängeln einzelner Sammelstücke auch eine gewisse Großzügigkeit (*„Ich nehme alle Briefmarken, auch wenn die Zacken ab sind."*).

In der Entwicklungsgeschichte einer Sammlung kann es oft geschehen, dass sich Spezialthemen herausbilden, die dann genauer verfolgt werden. So hat sich ein Mädchen im Rahmen ihrer Steinesammlung auf „Feuersteine" spezialisiert. Sie sammelt auch *„andere Steine, die z. B. aussehen wie eine Hand oder ein Tier oder so"*.

Auch bezüglich der Vollständigkeit einer Sammlung gibt es unterschiedliche Ansprüche. Manche Kinder geben explizit an, dass die Vollständigkeit der Sammlung – sofern sie im Rahmen eines Themas überhaupt erreichbar ist – erstrebenswert, aber nicht zwingend wäre. Für andere Kinder wiederum ist sie ein unaufgebbares Ziel. Sehr häufig werden Lieblingsstücke genannt, von denen die Besitzer stolz berichten: *„Meinen Leuchti-Drachen, den würde ich nicht tauschen." „Ein Zweibeiner-Dino mit einem ganz schön langen Hals ist mein Lieblingsstück."* Sie bilden oft ein Kernstück der Sammlung, um die die anderen Stücke gruppiert werden. Doch auch hinsichtlich dieses Strukturmerkmals von Sammlungen gibt es Ausnahmen: Manche Kinder verneinen die Frage, ob es Lieblingsstücke gäbe: *„Nein, es sind alle schön."* – *„Sie sind immer vielseitig und anders."* – *„Nein, mir gefallen alle Geschichten."* – *„Nein, es geht mir um schöne Marken, nicht um die Masse."*

Auf sehr interessante Weise beantworten die Kinder Fragen nach den *sozialen Kontexten* des Sammelns. Während es viele Sammlungen gibt, die öffentlich gemacht und allen Freunden und Bekannten gezeigt werden, gibt es auch solche, von denen niemand oder nur die Eltern wissen dürfen. Die Reaktion der Umwelt auf die Sammlungen ist sehr unterschiedlich, zum Teil wird sie auch widersprüchlich geschildert. So wird manchmal angegeben, dass sich viele andere die Sammlung ansehen wollen, die dann aber keine weiteren

Fragen stellen und auch nichts Näheres wissen wollen. Auch Unverständnis und Spott ernten die Kinder: *„Viele zeigen mir den Vogel, weil ich so viele kleine Figuren habe."* Auch Angst vor Neid wird als Hinderungsgrund für das Zeigen genannt: *„Ich zeige es keinem Kind, damit sie sich nicht beleidigt fühlen."* Auch glaubt man bei Erwachsenen auf mehr Verständnis zu stoßen als bei Gleichaltrigen: *„Meine Eltern finden es gut, aber für andere Kinder ist es nicht so interessant."*

Kinder scheinen klare *Vorstellungen über den Wert* ihrer Sammlungen zu haben – nicht immer, was die materielle Dimension betrifft, wohl aber hinsichtlich der subjektiven Wertschätzung, die den Sammelstücken zugeschrieben wird. Dies zeigt sich sehr deutlich bei der Frage nach der Bereitschaft zum Tauschen. Getauscht wird nur zweite Wahl, also Dinge, die entweder mehrfach vorhanden, leicht beschädigt oder „nicht so schön" sind. Der eigene Vorteil wird klar kalkuliert: *„Ich kann Doppelte tauschen, bekomme eine neue Marke, ich kann meine Serie ergänzen und Geld sparen."* – *„Die Dinge, die mir nicht gefallen, tausche ich gegen die Serie, die ich gerne haben will."* Ein kindlicher Geschäftssinn entfaltet sich in einer klaren Abschätzung von Vor- und Nachteilen, und nur begrenzt kommen erschwerende Faktoren hinzu, wie z. B. bei einem Kind, das sagt, dass man nicht weggeben solle, was man geschenkt bekommen habe – und dabei offensichtlich eine Moral zu befolgen meint.

Die Frage nach einer möglichen *Beendigung und Aufgabe der eigenen Sammlung* zielt auf die Intensität des Sammelns und den Grad der Identifikation mit ihr. Die Aussagen waren hier recht einheitlich: Eigentlich wolle man sich auf keinen Fall von den Dingen trennen, Ausnahmen könne es nur geben, wenn zwingende Gründe einträten: *„Nur im Notfall, wenn einer mich zwingen würde."* Nur in eine unbestimmte Zukunft versetzt könnten sich einige Kinder vorstellen, dass das Interesse an der Sammlung erlöschen und dann eine Situation entstehen könne, in der man die Sammlung aufgibt oder verschenkt. Einige Aussagen mögen dies illustrieren: *„Vielleicht, wenn ich mal größer bin, dann würde ich sie an kleinere Kinder verschenken."* – *„Vielleicht nur an meine Kinder."* – *„Nein, ich will es einmal meinen Kindern zeigen."* – *„Ja, vielleicht meiner Freundin, aber drei Viertel davon, damit sie meine Freundin bleibt. Den Rest behalte ich, wenn ich mal wieder neu anfange zu sammeln."* – *„Nur an meinen besten Freund, wenn es mich nicht mehr interessiert."* – *„Ja, wenn ich irgendwann etwas Neues entdecke, dann sind die Patronen für mich nicht mehr so viel wert."*

Aber dies sind Ausnahmen. Die überwiegende Mehrheit der befragten Kinder kann sich nicht vorstellen, die Sammlung aufzugeben oder zu verschenken. Die hohe Identifikation, das Bewusstsein, einen Wert geschaffen zu haben, die viele Mühe und der große Aufwand, den man getrieben hat, um die Sammlung aufzubauen, stehen dieser Vorstellung im Wege: *„Nein, dann ist doch alles umsonst gewesen."* – *„Nein, weil viele von meiner Mutti sind, die ich gerne behalten möchte. Sie erinnern mich an meine Kindheit und an meine Mutti."* – *„Ich würde es, wenn ich tot bin, meiner Schwester schenken."* – *„Nein, ich würde sie höchstens vergraben."*

3.3 Das methodische Paradigma der Musik

Musikalische Literalität im Schulalter

In der Allgemeinen Didaktik als auch im Kontext heutiger Kindheitsforschung ist es bislang noch kaum beachtet worden, dass im Rahmen eigener musikalischer Betätigung

Fähigkeiten erworben werden können, die eine hohe methodische Relevanz in sich bergen. Vor allem im eigenen Musizieren und im Erlernen eines Musikinstruments werden methodische Kompetenzen angeeignet, die anderen Bereichen wie beispielsweise der Mathematik[10] oder der Literalität kaum nachstehen dürften (vgl. auch Gardner 2002).

Dennoch genießt das Schulfach Musik im Gesamtzusammenhang des Fächerkanons in der Regel keinen besonderen Stellenwert. Im Gegenteil, es zählt oft eher zu den weniger geschätzten Fächern, die im Stundenplan an den Rand gedrängt und fachfremd erteilt werden. Die Misere ist in Fachkreisen bekannt und auch vielfach beklagt worden. Niemczik bezeichnet „die Situation des Musikunterrichts an den allgemeinbildenden Schulen insgesamt als äußerst ernst" (zitiert nach Bastian 2001, S. 4). Nicht nur stundenplantechnische Nachteile und Ausbildungsdefizite, auch fehlende Fachräume und die mangelhafte Ausstattung der Schulen mit Musikinstrumenten führen nicht selten zu einer Situation, die es verbietet, von einer geordneten Erteilung des Musikunterrichts in öffentlichen Schulen zu sprechen. Rühmliche Ausnahmen und ein relativ geringer Anteil an Schulen mit Schwerpunkt Musik zeigen freilich auf, was möglich ist und wie über eine schulische Pflege der Musik nicht nur eine kulturelle Bereicherung des Schullebens entsteht, wie nicht nur eine Ausschmückung schulischer Veranstaltungen durch festliche Umrahmungen und glanzvolle Auftritte erfolgen können, sondern dass mit dem Musizieren ein enormer Einfluss auf Lernen und methodisches Verhalten ausgeübt wird, dessen Bedeutung über die Musik im engeren Sinne weit hinausweist und auf andere Leistungsbereiche ausstrahlt.

Besonders bekannt geworden ist die Untersuchung von Hans Günther Bastian (2001), der in einer vergleichenden Langzeitstudie an Berliner Grundschulen nachweisen konnte, dass Schulen mit erweitertem Musikunterricht gegenüber den Vergleichsgruppen ein signifikant besseres Leistungs- und Sozialverhalten entwickeln. Kenner musikalischer Arbeit überrascht dieses Ergebnis nur wenig, aber die Studie von Bastian ist für die öffentliche Wertschätzung des Schulfaches Musik von großer Bedeutung. Sie kann die Einstellung nicht nur gegenüber dem Schulfach Musik positiv beeinflussen, sie kann darüber hinaus die Einsicht in die pädagogische Bedeutung des Musizierens fördern.

Im hier gewählten Zusammenhang geht es darum, den pädagogischen Wert des Musizierens dadurch zu verdeutlichen, dass jene methodischen Implikationen der Musik herausgearbeitet werden, die über den Aspekt des Leistungs- und Sozialverhaltens hinausgehen. In ihrer Universalität bilden sie deshalb ein Paradigma, das wesentlich zur Habitualisierung methodischen Verhaltens beiträgt und gleichrangig in den Kanon jener Disziplinen aufgenommen werden kann, die den Prozess der Individuierung und Enkulturation zur Entfaltung bringen. Die Dialektik dieses Prozesses findet auch im Musizieren einen wesentlichen Bezugspunkt.

In das Alter der Schulkindheit fällt in zwingender Weise die Entfaltung musikalischen Könnens, soweit es um das Erlernen eines Musikinstruments geht. Von wenigen Ausnahmen musikalischer Hochbegabung abgesehen, beginnt die systematische Begegnung mit der Musik über das Instrumentalspiel erst im Schulalter. Musikalische Frühförderung im Kindergarten und Vorschulalter steht primär unter dem Postulat rhythmischer Erziehung und des Musizierens mit „körpereigenen Instrumenten" wie Singen, Klatschen, Klopfen, unterstützt vielleicht mit einfachen Schlaginstrumenten wie Trommel, Tamburin und Triangel. Im Vorschulalter geht es vorrangig um die Koordination von Bewegungsab-

---

[10] In jüngster Zeit wird auch auf dem Gebiet der Mathematik von einer „mathematical literacy" gesprochen (vgl. hierzu Neubrand 2003 und Kaiser/Schwarz 2003).

läufen, die den Körper einbeziehen. Musikalischer Ausdruck ist hier mit leiblich-mimischen Formen der Bewegung in Raum und Zeit eng verbunden. Dadurch wird eine wesentliche Grundlage auch für das Erlernen von Musikinstrumenten gelegt, die zusätzlich eine besondere Ausdifferenzierung feinmotorischer Fähigkeiten erfordern. Wo die leiblich-rhythmische Integration des musikalischem Ausdrucks in spontan-improvisatorischen und dramaturgisch-geordneten Formen nicht ausgebildet wird, beginnt auch eine systematische Musikerziehung im Instrumentalspiel unter einer nur schwer einholbaren Hypothek.

Musikalische Literalität ist als Begriff musikpädagogischer Theorie und Praxis noch nicht eingeführt. Dennoch erscheint es sinnvoll, analog zur schriftsprachlichen (und mathematischen, vgl. Anm. 10) Literalität auch diese Bezeichnung aufzugreifen. Musikalische Literalität ist ebenso wie die schriftsprachliche Literalität an das kulturell verfügbare Repertoire und die Tradition musikalischer Überlieferung, in deren Zusammenhängen sie sich ausbilden kann, zurückgebunden. Sie differenziert sich in kulturell und subkulturell unterscheidbare Stile aus, die über die Sozialisation in Elternhaus und Schule, durch Peer-Groups und Medienkonsum auch die Praxis kindlicher Alltagskulturen erreicht. Dabei wird gerade im Zeitalter massenmedialer Beeinflussung die Asymmetrie zwischen Musikaneignung durch Hören und eigenem Musizieren zunehmend größer. Die Angebote der U- und E-Musik haben über Kassettenrecorder und CD-Player, über Radio und Fernsehen auch die Kinder des Schulalters in einer dichten Weise erfasst. Längst sind die Schulkinder zu Perzipienten und Partizipienten einer industriell vorfabrizierten Musikkultur geworden, die einen erheblichen Einfluss auf die Ausbildung musikalischen Geschmacks und der Gewohnheiten des Hörens nehmen. Zudem wird Musikgenuss bereits im Schulalter in Lebensstile und Identitätsdarstellung eingebunden.

Musikalische Literalität kann den spezifischen Umgang mit Musik in seinen reflexiv zugänglichen und artikulierbaren Dimensionen erfassen. Sie schließt die bewusste Repertoirekenntnis und Auswahl, das Wissen um Autorenschaften und Interpretationsmuster von Musik ein und bildet so einen Teilbereich kultureller Kompetenz. Musikalische Literalität begrenzt sich aber nicht nur auf das Hören und Genießen von Musik, sie gewinnt vor allem durch eigenes Musizieren ihre Dignität und Relevanz für das Musikverstehen. Eigene musikalische Praxis ist für die Ausbildung musikalischer Literalität unersetzlich. Erst das Musizieren erlaubt die Entfaltung eines Könnens, in dem die methodischen Potenziale der Musik zur Entfaltung kommen.

Der anthropologische Wert des Übens

Eine wesentliche anthropologische Dimension des methodischen Lernens in der Musik betrifft das Üben. Im Üben tritt der Aspekt der Leibgebundenheit in der Form der Einverleibung des Könnens besonders deutlich hervor. Das Üben ist vom Training zu unterscheiden, in dem eine spezielle Leistung in zweckgerichteten Operationen funktional auf eine bessere Beherrschung von Bewegungsabläufen ausgerichtet ist. Im Kontext des Übens wird der Körper aber nicht zum Werkzeug gemacht, sondern tritt in umfassendem Sinne gleichsam als ein Organ des Hervorbringens und Erzeugens von Musik in Erscheinung. Es geht dabei nicht allein um die Verbesserung von Leistungen, sondern um eine sammelnde und vertiefende Tätigkeit, die sich auf das Lernen insgesamt bezieht. Im Grunde geht es im Üben deshalb um eine Vervollkommnung von Fähigkeiten, um die Ausbildung eines Könnens, das sich in der Praxis alltäglicher Anwendung ausdifferenziert und erweitert, sofern es mit der richtigen Einstellung und dem erforderlichen Ernst betrieben wird. Dies markiert jedenfalls nach Otto Friedrich Bollnow den anthropologischen Ort der Übung.

Ein Wissen kann man lehren, so Bollnow (1991, S. 27), nicht jedoch die Aneignung von Fähigkeiten. Als Beispiele nennt er handwerkliche und manuelle Fähigkeiten wie auch geistige Operationen. Sogar die Urteilskraft könne nicht gelehrt, sondern nur geübt werden (S. 29). Üben bezieht sich auf die Verbesserung von Praxis, in ihrer höchsten Form ist sie eine Kunst und eine Meisterschaft, die durch Theorie vielleicht besser verstanden, nicht aber beherrschbar gemacht oder hervorgebracht werden kann. An leiblich gebundenen Formen des Übens lässt sich dies sehr deutlich aufzeigen: Die Virtuosität des Pianisten, aber auch die Artistik des Tänzers oder die Geschicklichkeit des Feinmechanikers und des Chirurgen zeigen eine Verfügbarkeit des Könnens, das nur über jahrelanges Üben erworben und erhalten werden kann.

Bollnow verweist auf die Dialektik von Übung und Konzentration: Üben setzt Konzentration voraus, aber sie bringt sie auch hervor. Wer üben lernt, lernt gleichzeitig, sich zu konzentrieren. Das anthropologische Moment der gerichteten Aufmerksamkeit kultiviert sich im Üben in einer steigerungsfähigen Weise. Sie wirkt sich schließlich auf die Veränderung des Menschen selbst aus:

„Der Mensch kann sich selbst nicht ändern, aber ein bestimmtes äußeres Tun kann er sich vornehmen und es aus eigenem Entschluss durchführen. An einem solchen äußeren Tun setzt die Übung ein. Aber indem sie mit einem solchen äußeren Tun anfängt und sich ganz diesem Üben hingibt, vollzieht sich im Menschen selber, gewissermaßen im Rücken dieses Tuns, eine Veränderung. Hier wird er wie von selbst in die Verfassung des richtigen Lebens hineinversetzt, zu der er auf andere Weise nicht gelangen könnte. Dabei kann sich die Übung vom unmittelbaren Übungsziel, der im Üben zu erwerbenden Fähigkeit, weitgehend lösen, und was bisher als Nebenwirkung erschien, die Verwandlung des Menschen durch das Üben, kann zum eigentlichen Ziel werden. Dann aber ist die Übung nicht mehr ein bloß pädagogisch-didaktisches Problem. Sie ist ein existenzielles Problem, das den Menschen in seinem innersten Kern trifft" (S. 58).

Der Erfolg des Übens hängt also von einer seelischen Verfassung ab, von der Fähigkeit, sich auf den Gegenstand des Übens einzulassen, sich ihm hinzugeben. Die Übung ist damit nicht mehr Mittel zum Zweck des Erreichens von Zielen, sondern wird zu einem kunstvollen Vollzug des Lebens selbst:

„Die immerwährende Übung ist also die Form, in der sich das menschliche Leben auf der Höhe seines eigensten Seins erhält und ohne die es sofort wieder in sein gewöhnliches, in leeren Gewohnheiten erstarrtes Dasein zurückfällt. Nur als ständiges Üben erfüllt sich das menschliche Leben" (S. 68).

Hartmut Flechsig (1997) verdeutlicht diese Zusammenhänge im Kontext der Musik. Er führt aus, dass die Erfahrung von „Monotonie, Drill und Qual", die in zahlreichen autobiografischen Erinnerungen eigene Versuche des Instrumentalspiels begleiten und, auf das Klavierspiel bezogen, als „Einzelhaft" empfunden wurden, „lediglich eine bedauerliche und änderungsbedürftige Verengung" des Übens darstellten (S. 226). Es müsse möglich sein, „dem Üben einen pädagogischen Sinn abzugewinnen oder auch zurückzugeben" (ebd.).

Was Flechsig hervorhebt, ist, dass im Üben ein „Musterfall ästhetischer Erfahrung" entdeckt werden könne, in der sich in einem sachbezogenen Arbeiten Konzentration und Energie ausbildeten. Das Üben „führte Anteilnahme und Sachanspruch zusammen, vereinigte sie in einer höchst dynamischen, nicht von vornherein einschätzbaren Auseinandersetzung, in wechselseitig sich bestärkender Anspannung. Eine Sache angehen und sich von ihr angehen lassen gehörten ihm wesensmäßig und zugleich an, ausgreifen und bewenden lassen, anverwandeln und wiederholen: Der Übende bringt sich selbst zur Geltung, behauptet sich und ist zur Hingabe fähig, lässt gelten. In der Auswahl des

Zuträglichen liegen zugleich Hinnahme und Anerkennung des Andersartigen begründet" (S. 229).

Im Wiedererkennen und Auswählen, im Standhalten und in der Hingabe an die Sache, im Verfügbarmachen und im Stiften von Bedeutung, im Einnehmen einer analytischen Haltung und in der intuitiven Vereinnahmung ist die große Dialektik des Übens eingespannt. Das Üben verbindet eine distanzierende Haltung mit der leiblich-leibhaftigen Gegenwart, es ermöglicht die Erfahrung des Umgangs mit einem widerständigen Material wie die tätige Aneignung in Konzentration und Askese.

Hartmut Flechsig sieht im Üben eine wichtige elementare Erfahrung, die heute zahlreichen Gefährdungen ausgesetzt ist. Das schulische und außerschulische Umfeld erscheint den Formen des Übens als einer bedeutsamen Weise der Kultur des Lernens gegenüber eher wenig aufgeschlossen und kaum geeignet, den „Geist des Übens" (Bollnow 1991) zu erschließen. Das Üben bedeutet keine fachspezifische Tätigkeit, die sich von einzelnen Schulfächern allein in Anspruch nehmen ließe, auch wenn gerade die Musik besonders geeignet erscheint, fachübergreifende Fähigkeiten auszubilden: Aufeinander hören, das eigene Können einschätzen, sich im gemeinsamen Spiel einordnen und dabei eine „Stimme" übernehmen, einem Werk (der Komposition) gerecht werden, verbindliche Absprachen einhalten – von Übterminen bis zu einzelnen Interpretationsfragen –, sich auf Aufführungen vorbereiten und diese als dramaturgische Höhepunkte erfahren usw. – solche Aspekte mögen zeigen, dass dem Musizieren eine Kraft innewohnt, die sich weit über das Musizieren hinaus als eine Methode erweist, die zur Habitualisierung von Bildung beiträgt.

Rhythmische Formen in der Elementarbildung

Der Bildungswert der Musik liegt, wie schon erwähnt, auch in der Ausbildung leibgebundener Erfahrungsprozesse begründet, die sich nicht ohne die Einbeziehung der rhythmischen Formen beschreiben lassen, in denen und mit denen sich Kinder in der Welt bewegen und sich auf sie einlassen. Rhythmische Formen bilden in anthropologischer Sicht sogar ein grundlegendes Verhältnis für den Erwerb von Erfahrungen, weil hier die Leibgebundenheit in besonders existenzieller Weise sichtbar wird. Dies hängt damit zusammen, dass sich bereits elementare Lebensäußerungen und physiologische Bedingtheiten des eigenen Lebens in rhythmischen Formen artikulieren. Puls, Atem, und Schritt, aber auch die Wiederkehr von Hunger und Schlaf sind durch körperliche Funktionszusammenhänge bestimmt. Die Physiologie des Menschen kennt zahlreiche Abläufe, die nur durch den wiederkehrenden Wechsel körperlicher Zustände erklärbar sind und die aus dem Wechsel heraus Bedürfnisse erzeugen, die nicht ohne Schaden für Leib und Seele missachtet und außer Kraft gesetzt werden können. Teilweise stehen sie in Analogie zu den Rhythmen in der Natur, von Tag und Nacht, von Sommer und Winter, vom Turnus der Mondphasen (z. B. Nachtträume, Schlafwandeln). Das eigene Leben der Natur anzupassen erzeugt deshalb ein Bewusstsein von Zeit, in der die wiederkehrenden Abläufe als gegeben angenommen und nicht kritisch „hinterfragt" werden können: Sich einzulassen auf den Kreislauf der Natur setzt kein argumentatives Verhältnis zur Welt frei, sondern heißt im Grund nur, die vitalen Bedingungen der eigenen Existenz anzunehmen. Dieses Verhältnis setzt dort, wo es sich philosophisch artikuliert, eine betrachtende und kontemplative Einstellung frei, nicht eine dialektische und kritische.

Peter Sloterdijk (1983) sieht hier eine ursprüngliche, sogar „erste" Form der Philosophie begründet, die zu verstehen ist als eine Art „Einstimmung in einen rhythmischen, pulsierenden Kosmos. Die Welt besitzt ja eigenen Gang und Atem, und diese früheste Polaritäts-philosophie war nur ein kampfloses Mitatmen in dem Ein und Aus der Welt. [...] Wo diese Sicht herrscht, gibt es im Grunde genommen nur die Rhythmen, nur das Hin und Her der Energien und Gegenpole [...]. Im Verhältnis zu diesen Rhythmen gibt es für den Menschen nur eine gültige Haltung: Hingabe. Verstehen heißt einverstanden sein" (a.a.O., S. 691). Diese philosophische Haltung ist „argumentativ völlig wehrlos; in ihrer losgelösten Kon-templation hat sie sich zur heitersten Unbeweisbarkeit entspannt. Solche Weisheitslehre ist daher keineswegs Polemik, sondern Einstimmung und Rhythmisierung" (S. 692).

In der Musik können sowohl physiologische als auch philosophische Zusammenhänge entdeckt werden. Rhythmische Formen werden hier jedoch in einer kunstvollen Bearbei-tung aufgreifbar. Tempi und Steigerungsverläufe, der Wechsel der Takte und der Betonun-gen sind Parameter, die den rhythmischen Gesamtzusammenhang der Musik in einer dramaturgisch kunstvollen Weise zum Ausdruck bringen bis hin zum kontemplativen Genuss, der den Hörer oder Musiker in eine andere Welt versetzt. Auch die leiblichen Aspekte bleiben relevant: Sich auf die Rhythmen der Musik einzulassen erfordert eine Koordination eigener körperlicher Dispositionen. Einen musikalischen Spannungsbogen mitzugestalten und im inszenierten Vollzug mitzuerfahren setzt den Leib für die Erfahrung von Teilhabe und Genuss frei. Auch ekstatische Zustände verweisen auf die Wechselwir-kung leiblich-seelischer und musikalischer Steigerungen.

Es ist zu einem Problem der Moderne geworden, dass die dramaturgischen Abläufe von Anspannung und Entspannung, wie sie in der Musik kunstvoll durchgestaltet werden, im Alltag vielfach zerstört oder zumindest gewaltsam beeinträchtigt werden. Der beschleu-nigte Wandel der gesellschaftlichen Lebensverhältnisse, das Leben nach der Uhr und die Steigerung von Wachstum, Leistung und Wissen mitsamt seinen technischen Steuerungen hat das Verhältnis des Leibes zur Natur und zu sich selbst vor allem hinsichtlich seiner Rhythmen entscheidend verändert. Kinder sind häufig in physiologisch gesehen prob-lematischer Weise Störungen im Wechsel von Wachen und Schlafen, Aufmerksamkeit und Entspannung, Essen und Sattsein, Bewegung und Ruhe usw. ausgesetzt. Stresssymp-tome und Schlaflosigkeit, Reizüberflutung und Aufgeregtheit zerstören, wenn sie chronisch auftreten, auch die Möglichkeiten zum Aufbau von Konzentrationsfähigkeit und Aufmerk-samkeit. Hier liegen zahlreiche Ursachen für Entfremdungsprozesse. Türcke (2002) spricht von der „erregten Gesellschaft", die uns ständig unter Strom und Anspannung hält.

Die Folgen für das Lernen im Kindesalter sind vor allem in der Schule deutlich er-kennbar. Zappeligkeit, Unkonzentriertheit und Hyperaktivität belasten den Unterricht heute enorm, so dass vor allem im Grundschulunterricht nach neuen Wegen für die rhythmische Durchgestaltung des Schulvormittags gesucht wird (vgl. Nickenig 1996). Dies ist allerdings auch als Eingeständnis zu werten, dass über Jahrzehnte hinweg in der Reform der Schule die Frage der Gesamtdramaturgie des schulischen Lernens zu wenig beachtet wurde. Jedenfalls kannte die Curriculumreform der 70er Jahre die Kategorie der Rhythmisierung des Lernens und des Schulalltags noch nicht. Sie ist erst in den 90er Jahren in die Diskussion aufgenommen worden (vgl. Burk u. a.1998).

Die leibliche Bedingtheit des Lernens zu achten und die Rhythmen von Anspannung und Entspannung, von Konzentration und Zerstreuung, von Aufmerksamkeit und Abschalten-dürfen zu berücksichtigen und auch in ihren individuellen Differenzierungen zu respektie-ren bedeutet einen wesentlichen Schlüssel zum Schulerfolg.

Rhythmische Erziehung kann deshalb „als ästhetische Kunst der Erschließung der Disponibilität und Eigendynamik des Körpers" (Giel 1985, S. 46) verstanden werden. Sie versucht, rhythmische Formen zur Verarbeitung von Eindrücken nutzbar zu machen, andererseits ermöglicht sie die Teilhabe an gleichsam objektivierten Verrichtungen und Abläufen, da schon die grundlegenden Lebensäußerungen an Rhythmen zurückgebunden sind: Sprache und Musik, Handlungen und Besorgungen, Alltag und Festtag usw. enthalten immer auch gemeinschaftliche Erfahrungen, die in engeren oder weiteren Rhythmen strukturiert sind und im Hin und Her spielerische Formen des Sich-Einlassens auf Kommunikation und Kultur erlauben.

In der Ausbildung von Rhythmen kultivieren wir den *Leib als Organ für Erfahrungen*, wir ordnen die Wahrnehmungen und Handlungen in der Zeit. Rhythmen als strukturierte Verläufe von Wiederholung, Gruppierung und Akzentuierung erzeugen Dispositionen für die Kultivierung des Leibes, und umgekehrt bringt der Leib Rhythmen hervor. In diese Dialektik ist seit Johann Heinrich Pestalozzi jede Theorie der Elementarbildung eingebunden, auch wenn zeitweise in der Erziehungswissenschaft die Leibgebundenheit der Erfahrung übersehen und nicht für Erziehungsprozesse erschlossen wurde. Erst in jüngerer Zeit wird dieser Frage wieder die notwendige Beachtung geschenkt (vgl. Schultheis 1998a).

Einflüsse der Musik auf Denken und Gedächtnis

Im Zusammenhang der Beschreibung von Konsequenzen der Literalität wurde als ein wesentliches Merkmal für die kulturelle Entwicklung und das Erwachsenwerden die Beanspruchung des Denkens und Erinnerns genannt (vgl. Abschnitt 1.1). Eine ähnliche Herausforderung lässt sich auch im Umgang mit der Musik behaupten, sofern es nicht um eine konsumorientierte Aneignung und eine nur vordergründige emotionale Vereinnahmung durch Stimmungen geht. Zumindest dort, wo Musik in der praktischen Ausübung auch „verstanden" werden will, zeigen sich Qualitäten, die denen des Lesens nicht nachstehen.

Die Habitualisierung methodischer Kompetenzen erfordert auch im Kontext des Musizierens eine differenzierte Weise der Befähigung zum Denken. Insofern beruht auch die Musik auf einem elaborierten intellektuellen Anspruch. Dies betrifft zunächst die Ausbildung der Feinmotorik und die Kontrolle über die kleinsten Bewegungsabläufe, die entscheidend sind für die Erzeugung und Artikulation der Töne. Die Beherrschung der Finger im Violinspiel erfordert eine „Anweisung", die sich im Spiel ständig mit dem bewirkten Resultat rückkoppelt. Der erzeugte Ton und sein beabsichtigtes oder auch nicht beabsichtigtes Klangbild können ohne eine feinsinnige analytische Kompetenz, die sich in der Koordination des mentalen Auftrags an die Finger und der Übersetzung in das musikalische Spiel ausbildet, nicht geprüft werden. Die analytische Kompetenz des exakten Hörens und des Erkennens von Fehlern erfordert eine kritische Haltung und Einstellung gegenüber dem eigenen Spiel. Genau hinzuhören und das eigene Können zu bewerten erfordert eine lange Übung. Bis Kinder erkennen und sich selbst (und anderen) eingestehen, dass ein ganzes Musikstück oder auch nur einzelne Stellen hinter den eigenen oder den gestellten Erwartungen zurückbleiben, bedarf es einer Haltung und Einstellung, die erst angebahnt werden muss. Es gibt Kinder, die für diesen Lernprozess eine lange Zeit benötigen und über viele Jahre des Instrumentalunterrichts hinweg nicht in der Lage sind, genau jene schwierigen Stellen herauszugreifen und analytisch zu zerlegen, um sich den besonderen Schwierigkeiten zu stellen und nicht einfach darüber hinwegzuspielen. Selbstverständlich hat hier der Instrumentalunterricht eine wichtige Aufgabe, solche Prozesse der Selbstkontrolle und Analyse des eigenen Spiels zu unterstützen.

Neurobiologische Hinweise erklären die Zusammenhänge des Musizierens und die Ausbildung von Zeitstrukturen und Gedächtnisleistungen über die neuronalen Wege der

Informationsverarbeitung und der Bildung von Synapsen im Gehirn (vgl. Spitzer 2003). „Musik ist eine besondere komplexe menschliche Fähigkeit, die an unser Gehirn höchste Ansprüche stellt. Bedenkt man nun zusätzlich, dass Musik sehr früh wahrgenommen wird und Gedächtnisleistungen auf unterschiedlichen Ebenen voraussetzt und dass sich das Gehirn des Säuglings noch über Jahre nach der Geburt erfahrungsabhängig entwickelt, so tritt die Bedeutung von Musik für die kindliche Entwicklung wieder in den Vordergrund" (Spitzer 2003, S. 138). Von besonderer Bedeutung ist die Unterscheidung eines episodischen und eines prozeduralen Gedächtnisses, wobei vor allem das prozedurale Gedächtnis durch das Üben gefördert und ausdifferenziert wird.

Eine Studie von Gardiner et al. (1996, S. 284) betont die Transferleistungen, die im Musizieren begründet sind:

„Nach unserer Auffassung zeigen unsere Daten, dass Schüler dann, wenn sie entdecken, dass die Teilnahme an künstlerischen Aktivitäten Spass macht, dazu motiviert sind, die Fähigkeiten zu erwerben, auf die wir besonderen Wert legten. Dies hatte zwei Konsequenzen: Zum einen wurde den Schülern bewusst, dass sie in der Lage waren, solche herausfordernden, aber zugleich belohnenden Fähigkeiten zu lernen. Dies kann zu einer Verbesserung der gesamten Einstellung gegenüber dem Lernen und der Schule führen. Zum zweiten bewirkt das Erlernen künstlerischer Fähigkeiten, dass die geistigen Fähigkeiten gleichsam gestreckt werden und die Flexibilität auf andere Bereiche übergreift: Die Tatsache des besseren Lernens von Mathematik beispielsweise könnte auf das Erlernen geistiger Fähigkeiten wie beispielsweise von Ordnungsprinzipien und anderer Elemente mathematischen Denkens in diesem Alter zurückzuführen sein."

Andere Denkleistungen sind in der Interpretation von musikalischen Kompositionen gefordert. Werktreue und Stil der Interpretation folgen gewiss historischen Traditionen und werkimmanenten Gesetzmäßigkeiten, die oft nur geringe Spielräume für eine überzeugende Auslegung lassen. Schon die Erfassung des „richtigen" Tempos, die Entscheidung, wie langsam das Largo und wie schnell das Allegro zu spielen ist, zählt zu einer Art musikspezifischer Hermeneutik. Die Relation von idealer Klangvorstellung und der Einschätzung des eigenen Könnens zu bewältigen, einem zunächst imaginierten Klangideal gerecht zu werden oder ihm doch in erträglicher Weise nahe zu kommen, zählt dabei zu den fortgeschrittenen Formen musikalischer Kompetenz. Sie hat viel zu tun mit theoretischem Wissen und praktischem Können einschließlich der Denkleistungen, die die Verbindung beider Seiten herstellt.

Die Grammatik der Töne und Klänge führt in die Gesetze der Harmonielehre und ihrer epochen- und stilbildenden Ausprägungen hinein. Die mittelalterliche Einstimmigkeit der gregorianischen Choräle, die klare Architektur der Werke eines Johann Sebastian Bach, die sinfonischen tonalen Strukturen von Werken der Wiener Klassik oder die Zwölftonmusik eines Arnold Schönberg usw. enthalten Regeln, die die Unterscheidung von Harmonie und Missklang der Töne ermöglicht. Wer sich auf Musik einlässt, begegnet einer je anderen Ordnung der Töne und Tonfolgen, die, sofern man sich nicht nur „berieseln" lassen will, eine analytische Einstellung erfordern.[11] Wohl- und Missklänge auf zugrunde liegende Ordnungsvorstellungen zurückzuführen bedeutet eine nicht geringe Anforderung an die Denkleistungen junger Musikanten.

Auch die soziale Dimension darf nicht unterschätzt werden. Schon die Koordination von Terminen erfordert verbindliche Absprachen und das Einhalten von getroffenen Vereinbarungen. Insofern wird zunächst nur ein äußerer Aspekt von Teamfähigkeit bean-

---

[11] In abgeschwächter Form gilt dies auch für die Popmusik. Allerdings ist hier die Variationsbreite und Formenvielfalt deutlich anders zu bewerten.

sprucht. Sehr viel mehr gilt dies jedoch für die Aufführungspraxis, die eine sehr feine Abstimmung und Übereinstimmung der Spieler erfordert, um zu einem musikalischen Gesamtklang zu verschmelzen. Das Tempo und die Lautstärke zu halten, die Pausen richtig zu zählen und den eigenen Einsatz nicht verpassen, sich nicht durch Fehler von anderen irritieren zu lassen und vielleicht sogar souverän genug zu sein, nach einem fehlerhaften Spiel wieder zusammenzufinden – all dies erfordert eine höchst komplexe Weise flexiblen Reagierens. Dies geschieht jedoch im Dienste der Sache und eines Werkes, dem man gerecht zu werden versucht.

Interessant sind noch einmal die Ergebnisse der vergleichenden Untersuchung zu den Wirkungen des Musikunterrichts an Berliner Grundschulen, in denen ein erweiterter Musikunterricht erteilt wurde (Bastian 2001). Zu Beginn und am Ende der Langzeitstudie nach vier Jahren wurden auch Intelligenzmessungen vorgenommen. Dabei ergaben sich signifikant höhere Werte bei den Klassen mit erweitertem Unterricht gegenüber den Vergleichsgruppen. Bastian hält fest:

„Kinder der Schulen mit Musikbetonung zeigen zunächst keine vorteilhaftere Intelligenzentwicklung als Kinder ohne Musikschwerpunkt. Erst zum letzten Messzeitpunkt, am Ende des 5. Schuljahrs, kommt es zu einem erstaunlichen Effekt und zu einer überzufälligen Differenz der IQ-Mittelwerte. Kinder aus musikbetonten Grundschulen haben nach vier Jahren erweiterter Musikerziehung einen höheren IQ-Wert im Vergleich zu Kindern ohne dieses Treatment" (S.79).

Es muss allerdings darauf hingewiesen werden, dass die Untersuchungen von Bastian nicht uneingeschränkt die Aussage rechtfertigen, dass Musik automatisch klug mache. Diese Verkurzung in der offentlichen Rezeption hat er auch selbst kritisch kommentiert (vgl. Krämer 2001). Einschränkende und relativierende Hinweise zum Forschungsdesign hat Dartsch (2003) formuliert, ohne allerdings die Studie von Bastian widerlegen zu wollen. Sie können als Anregung gelten, in weiteren Studien die Transferleistungen des Musizierens zu untersuchen, ohne dabei den Eigenwert der Musik beschädigen zu wollen. Die Musikpädagogen sind sich darin einig, dass es nicht darum gehen kann, die Musik nur für den Erwerb anderweitig geschätzter Fähigkeiten zu funktionalisieren.

In einer umfassenden Darstellung der erzieherischen Implikationen der Musik wären weitere Aspekte von Bedeutung. Es wäre beispielsweise anzusprechen, wie über Musik *Kreativitätsmuster* vermittelt und angeeignet werden, wie ein *Formenbewusstsein* entsteht, mit dem Musik verstanden, aber auch kreativ hervorgebracht und als Medium des Ausdrucks verwendet werden kann. Nicht zuletzt bildet die Musik ein Medium für die *Ausbildung des Geschmacks* und die *Grammatisierung der Empfindungen*. Auch musikbiografische Untersuchungen nach dem Muster der erziehungswissenschaftlichen Biografieforschung könnten Erhellendes aufdecken. Die musikpädagogische Forschung hat hier ein noch wenig bearbeitetes Feld zu erschließen. Das methodische Paradigma der Musik lässt jedenfalls darauf schließen, dass der erzieherische Wert weit über das Musizieren und die Auseinandersetzung mit der Musik selbst hinausweist. Wo sie im Leben und Aufwachsen der Schulkinder einen bedeutenden Stellenwert einnimmt, werden Potenziale genutzt, die den Prozess der Individuierung und Enkulturation nachhaltig prägen und unterstützen.

4 Lernen als symbolisches Erschließen von Wirklichkeit

4.1 Der Anschluss an die schultheoretische Diskussion

Abschließend soll hier noch einmal ein grundlegender Gedankengang der hier vorgestellten Argumentation skizziert werden. Dies erlaubt es auch, über die Anthropologie der Kindheit hinauszublicken und den Anschluss an die schultheoretische Diskussion zu suchen. Dies ist insofern ein weiterführender Gedanke, als die Schultheorie bislang weder einen Begriff von Kindheit noch die Anbindung an die Kindheitsforschung gesucht hat. Gewiss kann eine Theorie der Schule nicht als abhängige Variable einer Theorie der Kindheit abgeleitet werden. Die Schule und ihre Theorie gewinnen ihr Selbstverständnis auch von den gesellschaftlichen und kulturellen Aufgaben her, die in ihren jeweils aktuellen Kontexten aufzunehmen sind. Aber spätestens dort, wo die Schule sich einem Erziehungs- und Bildungsauftrag verpflichtet, sind Parameter eines Verständnisses von Kindheit aufzunehmen und zu berücksichtigen. Deshalb wird dort, wo die Schultheorie und eine Theorie der Kindheit voneinander getrennt werden, auch ein pädagogischer Zusammenhang auseinander gerissen und die Verständigung zwischen Kindheit und Schule erschwert. Gerade die Differenzen, Ungereimtheiten und Widersprüche zwischen Kindheit und Schule, die wechselseitig zahlreiche pädagogische Schwierigkeiten erzeugen, bedürfen der Klärung in der Zusammensicht der Perspektiven.[12]

Gleichwohl darf das Plädoyer für eine stärkere Verschränkung schultheoretischer und kindheitstheoretischer Fragestellungen nicht die Illusion nähren, es wäre ein in sich geschlossener, theoretischer Gesamtentwurf möglich, der es erlaubte, ein umfassendes harmonisches und widerspruchsfreies Gesamtgebäude zu konstruieren. Theorien sind Konstrukte von begrenzter Reichweite, sie erfassen immer nur Ausschnitte aus der Komplexität ihres Gegenstands und sind deshalb nur zur Formulierung ausgewählter Aspekte und Perspektiven in der Lage.

Was den Zusammenhang kulturtheoretischer und pädagogisch-anthropologischer Argumentationen betrifft, bleibt festzuhalten: Der anthropologische Fokus pädagogischer Forschung richtet sich auf die Untersuchung von Formen kindlicher Kulturaneignung. Es gilt, ein Verständnis des Aufwachsens in einer durch den Schulbesuch wesentlich mitbestimmten Lebensphase zu erarbeiten. Der Prozess der Enkulturation lässt sich dabei nicht in Funktionskreisen erschließen, der instrumentell verfügbar gemacht werden könnte. Die Dialektik der Kulturaneignung lässt sich vielmehr in den Vorgängen der Individuierung und Enkulturation, des Aufnehmens und Hervorbringens, der Konstruktion und Rekonstruktion kultureller Prozesse bestimmen. Wesentlich ist, dass die Aneignung von Kultur

---

[12] In Bezug auf das Jugendalter ist diese Diskussion anders zu beurteilen. Dort werden Fragen der Jugendforschung und der Schulforschung oft enger aufeinander bezogen (vgl. hierzu beispielsweise Schweitzer/Thiersch 1983 und Fend 1997).

als ein aktiver Vorgang begriffen wird, dass im Prozess der Enkulturation deshalb Potenziale zur Entfaltung kommen, die es erlauben, handelnd und gestaltend auf die Kultur einzuwirken und sie dabei neu hervorzubringen. Die aktive und passive Dimension von Kultur hat bereits Michael Landmann (1961) treffend in die Formel vom Menschen als dem „Schöpfer und Geschöpf von Kultur" gebracht.

Hinzu kommt, dass man ebenso wenig wie man von „dem" Kind im Singular auch nicht von „der" Kultur sprechen kann. Kultur stellt immer einen offenen Verweis von Bedeutungszusammenhängen dar, in dem auch die Frage nach dem Sinn der menschlichen Existenz gesucht und beantwortet wird. Sie wird im Handeln gestaltet, lebt von der potenziellen Macht der Ideen. Sie enthält einen Horizont von Werten, die in einem geschichtlichen und damit kontextualen, veränderlichen und intentionalen Rahmen stehen. Es geht dabei immer auch um die Suche nach Qualität und Steigerung, weshalb die Differenzierungen von Kultur wesentlich sind. Lipp (1979) stellt deshalb immer auch die „Plurivalenz" von Kultur als eines ihrer charakteristischen Merkmale heraus. Kulturelle Differenz wird so auch zu einem wichtigen Begriff neuerer pädagogisch-anthropologischer Theoriebildung (Wulf 2002). Andererseits sind auch die allgemeinen und verbindenden Aspekte kultureller Prozesse sichtbar zu machen, so dass der Kulturbegriff nicht nur im Spiegel subkultureller Zugriffe verortet werden kann. Dies muss vor allem schultheoretischen Positionen vorgehalten werden, die eine Auflösung des Kulturbegriffs in seine Differenzierungen befürworten (vgl. Göhlich 2002). Der Plural allein kann den übergreifenden kulturellen Auftrag der Schule kaum angemessen in den Blick nehmen.

Im Schnittfeld individueller, kollektiver und gruppenspezifischer Zugriffe gilt es, immer wieder neu zu erkunden, wie sich der unabschließbare Prozess der Kulturaneignung neue Formen und Inhalte schafft und wie sich Kontinuität und Wandel in den Phasen der Schulkindheit abbilden und in oft überraschender Weise zum Vorschein kommen. Deshalb kann eine Pädagogik im Schnittfeld von Kulturtheorie und Anthropologie keine fertigen Ergebnisse, sondern immer nur Zwischenberichte vorlegen, die eher als Suchprogramm denn als Merkmalskatalog präsentiert werden können.

Es steht noch aus, weitere Studien aus phänomenologischen und anthropologischen Untersuchungen zu sichten, zu ergänzen und zu einem Gesamtbild einer Anthropologie der Kindheit auszuarbeiten (vgl. Duncker 2001b). Solche Studien zeigen bislang – und dies ist kein Zufall – eine große Nähe zur Elementarbildung, die in ihren Theorien versucht, die Entfaltung der kindlichen Lernfähigkeit im Kontext kultureller Beanspruchungen zu thematisieren. Von Johann Heinrich Pestalozzi und Friedrich Fröbel im 19. Jahrhundert bis Ilse Lichtenstein-Rother (z. B. 1969; 1982) und Klaus Giel (z. B. 1975; 1985) im 20. Jahrhundert galt trotz der Heterogenität der Ansätze ihre Aufmerksamkeit immer der Frage, wie Kindheit und Schule über Prozesse der Elementarbildung produktiv zusammengeführt werden können, so dass darin ein konstruktives Bild von Schulkindheit zum Ausdruck kommen kann. Es kann als Verdienst dieser Traditionslinie reklamiert werden, Schule nicht allein als eine Institution zu verstehen, die gesellschaftlich bedingte Entfremdungsprozesse erzeugt, sondern dass sie vielmehr als ein „Weg des Kindes" (Langeveld 1960) auszulegen ist.

Auch der Anschluss an die bildungstheoretische Diskussion liegt nahe. Seit Wolfgang Klafkis Studien zum Bildungsbegriff (1963) werden formale und materiale Bildungstheorien unterschieden, wobei Klafkis Position darin zum Ausdruck kommt, dass er beide Seiten nicht gegeneinander auszuspielen versucht, sondern sie als notwendige Aspekte eines „kategorial" zu verschränkenden Bildungsverständnisses begreift.

Dies spiegelt sich auch in den hier vorgestellten Argumentationszusammenhängen wider. An den Paradigmen des Sammelns und des Musizierens konnte aufgezeigt werden, wie inhaltliche, materiale und substanzielle Bestände von Kultur angeeignet und erschaffen werden, dass dies jedoch immer auch mit der Elaboration eines methodischen Könnens und Verhaltens und der Entfaltung von Fähigkeiten verbunden ist, die im Umgang mit den Gegenständen erworben werden. Insofern berühren sich hier die Begriffe Kultur, Bildung und Methode sehr eng. Sie beschreiben einen Zusammenhang der Wechselwirkung, der geeignet ist, die Dialektik von Individuierung und Enkulturation im Alter der Schulkindheit sichtbar zu machen und für ein anthropologisches Verständnis von Schulkindheit zu erschließen.

4.2 Das anthropologische Verständnis von Methode

Der hier eingeschlossene Begriff von Methode unterscheidet sich von dem, wie er vor allem in schulpädagogischen Kontexten verwendet wird. Die schulpädagogische Verwendung schließt sich einer Unterscheidung von Didaktik und Methodik an, die in einem früheren Text von Wolfgang Klafki zusammengefasst wurde (1976). Dort hatte Klafki das Theorem vom „Primat der Didaktik vor der Methodik" aufgestellt, das besagt, dass die grundlegenden inhaltlichen Entscheidungen der Auswahl und Begründung von Unterrichtsthemen denen der Anordnung von Lernschritten, der Lehr- und Organisationsformen, der Sozialformen bis hin zum Handlungsrepertoire für die Durchführung des Unterrichts vorgeordnet sind. Der Begriff der Methode wird dadurch zum Synonym für das Instrumentarium des Lehrers bei der Gestaltung unterrichtsdramaturgisch zu regelnder Maßnahmen, die es erlauben, die Intentionen des Unterrichts umzusetzen und erreichbar zu machen. Sie stehen sinnvollerweise in Abhängigkeit und in Interdependenz zu den gesetzten Zielen, so dass die Bestimmung von „UnterrichtsMethoden" (Meyer 2002 und 2003) als unterrichtspraktische Disponibilität in der Profession des Lehrerberufs zu verstehen ist.

Bisweilen wurde das Spektrum unterrichtlicher Methoden in einen *instrumentellen Kontext* gestellt. Auch wurde dabei versucht, die Konstruktion von Unterricht als eine Technologie zu konzipieren (Möller 1973), die die Methoden zweckrational in den Dienst einer Optimierung von Lernschritten zu stellen versuchte. Heute tauchen solche Verwendungsmuster wieder im Zusammenhang computergesteuerten Lernens auf (vgl. Sacher 2000). Methode meint hier die Zerlegung eines komplexen Lernvorgangs in kleine Schritte, die logisch ineinander greifen und so die Aneignung von Kenntnissen und Fertigkeiten effizient und in enger Rückkoppelung zu Prüfverfahren ermöglichen. Hinzu kommt der hohe Grad an Individualisierung und Berücksichtigung unterschiedlicher Lernvoraussetzungen wie Lerntempo oder Anspruchsniveau.

Der in anthropologischer Absicht entfaltete Begriff von Methode setzt sehr viel grundlegender an dem Verhältnis zwischen Kind und Sache an und beschreibt Einstellungen, Haltungen und Könnenserfahrungen, die eine kulturell geprägte Aneignung von und Auseinandersetzung mit Wirklichkeit zur Geltung bringen. Methode meint dabei in ganz ursprünglichem Sinne die Befähigung zu einer gerichteten Aufmerksamkeit auf die Dinge und die Ausdifferenzierung solcher Zugänge zu den Dingen, die es ermöglichen, sie in ihrem Perspektivenreichtum zu erschließen. Methode stellt sich damit nicht in einen Kontext instrumentell handhabbarer Verfahren der Inszenierung von Lehr- und Lernprozessen, sondern meint erkenntnistheoretisch bestimmbare Formen von Kulturaneignung.

Die kulturellen Konnotationen von Erkenntnisleistungen dürfen dabei nicht ignoriert werden. Für den Gewinn von Erkenntnissen gibt es keinen archimedischen Ausgangspunkt, sie sind eingebunden in historisch-kulturelle Kontexte, die die Aufmerksamkeiten und Interessen sowohl anregen als auch erschweren können. Insofern sind methodische Formen des Erkennens in ihren Potenzialen beeinflusst und präformiert, sie werden über Sozialisationsprozesse erworben und auch in ihren subkulturellen Differenzierungen gewichtet.

In anthropologischer Perspektive bleibt dabei zu betonen, dass der Aufbau eines methodischen Verhältnisses zur Wirklichkeit in seiner Bedeutung für Weltverstehen und Persönlichkeitsentwicklung zur Geltung kommt. Dies schließt die Dimensionen der Sinnorientierung und der Sinnerschließung (Oelkers/Wegenast 1991; Duncker/Hanisch 2000) ein. In dieser Hinsicht greift der Begriff der Methode die von Martinus J. Langeveld formulierte Bedeutung von Methode als „Weg des Kindes" auf, ein Weg, den die Schule zu unterstützen hat und den sie nicht auf die Erfüllung gesellschaftlicher Funktionen verkürzen darf. Der Erwerb der Methode wird zu einem Weg des Erwachsenwerdens, auf dem sich Kulturaneignung mit dem Prozess der Individuierung verbindet.

Der hier vorgestellte Ansatz könnte weitergeführt und auf weitere Paradigmen ausgedehnt werden. Neben den Paradigmen des Sammelns und des Musizierens, der Schrift und der Zeitverhältnisse ließe sich der konzeptionelle Rahmen beispielsweise auch an den Feldern des Spielens und des Erschließens von Räumen der Phantasie, Bewegung und Zahlenwelten sowie im Bereich der Mediennutzung, der visuellen Alphabetisierung, der Gestaltung von Sozialbeziehungen und der religiösen Entwicklung diskutieren. Einige dieser Felder werden im Rahmen der folgenden Teile dieses Buches aufgegriffen. Insofern zeigt sich hier ein originärer Zugriff auf das Verständnis des Aufwachsens und Erwachsenwerdens in unserer Gesellschaft.

4.3 Die kulturphilosophische Grundlegung

Die skizzierten Paradigmen methodischen Verhaltens legen den Blick auf eine anthropologische Prämisse frei, die hier noch einmal aufgegriffen und verdeutlicht werden soll. Sie lässt sich an den grundlegenden Bestimmungen über das Verhältnis zwischen Mensch und Wirklichkeit festmachen, wie sie auch in der philosophischen Anthropologie ausgearbeitet werden. Sie hat vor allem in der Kulturphilosophie Ernst Cassirers klare Konturen gewonnen. Die Frage „Was ist der Mensch?" beantwortet Ernst Cassirer mit dem Hinweis auf die Symbolfähigkeit, die auch die Fähigkeit zu Spontaneität, Produktivität und Ausdrucksvermögen einschließt. Mit ihr könne sich der Mensch ein eigenes Universum errichten, mit dessen Hilfe er seine Erfahrung verstehen, deuten und ordnen könne. Symbolisches Denken und Verstehen ist unaufgebbar in den Prozess der Kultur eingewoben und begründet auch, dass dieser Prozess nicht allein als ein funktionaler Anpassungsvorgang, sondern nur in einer dialektischen Verschränkung mit dem Vorgang der Individuierung und Entfaltung der Persönlichkeit verstanden werden kann. In der Symbolfähigkeit des Menschen erkennt Cassirer gleichsam eine „Methode", mit der sich der Mensch nicht nur an seine Umgebung anpassen, sondern mit der er gleichzeitig eine „neue Dimension der Wirklichkeit" entwerfen könne (1944/1990, S. 49). Sprache, Mythos, Kunst und Religion sind Bestandteile dieses symbolischen Universums. „Sie sind die vielgestaltigen Fäden, aus denen das Symbolnetz, das Gespinst menschlicher Erfahrung gewebt ist" (a.a.O., S. 50).

In seiner „Philosophie der symbolischen Formen" entdeckt Cassirer (1923 ff.) eine neue *Zwischenwelt*, die sich zwischen Mensch und Wirklichkeit entfaltet. Diese symbolische Zwischenwelt bewirke, dass der Mensch dort, wo er nicht auf seine physische Natur zurückgeworfen sei, gar keinen „direkten" Bezug zur Welt aufbauen könne. In dem Maße, wie die Symboltätigkeit Raum gewinne, träte der physische Bezug zur Wirklichkeit zurück. Als Folge davon könne der Mensch keine unmittelbare Beziehung zur Welt unterhalten: „So sehr hat er sich mit sprachlichen Formen, künstlerischen Bildern, mythischen Symbolen oder religiösen Riten umgeben, dass er nichts sehen oder erkennen kann, ohne dass sich dieses artifizielle Medium zwischen ihn und die Wirklichkeit schöbe" (1944/ 1990, S. 50). Die symbolische Zwischenwelt ist deshalb keine Welt harter Fakten. Sie enthält Bedeutungsschichten, die sich aus den konkreten Zusammenhängen ablösen und verselbstständigen können. Sie erlauben den Entwurf von Bildern und Projektionen, Hoffnungen und Ängsten, Phantasien und Träumen, die eine ebenso wirksame Realität bedeuten wie die so genannten „Tatsachen": „Eine Welt selbstgeschaffener Zeichen und Bilder tritt dem, was wir die objektive Wirklichkeit der Dinge nennen, gegenüber und behauptet sich gegen sie in selbstständiger Fülle und ursprünglicher Kraft" (1921 f./1956, S. 175 f.).

Für Cassirer erschließt deshalb gerade der Symbolbegriff den Formenreichtum der Kultur. Seine Universalität und Variabilität, die ihn vom Zeichen und vom Signal unterscheiden, begründen Fähigkeiten, die nur dem Menschen zugesprochen sind. Dass jedes Ding einen Namen habe, dass Bedeutungen in verschiedenen Sprachen und auf vielfältige Weise ausgedrückt werden könnten, dass ein Unterschied zwischen Wirklichem und Möglichem, zwischen Aktuellem und Idealem gemacht werden könne, all dies begründe auch die Theoriefähigkeit und die Fähigkeit zum Entwurf von Zukunftsvorstellungen und Utopien. Auch der Verstand, die Reflexivität des Denkens und die Wahrnehmung selbst setzten den Symbolbegriff voraus: „Es ist das symbolische Denken, das die natürliche Trägheit des Menschen überwindet und ihn mit einer neuen Fähigkeit ausstattet, der Fähigkeit, sein Universum immerfort umzugestalten" (1944/1990, S. 100). Schließlich liege hier auch die Einsicht begründet, dass man „Kultur als den Prozess der fortschreitenden Selbstbefreiung des Menschen beschreiben" könne (a.a.O., S. 345).

Kultur ist deshalb in die großen dialektischen Bewegungen eingespannt, die die kulturelle Dynamik hervorbringt und die ihre Fortdauer aufrecht erhält:

„In allen menschlichen Aktivitäten begegnen wir einer grundlegenden Polarität, die sich auf unterschiedliche Weise beschreiben lässt. Wir könnten von einer Spannung zwischen Verfestigung und Evolution sprechen, zwischen einer Tendenz, die zu festen, stabilen Formen führt, und einer anderen Tendenz, die dieses strenge Schema aufbricht. Der Mensch steht zwischen diesen beiden Tendenzen, von denen die eine alte Formen zu bewahren sucht, während die andere neue hervorzubringen strebt. Es herrscht ein unablässiger Kampf zwischen Tradition und Innovation, zwischen reproduzierenden und kreativen Kräften. Auf diesen Dualismus trifft man in allen Kulturbereichen" (a.a.O., S. 339).

Ernst Cassirers Entwurf einer Philosophie der Kultur, die die Formen der Kulturaneignung an die Symbolfähigkeit zurückbindet, greift selbstverständlich sehr viel weiter aus als er für eine Anthropologie der Schulkindheit erschöpfend beansprucht werden könnte. Dennoch bildet er einen geeigneten Rahmen, die innere Dialektik der Methode auch hinsichtlich der schulischen Einflüsse auf die Kindheit zu thematisieren. Die „Zwischenwelt" symbolischer Formen erschließt Möglichkeiten, den Prozess der Kulturaneignung auch auf die institutionell geprägten und damit strukturell überformten Symbolisierungen zu beziehen. Schulkindheit steht dabei in dem Spannungsfeld, Ansprüche an die (Selbst-)Bildung und institutionell geprägte Erwartungen der Schule auszubalancieren, wobei auch solche

Balanceakte noch eine Herausforderung an das Verstehen und Deuten von Symbolen bedeutet.

Andreas Nießeler (2003) hat die Bedeutung der Kulturphilosophie Cassirers für die Pädagogik in überzeugender Weise herausgearbeitet. Insbesondere hat er die Formen symbolischer Weltaneignung für eine pädagogische Anthropologie des Lernens aspektreich interpretiert. Über die Literalität hinaus sind es vor allem die Grundformen der sprachlichen und begrifflichen Gestaltung von Welt, die Sinndeutungen in literalen, religiösen und philosophischen Kontexten, die Vielfalt der ästhetischen Symbolisierungen und auch die in Erinnerungsbildern verankerten kulturhermeneutischen Aspekte geschichtlicher Orientierungen, die Cassirers Symbolbegriff in seiner Bedeutung für Bildungsprozesse fruchtbar machen. Auch wenn es nicht explizit im Interesse Nießelers liegt, eine schultheoretische Diskussion zu führen, so lassen sich gerade hier weitere Überlegungen sinnvoll verankern.

Hier erschließt sich also ein noch kaum bearbeitetes Gebiet der Schultheorie. Allerdings haben schultheoretische Überlegungen auch die institutionelle Dimension schulischen Lernens zu berücksichtigen. Dass dies nicht im Rückgriff auf strukturfunktionalistische Positionen gelingen kann, wurde bereits erwähnt. Vielleicht können solche Überlegungen aber unter Einbeziehung symbolisch-interaktionistischer und kommunikationstheoretischer Perspektiven erfolgen, die auch in institutioneller Sicht die Schule als eine gesellschaftlich organisierte, verwaltete und rechtlich verfasste Einrichtung begreifen. Einige Konzepte der 70er und 80er Jahre wären nochmals daraufhin zu prüfen, wie sie für die Verbindung mit bildungstheoretisch-anthropologischen Positionen anschlussfähig gemacht werden könnten. Das Spannungsfeld vom Lernen als eines Bildungsprozesses und als eines gesellschaftlich organisierten und institutionell geprägten Vorgangs müsste dabei in seinen produktiven, aber auch hinderlichen, sich widersprechenden und sich ausschließenden Dimensionen erklärt werden. Im vorliegenden Zusammenhang können nur einzelne Aspekte angedeutet werden, sozusagen als Prolegomena zu einer Theorie der Schule, die einen Begriff von Schulkindheit, von Methode und von Kulturaneignung in sich aufnimmt und dabei auch institutionell verfasste Symbolisierungen berücksichtigt.

4.4 Symbolische Dimensionen institutionell verfassten Lernens in der Schule

Die Bedeutung einer methodischen Begegnung mit der Wirklichkeit über eine symbolisch gesteuerte „Zwischenwelt" geht auch im Schulalter weit über die Literalität hinaus. Gerade unter dem Einfluss der Schule werden symbolische Bezüge neu geordnet und bewertet, manche werden verdichtet, andere zurückgedrängt. In diesen Vorgängen restrukturiert sich Kultur auch in ihrem generationellen Wandel. Es sind dabei mindestens drei Dimensionen, in denen der Einfluss der Schule auf die symbolischen Formen der Kulturaneignung identifizierbar wird:

(1) In einer eher tradierenden Weise treten die Symbolverhältnisse in den Beständen von *Lehrplänen und Schulfächern* auf. Diese Bestände repräsentieren Inhalte und Ordnungen, die für das Verstehen und Aneignen kultureller Objektivationen für wesentlich gehalten werden. Sie beruhen auf einem gesellschaftlichen Konsens, der sich im System der Schulfächer selbst als auch in den Abteilungen der einzelnen Fachdisziplinen niederschlägt und so einen wichtigen Teil kultureller Tradierung und Überlieferung absichert. Es geht dabei

nicht um eine Ansammlung isolierten Fachwissens, wie es in der abwertenden Bezeichnung von „Schulstoff" zum Ausdruck kommt, sondern um Bedeutungszusammenhänge und Sinndimensionen, die symbolisch in und zwischen den Wissensbeständen Bilder der Welt als Weltbilder im Sinne von Anschauungen enthalten. Die kulturelle Bedeutung der Schule kann in dieser Hinsicht kaum hoch genug veranschlagt werden. Gerade in Zeiten einer wachsenden Individualisierung und Singularisierung der Gesellschaft, von der auch Kinder im Schulalter betroffen sind, sowie aufgrund einer Pluralisierung subkultureller Eigenwelten bis hin zu den multikulturellen Differenzierungen und der Ausbildung von Parallelgesellschaften ist gerade die Schule oft noch der einzige Ort, an dem ungeachtet der sozialen, ethnischen und nationalen Herkunft der Schüler noch die Erfahrung von Gemeinsamkeit und – zumindest in einer auf die Schule bezogenen Weise – von sozialer Zusammengehörigkeit gestiftet wird. Der primäre Ort gesellschaftlicher und kultureller Integration ist heute die Schule, auch wenn sie angesichts der Probleme, die damit aufgeworfen werden, häufig überfordert ist. Schulpflicht und damit die Pflicht, sich auf die symbolischen Bedeutungsgehalte der ausgewählten Themen und Inhalte einzulassen, schafft die Voraussetzung, Kulturaneignung in einem durch die öffentlichen Institutionen repräsentierten Verständnis von Kultur einzufordern. Schulkindheit steht deshalb unter dem Postulat einer systematisch veranstalteten Einweisung in die kulturellen Bestände, die in aufwändigen Verfahren einer Konsensbildung bestimmt werden und damit die kulturelle Identität einer Gesellschaft widerspiegeln. Schule kommt ohne solche Gemeinschaft stiftenden Symbolverhältnisse nicht aus. Dass diese in einem Spannungsfeld stehen zum Postulat der inneren Differenzierung und der Beachtung kultureller Differenzen, die aus der Herkunft der Schüler rühren, hebt diesen Anspruch nicht auf, erzeugt aber jene pädagogischen und didaktischen Probleme, deren Lösung heute zu den schwierigsten Aufgaben der Schule zählt und deren Bewältigung auch an die Grenzen des Toleranzgebots der Demokratie stößt.

(2) Der Einfluss der Schule auf die symbolisch gesteuerten Formen von Kulturaneignung wird in einer zweiten Dimension über die *Verkehrs- und Kommunikationsformen* und deren immanenter Normativität deutlich. Sie regeln die Beteiligung und Mitsprache, enthalten symbolische Repräsentationen von Macht und Hierarchie, vermitteln Wertorientierungen und Einstellungen. Sie können autoritär definiert und fixiert sein, sie können aber auch offen sein für Teilhabe, Mitbestimmung und die Artikulation von Schülerinteressen. Schulen mit ausgewiesen demokratischem Anspruch legen auch auf die Ausgestaltung solcher Kommunikationsformen Wert, die über ihre unterrichtsdramaturgische Bedeutung von Lehr- und Lernformen hinausgehen. Sie bemühen sich, eine Gesprächskultur nicht nur über Gruppenarbeit und Erörterungen im Klassenverband zu entwickeln. Sie bilden auch über juristisch vorgeschriebene Beteiligungen der am Schulleben partizipierenden Personengruppen hinaus neue Institutionen wie Klassenrat, Schülerrat, Schülerversammlung usw., um so eine basisdemokratische Fundierung der Schülerbeteiligung zu erreichen (vgl. z. B. Scheufele 1998).

Von hoher symbolischer Bedeutung sind *schulische Rituale*, auch wenn sie in einer ambivalenten Weise in Erscheinung treten. Denn Rituale können in sehr unterschiedlicher Weise die Kommunikationsstruktur der Schule bestimmen. Als szenische Instrumente können sie Macht und Autorität stabilisieren (Tillmann 1976), aber auch als Mittel der Rythmisierung des Unterrichtsalltags und der Strukturierung des Schullebens Verwendung finden (Schultheis 1998). Die Debatte über die Wirksamkeit des sog. „heimlichen Lehrplans" (Zinnecker 1975), der zu den offiziellen Verlautbaren des Erziehungs- und Bildungsauftrags in einem Gegensatz steht, hat sich auch an einer kritischen Analyse schulischer Rituale entzündet. Franz Wellendorf (1973) hat die subversive Kraft von Ritualen aufgezeigt und erkannt, dass ihre problematische Wirkung vor allem im bloßen Mitmachen und Mitvollzug begründet liegt und dass sie unterschwellig eine Identifikation mit den Normen und Zwängen einer fremdbestimmten Schule erreichen. Rituale dienten so der symbolischen Abstützung von Herrschaftsverhältnissen. Gefährlich seien sie, so Wellendorf, weil sie am Bewusstsein der Beteiligten vorbei wirkten und der Reflexion nicht zugänglich gemacht würden. Gleichwohl ist anzumerken, dass in den Ausführungen von Wellendorf aus heutiger Sicht ein autoritäres und antidemokratisches Zerrbild von Schule und Gesellschaft zugrunde gelegt wird.

Demgegenüber setzt die aktuelle schulpädagogische Diskussion um die pädagogische Bedeutung von Ritualen anders an (vgl. Schultheis 1998). Heute wird mehr die entlastende Funktion von Ritualen hervorgehoben. Es wird darauf hingewiesen, dass sie auch die Ausbildung von Gewohnheiten ermöglichten, dass sie eine Identifikation mit der sozialen Gemeinschaft der Schule abstützten und als Lernhilfe in Betracht kämen. Allerdings wird dabei betont, dass der konstruktive Charakter von Ritualen eine kognitive Auseinandersetzung im Unterricht erforderlich mache, dass Rituale der Reflexion und Mitsprache, der Änderung, Korrektur und sogar der Abschaffung zugänglich gemacht werden müssten. Insofern wird der Gefahr des Absturzes in raffinierte Formen der Manipulation, wie sie bei Wellendorf noch beklagt werden, mit den Mitteln eines Meta-Unterrichts zu begegnen versucht.

Am Beispiel der kontroversen Debatte über Bedeutung und Funktion von Ritualen in der Schule kann der symbolisch sich vermittelnde Gehalt von Verkehrs und Kommunikationsformen deshalb deutlich nachgezeichnet werden.

(3) In institutioneller Hinsicht spielen die *Leistungserwartungen* der Schule eine große Bedeutung. Sie vermitteln sich nicht allein in juristischen Kodizes über die Beachtung und Anwendung von Schulgesetzen, Erlassen und Richtlinien zur Ermittlung der Leistungsbeurteilungen. Sie sind in allen schulischen Zusammenhängen symbolisch eingewoben, auch dort, wo es nicht i.e.S. um Klassenarbeiten, Notengebung und Schullaufbahnempfehlungen geht. Leistungserwartungen vermitteln sich auch habituell über Formen der Kommunikation und Beteiligung, über Sachansprüche und Aufgabenstellungen, so dass Schulleistungen trotz anderslautender Beteuerungen in den Regeln zur Notengebung immer auch das personelle Selbstverständnis des Schülers betreffen. Denn bewertet werden sollen eigentlich die Leistungen, nicht die Persönlichkeit des Schülers. Aber diese Differenzierung lässt sich in den Kommunikationsstrukturen der Schule praktisch kaum trennscharf durchhalten. Der „gute" und der „schlechte" Schüler haben unterschiedliche Chancen, im Rahmen der Schule ihre Identität zu stabilisieren und weiterzuentwickeln. Diese Zusammenhänge sind durch die Schulleistungsforschung und in Studien zur schulischen Sozialisation vielfältig belegt (Ulich 1998).

Was für die symbolischen Formen der Kulturaneignung wesentlich bleibt, ist die Erkenntnis, dass sich Leistungserwartungen nicht allein am Bildungsanspruch eines sich selbst frei entfaltenden kindlichen Individuums orientieren, sondern auch an gesellschaftlichen Normen, die in den schulischen Interaktionsstrukturen aufgehoben sind und so den Entwurf von Selbstbildern und Fremdbildern nachhaltig beeinflussen. Die Bearbeitung der Diskrepanz von Selbst- und Fremdbild im Sinne der Herstellung einer Identitätsbalance stellt hohe Anforderungen an die Schülerrolle. Schüler müssen in der Lage sein, die Erwartungen, die sich auch szenisch vermitteln, zu entschlüsseln und dabei eine spielerische Kompetenz der Selbstbehauptung zu entwickeln.

Die in der Schulpädagogik weit verbreitete Unterscheidung eines pädagogischen und eines gesellschaftlichen Leistungsbegriffs (vgl. Bartnitzky/Chri-stiani 1988) erweist sich bei näherer Betrachtung als unhaltbar. Sie unterstellt, dass sich eine pädagogische Sphäre der Schule völlig außerhalb des gesellschaftlichen Kontextes einer Leistungsgesellschaft errichten ließe. Eine heile Welt der Pädagogik, die lediglich den individuellen Lernfortschritt diagnostizieren und fördern will, glaubt sich den „gesellschaftlichen" Erwartungen und Normen entziehen oder zumindest sich gegen sie behaupten zu können. Solche Konstruktionen sind ideologieanfällig und politisch blind, sie verkennen den Auftrag der Schule und sind auch schultheoretisch nicht haltbar.

Dass sich aus dem Zusammenwirken unterschiedlicher Bewertungsmaßstäbe brisante Widersprüche ergeben können, ist damit nicht bestritten. Sie führen häufig in Dilemmata hinein, die am Ende oft nur einseitig auflösbar sind und für die Schüler im Falle des Scheiterns eine schmerzhafte Erfahrung bedeuten. Die Habitualisierung von Bildung im Kontext normierter Leistungserwartungen prägt deshalb als Chance und Risiko die Rolle des Schülers. Schulkindheit wird zur Kindheit, die in den symbolisch geknüpften Netzen von Bewertungskriterien eingefangen wird, und die Maschen der Netze lassen nur wenig Spielräume, den vorgegebenen Bewertungskriterien zu entkommen. In einer Leistungsgesellschaft ist es zweifellos der bessere Weg, die zugemuteten Anstrengungen auf sich zu nehmen und den Leistungserwartungen so zu entsprechen, dass die Artikulation der eigenen Sicht von der Welt als Leistung anerkannt und dass Schulleistung auch als Weg der Persönlichkeitsentfaltung begriffen wird. Aber damit ist der Prozess der Erneuerung von Kultur bereits viel versprechend aufgenommen und angenommen, Bildungsangebot und Selbstbildung bereits aufeinander bezogen und miteinander verknüpft.

Teil 2

Klaudia Schultheis

Leiblichkeit als Dimension kindlicher Weltaneignung

Leibphänomenologische und erfahrungstheoretische Aspekte einer Anthropologie
kindlichen Lernens

Einleitung

In seinem Buch „Die übergangene Sinnlichkeit" (1981) kritisiert Horst Rumpf, dass die
Schule von den Kindern verlange, ihre Empfindungen, spontanen Reaktionen und subjektiven Welterfahrungen stillzulegen und sich der „offiziellen Rationalität" (a.a.O., S. 8)
der Schule zu unterwerfen. Die Episode über den „Hund in der Schule", die er einem Buch
von John Herndon (1972) entnimmt, zeigt für ihn beispielhaft, wie die Schule mit der
kindlichen Erfahrungswelt umgeht.

„Oft kommen Hunde in Schulklassen hereingewandert, und immer erregen sie großen Tumult. Kinder
können nicht an sich halten, wenn mitten in der Altägypten-Stunde ein Hund auftaucht, und niemand
weiß anscheinend, weshalb [...]. Sie müssen sich auf den Hund stürzen, müssen ihn hochheben und
wieder fallen lassen, müssen ihm Süßigkeiten anbieten oder ein Stück Brot, sie müssen schreien und
kreischen und sich so aufführen, als hätten sie noch nie in ihrem Leben einen Hund gesehen. Folglich
muss dann die Lehrerin sagen: schafft den Hund hier raus!... und dann jagen neun Kinder den Hund in
der Klasse herum, bis die Lehrerin den Hund selbst packen und hinauswerfen und die Tür schließen
und dann mit den Kindern über das Problem von Hunden in der Klasse reden muss [...]. Worum geht es
hier eigentlich? Nun, natürlich darum, dass der Hund lebt und Altägypten tot ist" (hier zit. n. Rumpf
1981, S. 52).

Das Auftauchen eines Hundes im Klassenzimmer mag für unsere moderne Schulorganisation eine etwas merkwürdige Situation darstellen. Für Rumpf veranschaulicht diese Szene
aber ein Charakteristikum der modernen Schule. Auch wenn die Lehrerin im Sinne eines
Gelegenheitsunterrichts reagiert und, sich von den Umständen leiten lassend, den Hund
zum Thema des Unterrichts gemacht hätte, bliebe nach Rumpfs Auffassung ein grundlegendes Problem der Schule bestehen: Der spontan auftauchende, lebendige Hund hätte
immer als „Fall eines Allgemeinen", sei es im Hinblick auf die Schulordnung, die Biologie
oder die Schulgesundheit, distanziert und objektiv betrachtet werden müssen (vgl. Rumpf
1981, S. 54 f.). Damit sei jedoch, so Rumpf, für die spontanen Gefühlsäußerungen der

Kinder und deren Ausdruck in körperlich-aktiven Reaktionen kein Raum mehr. Durch den Verzicht auf typisch kindliche Verhaltensweisen, wie Herumspringen, Streicheln, Nachrennen, Füttern und Spielen-Wollen mit dem Hund, fordere die Schule dem Kind eine ganz besondere Askese ab: Es müsse lernen, seine „sinnlichen Welt-Resonanzen auf bestimmte Kanäle zu reduzieren und dort zu kontrollieren" (a.a.O., S. 43). Rumpf sieht darin eine Disziplinierung des Körpers, vornehmlich als Affektkontrolle, wie sie Norbert Elias für den Prozess der abendländischen Zivilisation beschrieben hat (vgl. Elias 1991).

Was die Schule in Rumpfs Augen unterdrückt, lässt sich mit dem Begriff der *Leiblichkeit* fassen. Kinder erfahren ihre Umwelt mit den Mitteln ihres Leibes. Wie Rumpfs Beispiel zeigt, wollen die Kinder den Hund anfassen, ihn streicheln, mit ihm herumtollen und spielen. Das Auftauchen des Hundes ist für sie ein Erlebnis, das sie ganz in Bann zieht und zu spontanem Verhalten herausfordert. Sie warten nicht ab, überlegen nicht erst, was sie mit dem Hund tun dürfen, wie man sich richtig verhält und ob es recht wäre. Schließlich gebietet die Lehrerin dem spontanen Umgang mit dem Hund Einhalt, weil es sich so für die Schule nicht ziemt.

Rumpf interpretiert die Szene so, dass die Kinder einen Teil ihres Wesens – ihre Leiblichkeit – vor der Schultür lassen müssten, weil die Schule mit den Dingen anders umgehe, als dies die Kinder spontan und von sich aus tun würden. Nach seiner Auffassung würden die Kinder, auch wenn man ihrer Spontaneität und ihrem Bewegungs- und Explorationsdrang freien Lauf ließe, etwas über Hunde lernen und ihre Erfahrung erweitern. Sie würden beim Herumtollen und Spielen mit dem Hund beiläufig erfahren, dass man mit ihm nicht alles machen darf, dass er nur Bestimmtes frisst oder dass man ihm Befehle geben kann, die er ausführt. Dagegen – und damit auch gegen Rumpfs Kritik – wäre einzuwenden, dass so ja nur eine „subjektive Hundekunde" (Maurer 1985, S. 50) des Kindes entstünde: Sie beinhaltete ein bestimmtes Wissen und bestimmte Fertigkeiten in Bezug auf den konkret erlebten Hund, die nur bedingt verallgemeinerbar wären.

Die Schule geht jedoch normalerweise, wie Rumpf das bereits angedeutet hat, mit dem Thema „Hund" anders um. Sie leitet die Kinder eher dazu an, ihre spontanen Empfindungen und ihren Bewegungsdrang zu unterdrücken und sich dem Tier als Unterrichtsgegenstand und -thema sachlich und distanziert zu nähern. Es ginge dann nicht mehr darum, den Hund „süß" zu finden oder Spass daran zu haben, mit ihm zu spielen. Die Kinder sollen wissen, dass es verschiedene Hunderassen gibt, wie der Hund zum Haustier geworden ist oder wie man einen Hund tiergerecht hält. Der Unterricht vermittelt systematisches und allgemeines Wissen über den Hund, er leitet an, theoretisch über das richtige Verhalten im Umgang mit Hunden nachzudenken, oder behandelt am Beispiel des Hundes die Bedeutung von Haustieren für den Menschen. Gelernt wird nicht im leiblich-ästhetischen Umgang mit dem Hund und in der konkreten Situation, sondern kognitiv-distanziert, indem der Hund zum Objekt der Betrachtung wird.

Damit stellt sich natürlich die Frage, ob die Kritik Rumpfs, die Schule übergehe auf diese Weise die Sinnlichkeit des Kindes, berechtigt ist. Wertet sie durch ein solches Vorgehen das durch die Umgangserfahrung erworbene Wissen der Kinder ab (vgl. Rumpf 1981, S. 59)? Ignoriert sie die den Kindern eigene Erfahrungsweise? Zwingt sie, wie Rumpf behauptet, den Kindern eine ihrem Wesen nicht entsprechende Lernform und Methode auf?

Um eine Antwort auf diese Fragen zu finden, ist zu untersuchen, wie Kinder sich typischerweise zu ihrer Umwelt verhalten, wie sie diese erleben und erkunden, kurz: wie Kinder überhaupt von sich aus Lernerfahrungen machen. Das betrifft die *anthropologischen Lernvoraussetzungen* des Kindes, also solche Lernvoraussetzungen, die naturgegeben und damit allen Kindern eigen sind. Wie die Schule damit umgeht, hängt davon ab, wie sie ihren Sinn und Zweck und die damit verbundenen Aufgaben versteht. Insofern lässt erst der Blick auf beides, also sowohl auf die Lernvoraussetzungen als auch auf das Verständnis von Schule, eine Aussage über die Kindgemäßheit der Formen und Methoden von Schule und Unterricht zu.

Damit sind grob die Aufgaben der folgenden Darstellung umrissen. Schulkinder sollen als Lernende in den Blick genommen werden. Dabei ist zu klären, welche Rolle die leiblichen Voraussetzungen für ihr Lernen im Allgemeinen, im Besonderen aber für das Lernen in der Schule spielen. Dies soll zunächst aus der phänomenologischen Perspektive geschehen und dann in einen theoretischen Zusammenhang gestellt werden.

Als erstes stellt sich die Frage nach der Art und Weise des kindlichen Lernens, das gleichsam beiläufig im Umgang mit den Erwachsenen erfolgt. Die Aufgabe besteht nicht darin, einen entwicklungspsychologischen Abriss der kindlichen Fähigkeiten im Hinblick auf Kognition, Motorik, Sprache, Moral usw. zu geben, wie er in vielen einschlägigen Publikationen zu finden ist.[1] Im Mittelpunkt steht vielmehr die sinnlich-ästhetische, leibgebundene Dimension des kindlichen Lernens im Schulalter. Zur leiblich-ästhetischen Dimension des Lernens und der Erfahrung gehören das spontan-intuitive Erleben des Kindes, wenn es sich von den Dingen seiner Umwelt unmittelbar in seinem Bewegungsdrang ansprechen lässt, aber auch sein Bedürfnis, den Dingen eine Seele, menschliche Eigenschaften und die Fähigkeit, wie es selbst erleben zu können, zuzuschreiben. Buytendijk hat dies in seiner phänomenologisch orientierten Anthropologie als „pathische Leiblichkeit" bezeichnet. Er versteht darunter die Erfahrung des eigenen Leibes „als das, woraus Empfindungen, Wahrnehmungen, Stimmungen, Gefühle, Neigungen aufwallen – und durch das bewusstes persönliches Denken und Wollen, Handeln und Sprechen möglich sind" (Buytendijk 1967, S. 37). Zu betonen ist, dass sich leibliche Erfahrung keineswegs auf das Kindesalter beschränkt. Sie konstituiert auch für die Erwachsenen einen Modus der Erfahrung und damit einen spezifischen Zugang zur Umwelt. Für das Kind beginnt damit aber das Lernen. Die distanzierte, von sich selbst, seinen Gefühlen und Empfindungen absehende Haltung zur Welt muss das Kind, vor allem mithilfe der Schule, erst entwickeln. Die hier zu entwickelnde Phänomenologie der Lernvoraussetzungen und Erfahrungsformen des Kindes bildet damit eine wesentliche Grundlage der Anthropologie der Schule.

Im Detail sind zunächst der Begriff der *Leiblichkeit* und das, was im pädagogischen Kontext unter der leiblichen Dimension der Erfahrung verstanden wird, zu klären (Kapitel 1). Im Weiteren geht es darum zu zeigen, dass Leiblichkeit von Geburt an das Fundament kindlichen Lernens und Erfahrens bildet. Deshalb wird im zweiten Kapitel (Kapitel 2) der Blick auf die Anfänge des kindlichen Lernens gerichtet, um deutlich zu machen, dass in der Leiblichkeit des Kindes eine nicht hintergehbare Voraussetzung seines Lernens liegt. Um einen schulpädagogisch brauchbaren, anthropologisch fundierten Begriff der Kindgemäßheit entwickeln zu können, sind in diesem Kapitel vielfältige Fragen hinsichtlich der leiblichen Grundlagen des kindlichen Lernens im Schulalter zu beantworten: Welche Bedürfnisse und Erfahrungsweisen bringt das Kind mit in die Schule? Wie nimmt es seine Umwelt vornehmlich wahr? Wie interagiert es mit ihr und wie lernt es dabei?

Zu untersuchen ist weiter das Verhältnis von *Schule und Leiblichkeit*. Mittels eines phänomenologischen Zugangs soll der Bedeutung der leiblichen Dimension des Lernens für ausgewählte Bereiche der schulischen Erfahrung nachgespürt werden. Entsprechend

---

[1] Vgl. u. a. Oerter/Montada 1987[2]; Mussen u. a. 1999; Keller 1998.

untersucht das dritte Kapitel (Kapitel 3) die leibliche Dimension sozialer, interkultureller und geschlechtsspezifischer Erfahrungen im Kontext der Schule.

Schließlich werden die schul- und erfahrungstheoretischen Grundlagen der phänomenologischen Analysen sowie die Konsequenzen, die sich daraus ergeben, erörtert. Dies betrifft die Frage nach dem Unterschied und Zusammenhang von Umgangserfahrung und schulischer Erfahrung, die genaue Kennzeichnung und erfahrungstheoretische Begründung schulischen Lehrens und Lernens und daraus erwachsende Folgerungen für die schultheoretische Reflexion. Den vierten und abschließenden Teil (Kapitel 4) bilden deshalb theoretische Überlegungen zur *Anthropologie der Schule*. Hier ist die Frage zu beantworten, in welcher Form die Schule an die leiblichen Voraussetzungen des Kindes anknüpft, um es mit einem neuen Modus der Erfahrung, einer anderen Weise des Lernens zu konfrontieren und vertraut zu machen.

1 Der Begriff der Leiblichkeit und seine Bedeutung für die Pädagogik

Die Erfahrung seiner kinderpsychologischen Praxis und Forschung hat Martinus Jan Langeveld (1905–1989) veranlasst, immer wieder darauf zu verweisen, dass in der Medizin und der Psychologie die Untersuchung und Betrachtung des *Körpers* und seiner Defekte vom Erleben des eigenen, individuellen *Leibes* getrennt bleiben. Gerade Kinder, so Langeveld, wüssten „in einer unthematischen Art vielerlei über ihren Subjektkörper, der später erst in ihrem Objektkörper seine Anhaltspunkte zu haben scheint" (Langeveld 1971, S. 117). Das Kind würde Sachen über sich selbst als körperliches Wesen wissen, die es objektiv eigentlich nicht wissen könne, wie z. B. die genaue Lokalisierung einer Gehirnverletzung oder -anomalie. So berichtet er über einen elfjährigen Jungen, der ein Haus mit einer eigenartigen Physiognomie malte. Das Dach hatte die Form einer roten Cricketmütze mit einem halbrunden Schirm und verfügte auf der linken Seite über eine irrationale Luke. Das im Anschluss erstellte Elektroenzephalogramm des Jungen zeigte links im Schädel des Kindes eine deutliche Abweichung, die mit einer angeborenen Sprachstörung zusammenhing (vgl. a.a.O., S. 109). Kinder, so folgert Langeveld, könnten auch „jene ‚nicht gewussten doch gewussten' Sachen zum Ausdruck" bringen, sei es in Bewegungen, Zeichnungen oder anderen Formen plastischer Darstellungen (a.a.O, S. 117). Erst ab etwa 12 Jahren seien Kinder dagegen in der Lage, ihren Körper als Objekt zu betrachten und körperliches Geschehen objektiv-beobachtend zu benennen.

Hier wird deutlich, dass es zwei Weisen der Wahrnehmung des Körpers gibt. Der eigene Körper zeige sich, wie Langeveld es formuliert, stets auch „als Modus meiner selbst": „Ich *bin* mein Körper, und *bin* ich selbst u. a. in einem Bedeutungskomplex, der diesen Körper zur Voraussetzung hat" (a.a.O., S. 115; Hervorhebung i. O.).

Im Deutschen existiert dafür die begriffliche Differenzierung zwischen „*Leib*" und „*Körper*". Begriffsgeschichtlich geht „Leib" auf das althochdeutsche Wort „*lîb*" (mhd. *lîp*) zurück, das mit der Bedeutung von Leben und Person assoziiert wurde und in der christlichen Tradition für den beseelten menschlichen Leib gebräuchlich wurde (vgl. Schultheis 1998b, S. 54). Das lateinische Wort „corpus" bezeichnet hingegen den unbeseelten Körper des Tieres und des Menschen oder mathematische Körper im Raum (vgl. Macha 1989, S. 63). Mit den Begriffen „Leib" und „Körper" werden folglich verschiedene Beziehungen ausgedrückt. So bedeutet Leib den Sitz der Seele und verweist auf das Innere des Menschen, sein Erleben und Fühlen. Dagegen ist der Körper etwas, das man distanziert und objektiv beobachten kann.

Mit dieser begrifflichen Unterscheidung wurde im abendländischen Denken der Dualismus von Körper und Geist, der Außen- und Innenwelt festgeschrieben. Die leiblichen Regungen und Empfindungen wurden als subjektive Innerlichkeit verdeckt und verdrängt. Diese *Subjekt-Objekt-Spaltung* bildete sich erst in der Neuzeit heraus, maßgeblich durch den Einfluss von René Descartes (1596–1650). Er trennte die Innenwelt, die er körper- und raumlos dachte, als „res cogitans" von der materiellen „res extensa" des

Körpers.[2] Dagegen war für das mythische Denken, z. B. bei Homer, für den mittelalterlichen Menschen bis hin zur Renaissance gerade eine *leibliche Weltbeziehung* vorherrschend. Thomas Fuchs (2000, S. 21) spricht in diesem Zusammenhang von der „ursprünglichen Partizipation an der Welt". Kennzeichnend für diese Teilhabe sei, dass Empfindungen, Triebe, Gefühle, Stimmungen, Wahrnehmungen, Erinnerungen, Gedanken nicht als etwas Subjektives vorgestellt würden, das „in uns" sei. Es sei vielmehr etwas, das nach außen ströme, uns mit der Umwelt, der Atmosphäre von Dingen und Menschen direkt verbinde. Diese Teilhabe an der Welt ermögliche der Leib, der als Medium oder „Resonanzkörper" fungiere (vgl. Fuchs 2000, S. 21). Die ursprüngliche Verbundenheit von Mensch und Welt wurde zwar schon in der platonischen Ideenlehre aufgelöst, die Trennung setzte sich aber erst in der Neuzeit durch, vor allem infolge der sich entwickelnden Naturwissenschaften. Leiblichkeit und leibliches Erleben wurden zunehmend in den subjektiven Innenraum verbannt, da sie die objektiv-wissenschaftliche Erkenntnis behindern und täuschen konnten.

Erst die sich seit dem Beginn des 20. Jahrhunderts entwickelnde moderne philosophische Anthropologie und phänomenologische Forschung haben versucht, die Spaltung der Person in ein Innen und Außen zu überwinden und die Leiblichkeit als das Fundament menschlicher Erfahrung und Grundlage für die Erkenntnis der Welt aufzuweisen.

Mit Jakob von Uexkülls Unterscheidung von Merkwelt und Wirkwelt (vgl. Uexküll 1956), die bedeutet, dass dem Lebewesen nur zugänglich wird, was seine organischen und physiologischen Voraussetzungen ermöglichen, als auch mit Max Schelers Differenzierung zwischen der Umweltgebundenheit des Tieres und der Weltoffenheit des Menschen, kam die vitale Grundlage des Menschen in den Blick. Helmuth Plessner verwies mit seinem Begriff der „exzentrischen Positionalität" einerseits darauf, dass der Mensch sich und die Welt unmittelbar erleben könne. Genauso könne er sich andererseits aber auch gleichsam neben sich stellen und sich seines Erlebens innewerden. Dadurch setze er sich in ein gegenständliches Verhältnis zu der ihn umgebenden Welt (vgl. Plessner 1975, S. 291). Für Arnold Gehlen ging das Geistige erst aus den natürlichen Grundlagen hervor. Der Mensch sei zwar zunächst ein „Mängelwesen" (Gehlen 1986, S. 20); er könne aber seine Mängel durch Handlungen kompensieren und sich zu seiner Entlastung Institutionen und damit Kultur als eine „zweite Natur" (a.a.O., S. 38) schaffen. Auf psychologisch-psychiatrischem Gebiet wurde die Leibphänomenologie durch Erwin Straus' Buch „Vom Sinn der Sinne" (1956) weiterentwickelt. Die genannten Schriften trugen aus anthropologischer und biologischer Sicht dazu bei, die leibliche Gebundenheit des Menschen in den Blick zu rücken.

In der Philosophie betonte bereits Wilhelm Dilthey den ursprünglichen Lebensbezug zur Welt und sah im „Erlebnis" des „Lebens selbst" die unhintergehbare Voraussetzung des Erkennens (vgl. Riedel 1981, S. 26). Deutlich wird diese Auffassung an einem Satz aus der Vorrede zu seiner „Einleitung in die Geisteswissenschaften". Hier heißt es: „In den Adern des erkennenden Subjekts rinnt nicht wirkliches Blut, sondern der verdünnte Saft von Vernunft als bloßer Denktätigkeit" (Dilthey 1966, S. XVIII). Dilthey kritisierte damit die neuzeitliche Erkenntnistheorie, sowohl den Empirismus als auch die Transzendentalphilosophie Kants, die nach seiner Auffassung Erfahrung nur als etwas in der Vorstellung Konstruiertes betrachteten.

---

[2] Für einen historischen Überblick zum Leib-Seele-Dualismus vgl. Fuchs (2000).

Von Dilthey lassen sich Linien zur Phänomenologie und ihrer Annahme ziehen, dass die Lebenswelt als Basis der Erkenntnis nicht hintergehbar sei (vgl. Riedel, a.a.O., S. 36). Edmund Husserl bemerkte in „Die Krisis der europäischen Wissenschaften und die transzendentale Phänomenologie" (1936), dass die modernen Wissenschaften ihr Sinnesfundament übergehen würden. Er sah in der alltäglichen Lebenswelt „die einzig wirkliche, die wirklich wahrnehmungsmäßig gegebene, die je erfahrene und erfahrbare Welt" (Husserl 1976, S. 49). Mit Sinnesfundament meinte Husserl dabei nicht nur die geschichtlich entstandene, vom Menschen gestaltete Welt, sondern auch die sinnliche und leibliche Grundlage der menschlichen Erfahrung. So taucht bei ihm bereits das Problem des Leibes im Unterschied zum Körper auf, wodurch das transzendentale Bewusstsein letztlich auch als leibliches verstanden werden musste. Für Martin Heidegger (1986) konstituierte sich schließlich das Weltverhältnis des Menschen als Dasein, das auch das Bewusstsein erfasst. Er untersuchte Stimmungen, Befinden, Sorge oder Angst als Daseinsgrundbedingungen – nicht mehr als subjektives Innen (vgl. Fuchs 2000, S. 45 f.).

Für die Leibphänomenologie sind als bedeutendste Vertreter Maurice Merleau-Ponty und Hermann Schmitz zu nennen. Schmitz hat mit seinem zehn Bände umfassenden „System der Philosophie" (1964–1980) die bisher umfassendste Untersuchung leiblicher Phänomene vorgelegt.

Hatte Husserl noch ein transzendentales Interesse an der Lebenswelt, auf welche die Erkenntnis letztlich zurückgeführt werden müsse, so verortet Maurice Merleau-Ponty die Lebenswelt noch vor dem Bewusstsein. Das leiblich-sinnhafte und geschichtliche Sein des Menschen ist für ihn die Voraussetzung für das Erkennen der Welt. Damit rückt für ihn die Leiblichkeit in den Mittelpunkt seiner Phänomenologie. Den Leib bezeichnet Merleau-Ponty als „Vehikel des Zur-Welt-Seins" (Merleau-Ponty 1966, S. 106) und formuliert: „Der Leib ist unser Mittel überhaupt, eine Welt zu haben" (a.a.O., S. 176). Das bedeutet, dass unser Verhältnis zur Welt grundlegend durch unsere Leiblichkeit bestimmt ist. Man nimmt seinen Leib nicht wahr, sondern man *ist* sein Leib: Der „Leib steht nicht vor mir, sondern ich bin in meinem Leib, oder vielmehr ich bin mein Leib" (a.a.O., S. 180).

Der Philosoph Hermann Schmitz geht in seinem leibphänomenologischen System noch weiter. Er zeigt, dass es ein ursprüngliches, vorreflexives leibliches „Bewusthaben" gibt, das auf einem angeborenen eigenleiblichen Spüren beruht. Darin liegt die naturgegebene Fähigkeit des Menschen zur leiblichen Kommunikation begründet. So können bereits dem Kind auf der Grundlage einer vorreflexiven, leiblichen Subjektivität Sachverhalte und Sinnstrukturen vorsprachlich und leiblich zugänglich werden.[3]

Der grundlegende Gedanke der Leibphänomenologie ist demnach, dass der Leib die nicht hintergehbare Basis unserer Welterfahrung ist. Über den Leib ist der Mensch in der Welt verankert, er ist sein Medium zur Welt (vgl. Merleau-Ponty 1966, S. 174). Leiblichkeit meint also die grundlegende, fundamentale Weise des menschlichen Weltzugangs.

Die eingangs zitierte, von Horst Rumpf formulierte Kritik wirft der Schule gerade vor, das kindliche Verhältnis zur Leiblichkeit und damit die leiblich-sinnliche Dimension seiner Erfahrungsweise zu übergehen. Diese Kritik beinhaltet den Vorwurf der mangelnden *Kindgemäßheit* der Schule. Die Schule soll nach Rumpfs Auffassung anders sein: Sie soll der natürlichen Erfahrung des Kindes, seiner Sinnlichkeit und leiblich-ästhetischen Zugangsweise Raum geben und es nicht auf seinen Intellekt und seine Denkfähigkeit reduzieren.

---

[3] Einführend: Schmitz (1990) sowie aus pädagogischer Sicht: Schultheis (1998b, S. 92–114).

Darin hatten bekanntlich schon die reformpädagogischen Ansätze in den Jahrzehnten vor und nach 1900 ihr Motiv. Ihr Ausgangspunkt war die Kritik am „Zwangscharakter" und Methodenmonismus der Schule, ihrer Lebensferne, der einseitigen intellektuellen Ausrichtung und Stofffülle des Unterrichts (vgl. Scheibe 1994, S. 70 ff.). Heute verbindet sich die Kritik an der Schule häufig mit einem kulturkritischen Zug der letzten Jahrzehnte, der, so hat Gottfried Bräuer es formuliert, „eine Verlustrechnung zur Entstehung westlich-europäischer Rationalität" (Bräuer 1988, S. 37) aufmache. Dabei ist die Rede vom „Schwinden der Sinne" (Kamper/Wulf 1984) und der „Wirklichkeit aus zweiter Hand" (Bauer/Hengst 1980). Die Technik und die neuen Medien werden in dieser Auffassung für eine „Reduktion der sinnlichen Vielfalt" (Bräuer 1989, S. 36) in der modernen Lebenswelt verantwortlich gemacht. Die Schule wird kritisiert, weil sie dabei keine Ausnahme mache: Sie lasse die Schüler als „Analphabeten des Sinnesgebrauchs in der Multi-Media-Welt" (vgl. a.a.O., S. 37) zurück. Sinnliches habe nur Zubringerfunktionen für die Motivation, ansonsten würde es in die musischen Fächer abgedrängt. Schließlich würden die Curricula der Schulen affektive und haptische Lernziele nur als Verstärker zur Erfüllung kognitiver Lernziele einsetzen und damit der Verkopfung und einseitigen Intellektualisierung Vorschub leisten (vgl. Beck/Wellershoff 1989, S. 47). Hier treffen sich die Argumente wieder mit denen der traditionellen Reformpädagogik, und es verwundert nicht, wenn sich auch die Lösungsformeln ähneln.

Das gilt zum Beispiel für das Ideal des „*ganzheitlichen Lernens*", das aktuell im Gewand eines „*Lernens mit allen Sinnen*"[4] auftritt. Kindgemäßes Lernen soll durch „Sinneswerkstätten" und „Wahrnehm-Bars" (Beck/Wellershoff 1989, S. 59–131) ermöglicht werden, die dazu dienen, die kindlichen Sinne zu schulen; mithilfe von Riech- und Hörmemories oder Fußfühlwegen werden Riechen, Schmecken, Tasten, Hören oder Fühlen geübt.[5] Indem die Sinne in Schule und Unterricht einbezogen werden, hofft man, die fehlende Eigentätigkeit und den Mangel an unmittelbarer, direkter Erfahrung des Kindes zu kompensieren. Man möchte damit der Entfremdung von sich und der Welt entgegenwirken und angemessen auf die Konsequenzen der Medialisierung der kindlichen Lebenswelt reagieren.

Ganzheitliches Lernen und Sinnesschulung sollen aber nicht nur dazu beitragen, der Entfremdung in der modernen medien- und technikbestimmten Welt entgegenzuwirken. Ihre Aufgabe soll es gerade auch sein, die *Kluft* zwischen der kindlichen Erfahrungsform und dem Lernen in der Schule zu überbrücken. Die theoretische Fundierung solcher Reformansätze bleibt allerdings dürftig.

So beruht die These von den sinnlichen Erfahrungsdefiziten der Kinder in der modernen Medienwelt weniger auf wissenschaftlichen Erkenntnissen als auf kulturkritischen Implikationen, die mit der Verklärung der eigenen Kindheitserfahrung einhergehen und zu Defizitdiagnosen bezüglich der Erfahrung der heutigen Kinder führen. Wie die moderne Kindheitsforschung durch Erhebung der Innensicht der Kinder, d. h. ihrer subjektiven Wahrnehmung, und Interpretation längst gezeigt hat, setzen sich Kinder gerade aktiv und kompetent mit ihrer Umwelt auseinander und bilden eigene Muster aus, um ihre Lebensumwelt zu verarbeiten. Kinder gestalten ihre Sozialbeziehungen mit (vgl. Krüger/Grunert 2002, S. 24) und schaffen sich selbst Konstruktionen über die Welt. Insofern stellt

---

[4] So der Titel eines Aufsatzes von Adelheid Staudte (1984). Vgl. z. B. Bäuml-Rossnagl (1991) oder Zitzlsperger (1991). Kritisch dazu Schultheis (1995).

[5] Vgl. dazu auch Kükelhaus/zur Lippe (1990) und Süß (1991, S. 22–25).

sich die Frage, ob die Diagnose kindlicher Erfahrungsdefizite überhaupt haltbar ist und Kinder nicht über Kompetenzen verfügen, sich auf die Bedingungen der modernen Lebenswelt einzustellen.

Stattdessen beruft sich die pädagogisch-didaktische Forderung nach ganzheitlichem Lehren und Lernen, nach Sinnesorientierung und Wahrnehmungsschulung noch auf veraltete entwicklungspsychologische Annahmen, die das Kind als hilfloses und inkompetentes Wesen sahen. Man ging davon aus, dass das Kind seine Umwelt zunächst völlig undifferenziert, d. h. ganzheitlich wahrnehmen würde und sich die Sinne erst entwickeln und differenzieren müssten. Diese Auffassung ist von der modernen Säuglingsforschung maßgeblich widerlegt worden (vgl. Kaufmann-Hayoz/Leeuwen 1997).

Auch die Berufung auf die Pestalozzi zugeschriebene Forderung nach einem Lernen mit „Kopf, Herz und Hand" eignet sich nicht als Begründung für Ganzheitlichkeit beim Lehren und Lernen. Joachim Kahlert (1997, S. 109 ff.) hat darauf verwiesen, dass sich bei Pestalozzi keine fundierte Begründung dieses Diktums findet. Vielmehr korrespondiere bei Pestalozzi „die Hochschätzung der Glaubensbereitschaft mit der Beschränkung des Wissens" und deshalb sei beim Gebrauch der Formel von „Kopf, Herz und Hand" gerade auch dazu Stellung zu nehmen.

Als pädagogische und didaktische Kategorien bleiben „Ganzheitlichkeit" und „Lernen mit allen Sinnen" undeutlich und ohne bildungs- oder schultheoretische Begründung. Das Verhältnis von Schule und Leiblichkeit ist komplizierter, als dass ihm einfach mit der Forderung nach originalen Begegnungen, Schulung der Sinne, Handlungs- und Situationsorientierung, dem vermehrten Aufsuchen außerschulischer Lernorte oder projektorientiertem Lernen im Unterricht beizukommen wäre.

Im Folgenden wird zunächst aufgezeigt, welche Bedeutung die leibliche Disposition von Geburt an für das kindliche Lernen hat. Bis weit in das Schulalter hinein kommt den leiblichen Phänomenen im Hinblick auf die Erfahrung und das Lernen des Kindes eine fundierende Rolle zu, die erst mit der Zeit und insbesondere auch durch den Einfluss schulischen Lehrens und Lernens in ihrer Bedeutung relativiert werden.

2 Leiblichkeit als Fundament des kindlichen Lernens

Menschliche Lernprozesse sind nicht nur in der Säuglings- und Kleinkindzeit an leibliche Voraussetzungen gebunden. Lernen ist in jedem Alter abhängig von Eindrücken, Erlebnissen, Anschauung, Atmosphären und Gestimmtheiten in Räumen, aber auch von Zeitstrukturen und von sozialen Beziehungen. Gerade kognitives Lernen vollzieht sich nicht in einem von den leiblichen Bedingungen abgehobenen Bereich. Weder ein hungriger Magen noch ein „voller Bauch" studieren gern; wer müde ist, kann sich nicht konzentrieren; Lärm in der Umgebung wirkt ablenkend; Probleme, Ängste, Sorgen, aber auch schöne Erlebnisse, Vorfreude usw. lassen die Gedanken abschweifen. Fehlende Ordnungen, Regeln oder Gewohnheiten können das Lernen genauso behindern wie eine trostlose Raumgestaltung oder problematische soziale Atmosphären. Im Gegensatz zu Kindern haben Erwachsene meist gelernt, sich bewusst über solche Momente hinwegzusetzen und diese einfach ausblenden zu können. Man kann sich zwingen, über etwas hinwegzusehen und die Bedürfnisse des Leibes in einem gewissen Rahmen ignorieren. Gerade schulisches Lernen stellt solche Anforderungen: Die Kinder sollen ihre Aufmerksamkeit auf bestimmte Themen richten, von ihren spontanen Emotionen absehen, ihren Bewegungsdrang kontrollieren, sich erst zu Wort melden und warten, bis sie an der Reihe sind, oder Hunger und Durst in dafür vorgesehenen Pausen befriedigen.

Kinder haben im Vergleich zu den Erwachsenen noch ein viel „natürlicheres" und unmittelbareres Verhältnis zu ihrer Leiblichkeit. Sie sind noch stärker an ihre leiblichen Voraussetzungen gebunden. Das gilt gerade für Lernprozesse, die in der Schule stattfinden und durch die Schule initiiert werden. Je jünger die Kinder sind, desto stärker kommt auch in der Schule die leibliche Dimension des Lernens ins Spiel. Erst mit zunehmendem Alter und nach Maßgabe des kognitiven Entwicklungsstandes entwickeln Schulkinder die Fähigkeit, sich bewusst darüber hinwegzusetzen. Insofern muss sich die Schule mit der leiblichen Disposition der Kinder befassen und sie in pädagogischer, didaktischer und organisatorischer Hinsicht berücksichtigen.

Der folgende Abschnitt klärt die *leiblichen Grundlagen des kindlichen Lernens*. Dabei geht es zunächst um die Anfänge des Lernens im Säuglings- und Kleinkindalter (2.1). Im Anschluss daran wird untersucht, inwieweit man von *grundlegenden leiblichen Bedürfnissen des Kindes* sprechen kann, die auch von der Schule befriedigt werden müssen, um erfolgreiche Lernprozesse überhaupt erst zu ermöglichen (2.2). Danach werden charakteristische Merkmale der kindlichen *Umwelterfahrung* unter dem Aspekt der Leiblichkeit in den Blick genommen (2.3). Dies ist gerade in didaktischer Hinsicht von Bedeutung, wenn der Unterricht die Vorerfahrungen und aktuellen Zugänge der Kinder zu Unterrichtsthemen aufgreifen und produktiv fortführen will. Im Sinne des eingangs referierten Beispiels von Horst Rumpf beträfe dies die „subjektive Hundekunde" (Maurer 1985, S. 50) der Schülerinnen und Schüler, d. h. ihr im Umgang erworbenes Wissen über den Hund.

Schließlich geht es um zwei Grundzüge des kindlichen Lernens, die ihr Fundament in den leiblichen Voraussetzungen haben und auch in didaktische Überlegungen immer wieder Eingang finden: *Spielen* (2.4) und *Tätigsein* (2.5) prägen den kindlichen Weltzugang und sind zentral für kindliche Lernprozesse. Sie werden auf ihre leiblichen Grundlagen hin befragt und auf die Erfahrung und das Lernen in der Schule bezogen.

2.1 Leibliche Anfänge des Lernens

Das Wissen darüber, welche Wahrnehmungs- und Interaktionsfähigkeiten Neugeborene und Säuglinge haben, hat sich im letzten Jahrhundert grundlegend verändert. Lange Zeit wurden neu geborene Kinder in erster Line als biologische Wesen angesehen, die nur über einige angeborene Verhaltensweisen und Reflexe, wie z. B. den Saug- oder Greifreflex, verfügten. Weitergehende Erlebnis-, Wahrnehmungs- und Kommunikationsfähigkeiten schienen Neugeborene nicht zu besitzen; sie galten als hilflos und inkompetent, unfähig, auf Umweltreize zu reagieren. Seit der Mitte des 20. Jahrhunderts intensivierte sich die Säuglingsforschung und kam zu radikal neuen Auffassungen über frühkindliche Fähigkeiten (vgl. Kaufmann-Hayoz/van Leeuwen 1997, S. 490). Man begann vom „competent infant", dem „kompetenten Säugling" (Dornes 1993) zu sprechen, der schon früh zu feinen Unterscheidungsleistungen hinsichtlich seines Sinnessystems fähig ist.

In seinem „Tagebuch eines Babys" (2000) beschreibt der Psychologe Daniel N. Stern, wie differenziert die Umweltwahrnehmung des Kindes von Geburt an ist. Über die Sinne nehmen die Kinder vielfältige *Differenzen* wie hell und dunkel, hart und weich oder laut und leise wahr. Ab dem Alter von zwei Monaten haben Säuglinge auch eine starke Neigung dazu, *neue* Muster, Dinge oder Ereignisse länger zu betrachten als Bekanntes (vgl. Kaufmann-Hayoz/van Leeuwen 1997, S. 492).

Kindliches Lernen beginnt also gerade nicht ganzheitlich, wie sich die Auffassung in pädagogischen Ideologien noch hält, sondern basiert von Beginn an auf der Diskriminierung von Umweltreizen. Die Sinnessysteme des Neugeborenen sind bereits funktionsfähig. So ist das Neugeborene

„bestens dazu ausgerüstet, sich durch aktiven Gebrauch seiner Sinnessysteme Information über die Welt zu beschaffen: seine Augen richten sich bevorzugt auf jene Stellen im Gesichtsfeld, die potentiell informationsfähig sind (Kontraste, Bewegungen, relative Konturdichte, Neues), sein Mund und später seine Hände ertasten Form und Material von Gegenständen, es reagiert mit einer Orientierungsreaktion auf bedeutsame auditive Reize, insbesondere menschliche Stimmen" (a.a.O., S. 493).

Die Neugeborenen bringen nach den Ergebnissen der neueren Säuglingsforschung aber nicht nur eine funktionsfähige Sinnesausstattung mit auf die Welt. Sie verfügen bereits über *Kompetenzen*, die ihnen eine intensive Interaktion mit ihrer Umwelt und damit Lernprozesse ermöglichen.

Nach Jean Piaget besitzt das Kind bereits bei der Geburt Handlungsschemata wie Greifen, Schauen, Saugen oder Horchen. Diese laufen zunächst reflexartig ab, wobei, so Piaget, die einzelnen dabei entstehenden Sinneseindrücke aber nicht miteinander integriert würden. Diese Auffassung ist nach neueren Erkenntnissen kaum noch haltbar (vgl. Kaufmann-Hayoz/van Leeuwen 1997, S. 498). Untersuchungen zeigen, dass Neugeborene den Kopf viel häufiger in die Richtung einer Schallquelle wenden. Sie können schon Mund- und Zungenbewegungen eines Modells imitieren und verfügen bereits bei der Geburt über eine rudimentäre Form der Auge-Hand-Koordination. Gerade die Forschungen zur frühkindlichen Imitation machen deutlich, dass bereits Kleinkindern der intermodale Transfer von Informationen möglich ist, d. h. dass sie „Informationen aus den Handlungen anderer direkt zur Steuerung des eigenen Handelns [...] benutzen" (a.a.O., S. 499). Dieser intermodale Transfer von Informationen scheint nach Auffassung von Entwicklungspsychologen nicht nur für die Wahrnehmung, sondern auch für die Entwicklung der Motorik und der Kognition von Bedeutung zu sein (vgl. ebd. sowie a.a.O., S. 503 ff.).

Die Wahrnehmung des Säuglings wurde auch unter dem Aspekt untersucht, inwieweit er Geschehnisse oder Ereignisse auffassen und bemerken kann. Hier sind es vor allem „Veränderungen des Beziehungsgefüges innerhalb einer Struktur oder eines Musters über die Zeit" (vgl. a.a.O., S. 494), die als *Rhythmen* vom Kind aufgefasst werden. Dies ist vor allem für das Erlernen erster Interaktionsmuster zwischen Mutter und Kind bedeutend.

Gerade die Sprachentwicklungsforschung konnte zeigen, dass Kinder auch große genetische Voraussetzungen zum *Spracherwerb* mitbringen, vor allem hinsichtlich der Sprachwahrnehmung, des stimmlichen Lernens und Nachahmens, der Denkfähigkeiten und der sozialen Kommunikation (vgl. Papoušek/Papoušek 1997, S. 536). Säuglinge können schon bald nach der Geburt „Protokonversationen" mit ihren betreuenden Personen führen (vgl. Trevarthen 1979).

„Protokonversationen sind soziale Interaktionen, bei denen ein Elternteil und der Säugling ihre Aufmerksamkeit aufeinander richten – oft mit einander zugewandten Gesichtern, so dass sich beide ansehen, sich berühren und Laute von sich geben –, ihre Grundstimmungen ausdrücken und miteinander teilen" (Tomasello 2002, S. 74).

Die Forschungen von Mechthild und Hanus Papoušek machen deutlich, dass auch der Spracherwerb „in Interaktionen mit der Entfaltung, Differenzierung von Wahrnehmung, integrativen Prozessen, intentionalem Handeln und kommunikativen Fähigkeiten" (Papoušek/Papoušek 1997, S. 561) verläuft. Dabei sind Reifungsvorgänge und Einübungsprozesse als aktiver Einfluss der Umwelt, vor allem der Eltern, nicht voneinander zu trennen. Kinder können von Geburt an ins Zwiegespräch mit den Eltern eintreten. Dabei fördern diese „mithilfe intuitiver, didaktisch wirksamer Verhaltensanpassungen in allen Bereichen der präverbalen Kommunikation und der Sprache" (a.a.O., S. 562) die artikulatorische Lautentwicklung beim Säugling. Sie vermitteln ihm aber auch kommunikative und integrative Fähigkeiten wie z. B. das „Abwechseln im Gespräch, die stimmliche Nachahmung, den spielerisch-schöpferischen Umgang mit Stimme und Lautmustern, den intentionalen und kommunikativen Gebrauch von Lauten und das Integrieren gemeinsamer Erfahrungen im Kontext als Grundlage für das Sprachverständnis" (ebd.). Man muss davon ausgehen, dass hierfür auch bei den Eltern intuitiv-natürliche Voraussetzungen gegeben sind. Sie verfügen über ein artspezifisches Kommunikations- und Fürsorgeverhalten, das genau auf die Prädispositionen und Reifungsprozesse des Säuglings abgestimmt sind (vgl. a.a.O., S. 540). In ihrer *intuitiven Didaktik* greifen sie den spielerischen und kreativen Umgang des Kindes mit seiner Stimme auf und bieten ihm durch Wiederholungen, abgestufte Variationen von Stimmlagen, Tempi und Rhythmen immer neue Anregungen (vgl. a.a.O., S. 546). Sie passen sich dabei genau dem Entwicklungsstand des Kindes an. Auch wenn diese Interaktionen in verschiedenen Kulturen unterschiedlich ablaufen können, sind sie vermutlich „ein universales Merkmal der menschlichen Eltern-Kind-Interaktion" (Tomasello 2002, S. 74).

Weitere Ergebnisse der neueren Entwicklungspsychologie zeigen auch, dass der Mensch von Geburt an *Gefühle* ausdrücken und verstehen kann. Martin Dornes (1993, S. 113) unterscheidet sog. Basisaffekte, wie z. B. Freude, Interesse, Neugier, Überraschung, Ekel,

Ärger, Traurigkeit, Furcht, Scham und Schuld, die einen kulturinvarianten Gesichtsausdruck hervorrufen, der spontan von den Mitgliedern einer Kultur verstanden wird. Demnach könne man vom Ausdruck direkt auf das Vorhandensein eines inneren Gefühls schließen. Nach Dornes können schon Säuglinge differentielle Gefühle spüren und wahrnehmen. Sie sind „dann das Ergebnis der Wahrnehmung von Informationen aus hierarchisch untergeordneten Regulierungssystemen, wobei die Wahrnehmung direkt ist und nicht auf elaborierte kognitive Einschätzungs- oder Auswertungsprozesse angewiesen ist" (a.a.O., S. 129). Daraus lässt sich schließen, dass beim kleinen Kind der gefühlsmäßige Ausdruck kein kognitiver, sondern primär ein natürlich-leiblicher Vorgang ist.[6]

Die hier aus Sicht der Entwicklungspsychologie beschriebenen naturgegebenen Kompetenzen des Kindes lassen sich auch mit Begriffen und Annahmen der *Leibphänomenologie* beschreiben und deuten. Zentral ist auch hier der Gedanke, dass das Kind von Geburt an über natürliche Voraussetzungen verfügt, mit seiner Umwelt in Interaktion und Kommunikation zu treten. Dieser Austausch findet primär mit leiblichen Mitteln statt, d. h. also, wie oben beschrieben wurde, über Wahrnehmung, Motorik, Stimme usw. Die kognitiven Voraussetzungen dafür sind zunächst nur rudimentär und entwickeln sich zunehmend in intermodalen und integrativen Prozessen der verschiedenen Bereiche.

Für diesen von Beginn an möglichen Austausch mit der unmittelbaren Umwelt verwendet der Leibphänomenologe Hermann Schmitz den Begriff der „*leiblichen Kommunikation*". Dieser Begriff impliziert, dass der Mensch auf der Basis leiblicher Fähigkeiten mit seiner Umwelt kommunizieren kann, ohne dass er schon über differenzierte kognitive und sprachliche Kompetenzen verfügt. So können bereits Säuglinge atmosphärische Bedingungen wahrnehmen und durch Gefühlseindrücke und Anmutungen beeinflusst werden, auch wenn sie noch nicht dazu in der Lage sind, diese sprachlich zu verarbeiten und zu reflektieren.

Für Schmitz ist auch für den Erwachsenen die Wahrnehmung der Umwelt durch „Eindrücke, wie man sie von einem Menschen hat, oder auf einer Reise, oder beim Betreten eines mehr oder weniger aufgeräumten Zimmers oder in einer besonderen Naturstimmung" (Schmitz 1990, S. 19) geprägt. Solche gefühlsbetonten Eindrücke bzw. Gefühle im Allgemeinen bestimmt er als Atmosphären, die einen leiblich ergreifen: In der Freude fühlt sich der Mensch leicht und beschwingt (und könnte vor Freude hüpfen und springen), Sorgen hingegen lasten schwer und drücken ihn nieder.

Die Fähigkeit, Gefühle auf diese Weise zu empfinden und auszudrücken, ist dem Menschen durch seinen Leib naturgegeben. So können Kinder wie Erwachsene Gefühle unmittelbar spüren und damit wahrnehmen und verstehen; sie können Atmosphären und Stimmungen erfassen. Kinder bemerken es schnell, wenn ihnen der Erwachsene mit

---

[6] Nicht so klar gilt das für das Gefühl der Scham, die ja auch von vegetativen Effekten wie dem Erröten begleitet sein kann. Hier muss man davon ausgehen, dass bereits eine im Ansatz geistige Beziehung zur Situation besteht. Da sie sich auf die Person selbst bezieht, setzt sie die Erfahrung der Subjektivität voraus, die sich beim Kind aber erst herausbildet, also beim Säugling noch nicht auftreten kann. William Stern (1967, S. 441) differenziert zwischen einer von der Erziehung aufgedrängten Scham (z. B. aufgrund von Nacktheit) und einer angeborenen Scham, die sich im Abwenden von der Umgebung, z. B. in der Scheu vor fremden Gesichtern zeige. Richtige „Schammotive" entstünden mit der Zeit als Scheu vor dem Zuschauer, bei Lob oder wenn sich das Kind unzulänglich fühle.

gespannter Haltung gegenübertritt. Sie empfinden die Geborgenheit von Räumen ebenso wie die Atmosphäre der Stille und Dunkelheit einer gotischen Kirche.

Für die leibliche Kommunikation des Kindes mit seiner Umwelt ist typisch, dass es Gefühle in Bewegungen umsetzt. Während sich der Erwachsene in der Freude heiter und beflügelt fühlt, man das aber nicht unbedingt sehen muss, hüpfen und tanzen Kinder und geben damit ihren Gefühlen leiblichen Ausdruck. Ängste und Kummer veranlassen das Kind, sich in sich zurückzuziehen, Freude und Neugier lassen es sich öffnen und auf die Umwelt zugehen. Gerade weil Kinder Gefühle so unvermittelt leiblich erleben und artikulieren können, lernen sie, auch bei anderen Menschen Stimmungen des Niedergeschlagenseins oder der freudigen Beschwingtheit zu erspüren. Sie lernen bereits unmittelbar, d. h. ohne nachgängige Reflexion, feine Stimmungen und Atmosphären, Sympathien und Antipathien im sozialen Miteinander zu erfassen und darauf zu reagieren.

In besonderer Weise ist das *Lernen von Bewegungen* bei Kindern durch leibliche Kommunikation bestimmt. Kinder finden beim Ballspielen oder Skifahren meist spontan die angemessenen Bewegungsweisen. Sie fassen Bewegungsbilder intuitiv auf und erleben den Bewegungsverlauf als dynamische Gestalt (vgl. Buytendijk 1956, S. 279 ff.). So „erlernen" sie Bewegungen, indem sie die Muster oder Gestaltverläufe leiblich-intuitiv aufnehmen. Muster und Gestaltverläufe verkörpern Rhythmen, also Abfolgen, die immer wiederkehren. Wie oben beschrieben, besitzen bereits Neugeborene die Fähigkeit, rhythmische Gestaltungen wahrzunehmen. In dieser natürlichen leiblichen Kompetenz liegt eine elementare Voraussetzung für die Entwicklung der Motorik und das Erlernen motorischer Abläufe.

Zusammenfassend lässt sich festhalten, dass Kinder von Geburt an Voraussetzungen mitbringen, mittels ihres Leibes zu lernen. Die Anfänge des kindlichen Lernens sind leiblich begründet. So verfügen Kinder über Fähigkeiten, ihre Umwelt differenziert wahrzunehmen, Rhythmen und Muster aufzufassen und Mimik und Laute nachzuahmen. Dabei bestehen schon rudimentäre Fähigkeiten, Wahrnehmung und Motorik zu koordinieren. Bereits das Neugeborene ist dazu fähig, mit seinen Bezugspersonen zu interagieren und zu kommunizieren sowie bestimmte Gefühle zu zeigen und zu verstehen. Die Leibphänomenologie verwendet dafür den Begriff der leiblichen Kommunikation. Die naturgegebene kindliche Fähigkeit zur leiblichen Kommunikation mit seiner materiellen und sozialen Umwelt ermöglicht es dem Kind, von Geburt an zu lernen.

2.2 Grundlegende leibliche Bedürfnisse des Kindes

Den natürlichen Kompetenzen des Kindes korrespondieren grundlegende Bedürfnisse, die befriedigt werden müssen, um einerseits sein Überleben zu sichern, andererseits seine individuelle Entwicklung und Lernprozesse zu ermöglichen. Auch diese Bedürfnisse sind zunächst leiblicher Art. Sie lassen sich aus den naturgegebenen Lernvoraussetzungen ableiten. Im Folgenden soll deutlich werden, dass der Sicherung der grundlegenden leiblichen Bedürfnisse bis ins Schulalter zentrale Bedeutung zukommt und die Schule dazu einen wesentlichen Beitrag leisten kann. Um die Entwicklungsdimension im Blick zu behalten, geht die Darstellung vom Säuglings- und Kleinkindalter aus und verfolgt die Bedeutung der elementaren Bedürfnisse bis ins Schulalter.

Gerade für das Kindesalter scheint die traditionelle Unterscheidung zwischen leiblichen und seelischen Bedürfnissen des Menschen, wie sie sich unter anderem auch bei Aristoteles findet, nicht sinnvoll zu sein. Bei einem Vergleich von Bedürfnisklassifikationen konnte

Thomas Fuhr (2002, S. 527) zeigen, dass sich physiologische Bedürfnisse (nach Nahrung, physischer Sicherheit, Fürsorge) sowie Bedürfnisse nach Bindung (Freunde, Liebe), sozialer Anerkennung (Leistung, Achtung) oder Struktur und Ordnung stets überschneiden.

Das folgende Fallbeispiel eines neunjährigen Jungen macht deutlich, wie die grundlegenden Bedürfnisse miteinander verflochten sind (vgl. Enderlein 2002, S. 72):

„Ein knapp 9-jähriger, für sein Alter sehr großer und vor allem kräftiger bis dicker Junge ist in der Schulpause völlig unvermittelt ausgerastet und hat einen Schüler der nächst höheren Klasse mit einem Fausthieb so ins Gesicht geschlagen, dass Nase und Lippe heftig bluteten. Die Eltern des Jungen werden zu einem Gespräch zitiert, in dem neben seiner großen Aggressionsbereitschaft das zunehmend renitente Verhalten des Jungen, seine Unbeherrschtheit und seine ständige Unruhe im Unterricht beklagt werden. Die Mutter sucht daraufhin eine Erziehungsberatung auf. Der Junge ist jüngstes von mehreren Kindern. Der Vater ist Hochschullehrer, die Mutter betreut neben den eigenen Kindern Pflegekinder.
Sie beklagt, dass sie seit Beginn des 3. Schuljahres an ihren Sohn nicht mehr herankomme. Er sei ständig in Opposition, vor allem bei den Hausaufgaben komme es zu Auseinandersetzungen, weil er als Linkshänder stundenlang (mindestens zwei, oft drei Stunden und mehr) davor sitze. Er sei bockig oder frech und gerate wegen Nichtigkeiten völlig außer sich. Sie mache sich zunehmend Sorgen, weil er überhaupt keine Lust mehr habe, in die Schule zu gehen, obwohl seine Lehrerin versuche, auf ihn einzugehen und viel Verständnis für ihn aufbringe. Er sehne sich sehr nach Freunden, durch sein Verhalten habe er sich aber Freundschaften verscherzt. Das hänge auch damit zusammen, dass er so dick sei, obwohl er versuche abzunehmen. Aber immer wieder überkomme ihn eine unbeherrschbare Lust auf Süßigkeiten."

Der Autor zeigt für den Fall eine Reihe von Diagnose- und Therapievarianten auf, die nach den gängigen Interventionsstrategien heute vermutlich in den Blick genommen würden. Aus *lerntheoretischer* Sicht würde man, so der Autor, das aggressive und sozial nicht angepasste Verhalten sowie die Essgewohnheiten des Jungen thematisieren, eventuell auch ein Training für Linkshänder und Zeitmanagement vorschlagen. *Systemtheoretisch* kämen die Rolle und Beziehungen des Jungen in der Familie oder auch in der Schulklasse in den Blick. Bei einer *tiefenpsychologischen* Betrachtungsweise würden die frühkindliche und aktuelle emotionale Dynamik zwischen Mutter und Kind und die spezifischen Abwehr- und Übertragungsmechanismen des Jungen thematisiert. Neuerdings wäre es nach Auffassung des Autors auch nicht unüblich, bei der vorliegenden Symptomatik an eine *physiologische Störung* wie ADHD (Attention Deficit Hyperactivity Disorder) zu denken und dem Jungen Ritalin verschreiben zu lassen. Theoretisch ließe sich noch die Frage stellen, ob nicht eine *Hochbegabung* vorläge und der Junge in seiner Klasse nicht unterfordert sei.

Darin liegen zwar differenzierte Zugänge zu dem Problem des Jungen, Enderlein verweist in seiner Analyse aber darauf, dass bei allen genannten Diagnosen und Therapievorschlägen nicht gefragt würde, inwieweit dem Jungen die Befriedigung *natürlicher und altersgemäßer Bedürfnisse* versagt sein könnte. Seiner Auffassung nach würden gerade in diesem Fall grundlegende entwicklungsbedingte Lebensbedürfnisse des Jungen, wie die für dieses Alter typische Erfahrung des Wir-Gefühls, das Herausfordern von Widerspruch der Erwachsenen sowie das große Aktivitäts- und Bewegungsbedürfnis, das auf das physiologische Wachstum zurückgeht, nicht befriedigt. Stattdessen würden daraus resultierende Verhaltensweisen als pathologisch interpretiert.

Bei der genauen Anamnese des Jungen im oben beschriebenen Beispiel ergab sich nach Darstellung des Autors genau diese Diagnose. Einerseits war der Junge voller Energie, andererseits antriebsarm und lethargisch. Er hatte ein großes Bedürfnis nach Bewegung, Tätigsein und Kraft-Ablassen und sehnte sich nach Kontakt zu Freunden. Gleichzeitig fühlte er sich aber unverstanden, traute sich nichts mehr zu und begann, die Not „buchstäblich in sich hinein zu fressen" (a.a.O., S. 78). Insofern konnte das Missverhältnis im Hinblick auf die entwicklungsbedingten, natürlichen Bedürfnisse des Jungen in kritische Verhaltensauffälligkeiten münden.

Die Bedürfnisse des hier beschriebenen Jungen lassen sich nur in der Analyse sauber trennen und nach physiologischen, sozialen oder emotionalen Aspekten unterscheiden. Im *Erleben des Jungen* gehört hingegen alles zusammen: die endlos langen Hausaufgaben, die anderen Jungen, die Fußball spielen und ihn vielleicht hänseln, weil er durch sein hohes Gewicht nicht gut genug ist, der Kummer darüber und die Süßigkeiten, die davon ablenken sollen. Dazugehören, Aufmerksamkeit und Anerkennung finden, beim Fußballspielen gut sein und sich austoben können und dabei auch etwas Sinnvolles zu tun – damit konstituiert sich ein ganzer Komplex von Bedürfnissen, die miteinander verflochten sind und sich für das Kind nicht einfach auf eine physiologische oder psychische Dimension reduzieren lassen.

Der Begriff der *leiblichen Bedürfnisse* des Kindes soll deshalb im Folgenden umfassend verstanden werden und deutlich machen, dass hinsichtlich des kindlichen Erlebens und Erfahrens die verschiedenen Bedürfnisdimensionen im Zusammenhang gesehen werden müssen. Gerade im Kindesalter erfährt das Kind im Regelfall mit der Befriedigung seiner physiologischen Bedürfnisse nach Ernährung und Pflege auch die emotionale Zuwendung, Geborgenheit und Sicherheit, die es braucht.

In der Tat sind für das junge Kind zunächst alle Bedürfnisse, die es hat, auf seine Leiblichkeit bezogen: Es ist hungrig oder durstig, es will sich geborgen fühlen und deshalb aufgenommen werden, es will sich der Zuneigung der Eltern versichern, sich anschmiegen und liebkost werden, oder es empfindet Furcht und sucht nach Schutz in den Armen der Eltern. Von Geburt an hat das Kind das Bedürfnis sich zu bewegen und gewinnt zunehmend Freude an Bewegungsspielen. Wenn es neugierig ist, versucht es, Dinge zu ergreifen, an sie heranzukommen oder gibt kund, dass es dazu Hilfe braucht. Wenn man von den leiblichen Bedürfnissen des Kindes spricht, spielen Wahrnehmungen, Gefühle und Empfindungen, Motorik und Kognition zusammen. Eine wesentliche Rolle kommt der sozialen Zuwendung zu. Auch wenn Kinder bereits von Geburt an über vielfältige leibliche Fähigkeiten verfügen, mit ihrer Umwelt zu interagieren und zu kommunizieren, sind sie doch und gerade deswegen auf die Zuwendung von konkreten, „leibhaften" Personen angewiesen. Der soziale Kontakt zu seinen Bezugspersonen vermittelt dem Kind Anregungen für eine immer neue Auseinandersetzung mit der Umwelt. Er sichert aber auch, dass die grundlegenden Bedürfnisse des Kindes nach Nahrung und Pflege, aber auch nach Bindung und Geborgenheit befriedigt werden. Ihre Befriedigung muss solange gewährleistet sein, bis der Mensch in dieser Hinsicht für sich selbst sorgen kann.

Eine *pädagogische Theorie subjektiver Bedürfnisse* des Kindes gibt es bislang nicht. Wie Fuhr (2002, S. 528) deutlich macht, liegt das Problem darin, dass Bedürfnisse des Kindes nicht empirisch fassbar, sondern nur als Konstrukt beschreibbar sind. Es gibt in der Pädagogik aber auch nur wenige Versuche, *grundlegende* Bedürfnisse des Kindes zu bestimmen.

So greift Dieter Baacke (1999, S. 145 f.) eine Untersuchung von Mia Kellmer Pringle (1979) auf und unterscheidet fünf kindliche Grundbedürfnisse:

„1. nach Liebe und Geborgenheit (Bedeutung einer stabilen, dauerhaften, zuverlässigen und liebevollen Beziehung zu den Eltern, später zu einem Kreis von Erziehern; auch zu den Lehrern; Verlässlichkeit und Rituale im Tagesablauf, übersichtliche Anordnung von Gegenständen etc. [...],

2. nach neuen Erfahrungen (das Kind ist bestrebt, seinen persönlichen Vorrat an Ideen, Bildern, Gefühlen, Wünschen, Einsichten und Konflikten ständig zu erweitern; es ist neugierig und raumgreifend [...]),

3. nach Lob und Anerkennung [...],

4. nach Verantwortung und Selbstständigkeit [...],

5. nach Übersicht und Zusammenhang."

Baackes Zusammenstellung macht zwei Linien deutlich: Das Kind hat zum einen das Bedürfnis nach Liebe, Sicherheit und Geborgenheit. Es verlangt nach Überschaubarkeit, Ordnung und Übersicht in den Erfahrungen mit seiner Umwelt. Zum anderen hat das Kind auch das Bedürfnis, die Welt zu erkunden, aktiv und selbstständig zu sein, neue Erfahrungen zu machen und für seine Fähigkeiten Anerkennung zu erhalten. Diese beiden Pole, das *Bedürfnis nach Liebe, Geborgenheit und Ordnung* sowie das *Bedürfnis nach Neuem, nach Aktivität und Selbstständigkeit* markieren wesentliche Lernvoraussetzungen des Kindes.

Diese Grundpolarität findet sich auch bei Martinus J. Langeveld. Er unterscheidet fünf anthropologische Grundgegebenheiten der kindlichen Entwicklung, die auf Grundbedürfnisse des Kindes verweisen: das *biologische Moment*, das Prinzip der *Hilflosigkeit*, das Prinzip der *Geborgenheit*, das Prinzip der *Exploration* und das Prinzip der *Emanzipation* (vgl. Langeveld 1968, S. 79).

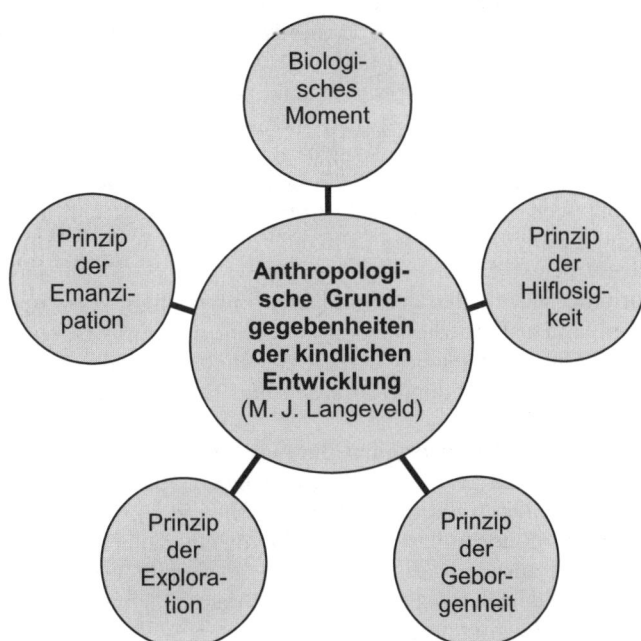

Abbildung 1: Fünf anthropologische Grundgegebenheiten der kindlichen Entwicklung

Das *biologische Moment*, so Langeveld, erfordere, das Kind als lebendes Wesen zu betrachten. Es schließt für ihn unter anderem ein, dass das Kind eine angeborene Fähigkeit zu Bewegung hat, auf der seine ersten Erfahrungen mit der Welt beruhen. Lernen erfordere für das Kind den Einsatz aller seiner Sinne und den leiblich-konkreten Umgang mit der Welt. Damit seien grundlegende Bedürfnisse vorgegeben: So sei das Kind angewiesen auf die direkte Berührung, die Wahrnehmungen und „auf alles, was es durch die Seinsweise der Versorger an Gefühlsgegebenheiten erfahren kann (Zärtlichkeit, Bosheit, Aufgeregtheit, Nervosität, Geduld-Ungeduld, Ruhe-Gehetztheit, Fröhlichkeit-Deprimiertheit usw.)" (a.a.O., S. 80).

Gerade bei Missverhältnissen oder Mängeln bezüglich des biologischen Moments wird nach Langevelds Auffassung deutlich, dass das Kind von Geburt an hilfloser und hilfsbedürftiger als jedes andere Wesen ist *(Prinzip der Hilflosigkeit)*. Es müsse ernährt, versorgt, sauber gehalten, gehegt und gepflegt werden, kurz: seine biologischen Defizite müssten behoben werden. Daraus entstünden für das Kind einerseits Erwartungen, aber auch erste Gewohnheiten: dass es bei Hunger und Durst Nahrung erhalte, dass es trocken gelegt werde, wenn es nass ist usw. (vgl. a.a.O., S. 83). Aus der Erfüllung der Bedürfnisse und dem Einhalten von Gewohnheiten und Ordnungen erwüchsen dem Kind schließlich Sicherheit und Geborgenheit. Das *Prinzip der Geborgenheit* umfasst für Langeveld Vertrautheit, Verlässlichkeit und emotionale Bindung. Die Befriedigung dieser emotionalen Bedürfnisse ist die Voraussetzung dafür, dass das Kind unbefangen auf seine Umwelt zugehen kann.

In diesem aktiven Zur-Welt-Kommen des Kindes liegt für Langeveld das *Prinzip der Exploration* begründet. Nur wenn es sich sicher fühlt, kann es seine Umwelt erkunden, Menschen und Sachen begegnen und mit ihnen umgehen. Neugier, Wissensdurst, Interesse und Kreativität als Basis für produktive Lernprozesse entstehen nur auf einer Basis der Geborgenheit, Sicherheit, Geordnetheit und Regelmäßigkeit im Leben des Kindes.

Darin liegt schließlich auch die Voraussetzung dafür, dass sich die Subjektivität des Kindes entwickeln kann. Langeveld spricht hier vom *Prinzip der Emanzipation* (vgl. a.a.O., S. 82). Das „Selbst-jemand-sein-Wollen" sei im Kind angelegt und bilde sich gerade im Zusammenhang der Exploration aus, wenn sich das Kind mit der Widerständigkeit und Eigenständigkeit der Welt auseinander setzen müsse. Dazu trägt z. B. die Erfahrung bei, dass man sich nicht auf einen Ball stellen kann oder dass die Katze wegläuft, wenn sie nicht mehr gestreichelt werden will.

Langevelds Grundgegebenheiten der kindlichen Entwicklung verweisen auf vielfältige Bedürfnisse des Kindes. Die Befriedigung der biologischen Bedürfnisse reicht nicht aus, um die Voraussetzungen für erfolgreiches Lernen zu schaffen. Kinder haben grundlegende emotionale Bedürfnisse nach Bindung, Ordnung und Geborgenheit, um sich entwickeln und lernen zu können.

Die *psychologische Bindungstheorie* hat die Notwendigkeit von Bindung und Geborgenheit für Entwicklung und Lernen sowie insbesondere für das Explorationsverhalten empirisch nachgewiesen. Die traditionelle Bindungstheorie, wie sie von dem Kinderpsychiater John Bowlby (1969) formuliert wurde, geht von einer angeborenen Bereitschaft des Menschen zur Bindung aus und sieht Bindungen im Gefühl verankert. Die feste und verlässliche Bindung zu den Bezugspersonen geben dem Säugling und Kleinkind Schutz vor lebensbedrohlichen Beeinträchtigungen und anderen Widrigkeiten, auf die sie noch nicht angemessen reagieren können. Das Bindungsbedürfnis eines Menschen scheint aus soziobiologischer Sicht genauso grundlegend zu sein wie sein Bedürfnis nach Nahrung, Erkundung, Sexualität und Fortpflanzung. Weinen, Rufen, Anklammern, Nachfolgen, sowie Protest beim Verlassen-Werden sind typische Bindungsverhaltungsweisen des Säuglings. „Ihre Entwicklung beginnt gleich nach der Geburt und dient dazu, bei Bedarf die Nähe zu Bindungspersonen herzustellen" (Grossmann/Grossmann 2001, S. 2).

110

Die Bindungstheorie stützt auch die Annahme, dass die Befriedigung des grundlegenden Bedürfnisses nach Bindung und Geborgenheit die Voraussetzung für die kindliche Exploration und damit für das Lernen ist. So ermöglicht die affektive Bindung dem Kind, neugierig zu sein, zu spielen und zu lernen. Sie bildet damit eine sichere Basis für die Erkundung und sukzessive Eroberung der Welt (vgl. Schneewind 1999, S. 110), denn – wie Grossmann/ Grossmann es formulieren –

„ohne Exploration und spielerisches Erkunden aber könnte sich ein Kind, und auch nicht der erwachsene Mensch, seine Umwelt vertraut machen, um in ihr existieren zu können" (Grossmann/ Grossmann 2001, S. 2).

Dass Kinder das Gefühl der Sicherheit und Geborgenheit erfahren, ist nicht nur davon abhängig, dass Bezugspersonen zur Verfügung stehen. Die beständige Zuwendung und Fürsorge umfasst auch das Herstellen und Sichern gleich bleibender und *stabiler Lebensbedingungen*, die dem Kind Verhaltenssicherheit geben und damit eine ausreichende Basis für Lernen und Exploration bilden. Kinder sind auf Umwelten angewiesen, die übersichtlich und konstant sind, damit sie sich darin zurechtfinden können. Nur auf dieser Grundlage können sie nach Neuem und Interessantem suchen und neue Reize, Eindrücke und zunächst Undurchschaubares auch psychisch bewältigen.

So wie das Bedürfnis nach Bindung von Geburt an vorhanden ist, sind Kinder auch von Natur aus dafür zugänglich und offen, rhythmische und regelmäßige Abläufe aufzufassen und zu übernehmen. Insofern kommt es der Natur des Kindes und seinem Bedürfnis nach Bindung und Ordnung entgegen, wenn es schon früh an Abläufe, Ordnungen und Verhaltensmuster gewöhnt wird. Dem trägt ein Arrangement der kindlichen Lebensumwelt Rechnung, durch das ihm Umgangs- und Verhaltensmuster, soziale Regeln, Sitten und Traditionen zugänglich werden.

Auf die beschriebene, aus seiner leiblichen Disposition erwachsende Bedürfnispolarität des Kindes nach Bindung und Exploration muss die Schule Bezug nehmen, wenn sie die Voraussetzungen für kindgemäßes Lernen und erfolgreiche Lernprozesse sichern will. Durch das „kritische Lebensereignis" des Schuleintritts wird das Kind mit vielen neuen, möglicherweise verunsichernden Erfahrungen und Erlebnissen konfrontiert, der die Schule durch die Erfüllung des elementaren Bedürfnisses des Kindes nach Behütung und stabilen Bedingungen begegnen kann. Sie gestaltet durch Maßnahmen, die dem kindlichen Bedürfnis nach Geborgenheit und Verlässlichkeit entgegenkommen, einen Schonraum, der die Kinder entlastet und dazu freisetzt, sich auf die neuen Lernaufgaben zu konzentrieren. Auch die Entwicklung von Selbstständigkeit und Selbsttätigkeit, wie sie Ziel offener Unterrichtsformen ist, bleibt auf diesen Rahmen angewiesen. Die Kinder sind auf klare Regeln und Vorgaben angewiesen, innerhalb derer sie Erfahrungen mit der eigenständigen Gestaltung ihrer Lernprozesse machen können (vgl. Schultheis 1998a).

Konkret erwächst für die Schule als Lernort aus dem grundlegenden Bedürfnis des Kindes nach Bindung und Geborgenheit die Aufgabe, stabile und verlässliche Bedingungen herzustellen, sowohl in personeller, aber auch in räumlicher und zeitlicher Hinsicht. Dies ist umso mehr notwendig, je jünger die Kinder sind und je stärker sie noch an die leiblichen Voraussetzungen der Erfahrung gebunden sind. Entsprechend trägt auch die Grundschulpädagogik den grundlegenden leiblichen Bedürfnissen des Kindes besonders Rechnung: Durch das Klassenlehrerprinzip sichert sie beispielsweise, dass die Bezugspersonen und Ansprechpartner für das Kind nicht ständig wechseln. Der Schulalltag wird in zeitlicher Hinsicht durch wiederkehrende Rituale, Aktivitäten und das Einüben von Gewohnheiten verlässlich und überschaubar. Mit zunehmendem Alter und der wachsenden Fähigkeit,

Zeitstrukturen selbst zu bestimmen, freuen sich Schülerinnen und Schüler bisweilen auch über Unterbrechungen der Alltagsroutine, z. B. wenn Unterricht ausfällt oder vom Gewohnten abweicht.

Zugehörigkeit und Verlässlichkeit herzustellen, ist für die Schule auch in räumlicher Hinsicht notwendig. In allen Schularten und für alle Altersstufen sind bestimmte Klassenzimmer festgelegt, die für die Schülerinnen und Schüler den räumlichen Orientierungspunkt in der Schule bilden. Je älter die Schülerinnen und Schüler sind, desto leichter fällt es ihnen, auch in wechselnden Fachräumen außerhalb des gewohnten Klassenraums zu lernen. Dies setzt die Fähigkeit voraus, sich von der Umgebung und ihren materiellen oder atmosphärischen Bedingungen nicht beeinflussen und ablenken zu lassen – und damit von leiblich wahrnehmbaren und erfahrbaren Aspekten abstrahieren zu können. Je weniger die Kinder dazu fähig sind, umso stärker ist die Schule gefordert, in organisatorischer Hinsicht auf die leiblichen Voraussetzungen der Kinder Rücksicht zu nehmen. Erst auf dieser Grundlage, d. h. also, wenn das Bedürfnis der Kinder nach Geborgenheit, Bindung und Ordnung gesichert ist, wird produktives Lernen möglich. Erst dann entwickeln Kinder Neugier und Interesse an ihrer Umwelt, beginnen sie in ihrer Vielfalt zu erkunden und können ihre Aufmerksamkeit auf Themen richten, die ihnen im Rahmen von schulischen Lernprozessen angeboten werden.

Natürlich liegt die Verantwortung nicht allein bei der Schule: Gerade die Gewöhnung an Ordnung, die Erfahrung von Beständigkeit und Geborgenheit wie auch die Ausbildung von guten Gewohnheiten in der Familie bilden für das Kind ein entlastendes Moment und erleichtern letztlich auch die Organisation schulischen Lernens.

2.3 Leiblich bestimmte Umwelterfahrung des Kindes

Besonders in Bezug auf die Exploration und Erkundung der Umwelt wirkt sich die leibliche Gebundenheit des kindlichen Lernens bis weit in das Grundschulalter hinein aus. Für einzelne Bereiche der kindlichen Umwelt, welche im Folgenden als Topologie beschrieben wird, lässt sich aufzeigen, wie der natürlich-leibliche Umgang des Kindes schon früh durch Erziehung überformt wird. Kinder begegnen der „Kultur" nicht erst bewusst oder in pädagogisch geplanten Lehr- und Lernprozessen in der Schule. Das bedeutet: Kulturelles Lernen beginnt nicht erst in Schule und Unterricht. Die Schule knüpft vielmehr an bereits vorhandene Umwelterfahrungen des Kindes an, modifiziert sie und führt sie weiter. Sie trägt dazu bei, den ursprünglich leiblichen Zugang zur Welt intellektuell zu überformen. Insofern müssen Schule und Unterricht davon ausgehen, dass Kinder schon über eine Fülle an Wissen, Fertigkeiten und auch Einstellungen im Hinblick auf ihre Umwelt verfügen. Sie kommen nicht als tabula rasa in die Schule, sondern bereits als Wissende, mit einer Fülle an Vorerfahrungen, Erlebnissen und subjektiven Erkenntnissen. In welcher Form und auf welche Weise Kinder dieses Wissen über die Welt erwerben und mit welchen Lernvoraussetzungen die Schule infolgedessen rechnen muss, sollen im Weiteren genauer ausgeführt werden.

Das Kind macht von Beginn seines Lebens an Erfahrungen mit seiner Umwelt. Dabei ist ihm vor allem sein Leib Mittel und Hilfe. Von Geburt an stehen ihm Wahrnehmungskompetenzen und motorische Fähigkeiten zur Verfügung, die sich, wie auch die Kognition, durch die Anregung und die Auseinandersetzung mit der Umwelt stetig weiter entwickeln, sofern keine Störung eintritt. Bis ins Grundschulalter dominiert der handelnde Umgang mit den Bestandteilen der Umwelt, das Be-greifen" der Dinge, indem das Kind mit ihnen hantiert, sie zerlegt oder ausprobiert. Dabei wird die kindliche Exploration vom Säuglingsalter an durch die Erwachsenen sprachlich begleitet. Die Sprache gewinnt für das Kind mit zunehmendem Alter an Bedeutung („Fragealter").

Das kindliche Explorationsbedürfnis ist auf eine – in der Wahrnehmung der Kinder – „explorationsfähige" Umwelt angewiesen. Die Umwelt bietet dem Kind große Anreize und fordert es auf, Neues und Unbekanntes, Aufregendes und Interessantes zu entdecken. Dies reicht von neuen Orten, der Begegnung mit fremden Personen, der Erkundung von technischen Funktionen bis hin zur Begegnung mit virtuellen, fantastischen Welten in den Medien. Der Begriff der leiblich erfahrbaren Umwelt des Kindes geht aber über die konkreten, das Kind umgebenden Dinge hinaus und umfasst nicht nur die Bereiche, in denen das Kind explorativ und aktiv tätig wird. Auch indem das Kind an sozialen Situationen „leibhaft" partizipiert, indem es einfach dabei ist und mitmacht, lernt es und eignet sich kulturelles Wissen und kulturelle Lebensformen an. Bis zum Eintritt in die Schule verfügt das Kind damit bereits über eine Fülle individueller, aber auch schon kulturell überformter Erfahrungen mit seiner nahen materiellen, sozialen und auch medial bestimmten Umwelt.

Um die Bereiche des kindlichen Lernens genauer bestimmen zu können, lässt sich die konkrete kindliche Lernumwelt in Form einer *Topologie* (vgl. Abb. 2 auf S. 114) beschreiben. Zur Darstellung kommen damit kindliche Lern- und Erfahrungs*orte*. Für die einzelnen Topoi werden die ersten leiblichen Erfahrungen des Kindes und deren kulturelle Überformung durch die Erziehung im Umgang skizziert. Damit lassen sich für die einzelnen Umweltbestanteile Anknüpfungspunkte für das schulische Lernen bestimmen. Denkbar wäre, die Topologie der kindlichen Umwelt auch in didaktischer Hinsicht, z. B. als anthropologisch fundiertes Planungsraster, für die inhaltliche Gestaltung des Sachunterrichts zu nutzen.

Die topologische Zugangsweise unterscheidet sich von einer *ökologischen* Betrachtung der Lebenswelt des Kindes (vgl. Bründel/Hurrelmann 1996, S. 75 ff.) insofern, als damit unter Umwelten nicht, wie beispielsweise bei Urie Bronfenbrenner (1993), komplexe soziale Strukturen, die aus Beziehungen zu Personen, konkreten Objekten und räumlichen Bedingungen bestehen oder selbst wieder aus sozialen Systemen zusammengesetzt sind, verstanden werden. Im Sinn von Bronfenbrenner ist für das Verhalten und die Entwicklung bedeutend, dass die einzelnen Lebensbereiche, in die das Kind involviert ist, nicht unabhängig voneinander betrachtet, sondern dass auch die Beziehungen zwischen den einzelnen Bereichen ins Auge gefasst werden. So könne, wie Bronfenbrenner bemerkt, die Fähigkeit eines Kindes, das Lesen zu lernen, „von Existenz und Art der Beziehung zwischen Schule und Elternhaus ebenso abhängig sein wie von der Lehrmethode" (Bronfenbrenner 1993, S. 19).

Im Gegensatz zu Bronfenbrenner wird im Folgenden nicht der soziale und systemische Charakter der einzelnen Umwelten des Kindes in den Vordergrund gestellt, sondern es werden konkrete Topoi betrachtet, die dem Kind *leiblich* zugänglich sind und ihm deshalb Lernprozesse ermöglichen. Gleichwohl wird aber auch davon ausgegangen, dass sich der Mensch und seine Umwelten gegenseitig beeinflussen.

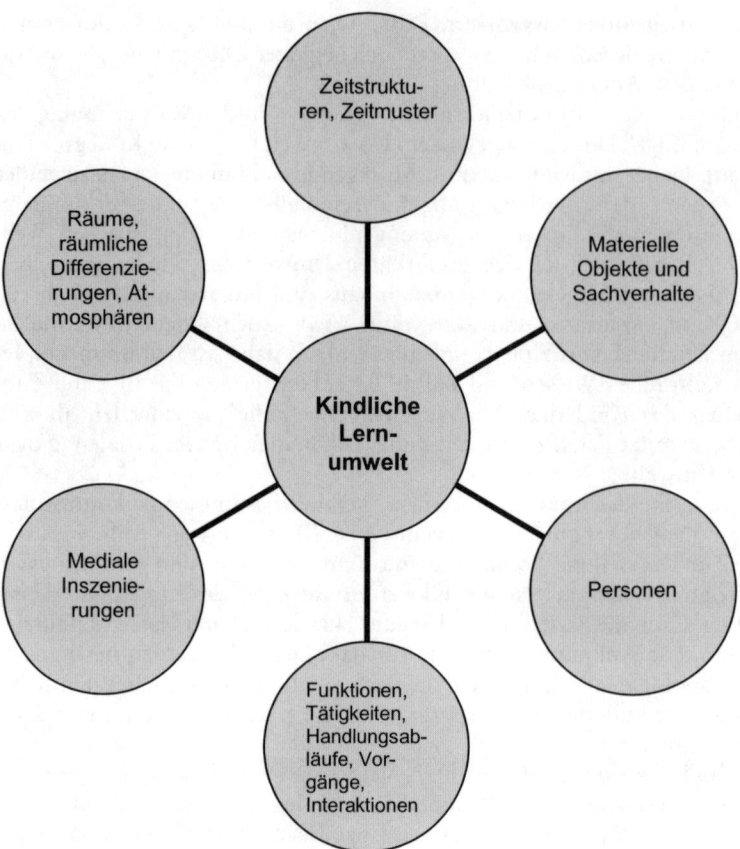

Abbildung 2: Topologie der kindlichen Umwelt

Die einzelnen Topoi, die für das Kind leiblich-konkret erfahr- und explorierbare Bereiche seiner Umwelt bilden, stehen auch zueinander in vielfältigen Beziehungen (vgl. Schultheis 1998b, S. 57 ff.). Dazu zählen *materielle Objekte und Sachverhalte*, mit denen das Kind Erfahrungen machen kann. Das Kind wird aber auch mit den *Funktionen* von Gegenständen und deren Einbindung in *Handlungsabläufe* konfrontiert. Viele *Vorgänge, Interaktionen* und Handlungen im Zusammenhang mit konkreten materiellen Objekten seiner Umwelt müssen sich dem Kind in ihrer Bedeutung erst erschließen. Das Kind hat darüber hinaus Umgang mit *Personen*, die in spezifischen Beziehungen zu ihm stehen. Schließlich gehören zu seiner Umwelt auch *mediale Inszenierungen* als Welt der Bilder und Geschichten, die heute weniger durch leibhaftes Erzählen und Zeigen oder unmittelbares Betrachten als – medial vermittelt – durch Fernsehen, Film und Computer zugänglich werden. Dem Kind erschließen sich durch Vermittlung und eigene Exploration *Zeitmuster und Zeitstrukturen*, aber auch *räumliche Differenzierungen*, wie die Bedeutung von Räumen oder ihre atmosphärische Ausstrahlung. Erfahrungen mit den einzelnen Topoi macht das Kind zunächst auf der Basis seiner leibhaft-ästhetischen Beziehung zur Umwelt, die durch Erziehung kulturell überformt werden. Die einzelnen Topoi der kindlichen Lernumwelt werden im Folgenden einer genaueren Betrachtung unterzogen.

Materielle Objekte und Sachverhalte

Die Besonderheit der kindlichen Erfahrungsweise im Hinblick auf die unmittelbare Wahrnehmung und spontane Exploration der *materiellen Objekte, sachlichen Bestandteile und Sachverhalte der Umwelt* zeigt das folgende Beispiel von Birgit Leyendecker:

„Stellen Sie sich vor, Sie betreten alleine den Saal eines Museums. An den Wänden hängen Bilder, in der Mitte sind einige Sitzbänke, in einer Nische am anderen Ende steht eine der berühmten Ziegen von Picasso. Wahrscheinlich würden Sie sich langsam durch den Raum bewegen, die Bilder angucken, die Sie interessieren; vielleicht würden Sie sich in der Mitte kurz auf den Bänken ausruhen und eine Weile Picassos Ziege anschauen. Jetzt stellen Sie sich vor, denselben Museumssaal mit einem energiegeladenen zweieinhalbjährigen Kind an der Hand zu betreten. Wahrscheinlich würden Sie den Raum plötzlich anders wahrnehmen und den Gegenständen eine andere Bedeutung zumessen. Die Sitzbänke ermöglichen jetzt nicht nur das Ausruhen, sondern sind auch noch potenzielle Klettergerüste für ihren kleinen Begleiter, und Sie ahnen, dass er versuchen wird, auf die Ziege zu klettern und an den Seilen, die zwischen den Absperrungen hängen, zu schaukeln" (Leyendecker 1997, S. 509).

Hier wird einerseits deutlich, dass es von alters- und situationsspezifischen Bedürfnissen abhängig ist, *was* im Einzelnen an Umweltbestandteilen wahrgenommen wird. Zum anderen sieht man daran aber auch, dass für Erwachsene die Dinge normalerweise in ihrer Bedeutung viel stärker festgelegt sind. Sie besitzen einen kulturell bedingten Sinn. So steht für den Erwachsenen außer Frage, dass Picassos Ziege ein Kunstwerk ist, das man höchstens kontemplativ betrachtet und deutet, aber nicht berührt oder gar damit spielt.

Für Kinder sind dagegen potenziell noch alle Möglichkeiten vorhanden. Sie gehen spontan, direkt und offen auf ihre Umwelt zu. Langeveld hat dieses Weltverhältnis des Kindes als *„offene Kommunikation"* mit der es umgebenden Mensch- und Dingwelt bezeichnet. Diese manifestiere sich darin,

„dass das Rollende oder Runde verlockt zum Rollen, das Hohe zum Höhermachen und Umschmeißen, das Leere zum Füllen, das Volle zum Leeren, das Offene zum Hineinstochern, Hineinkriechen, Durchgehen, das Weinende zum Mitweinen, das Lachende zum Mitlachen. Kurz: in der offenen Kommunikation lebend verkehrt das Kind noch in einer ansteckenden Welt" (Langeveld 1968, S. 89).

Mittels seines Leibes antwortet das Kind also direkt auf die Welt:

„beim Hohen geht die Stimme, gehen die Gebärden in die Höhe; beim Großen-Schweren geht die Stimme hinunter, werden die Bewegungen breit, atmet das Kind kräftig und langsam durch die Nase ein usw. Der eigene Körper tut selber auch etwas: die Beine baumeln, die Füße trampeln, die Arme schwingen – und die drehende Mühle spricht die Arme an und macht, dass sie auch Mühlenflügel werden" (a.a.O., S. 90 f.).

In seinem Aufsatz „Das Ding in der Welt des Kindes" spricht Langeveld in Anlehnung an Erwin Straus vom *„pathischen Verhältnis"* (a.a.O., S. 142 ff.) des Kindes zur Welt. Es beruhe auf dem leiblichen Weltverhältnis des Kindes und bilde die Grundlage für sein Lernen und für seine Entwicklung. Indem die Dinge das Kind herausforderten, werde es in die Welt hineingelockt. Über das Interesse an den Dingen würden sich aber, so Langeveld, Interessen für bestimmte Gebiete oder Tätigkeiten ausbilden (vgl. a.a.O., S. 89).

Das pathische Moment der kindlichen Erfahrung ist der Grund dafür, dass die Wahrnehmungen des Kindes bis ins Grundschulalter hinein noch nicht unabhängig von den eigenen Gefühlen, Wünschen und Vorstellungen erfolgen. Das Kind „durchfühlt" vielmehr die Welt, wie Langeveld es formuliert hat (a.a.O., S. 111).

Die ältere, phänomenologisch orientierte Kinderpsychologie hat die damit verbundene besondere Erfahrungsweise des Kindes ausführlich untersucht und begrifflich zu fassen versucht. So spricht Hildegard Hetzer (1948, S. 57 ff.) vom *physiognomischen und magi-*

schen Weltbild des Kindes, wobei das erste vom zweiten abgelöst werde.[7] Sie bezeichnet die Erfahrung des Kindes als physiognomisch und ausdruckshaft: „Alles, was ihm begegnet, hat ein Gesicht, ist freundlich oder unfreundlich, ist für das Kind in der unmittelbaren Anschauung als etwas Lebendiges gegeben" (ebd.). So wird die umgefallene Tasse als „müde", der Tisch, an dem man sich gestoßen hat, als „böse" bezeichnet. Wenn das Kind versuche, sich Zusammenhänge von Dingen und Vorgängen zu erklären, bemühe es, so Hetzer, magische Realitätsdeutungen, bei denen „alles mit allem im Zusammenhang steht und wirkende Kräfte hat" (a.a.O., S. 59).

Jean Piaget und Bärbel Inhelder sprechen in ihrem Buch „Die Psychologie des Kindes" (1991, S. 111) vom kindlichen *Animismus*. Aufgrund dessen sei „alles, was in Bewegung ist, [...] lebendig und bewusst. Der Wind weiß, dass er bläst, die Sonne weiß, dass sie sich bewegt usw."[8] Dinge würden nicht nur als lebendig und beseelt erfahren, sie bekämen von den Kindern auch bestimmte Absichten und Zwecke zugeschrieben (Finalismus). Auf die Fragen „Was ist ein Berg?", „Was ist ein See?" geben Kinder, wie Piaget darstellt, Antworten wie

„ein Berg, ‚damit man hinaufsteigen kann', ‚zum Schlittschuhlaufen' usw. Ein See, ‚damit man darauf Schiff fahren kann', ‚das ist für die Fische', anders gesagt für die Fischer. Die Sonne, ‚damit sie uns warm gibt'. Die Nacht, ‚zum Schlafen', der Mond, ‚damit er hell gibt', ein Land, ‚damit man darin herumreisen kann', die Wolken, ‚damit es regnet', ‚um den lieben Gott zu tragen'" (Piaget/Inhelder 1992, S. 313).

Das eingangs referierte Hundebeispiel von Horst Rumpf hat gezeigt, dass noch im Schulalter das pathische Moment der kindlichen Wahrnehmung dominiert. Der Hund hat für die Kinder einen so starken Aufforderungscharakter, dass sich der Unterricht nicht in der geplanten Form fortführen lässt. Wie leicht bis weit in das Grundschulalter Aufmerksamkeit und Interesse der Kinder geweckt werden und sie in der ursprünglich-leiblichen Erfahrungsweise ansprechbar sind, erfahren Grundschullehrerinnen und -lehrer, wenn sie zum Beispiel eine Handpuppe im Unterricht einsetzen. Die Kinder lassen sich spontan in Bann ziehen und vergessen völlig, dass es die Lehrerin ist, die die Puppe sprechen und sich bewegen lässt. Natürlich kann im Grundschulunterricht ab und an mit solchen Mitteln gearbeitet werden. Es wäre aber falsch verstandene Kindgemäßheit, die leiblich vermittelte Umweltbeziehung des Kindes in den Mittelpunkt des Unterrichts zu stellen, worin beispielsweise der heimatkundliche Gesamtunterricht der Weimarer Grundschule eines seiner Prinzipien hatte (vgl. Mitzlaff 1985, S. 974 ff.). Die Weimarer Heimatkunde wollte die Kinder auf der Ebene der Gefühle ansprechen, vermied sachliche Darstellungen zugunsten von Verniedlichungen und Anthropomorphisierungen von Sachen und Sachverhalten.

Die pädagogische Aufgabe der Schule ist im Gegenteil darin zu sehen, die leiblich dominierte Erfahrung zurückzudrängen, damit das Kind lernt, dann, wenn es notwendig ist, von den eigenen Gefühlen, Interessen und spontanen Antrieben zu abstrahieren. Darin liegt die Bedingung dafür, eine sachliche und kritische Haltung gegenüber den Dingen sowie eine eigene Urteilsfähigkeit ausbilden zu können.

Zunächst ist das *pathische* Verhältnis des Kindes zu seiner materiellen Umwelt, sein Aufgeschlossensein für Dinge, Lebewesen oder andere Menschen aber die Grundlage für

---

[7] Charlotte Bühler (1967, S. 172 und S. 252) verwendet dafür den Begriff des anthropomorphisierenden Denkens.

[8] Vgl. auch Piaget (1992, S. 188 ff.).

seine Erziehbarkeit (vgl. Langeveld 1968, S. 92). *Erziehung* begleitet das Explorieren des Kindes, indem die unmittelbare kindliche Erfahrung mitgängig immer schon kulturell überformt wird. Das Kind erkundet das nahe Umfeld der eigenen Wohnung und landet dabei auf der Terrasse des Nachbarn, der sich in seiner Ruhe oder Privatsphäre gestört fühlt und es wegschickt. Oder die Eltern ermahnen das Kind, nahe des Zauns zum Nachbargrundstück nicht so laut zu schreien, nichts hinüberzuwerfen usw. Räume, die tabu oder verboten sind, bestimmte Zwecke von Gegenständen – das sind Bedeutungen, die sich dem Kind mit der Zeit im Umgang damit erschließen. Diese Bedeutungen schränken die spontanen Umgangsmöglichkeiten ein. Sie werden von den Erwachsenen thematisiert und dem Kind aufgezeigt. Die Vermittlung erfolgt aber auch mitgängig, indem das Kind in der Familie an den meisten Situationen des familiären Umgangs teilhat und ihm dies durch die Erwachsenen auch ermöglicht wird. Das Kind bekommt seinen Platz am Tisch, mithilfe eines speziellen, erhöhten Kinderstuhls, und nimmt von da an beiläufig die Funktion des Bestecks als Werkzeug zum Essen wahr – auch wenn es dies aufgrund seines Alters kognitiv noch nicht begreifen kann. Dem Kind vermittelt sich, um ein weiteres Beispiel zu nennen, dass es Bücher gibt, die es selbst anfassen und umblättern darf, dass es Bücher zum Hineinmalen gibt und solche, die man nicht anrühren darf. Oder das Kind erlebt, dass das wertvolle Porzellan in der Vitrine nur selten zur Reinigung herausgeholt wird, dass aber bisweilen Geschichten vom Großvater dazu erzählt werden. Daneben wird vielleicht die Frühstückstasse nie zum Thema und man darf auch etwas rauer mit ihr umgehen, weil sie aus Kunststoff und weder zerbrechlich noch wertvoll ist. Man sieht daran noch einmal, dass Kinder ihre Umwelt keineswegs „ganzheitlich" wahrnehmen, sondern höchst differenziert.

Die Schule muss deswegen auch nicht das, was sowieso schon getrennt war, durch „ganzheitlichen Unterricht" zusammenführen. Ihre Aufgabe ist, das Kind dabei zu unterstützen, das pathische Moment seiner Erfahrung zu überwinden. In der Schule werden die leibhaften und unmittelbaren Erfahrungen des Kindes und damit das Wissen, das es sich im Umgang angeeignet hat, systematisch durch Unterricht überformt. Es wird auf Begriffe gebracht, Themen und Fächern zugeordnet, versprachlicht und weitergeführt. Den Übergang von der Erfahrungsform des Umgangs zum Wissen, das durch Unterricht vermittelt wird, behutsam zu gestalten, ist eine besondere Aufgabe der *Grundschule*. Besonders im Sachunterricht der Grundschule werden die materielle Umwelt sowie Sachverhalte in ihrer Eigenheit, ihrer Eingebundenheit in Funktionen, Tätigkeiten und soziale Zusammenhänge behandelt. Hier können dann z. B. Esssitten und Essgewohnheiten in anderen Ländern und Kulturen zum Thema gemacht werden. Später erfährt das Kind im Unterricht vielleicht etwas über die Geschichte der Porzellanherstellung oder über die chemische Zusammensetzung von Kunststoffen, die eine Tasse unzerbrechlich machen können. Die dem Kind bekannten materiellen Gegenstände seiner Umwelt werden damit aus dem gewohnten Erlebniszusammenhang herausgehoben und in neue, sach- und wissensbezogene Kontexte gestellt. Die leibliche Dimension der Erfahrung tritt zugunsten der kognitiv-theoretischen Erfahrung in den Hintergrund.

Funktionen, Tätigkeiten, Handlungsabläufe, Vorgänge, Interaktionen

Gleichermaßen sind natürlich auch die für das Kind beobachtbaren und erlebbaren *Funktionen, Tätigkeiten, Handlungen und Interaktionen* der Menschen, in welche Gegenstände und materielle Objekte eingebunden sind, zunächst von seinem leiblichen Zugang zur Welt geprägt. Die eben beschriebenen Formen der Realitätsinterpretation sind noch stark an der konkreten Anschauung und der leiblichen Erfahrung orientiert. Wenn das Kind sagt, dass der Himmel „weint", dann spielt das eigene leibliche Spüren und Erleben dabei eine Rolle. Dies gilt auch für die Analogien, mit denen Kinder versuchen, ihre Erfahrung zu erfassen. Das zeigen besonders die zahlreichen, von Martin Wagenschein und anderen dokumentierten Unterrichtsbeispiele zu physikalischen Themen (vgl. Wagenschein 1990; Spreckelsen 1994). Gerade hier wird deutlich, dass die Kinder noch stark von dem beeinflusst sind, was sie anschaulich und unmittelbar wahrnehmen und erleben. Dennoch liegt auch schon in dem hier vom Kind vollzogenen Analogieschluss ein verallgemeinerndes Moment, das den Vergleich zwischen zwei Dingen ermöglicht.

Auch im Hinblick auf die materielle Umwelt und die Sachverhalte und Zusammenhänge, in denen den Kindern die Dinge begegnen, vermitteln die Erwachsenen Kindern von Beginn an die kulturell-konventionellen Sinndeutungen der Dinge. Sie geben Gegenständen und Vorgängen neue und andere Bedeutungen als jene, die das Kind selbst exploriert. Dabei werden die Dinge häufig mit Regeln und Handlungsvorschriften verknüpft (z. B. dass man nicht aus der Tasse, sondern aus dem Glas Wasser trinkt) und symbolische Bedeutungen eingeführt (z. B. das Andenken, das an die letzte Reise erinnert).

In der Schule werden die Bedeutungshorizonte durch Unterricht, der die Begegnung mit Wissenschaft und Literatur usw. ermöglicht, noch viel stärker erweitert und differenziert. Dadurch wird dem Kind zunehmend eine distanzierte, sachliche Haltung zu den Dingen möglich und es kann Kritik- und Urteilsfähigkeit entwickeln. Neu ist für das Kind in der Schule auch die Aneignung sach- und fachbezogener Arbeitsweisen, wie zum Beispiel das genaue Beobachten, Experimentieren oder Dokumentieren in den naturwissenschaftlichen Lernbereichen des Sachunterrichts. Es geht hier um sachliches und genaues Handeln und Verhalten, das einem bestimmten Zweck dient und bei dem es auf die exakte Einhaltung bestimmter Regeln ankommt. Entsprechend verlangt die Schule hier vom Kind, die sich spontan einstellenden Vorlieben und Wünsche zugunsten der an der Sache orientierten Tätigkeit zurückzustellen.

Personen

Auch die *sozialen Kontakte* des Kindes beruhen zunächst auf der natürlichen Fähigkeit zur leiblichen Kommunikation und differenzieren sich zunehmend aus. In der oben abgebildeten Topologie findet sich als konkreter Umweltbestandteil deshalb auch der Topos „Personen".

Wie oben dargestellt verfügt bereits das Neugeborene über die Fähigkeit zu leiblicher Kommunikation und ist dadurch zu ersten sozialen Kontakten fähig. Das Kind scheint sich schon im Mutterleib an die Stimme seiner Mutter zu gewöhnen (vgl. Tomasello 2002, S. 74). Säuglinge können schon bald nach der Geburt z. B. das Herausstrecken der Zunge, das Öffnen des Mundes sowie Kopfbewegungen nachahmen (vgl. a.a.O., S. 75 sowie oben Abschnitt 2.1). Sie reagieren mit Protest, wenn sie von ihrer Hauptbezugsperson getrennt werden (vgl. Kegan 1986, S. 117). Ab etwa fünf Monaten reflektiert der Säugling mit gleichen Bewegungen die Mimik des Erwachsenen und antwortet ab acht Monaten mit eigenen Bewegungen (vgl. Bühler 1967, S. 31). Das Kind zeigt ab diesem Alter auch die Reaktion des „Fremdelns", indem es sich beim Anblick fremder Personen versteift und schreit (vgl. Rauh 1987, S. 185 f.). Tomasello spricht von der „Neunmonatsrevolution", da Kinder ab dem Alter von etwa neun Monaten Verhaltensweisen zeigen, die auf das Verstehen anderer Personen als intentionale Akteure verweisen (vgl. Tomasello 2002,

S. 77). Schon früh ahmen Kinder im Spiel andere Personen nach oder schlüpfen in wechselnde Rollen (vgl. Bühler 1967, S. 145).

Die beschriebenen Fähigkeiten bilden ein Fundament für vielfältige soziale Erfahrungen, die durch den Einfluss der Erwachsenen kulturell überformt werden. So beginnen sich beispielsweise für das Kind durch die Erfahrung des Unterschieds von körperlicher Nähe und der Wahrung von körperlicher Distanz Beziehungen zu Personen zu differenzieren. Gehaltenwerden, Schmusen und Kuscheln – das sind Erfahrungen der Geborgenheit und Zuneigung, die das Kind nur im engeren Familienkreis erfährt. Hier darf es seinen Gefühlen nachgeben und alles, was es bewegt, thematisieren.

Im Vergleich zu diesen *diffusen* Interaktionsbeziehungen[9] hat das Kind auch Kontakt zu Menschen, mit denen die Interaktionen eher *spezifisch* geprägt sind. Diese sind durch *Rollenfunktionen* gekennzeichnet, z. B. beim Arzt oder der Ärztin, der Lehrerin oder dem Musiklehrer. Die Beziehung zu solchen Personen ist im Gegensatz zur Familie nicht *expressiv*, sondern *instrumentell*, d. h. sie betrifft die Außenbeziehungen des Kindes bzw. der Familie.

Damit kommt auch im Bereich der sozialen Erfahrungen des Kindes, die aus dem konkreten Umgang mit Personen seiner nahen Umwelt erwachsen, eine rationalisierende Dimension ins Spiel, welche die ursprünglich leiblich bestimmte Sozialität kulturell und funktional überformt.[10] Für das Kind werden mit dem Schuleintritt die Lehrerin bzw. der Lehrer zu neuen Bezugspersonen. Es lernt, dass diese es als Schulkind wahrnehmen und behandeln und dass es sich in der Beziehung zu ihnen ganz anders verhalten muss. Der umfassende körperliche Kontakt, den es mit den Eltern hat und den eventuell die Kindergärtnerin noch stärker befriedigen konnte, ist nicht mehr möglich. Das Kind muss lernen, seine Wünsche, Ängste und Sorgen zunehmend verbal auszudrücken. Neu ist für das Kind auch, dass die Lehrerin oder der Lehrer seine Leistungen sachlich beurteilt, es bestätigt oder kritisiert. Noch formaler werden die Beziehungen des Kindes zu den Lehrerinnen und Lehrern mit dem Übergang zum Fachunterricht. Dadurch spezialisiert sich die Beziehung weiter und beschränkt sich weitgehend auf das Interesse und die Leistungen des Kindes in einem bestimmten Fach.

Räume, räumliche Differenzierungen, Atmosphären

Die Erfahrungen des Kindes mit den konkreten Topoi seiner Umwelt haben immer auch räumlichen und zeitlichen Charakter. *Raum- und Zeitstrukturen* können dabei nicht isoliert, sondern nur im Zusammenhang materieller Objekte, Sachverhalte sowie im Hinblick auf Vorgänge, Interaktionen und soziale Beziehungen erfahren werden. Darin liegt die leibliche Dimension der Raum- und Zeiterfahrung begründet.

Gerade die frühesten Erfahrungen des Kindes sind *räumlicher Natur*. So weitet sich der erste Raum oder „*Urraum*" beim Stillen durch die Greiferfahrungen zum „*Nahraum*"[11] aus. Wenn das Kind sich selbst durch Krabbeln und Gehen fortbewegen kann, bildet sich der „*Fernraum*". Eine wichtige räumliche Erfahrung ist die Unterscheidung von *Innen- und Außenräumen*, die sich die Kinder durch ihre Bewegungen und Handlungen erschließen.

---

9 Vgl. die Unterscheidung bei Parsons (1956, S. 133 ff.).
10 Vgl. vertiefend Meyer-Drawe (1987).
11 Die Unterscheidung von Urraum, Nahraum und Fernraum geht auf William Stern (1914/ 1967) zurück.

Raumordnungen werden lange Zeit nur in handlungsbezogenen, aber noch nicht in geometrisch-architektonischen Zusammenhängen erfasst (vgl. Hansen 1960, S. 212).

Das Innen umfasst die Wohnung der Familie als Mittelpunkt des kindlichen Lebensraumes. Zum Außenraum gehören bereits der Keller und Dachboden des Hauses, die Terrasse, die Wohnung der Nachbarn, Hof und Garten. „Draußen" ist für das Kind aber auch die Straße, der Häuserblock oder der nächste Spielplatz. Dazu zählen auch die Orte, an denen die Außenkontakte und Aktivitäten des Kindes stattfinden (Spielplatz, Turnhalle, Reitstall etc.). Indem das Kind sich Räume aus eigener Kraft vertraut macht, bilden sich *Spiel- und Streifräume* (vgl. Muchow/Muchow 1972), wobei die Größe des Streifraumes vom Alter, vom Geschlecht, von Kompetenzen (Rollschuhfahren, Radfahren) und von geografischen Bedingungen (z. B. Verkehrsstraßen) abhängig ist.

Bereits in der Familie erhalten Räume Funktionen und Bedeutungen, indem die Bereiche für Tätigkeiten und Interaktionen wie Spielen, Kochen, Essen, Schlafen oder Körperpflege festgelegt werden. Dies setzt sich außerhalb des Wohnbereiches fort: Es gibt Supermärkte zum Einkaufen, Behörden, das Sprechzimmer des Arztes oder der Ärztin und das Schwimmbad, in dem man sich vergnügt. Alle Räume weisen Ordnungen und Regeln auf, die einzuhalten sind. Sie präfigurieren bestimmte Interaktionen und erfordern spezifische Haltungen.

Damit gilt auch für den Topos „Räume", dass die unmittelbare Erfahrung der Kinder von Beginn an kulturell überformt wird. Kinder erleben und erfahren einerseits am eigenen Leib, dass Räume unterschiedliche Atmosphären haben, dass sie Geborgenheit und Schutz vermitteln können oder dass sie Grenzen besitzen. Sie lernen aber auch die sozialen und kulturellen Bedeutungen von Räumen und die damit verbundenen Regeln, Verhaltensvorschriften oder Nutzungsmöglichkeiten kennen.

Auch im Hinblick auf Raumerfahrungen wird das beiläufig-intuitive Lernen im Umgang durch die Schule systematisch und durch begriffliche Zuordnungen fortgeführt. Gerade in der Schule sind Räume genau definiert. Hier gibt es Räumlichkeiten für spezifische Aktivitäten und Lernbereiche, wie die Turnhalle, den Pausenhof, Handarbeitsraum, Gruppenraum oder Computerraum. Im Klassenzimmer bekommt das Kind einen festen Sitzplatz zugewiesen. Lernen und Lehren findet in unterschiedlichen Aktivitätszonen und Lernecken statt. In der Schule existieren auch Räume, zu denen der Zutritt für Kinder begrenzt ist, wie z. B. das Lehrerzimmer oder die Turnhalle, die nur in Ausnahmefällen oder unter Aufsicht betreten werden dürfen. Dennoch sind auch all diese Räume in der Schule mit Sinneseindrücken, Erlebnissen und Lernerfahrungen verbunden. Sie haben besondere Atmosphären, die einen in bestimmte Stimmungen versetzen können, indem sie zum Beispiel bedrückend, befreiend, beängstigend, anregend usw. wirken können. An diese leiblichen Erfahrungen kann man sich oft noch als Erwachsener erinnern, gerade wenn sie, wie in der folgenden Schilderung von Heinrich Röbe, negativ waren:

„Die Strenge des Raumes, die in militärische Reihung zwängenden Subsellien, die mit Ölfarbe ‚kinderhoch' bestrichene Wand, die in Kopfhöhe mit lediglich durchscheinendem Glas undurchsichtig gemachten Fenster, die dem Lehrer zugeordnete Tafel – alles dies von einer ungeheuren Fremdheit, einer sich vielen Kindern mitteilenden Feindseligkeit, die von selbst die Geschwätzigen verstummen machte, die Auftriebigen ruhig werden ließ, die Neugierigen auf ihre Bank fesselte und eine völlig neue Situation festigen half (...). Die große riesenhafte Türe durfte nicht mehr einfach geöffnet werden, sie tat sich erst auf das Wort des Lehrers auf; der Platz war keine Möglichkeit flüchtigen Ausruhens, genießerischen Hinstreckens – er hielt fest, durfte nicht verlassen werden, verlangte nach einer körperlichen Haltungsform, war das Negativ einer Körper-Sitz-Gestalt; der Boden durfte nicht mehr liegend bespielt werden – er roch nach Bohnerwachs, war aus schiefernden Brettern, war kalt, nagelschuhbetreten; und schließlich war es der ganze Raum, der Geruch, die Geräusche, die Geschichte, die Möbel, die eine Einheit wurden, die schon ohne die Präsenz des Lehrers wirkte. Das Kind, überrumpelt, desorientiert, hilflos, horchte auf diesen Raum, begann seine Erwartungen und Wünsche an dieser Passivität fordernden Raumstimmung auszurichten" (Röbe 1992, S. 15).

Die Schule, wie sie hier beschrieben wird und zum Glück der Vergangenheit angehört, übergeht tatsächlich, um mit Horst Rumpf zu sprechen, die Sinnlichkeit, d. h. die leiblich-ästhetischen Bedürfnisse des Kindes. Heute werden der Architektur und Gestaltung des Schulgebäudes und der Klassenzimmer in anderer Form Aufmerksamkeit zuteil, nicht nur weil sie wichtige Lernbedingungen konstituieren, sondern vor allem, um dem Prinzip der Kindgemäßheit Rechnung zu tragen (vgl. Rittelmeyer 1990). Die Kinder erleben den Klassenraum anders als der erwachsene Lehrende, nämlich nach *ihren* Voraussetzungen und Möglichkeiten (vgl. Langeveld 1960, S. 96). Eine kindgemäße Architektur muss deshalb die Bedürfnisse und Wahrnehmungsformen des Kindes berücksichtigen.

Was im obigen Beispiel mit Gewalt und ohne Rücksicht auf das Kind praktiziert wird und dadurch gleichsam zur Tortur wird, ist der Zwang, sich mit den Bedingungen arrangieren zu müssen. Die Gestaltung soll nicht vom eigentlichen Zweck des Raumes ablenken, sondern ist gerade darauf abgestimmt: Er soll die *Aufmerksamkeit* auf den Lehrenden und auf das, was dieser zu vermitteln versucht, richten. Die äußere Disziplin dient also zunächst dem Lernen.

Positiv und für die moderne Schule formuliert heißt das, dass schulisches Lernen es erfordert, sowohl von den leiblichen Bedürfnissen als auch von atmosphärischen Eindrücken abstrahieren zu können. Auch in der Turnhalle muss man zunächst einmal den Anweisungen zuhören, bevor man sich körperlich betätigen und austoben kann. Herumrennen, Fangen spielen, Schreien werden auf dem Pausenhof toleriert. Im Klassenzimmer heißt es dagegen sich zu beherrschen, die Stimme zu dämpfen, sich langsam zu bewegen, still zu sitzen. Das Kind muss lernen, seine leiblichen Bedürfnisse für bestimmte Zeitphasen des Unterrichts abzublenden und seine Aufmerksamkeit auf den Unterrichtsgegenstand zu richten. Das gilt auch, wenn der Unterricht in Räumen stattfindet, die einem nicht behagen, vielleicht weil sie als Fachräume, die von vielen Klassen genutzt werden, eher zweckorientiert und wenig persönlich und individuell gestaltet sind.

Grundsätzlich hängt es von der Form des Unterrichts ab, wie die Lernräume zu gestalten sind. Im vornehmlich lehrerzentrierten Unterricht muss eine „Zuhör-Situation" (Noack 1996, S. 150) hergestellt werden, die auch den Blickkontakt zwischen Schülerinnen und Schülern und dem Lehrenden ermöglicht. Alles, was die Aufmerksamkeit stören und ablenken könnte, wäre zu vermeiden. Im Vordergrund steht das kognitive Lernen als „ein körperloses Lernen", bei dem der Körper ruhig gestellt wird (a.a.O., S. 149). Je offener der Unterricht ist und je mehr Selbstbestimmung und Selbsttätigkeit er zulässt, desto flexibler muss die Gestaltung des Lernraums sein. Die Schülerinnen und Schüler müssen ungestört in Gruppen arbeiten können. Unterschiedliche Aktivitäten sollen parallel stattfinden können und daneben ist auch genügend Platz notwendig, um im Plenum zusammenzukommen und Arbeitsergebnisse präsentieren zu können.

Die Schule kann wesentlich zur positiven und lernfördernden Gestaltung der räumlichen Verhältnisse beitragen. Dass hier neuerdings enge Grenzen durch knappe öffentliche Kassen gesetzt sind, lässt sich heute leider an der Renovierungsbedürftigkeit vieler Schulgebäude feststellen.

Zeitstrukturen, Zeitmuster

Auch die Erfahrung *zeitlicher Strukturen* beginnt auf der Grundlage leiblichen Lernens. Bereits beim Stillen als auch bei den ersten Spielen, bei denen die Eltern Gegenstände vor den Augen des Kindes pendeln lassen, oder bei den Fort-Da-Spielen entstehen Aufmerksamkeit und Ungeduld und damit Erwartungen beim Kind, die auf Zukünftiges gerichtet sind. Dazu tritt die Erfahrung des Vorher und Nachher, wie z. B. beim Turmbauen mit Bauklötzen oder beim Sandspielen, und damit wird es möglich, sich an vergangene Ereignisse zu erinnern. Bis ins Grundschulalter ist für die Kinder Zeit nur leiblich erfahrbar, z. B. über die räumliche Veränderung von Dingen (z. B. an der Zahl der Türchen des Adventskalenders, die bis Weihnachten noch zu öffnen sind). Zeitgliederungen und Zeitpunkte werden nach Erlebnissen und Ereignissen, die emotionale Bedeutung haben, vorgenommen. „Morgen" ist, „wenn Oma kommt", oder bedeutet, noch einmal schlafen zu müssen. Schlafenszeit ist z. B. nach einer bestimmten Fernsehsendung wie dem Sandmännchen.

Dass auch die Erfahrung des Älterwerdens und Älterseins für das Kind leiblich bestimmt ist, wird daran deutlich, dass beides für das Kind lange Zeit etwas mit der Körpergröße zu tun hat. Dem Kind zeigt die eigene Kleidung, die „zu klein" wird, dass es „größer" geworden ist, oder es kann das Geschirr allein aufräumen, weil nun so „groß" ist, dass es den Schrank ohne Hilfe erreichen kann.

Auch hinsichtlich der Zeiterfahrung beginnt früh die kulturelle „Rationalisierung" durch die Erwachsenen. Von Geburt an wird das Kind zur Nahrungsaufnahme an den Tag- und Nachtrhythmus gewöhnt. Es lernt früh, sich in vielfältige Zeitstrukturen einzuordnen: Es gibt feste Zeiten für das Zubettgehen, Termine für Freizeitaktivitäten oder Arztbesuche, die einzuhalten sind.

Spätestens mit dem Schuleintritt werden die Zeiten verbindlich. Neben das subjektive, individuelle Zeiterleben tritt dann die lineare, messbare Datenzeit, die sich von der leiblichen Erfahrung ablöst. Damit ist das Kind zum ersten Mal damit konfrontiert, sich in sozial vorgegebene Zeitrahmen einfügen zu lernen. Beginn und Ende des Schultages und die Pausenzeiten sind festgelegt; die Beschäftigung mit Themen erfolgt in festen Zeitspannen. Rhythmen für Aufmerksamkeit, Entspannung, Erholung werden vorgegeben. Themen werden nach vorgeplanten Ablaufmustern unterrichtet, denen das subjektive Lernen zu folgen hat. Der Lehrplan ordnet die Unterrichtsthemen in Abfolgen; wer zu langsam lernt, muss vielleicht die Klasse wiederholen. Der Unterricht wird zeitlich geplant, eingeteilt und verläuft geradlinig entsprechend der von Uhr und Kalender vorgegebenen Zeitmessung. Die Zeit in der Schule ist für das Kind einerseits sozial verbindlich und bereitet es auf die späteren gesellschaftlichen Anforderungen vor. Andererseits folgt die Schul-Zeit auch eigenen Maßgaben und ist so gewissermaßen aus dem anderen Leben ausgegliedert.

Ihre pädagogische Aufgabe erfüllt die Schule also nicht nur dadurch, dass sie das Kind an die Einhaltung sozial vorgegebener Zeitstrukturen gewöhnt. Sie erzieht das Kind heute auch dazu, selbstverantwortlich und sinnvoll mit der Zeit umzugehen. In bestimmten Phasen des Unterrichts dürfen die Schülerinnen und Schüler Aufgaben nach ihrem eigenen Lernrhythmus bearbeiten. Sie können entscheiden, womit sie beginnen, wann sie Pausen machen oder mit wem sie wie lange arbeiten. Der moderne Grundschulunterricht ist nicht in 45-Minuten-Einheiten eingeteilt, sondern hat ein „rhythmisiertes Zeitprofil" (Rehle/Thoma 2003, S. 143). Er nimmt Rücksicht auf die biologische Leistungsfähigkeit des Kindes, die – wie bei Erwachsenen auch – rhythmischen Schwankungen unterworfen ist.

Ein rhythmisiertes Tages- oder Wochenprofil des Unterrichts orientiert sich darüber hinaus an Sachzusammenhängen der Unterrichtsthemen und gibt den Schülerinnen und Schülern die Möglichkeit, den Tagesablauf in einem gewissen Rahmen mitzugestalten (vgl. a.a.O., S. 140). Für eine erste und zweite Jahrgangsstufe, für die gemeinsame Lernzeiten vorgesehen sind, kann ein typischer Schulvormittag folgendermaßen aussehen:

	1. Klasse	2. Klasse
7.30–8.00	Ankomm-Phase	
8.00–8.15	Betreuungszeit	
8.15–8.30	Freie Arbeit	
8.30–8.50	Schreiben	Rechtschreibtraining
8.50–9.00	Morgenkreis	Morgenkreis
9.00–9.30	Lehrgangsgeleiteter Unterricht	Gelenkter Unterricht
9.30–10.00	Große Pause mit Frühstück	
10.00–10.30	Arbeit an vorgegebenen Aufgaben	Wochenplanarbeit
10.30–11.00	Lehrgangsgeleiteter Unterricht	Gelenkter Unterricht
11.00–11.15	Übungsphase oder Fächerübergreifendes Arbeiten	
11.15–11.30	Kleine Pause	
11.30–12.00	Übungszeit	Gelenkter Unterricht
12.00–13.00	Betreuungszeit	Schlusskreis/Betreuung

Tabelle 1: Typischer Schulvormittag für eine erste und zweite Jahrgangsstufe (aus: Rehle/Thoma 2003, S. 138)

Das Beispiel zeigt, wie sich Unterrichtsphasen von unterschiedlicher Länge abwechseln und wie unterschiedliche Anforderungen sowie Phasen gemeinsamen und individuellen Lernens, aber auch Pausen, aufeinander folgen. Innerhalb eines schützenden Rahmens erhalten die Kinder Gelegenheit, eigenständig mit der verfügbaren Zeit umzugehen. Sie können auf diese Weise lernen, auch ohne äußeren, sozialen Zwang momentane Interessen zurückzustellen und spontanen Einfällen nicht nachzugeben, sondern sich der zu erledigenden Arbeit zu widmen. Deutlich wird auch hier, wie die Schule die Kinder durch das entsprechende Lernarrangement dabei unterstützt, sich über das durch die leibliche Disposition bedingte „pathische Moment" der Erfahrung zeitweise zugunsten der Sache zu erheben.

Mediale Inszenierungen

Die oben dargestellte Topologie verweist schließlich auf „*mediale Inszenierungen*" als Bestandteil der kindlichen Umwelt. Diese setzen einen realen oder fiktiven Inhalt „in Szene". Sie veranschaulichen und repräsentieren Geschehnisse mithilfe von Medien und produzieren damit virtuelle Wirklichkeiten. Die ersten und einfachsten Formen medialer

Inszenierungen sind für das Kind leibnah und erfolgen durch Bilder, Sprache, musikalische Gestaltung und/oder Körperbewegungen, wie z. B. bei Fingerspielen, beim Betrachten von Bilderbüchern, beim Singen oder beim Erzählen und Vorlesen von Geschichten. Sie folgen oft bestimmten leiblich erlebbaren Mustern, da sie Melodien und Reime enthalten, rhythmisch aufgebaut sind oder wie Märchen mit anschaulichen Kontrasten arbeiten (das Gute wird hell und freundlich, das Böse dunkel und abweisend dargestellt). Kinder erzählen auch gern selbst Geschichten, in die ihre Erlebnisse, aber auch Erfundenes und Fantastisches eingehen. Ritualisierte Formen, Reime, Rhythmus und Wiederholungen als leibhaft und sinnlich erfahrbare Ordnungsmuster dienen dem Kind dabei als Gestaltungsmittel (vgl. Ulich 1994, S. 23 ff.). Reinhard Fatke konnte zeigen, dass die Geschichten der Kinder aus Folgen konkreter Ereignisse bestehen, die durch eine innere Dynamik strukturiert werden. Ihre „Themen haben mit tiefsitzenden Wünschen, auch Ängsten, in jedem Fall mit seelischen Konfliktlagen zu tun. Immer wieder findet man in den Geschichten die folgenden Themen: Auseinandersetzung mit den elterlichen Autoritätsfiguren, mit deren Geboten und Verboten, die vom Kind mit Sicherheit als Bedrohung der eigenen Bedürfnisse, des Triebverlangens erlebt werden. Ferner Angst vor Liebesverlust, Geschwisterrivalität, Geschlechtsunterschiede, die damit verbundene Neugier bzw. Angst, das Verhältnis von Gut und Böse usw." (Fatke 1994, S. 13).

Mit zunehmendem Alter rezipiert das Kind mediale Inszenierungen, die nicht an die Anwesenheit konkreter Personen gebunden sind, wie z. B. in Filmen und Fernsehen, bei Videos, Schallplatten, Musikkassetten oder Computerprogrammen. Auch sie haben durch ihre Gestaltungsform eine sinnlich-ästhetische Dimension, fordern aber weniger das eigenleibliche Mittun und Mitgestalten.

Eine ganz eigene Form des leiblichen Umgangs kommt hingegen bei *Computerspielen* zum Tragen (vgl. dazu Schultheis 2001; 2002). Über die damit verbundene ästhetische Erfahrung schreibt Wolfgang Bergmann in seinem Buch „Computerkids" (1996; hier zit. n. Zacharias 1999, S. 170):

„Ich glaube, Kinder haben es als erste gespürt, was wir heute alle wissen: Dass die Medienwelt nicht nur eine Traumwelt, sondern in bestimmter Weise auch eine reale ist [...]. Computerspielen heißt: In Räume hineinrasen, die real und nicht real sind, unbelebt, aber gleichwohl ‚wirklich'".

Die ästhetische Dimension von Computerspielen sei gekennzeichnet durch die Künstlichkeit ihrer Bewegungen, Farben und Szenerien:

„Gleichzeitig sind diese fremdartig-künstlichen Figuren und Landschaften ganz nah... Nähe, die alle umlagernde Realität ausblendet, solange das Spiel läuft. Nicht nur sinnlich nah, direkt vor den Augen, auch seelisch nah. Sie erfordern eine besondere Art der seelisch-körperlichen Konzentration."

Gerade der Bereich der medialen Inszenierungen wird in der Schule rationalisiert und im Hinblick auf das Ziel kultureller Bildung überformt. Mediale Inszenierungen in Literatur, Theater, Film oder musikalische Werke werden dabei zu *Bildungs*medien. Die Thematisierung im Unterricht vermittelt Wissen, leitet aber auch zu Kritik an und bildet die Urteilsfähigkeit aus. In der Schule steht die kognitiv-intellektuelle Auseinandersetzung im Vordergrund, die aber wiederum die leiblich-sinnliche, ästhetische Erfahrung mit Literatur, Kunst, Film, Theater und Musik verändern und vertiefen kann. Die Schule überformt aber nicht nur die rezeptive Auseinandersetzung mit medialen Inszenierungen nach kulturellen Maßgaben. Sie gibt auch der leiblich-ästhetischen Erfahrung des Kindes Raum, indem sie individuelle Ausdrucksformen im Kunstunterricht, beim Verfassen freier Texte oder beim darstellenden Spiel anregt und fördert (vgl. z. B. Mollenhauer 1999). Auch hier kann die eigene Ausdrucksfähigkeit durch Anleitung und Reflexion weiterentwickelt werden.

Die größte Rolle spielt die mediale Komponente aber wohl in *didaktischer* Hinsicht. Zu Zwecken der Veranschaulichung haben mediale Inszenierungen einen festen Platz im Unterricht. Heute werden zunehmend moderne Techniken wie Video oder Computer und Internet eingesetzt, die durch ihre Fähigkeit, Bilder zu animieren und in Bewegung zu versetzen, Möglichkeiten besitzen, die über eindimensionale Modelle, Schaubilder, Photografien usw. weit hinausgehen. Da die modernen Medien in der außerschulischen Lebenswelt der Kinder einen bedeutenden Stellenwert haben, hat ihre schulische Verwendung auch starken motivationalen Charakter.

In Abgrenzung von den eingangs erwähnten Ansätzen einer Wiedergewinnung des Sinnlichen oder der Sinnesschulung im Unterricht sollte der Rückgriff auf die leibliche Dimension, die durch Bilder und mediale Inszenierungen angesprochen wird, in der Schule didaktischen Zwecken folgen. Der Kantischen Feststellung, dass Gedanken ohne Anschauungen leer bleiben und Anschauungen ohne Begriffe blind seien (vgl. Kant 1992, S. 98), entspricht die traditionelle didaktische Forderung, anschaulich zu unterrichten. Die Schülerinnen und Schüler sollen sich von den Dingen ein Bild machen können: äußerlich, sichtbar, mit den Sinnen wahrnehmbar oder innerlich-geistig in der Vorstellung. Mediale Inszenierungen im Unterricht haben die Funktion, vertiefte und strukturierte Anschauungen als Fundament für Begriffe und komplexere Zusammenhänge zu schaffen. Dazu zählt auch das Narrative, d. h. Geschichten und Erzählungen als ergänzende Formen der Wirklichkeitserschließung, die dem Erfahrungsgewinn und der Erfahrungsverarbeitung dienen (vgl. Neuhaus-Siemon 1985, S. 38). Die didaktische Kunst aber liegt darin, dass der Übergang vom Erlebnishaft-Erzählenden zum Sachlich-Allgemeinen gelingt.

2.4 Lernen im Spiel

Man kann das kindliche Spiel als eine Form selbstgesteuerten Lernens begreifen, das in selbstbestimmter und zweckfreier Form Erfahrungen aufzunehmen und zu integrieren ermöglicht (vgl. Papoušek 2001). Es hat seinen Ursprung im natürlichen Explorationsbedürfnis des Kindes, mit dem es sich mit seiner Umwelt vertraut macht. Im Spiel erprobt das Kind Fertigkeiten, es entwickelt Lösungen und Regeln, es entdeckt Zusammenhänge und macht grundlegende Erfahrungen zur eigenen Wirksamkeit und Urheberschaft. In diesem Sinn bildet das Spiel ein Grundbedürfnis des Menschen. Das Spiel als wesentliches Element der kindlichen Exploration weckt und formt, wie oben schon mit Langeveld festgestellt, Interessen aus (vgl. Langeveld 1968, S. 89). Es ist, wie dieser darstellt, aber auch darauf angewiesen, dass die Welt auf das kindliche Tun reagiert: „Immer wieder gibt die Welt ein anderes unerwartetes Geheimnis preis, immer ‚tut‘ die Welt etwas, und solange das andauert, ist ein Hinaus in die Welt möglich, solange bleibt ‚Spiel‘ möglich" (ebd.). Man könne folglich, im Sinne Buytendijks, eigentlich nur mit demjenigen spielen, das auch mit einem selbst spiele. Für Spielobjekte bedeutet dies, dass sie möglichst viele Formen der Thematisierung für das Kind bieten müssen. Sind sie erschöpft, verliert das Kind das Interesse an einem Spielzeug.

„Jouer, c'est jouir", betitelt Jean Château das erste Kapitel seines Buches „Das Spiel des Kindes" (1964) und macht damit deutlich, dass das Vergnügen, die Freude und der Genuss wesentlich zum Spielen gehören. Für Château liegt dieses Vergnügen der Kinder, noch weit über das Alter von zehn Jahren hinaus, vor allem in der Erfahrung des Neuen, ihrem „Hunger nach Erfahrungen aller Art" (a.a.O., S. 20). Im Spiel erprobt das Kind, was man mit Gegenständen tun kann, es experimentiert mit schwierigen Wörtern, es probiert in der

Bewegung und im Tun seine eigenen körperlichen Fertigkeiten aus und es macht Erfahrungen mit sich selbst. Im Spielen lernt das Kind und übt das Neue ein, wobei ein Merkmal der Spieltätigkeit die *Wiederholung* ist. Wiederholungen bilden die Grundlage des Lernens und machen Freude. Damit sind sie durch das Motivationssystem abgesichert (vgl. Oerter 1999, S. 15) und man kann auch in diesem Zusammenhang von einer leiblichen Grundlage der Motivation sprechen. Zum einen möchte das Kind bestimmte Effekte, die ihm Freude gemacht oder sein Interesse geweckt haben, wieder herbeiführen, wie z. B. bestimmte Geräusche oder den Treffer ins Fußballtor. Darüber hinaus erfährt das Kind aber auch, dass es sich im Schaukeln, Ballspielen, Balancieren und vielem mehr durch Üben in seiner Geschicklichkeit verbessern kann. Es wird dadurch motiviert, etwas noch einmal zu probieren und Bewegungsabläufe zu wiederholen. Begleitet ist die Wiederholung im Spiel oft von Flow-Erlebnissen, deren Gefühle immer wieder hervorgerufen werden sollen. Vor allem Rollenspiele können wiederholt und dabei die Rollen variiert werden. So berichtet Oerter von einem neunjährigen Mädchen, das im Verkaufsspiel einmal eine geschwätzige Verkäuferin, eine anspruchsvolle Kundin und ein fünfjähriges Kind spielt. Im Spiel wiederholen Kinder auch Erlebnisse und verarbeiten dabei problematische Erfahrungen (vgl. Oerter, a.a.O., S. 16). Sie beschäftigen sich im Spiel darüber hinaus mit zukünftigen Ereignissen und können in unzähligen Wiederholungen und Variationen Realitäten konstruieren.

Eine starke leibliche Dimension beruht nicht nur auf dem Motivationsaspekt des Spiels, sondern kommt auch dem *rituellen Charakter* von Spielhandlungen zu. Dies liegt in der schon beim Neugeborenen gegebenen Wahrnehmungsfähigkeit von Rhythmen und Mustern begründet. Die aktive Herbeiführung von Ritualen zeigt sich beim Kind schon im zweiten Lebensjahr.[12]

„Die Kinder lieben eine festgelegte Reihenfolge von Handlungen mit zeremoniellem Charakter beim Zubettgehen: getragen werden, Kuscheltier in die Arme legen, eine Geschichte erzählen, Gutenachtkuss geben. Fehlt das Ritual, kann das Kind in Ängste geraten und Einschlafschwierigkeiten bekommen. Auch beim Essen werden gemeinsame Rituale festgelegt. Der Begriff lässt sich aber auch auf komplexe kognitive Aktivitäten, wie Bilderbuchanschauen und Geschichtenerzählen, ausdehnen. Das Bilderbuchanschauen stellt eine ritualisierte Handlungsfolge dar. Kind und Bezugsperson führen im Wechsel die nötigen Tätigkeiten durch: Aufschlagen, Zeigen, Fragen, Benennen, Bestätigen und Umblättern.[...] Beim Geschichtenerzählen legt das Kind häufig Wert darauf, dass der Text genau gleich wiederholt wird und moniert ungewollte Abweichungen der Erzählerin" (vgl. Oerter, a.a.O., S. 17 f.).

Gerade das Spiel bietet unendliche Möglichkeiten, dem Bedürfnis nach leibnahen Erfahrungen wie Rhythmen und Ritualen, aber auch nach Anspannung und Entspannung Rechnung zu tragen. Abzählreime, Fangspiele oder Reigenspiele enthalten Abläufe, Muster und Regeln, die von den Kindern entschlossen und manchmal sogar zwanghaft eingehalten werden. Solche Formen werden von den Kindern im Spiel leibhaft erlebt und eingeübt. Indem sich die Kinder an die Regeln und Spielabläufe halten, strukturieren sie ihren Umgang miteinander und lernen intuitiv, dass der soziale Umgang von Formen und Verhaltensmustern bestimmt wird.

Das Spiel besitzt für das Kind darüber hinaus auch einen *projektiven Charakter*, der über die bisher beschriebenen Funktionen hinausweist (vgl. Prange 1981, S. 95). Im Spielen wird es möglich, die eigene Leiblichkeit zu erfahren und sie trotzdem zu transzendieren.

---

[12] Zur pädagogischen Bedeutung von Ritualen vgl. Schultheis (1998a).

Dies ist der Fall im Symbolspiel, aber auch im Rollenspiel. Indem die Kinder „so tun als ob", deuten sie Gegenstände, Tätigkeiten oder Regeln um und schaffen sich eine eigene phantasiegestaltete Welt. Sie können so in Distanz zur Wirklichkeit treten und Gewohntes hinter sich lassen. Spielen ermöglicht ihnen, Kontexte zu variieren, zu verfremden oder neu auszuprobieren. Im Vater-Mutter-Kind- oder im Schule-Spiel werden Verhaltensweisen erprobt, weil man in andere Rollen schlüpfen kann. Umgedrehte Stühle werden beim Spielen zum Flugzeug, um in die Rolle des Piloten oder der Stewardess zu schlüpfen. Im freien Spiel kann das Kind Erfahrungen neu inszenieren oder sich auch probierend an Neues herantasten. Voraussetzung dafür ist die *Symbolisierungsfähigkeit*, die mit der Sprachentwicklung einhergeht. Im Spiel entsteht dann eine „eingebildete Situation" (El'konin 1980, S. 11), eine neue, zweite Realität. Das Kind erschaffe sich so eine Realität, in der es sich wohl fühle, und erfahre dabei, dass Realität eine Konstruktion von Akteuren darstelle (vgl. Oerter 1999, S. 9 und S. 13). Das bedeutet letztlich, wie auch Wygotski (1933) dargestellt hat: „Nicht Vorstellung und Phantasie sind die Ursache für die Spieltätigkeit, sondern umgekehrt: das Spiel schafft die Rahmenbedingungen für die Entwicklung von Vorstellung und Phantasietätigkeit (vgl. Oerter, a.a.O., S. 14). Wygotski hat das Spielen als „dominierende Tätigkeit" des Vorschulkindes bezeichnet, wobei er damit diejenige Tätigkeit meint, die dem Kind am meisten Entwicklungsanstöße vermittelt (vgl. Polzin 1992, S. 20). Die wichtige Rolle, die das Spiel für die kindliche Entwicklung hat, ist mit dem Schuleintritt nicht zu Ende. Auch für das Schulkind ist das Spiel noch ein zentraler Erfahrungsbereich.

Insofern ist zu fragen, welche Bedeutung dem Spielen in der Schule zukommt. Aus der dargelegten Bedeutung des Spiels für das Kind im Schulalter ließe sich zunächst ein Freiraum für das kindliche Spiel in der Schule begründen. Grundsätzlich stellt sich damit aber die Frage nach der Didaktisierbarkeit des Spiels, d. h. seinem Einsatz für Lernprozesse.

Bedeutung kommt heute den so genannten Lern*spielen* zu. Lernspiele enthalten meist ansprechend gestaltete Arbeitsaufgaben, die das Üben erleichtern und vor allem dazu motivieren sollen. Dabei spielt inzwischen die Computer-Lernsoftware eine wichtige Rolle, die Kinder in virtuelle Welten und spannende Abenteuer führt (vgl. Schultheis 2001). Auf dem Weg zu einem Ziel, zum Bestehen eines Abenteuers, zum Finden eines Schatzes usw. sind Aufgaben zu lösen, die Mathematik- oder Grammatikübungen enthalten. Je nach Arbeitsfortschritt kommt man einen Schritt weiter oder es öffnen sich neue Möglichkeiten im Spiel. In der Regel können bei Computerlernspielen die Ergebnisse selbst kontrolliert werden, und es erfolgt eine motivierende Rückmeldung bei Erfolg. Der Raum für Phantasie und Selbstbestimmung für das Kind ist bei Lernspielen durch deren didaktische Gestaltung stark eingeschränkt. Sie stehen eher dem Regelspiel nahe. Zu den Lernspielen, die im Rahmen des Unterrichts Anwendung finden, lassen sich auch Übungsspiele wie Memory-, Bilderlotto- und Quartettspiele zählen, die selbst hergestellt werden können, zum Beispiel mit dem Einsatz des Computers. Dazu können aber auch Ratespiele sowie Kim-Spiele gerechnet werden. In pädagogischer Hinsicht ist es notwendig, dem Kind die Bedeutung des Spielens für das Üben deutlich zu machen. Es geht darum, mit Spass und Freude zu üben; letztlich bleibt es aber doch dem Zweck unterworfen, das Einmaleins oder Vokabeln sicher zu beherrschen.

Dem *freien Spiel* des Kindes, in das es eintaucht und sich in einer selbst geschaffenen Realität bewegt, sind in der Schule durch ihre festen Strukturen und ihre Organisation enge Grenzen setzen. Trotzdem können im Rahmen der Schule kindliche Spielbedürfnisse und der damit verbundene Bewegungsdrang befriedigt werden.

Die Schule nimmt besonders im *Sportunterricht* auf die natürlichen Bewegungsbedürfnisse des Kindes Rücksicht. Durch körperbezogene Spiele mit Gegenständen ermöglicht der Sportunterricht vielfältige Erfahrungen mit dem eigenen Körper. Er stellt eine anregende Umwelt mit Spiel- und Sportgeräten zur Verfügung, die zu Bewegungen animiert. Besonders gibt er aber den Regelspielen Raum, die im Schulalter die dominierende Spielform bilden (vgl. Polzin 1993, S. 30). Sie kommen dem natürlichen Bedürfnis der Kinder nach Strukturen, geregelten Abläufen und Ordnungen entgegen. Regelspiele für jüngere Kinder geben oft handlungsdeterminierende Rollen vor (Katz und Maus, Schwarzer Mann etc.). Für ältere Kinder haben Wettbewerb und das Gewinnen bzw. Bessersein als die anderen, wie sie maßgeblich für Sportspiele sind, größere Bedeutung (Völkerball, Fußball, Basketball etc.). Gerade hier ist eine wichtige *Lernchance* gegeben, die leiblich-emotionale Dimension des Spiels zu transzendieren: Das Spiel mag vollen Einsatz von Körper und Engagement abfordern, aber doch nicht zum Sieg führen. Die emotionale Enttäuschung ist nur mit Vernunft zu verkraften, nämlich durch die sachliche Analyse der Fehler oder der situativen Ereignisse, die zum Verlieren geführt haben.

Zur Sensibilisierung für andere, zur Rücksichtnahme und Förderung der Kooperationsfähigkeit oder zur Verbesserung der Konzentrationsfähigkeit oder zur Entspannung werden in der Schule auch *Interaktionsspiele* und Kooperationsspiele eingesetzt. Sie stellen Aufgaben, die in der Regel durch Interaktion und Zusammenwirken zu lösen sind (vgl. Walter 1993, S. 231 ff.).

Das *Rollenspiel* als weitere Form hat eine lange didaktische Tradition (vgl. z. B. Kochan 1975). Seine Bedeutung wird vor allem in der Förderung der sprachlichen und sozialen Entwicklung des Kindes gesehen. Kinder sind allerdings bis ins Grundschulalter häufig noch damit überfordert, gezielt Rollen zu übernehmen und damit bestimmte Charaktereigenschaften und Handlungsweisen zum Ausdruck zu bringen. Ihre Domäne ist das punktuelle, *spontane Rollenspiel*, in dem das junge Kind Beobachtungen, die es in seiner Umwelt macht, nachahmt und dazu spontan und ohne Dramaturgie z. B. ein Pferd sein kann, das wiehert, galoppiert oder frisst, oder die Mutter, die streng ist und zurechtweist. „Das Spiel fängt unvermittelt an und hört plötzlich auf" (Haven 1970, S. 87). Haven spricht hier in Anlehnung an Arnold Rüssel vom „Darleben". Seine leibliche Grundlage liegt im Nacherleben von Ereignissen und den damit verbundenen Gefühlen, die damit eine nachträgliche Verarbeitung finden können. Das „*gelenkte Rollenspiel*" ermöglicht, wenn es Freiraum für Improvisation und Phantasie lässt, sich mittels des eigenen Leibes in das Verhalten anderer hineinzuversetzen und damit Bedürfnisse, Gefühle und Erwartungen anderer zu erkennen und zu verstehen. Es stellt damit hohe Ansprüche, kann aber so auch Lernprozesse anregen (vgl. Walter 1993, S. 241 f.).

Auch das *darstellende Spiel* hat seinen Platz in der Schule und findet sich in vielfältigen Formen (vgl. Haven 1970): als Pantomime, Scharade, Stegreifspiel, Masken-, Puppen- oder textgebundenes Theaterspiel. Kennzeichen des darstellenden Spiels ist nach Haven, dass „von der Vorstellung her [...] eine Welt des ‚Als-ob' aufgerichtet [wird; KS], in der der Spieler sich wohlfühlt, weil sie ihn ‚ergreift'" (a.a.O., S. 53). Darin lässt sich die leibliche Bedeutung des darstellenden Spiels sehen. Es verwirklicht nach Auffassung Havens Vorstellungsbilder, die sich aber „verstofflichen", d. h. „in Bewegung, Sprache und Mienenspiel sowie in Spielkleidern, -dingen und -räumen sichtbar werden" (a.a.O., S. 54).

Für den Einsatz des Spiels in Schule und Unterricht gilt, den Schülerinnen und Schülern den didaktischen Zweck und den Gewinn für das Lernen zu verdeutlichen. Spielen erfordert, ganz bei der Sache zu sein, sich zu freuen, um den Ausgang zu fürchten, sich mit Leib und Seele einzusetzen, sich ärgern zu lassen und vieles mehr. In der Schule ist damit aber immer ein Lernziel verbunden, dem das Spielen letztlich dient und das auch nicht verschleiert werden sollte.

2.5 Lernen durch Tätigsein

Unsere Umweltwahrnehmung ist dadurch gekennzeichnet, dass wir in den Dingen, Räumen, Personen, die uns umgeben, Handlungsmöglichkeiten entdecken. Wahrnehmungen in unserem Alltag haben mit der Ausnahme von Situationen, die dem ästhetischen Genuss dienen, in der Regel keinen Selbstzweck, sondern sind in Handlungszusammenhänge eingebunden:

„Beim Autofahren blicken wir auf die Straße vor uns, damit wir auf der Fahrbahn bleiben und nicht unversehens im Straßengraben landen; wir suchen eine Staude nach kleinen, roten Kügelchen ab, weil wir Himbeeren essen wollen; wir prüfen den Geschmack der Suppe, um die Gewürze richtig zu dosieren; wir achten auf den Gefühlsausdruck eines Gesprächspartners, um uns in ihn einfühlen zu können" (Kaufmann-Hayoz/van Leeuwen 1997, S. 500).

Wir nehmen die Bestandteile unserer Umwelt also in der Verbindung mit Handlungsangeboten oder Handlungsaufforderungen wahr. J. J. Gibson (1979) hat dafür den Begriff „affordance" verwendet.[13] Die Wahrnehmung der „affordances" wird von den körperlichen Voraussetzungen, den Fähigkeiten und Bedürfnissen des Wahrnehmenden beeinflusst. So zeigt das oben zitierte Beispiel eines Museumsbesuchs (vgl. Leyendecker 1997, S. 509), welchen unterschiedlichen Aufforderungscharakter eine Ausstellung mit ihren Exponaten und ihrer Einrichtung jeweils für kleine Kinder und Erwachsene besitzt.

Kinder lassen sich leiblich viel unmittelbarer von den sie umgebenden Dingen anmuten und zum aktiven Tätigwerden anregen. Niemand könne so ahnungslos in die Welt „hineinirren" wie ein Kind, schreibt Langeveld: „Wie in den Märchenwald, so geht das Kind in die Welt hinein, angelockt von allen Reizen des Neuen, Unbekannten und Wohlgesinnten" (Langeveld 1968, S. 142). Wenn das Kind beginnt, die Dinge seiner Umwelt, die es auffordern, etwas mit ihnen zu tun, zu explorieren, beginnt es auch, ihnen Sinn zu verleihen. Die Dinge müssen gedeutet werden, um sinnvoll zu sein. Im handelnden Umgang bekommen die Dinge von selbst eine Bedeutung. Langeveld hat dies an dem schönen Beispiel der Schachtel gezeigt (vgl. a.a.O., S. 147):

„Schenken wir in Gedanken nun mal bitte einem Kinde eine Schachtel. Wir schenken ihm da kein klug zusammengefaltetes Stück Pappe. Wir schenken ihm tatsächlich eine Aufforderung, denn: was gehört nun da hinein? Die Leere starrt einen schweigend an. So kann es nicht bleiben. Das Kind vernimmt diese ‚Schweigestimme' sehr wohl, es schaut sich bald um, und nach einigen Minuten hat sich etwas da hineingefunden, oder es steht da ein kleiner Bettler neben uns: ‚Aber ... was soll ich nun da hineintun?' Wie wunderbar, wenn wir dem Kinde nun gerade einen Bonbon geben. Wunderschön verflüchtigt sich die Leere der Schachtel, wenn dieser *eine* Bonbon der Schachtel ihre Leere nimmt. Den Anforderungen des Gerundivums genügt dieser Verzicht: einen Bonbon der Leere abzutreten... solange es geht. Denn der Bonbon schweigt uns schon wieder verheißungsvoll an. Welcher Aufruf wird gewinnen? Wahrscheinlich ist die Schachtel bald vergessen. Manchmal ist sie leer, manchmal aber auch zeigt ein klebriger Klumpen, dass das Kind tatsächlich die Schachtel *als solche* gedeutet und benützt hat. Es ist dem Appell der Sache erlegen."

---

[13] Er versteht darunter eine potenzielle Beziehung zwischen Organismus und Umwelt, die unabhängig davon besteht, ob sie wahrgenommen wird oder nicht. Hingegen ist der von Kurt Lewin geprägte gestaltpsychologische Begriff „Aufforderungscharakter" oder „Valenz" in Abhängigkeit von der Motivationslage der Person konzipiert: Ein Glas Wasser hat nur Aufforderungscharakter, es auszutrinken, wenn es der Wahrnehmende Durst hat (vgl. Kaufmann-Hayoz/van Leeuwen 1997, S. 501).

Langeveld verweist darauf, dass der Mensch bei dieser „Deutungsarbeit", wie er sie hier für das Kind am Beispiel der Schachtel beschrieben hat, Einschränkungen unterworfen ist. So ist der Mensch dabei zuallererst abhängig von seinem Leib, der ihm ermöglicht, mit den Dingen umzugehen, ihn aber auch daran hindert, wenn er zum Beispiel müde ist oder an etwas nicht heranreicht. Besonders das Kind ist in seinen Kräften beschränkt und dadurch auf andere Menschen angewiesen. Dinge können auch auf andere Menschen verweisen und nur im sozialen Zusammenhang Bedeutung haben. Langevelds Beispiel aus der Kinderwelt ist die Wippe, die nur funktioniert, wenn man sie gemeinsam mit jemand anderem betätigt (vgl. a.a.O., S. 148).

Schließlich ist der handelnde Umgang mit den Dingen nicht immer ganz frei und nach eigenem Gutdünken möglich. Dingen kommen immer auch schon Bedeutungen zu, die im kulturellen Kontext festgelegt sind und von anderen geteilt werden. Wollte das Kind zum Beispiel mit dem Essensbesteck im Sand spielen, würde das unserer kulturellen Konvention widersprechen. Die ursprüngliche, unbekümmerte Offenheit des aktiven Umgehens mit den Dingen schränkt sich für das Kind mit jeder neuen Erfahrung ein: Irgendwann weiß es, wie die Wippe funktioniert oder dass man sich auf einen Ball nicht stellen kann. Die Dinge bekommen *feste* Bedeutungen und Funktionen. Die Schere ist zum Schneiden da, die Zeitung wird gelesen usw. So erlangt das Kind dasjenige Wissen, das es zukünftig für die Teilhabe an der soziokulturellen Welt benötigt.

Der aktiv-handelnde Umgang des Kindes mit der Welt vermittelt dem Kind gleichzeitig auch die Erfahrung, etwas zu können. Auch *Könnenserfahrungen*, die es handelnd erwirbt, verweisen auf die Zukunft des Kindes. Sie tragen zum Aufbau der personalen Identität und des kindlichen Selbstbewusstseins bei. Durch konkrete Aktivitäten und eigenes Tun, sei es in alltäglichen Situationen des Umgangs, beim Spiel oder im schulischen Lernen, erwerben Kinder eine Fülle von Kompetenzen und bauen ein Bewusstsein des eigenen Könnens auf.

Dieser Aspekt findet sich auch in den Überlegungen der *kulturhistorischen Schule*, die sich seit der ersten Hälfte des letzten Jahrhunderts aus den Arbeiten der sowjetischen Psychologen Wygotski, Lurija und Leontjew entwickelt hat[14]: Menschen verändern durch Tätigkeit nicht nur ihre Umwelt, sondern auch sich selbst, indem sie sich zunehmend ihrer selbst als Subjekte bewusst werden. Das Tätigsein des Menschen wird hier allgemein als Wechselwirkung von Mensch und Welt verstanden, mit der die Menschen ihre natürlichen und gesellschaftlichen Lebensgrundlagen gestalten. Tätigkeit ist in diesem Verständnis die Grundlage für die menschliche Existenz.

Wenn man Leontjew (1977, S. 35) darin folgt, dass Tätigkeiten oder Handlungen stets *intentional*, d. h. zielgerichtet sind, so kann man mit Oerter (1999, S. 3) annehmen, dass sich ab dem zweiten Lebensjahr beim Kind kaum noch Verhaltensweisen finden lassen, die man nicht als Handlung interpretieren kann.

Die auf konkrete Gegenstände gerichtete sinnlich-praktische Tätigkeit, wie sie sich bereits beim Kind beobachten lässt, bildet den Ausgangspunkt menschlicher Tätigkeit überhaupt (vgl. Leontjew 1977, S. 26). Später können Handlungen auch vorstellungsmäßig vollzogen werden.[15] Dann müssen Gegenstände nicht konkret vorhanden sein oder können auch abstrakter Art sein, wie z. B. Ideen, Werte, Ordnungen oder Regeln (vgl. Oerter 1999, S. 4).

---

[14] Vgl. die Überblicksdarstellung bei Lompscher u. a. (1997, S. 22 f.).

[15] In der Gegenstandsbezogenheit sieht Leontjew (1977, S. 24) ein weiteres allgemeines Kennzeichen der Tätigkeit.

Der Erwerb von *Handlungskompetenz* wird heute als Bildungsaufgabe gesehen und findet damit auch Eingang in die Lehrpläne der Schulen. Der Begriff „Kompetenz" meint dabei nichts Statisch-Abschließbares, sondern beinhaltet eigentlich, dass Kinder von Geburt an stets neue Fähigkeiten erwerben, wobei sie auch immer wieder Gewohntes und Vertrautes aufgeben müssen.

Für Rita Kohnstamm liegt darin „die Motivation, um andere schöne Dinge leichter aufzugeben. Beim kleinen Kind ist es beispielsweise die Fähigkeit selbstständig zu essen, die das Kind mit dem Verlust der Brust oder Flasche versöhnt" (Kohnstamm 1988, S. 134). Aus solchen Erfahrungen entstehe das Bedürfnis, neue Kompetenzen zu erwerben. Diese Erfahrung, dass man durch Lernen plötzlich etwas Neues oder etwas selber könne, gewinnt nach Kohnstamm gerade im Schulalter zentrale Bedeutung: „Ein Kind, das gefüttert wird, bleibt an der Flasche hängen, ebenso wie ein Schulkind, das nicht beweisen darf, was es leisten kann, sich daher abhängiger als nötig verhält" (a.a.O., S. 135). Erik H. Erikson (1993, S. 102 ff.) hat in diesem Zusammenhang von „Werksinn" gesprochen: Das Kind lerne, sich Anerkennung zu schaffen, indem es etwas produziere. Es entwickele durch Stetigkeit und dauernden Fleiß Lust an der Vollendung eines Werkes.

In Anlehnung an R. J. Havighurst (1972) kann man Lernaufgaben des Kindes bestimmen, die von der Umwelt herausgefordert und vom Kind aktiv und handelnd bewältigt werden müssen. Diesen Ansatz hat Werner Loch (1996, S. 154) aufgegriffen und versucht, „eine sinnvolle, anthropologisch notwendige Folge von Fähigkeitsstufen [zu; KS] rekonstruieren", die der Mensch im Laufe seines Lebens durchlaufen müsse. Diese Stufen bezeichnet Loch als „curriculare Kompetenzen", weil sie für den Lebenslauf bedeutsam sind, wenn der Mensch lebens- und lernfähig bleiben und sich seine Anlagen entwickeln sollen (vgl. auch Loch 1981, S. 33 ff.). Fast alle Entwicklungsstufen der Lernfähigkeit, die Loch bestimmt, verweisen auf leibliche Voraussetzungen. Einverleiben können, Wahrnehmen können, Gehen können, Behalten können, Vorstellen können, Sprechen können, Regeln befolgen können usw. bauen auf motorischen und sozialen Fähigkeiten des Kindes auf, über die es aufgrund seiner naturgegebenen leiblichen Lernvoraussetzungen bereits von Geburt an verfügt. Die Bewältigung der einzelnen Lernaufgaben weckt neue Bedürfnisse, etwas zu können, und motiviert zu weiteren Lernprozessen.

Die Lernerfahrungen, die das Kind im Zusammenhang seines Tätigseins, seines aktiven Umgangs mit Bestandteilen seiner konkreten Umwelt macht, umfassen noch einen weiteren Aspekt. So lernt das Kind im Umgang mit den Sachen, sich ihren Anforderungen zu unterwerfen und sich *„sachlich"* zu verhalten. Das bedeutet für das Kind, dass es von sich selbst und seinem momentanen Bedürfnis absehen und sein Handeln dem gewählten Ziel unterordnen muss. Wenn es beispielsweise für die Mutter zum Geburtstag eine Schachtel Pralinen kauft, wird es sie bis zur Übergabe aufbewahren und nicht vorher schon selbst konsumieren. In solchen Situationen lernt das Kind, wie Klaus Prange (1981, S. 103) formuliert,

„seine unmittelbaren Absichten einem Plan zu unterstellen und für zukünftige Zwecke zu handeln. In dieser Möglichkeit, von sich und der Befriedigung im Moment abzusehen, liegt der Grund für den größeren Reichtum der physischen Kultur, wie sie für den Menschen maßgebend ist."

In der Fähigkeit, von seinen aktuellen Bedürfnissen zugunsten erst zukünftiger abzusehen, liegt für Prange ein zentrales Wesensmerkmal der *Arbeit*. Sie zeigt für ihn in besonderer Weise „das pathische Verhältnis des Menschen zu seiner eigenen leibhaften Verfassung, nämlich in der Nötigung, sich die Welt so einzurichten und sie so umzuschaffen, dass er in ihr leben und sich erhalten kann" (ebd.). Ein solches Handeln sei anders als das Spielen, bei dem man sozusagen bei sich selbst sei und im Moment Befriedigung finde. Bei der Arbeit müsse man sich selbst „in Zucht nehmen", indem man sich einem Ziel und der Anforderung der Sache unterwerfe. Dadurch komme der Arbeit eine grundlegende *leibliche Dimension* zu, in der eine wesentlich andere Erfahrung als beim Spiel liege. Bei der Arbeit setze man den eigenen Leib als Instrument ein und mache sich damit selbst zum Mittel von Zwecken (vgl. a.a.O., S. 105). Dass der Leib einst ganz konkret als Instrument zum Messen fungierte, könne man, so erläutert Prange, noch an den alten Maßen „Fuß" und „Elle" erkennen.[16]

Lernen durch aktives Tätigsein und Handeln, so lässt sich zusammenfassen, hat für das Kind zentrale Bedeutung. Der tätige Umgang mit konkreten Bestandteilen seiner Umwelt vermittelt dem Kind einerseits sachliches Wissen. Er fordert es aber auch heraus und ermöglicht ihm Könnenserfahrungen und damit Wissen über sich selbst. Könnenserfahrungen wiederum stärken das Vertrauen in die eigenen Fähigkeiten, bauen Kompetenzen auf, die Voraussetzung und Motivation für weitere Lernprozesse bilden. Der Leib ist hier das Medium, das Instrument des kindlichen Lernens beim Tätigsein. So macht das Kind auch die Erfahrung, seinen Körper als Werkzeug einzusetzen. Es entwickelt dadurch ein sachliches Verhältnis zum eigenen Körper, ganz anders, als dies z. B. bei Flow-Erlebnissen im Spiel der Fall ist. Die Erfahrung der Sachlichkeit wiederum, die das Kind bereits in der einfachen gegenstandsbezogenen Tätigkeit machen kann, ist ein zentrales Merkmal der Arbeit. Sie vermittelt die Fähigkeit, von den eigenen Bedürfnissen und Erfahrungen absehen zu können.

Die Erfahrung der Arbeit wird gerade durch die Schule kultiviert. In diesem Sinn hat Immanuel Kant (1960, S. 30) formuliert:

„Und wo anders soll die Neigung zur Arbeit kultiviert werden als in der Schule? Die Schule ist eine zwangsmäßige Kultur. Es ist äußerst schädlich, wenn man das Kind dazu gewöhnt, alles als Spiel zu betrachten. Es muss Zeit haben, sich zu erholen, aber es muss auch eine Zeit für dasselbe sein, in der es arbeitet."

Auch Maria Montessori hat stets von der Arbeit des Kindes gesprochen (vgl. z. B. Montessori 1980, S. 269 ff.). Sie schreibt dem Kind einen inneren Antrieb zu, der es dazu führt, etwas selbstständig und bis zum Ende ausführen zu wollen. In der Schule wird das Kind aber auch mit Aufgaben konfrontiert, die ihm möglicherweise schwerer fallen, die mehr Aufmerksamkeit und Stetigkeit bedürfen und die es nicht so in den Bann ziehen, wie es Montessori in den Kinderhäusern vor Augen stand. Trotzdem bei der Sache zu bleiben, sein Bestes zu geben, auch wenn es Mühe kostet und wenn anderes mit Ablenkung lockt – das ist eine Erfahrung, die die Schule einfordert und die nur gelingt, wenn man sich auch über seine momentanen Bedürfnisse hinwegzusetzen lernt.

---

[16] An diesem Beispiel kann man auch sehen, dass die leiblichen Voraussetzungen durch technische Entwicklungen verbessert und ersetzt werden. Mit dem Maßband oder dem Laser gesteuerten Messgerät ist ein Raum einfacher zu vermessen als mit Füßen oder Ellen.

3 Schule und Leiblichkeit

In der vorangegangenen Darstellung wurde anhand unterschiedlicher Bereiche skizziert, inwiefern leibliche Dispositionen und die durch den Leib bestimmte natürliche Erfahrungsform das Lernen des Kindes fundieren. An vielen Beispielen wurde deutlich, dass die Schule dem Kind Möglichkeiten aufzeigt, die durch die Leiblichkeit bedingten Erfahrungsgrenzen zu überwinden. Der folgende Teil fasst das Thema „Schule und Leiblichkeit" noch einmal von einer anderen Seite. Nach einigen grundsätzlichen Überlegungen zum Verhältnis von Leiblichkeit und Schule (3.1) wird anhand von drei schulisch bedeutsamen Erfahrungsbereichen dargestellt, wie grundlegend und fundamental die leiblichen Erfahrungen für schulisches Lernen sind. Dabei wird das soziale Miteinander in der Schulklasse der genaueren Betrachtung unterzogen, zunächst in allgemeiner Hinsicht (3.2), dann bezüglich der Geschlechterdifferenz (3.3) und schließlich im Hinblick auf das Aufeinandertreffen unterschiedlicher Kulturen (3.4). Aus der basalen leiblichen Disposition und den damit von Geburt an verbundenen Lernerfahrungen resultieren spezifische Verhaltensweisen der Schulkinder und auch Problemlagen, mit denen die Schule rechnen muss. Auch hier ist es die Aufgabe der Schule im Rahmen ihres Bildungsauftrages, an die im Umgang erworbenen Vorerfahrungen der Kinder anzuknüpfen und sie auf eine intellektuell-rationale Stufe zu heben. Dazu sind die Kinder anzuleiten, sich über ihre spontanen und situativen, auf leiblich-ästhetischen, emotionalen und atmosphärischen Erfahrungen beruhenden Vor-Urteile erheben zu können, um zu reflektierten und sachlich begründeten Einschätzungen zu gelangen. Gleichwohl hat die Schule hier im Rahmen ihrer bewährten didaktischen und pädagogischen Mittel weniger Möglichkeiten und viel engere Grenzen, den Kindern den richtigen Umgang mit der leiblichen Dimension der Erfahrung zu zeigen, weil sie nur in sehr beschränktem Maße Einflussmöglichkeiten auf den außerschulischen Bereich hat.

3.1 Anmerkungen zum Verhältnis von Schule und Leiblichkeit

Historisch gesehen haben sich für den Umgang der Schule mit den leiblich-ästhetischen Lernvoraussetzungen der Schülerinnen und Schüler ganz unterschiedliche Formen herausgebildet. *Thematisch* wird das Verhältnis von Schule und Leiblichkeit allerdings häufig nur unter der Perspektive der *Schulkritik*. Ein Beispiel dafür ist die eingangs zitierte Schrift von Horst Rumpf über die „übergangene Sinnlichkeit" in der Schule. Auch die sich um die Wende zum 20. Jahrhundert entwickelnde Reformpädagogik hat sich mit leiblich-ästhetischen Aspekten des Lernens und Unterrichtens befasst. Sie kritisierte unter anderem den einseitigen Intellektualismus und Formalismus der Schule, wie er die Schule des Kaiserreiches prägte und verwies auf die Bedeutung von Sinneswahrnehmung, Selbsttätigkeit und Bewegung für das Lernen.

Gerade die Pädagogik des Kaiserreiches hatte ihr Augenmerk aber ganz besonders auf die leiblichen Voraussetzungen des Lernens gerichtet, wenn auch in völlig entgegengesetzter Weise zu den sie kritisierenden reformpädagogischen Ansätzen. Im Verständnis der Schulkritik der damaligen Zeit galt die wilhelminische Pädagogik als leibfeindlich, weil sie die grundlegenden Bedürfnisse des Kindes missachtete. Auch dem heutigen, modernen Begriff der Kindgemäßheit, der sich aus den reformpädagogischen Ansätzen entwickelt hat, steht sie deshalb entgegen. Die kasernenartige Architektur der Schulgebäude, milchverglaste Fensterscheiben, die jedes Abschweifen vom Unterricht verhindern sollten, in Reih' und Glied positionierte Schüler und der schrille Ton der Schulglocke mussten den Eindruck einer Leibfeindlichkeit, unter der die Kinder litten, erwecken. Tatsächlich zeigt sich hier aber eine durchdachte und durchdeklinierte Pädagogik des Leibes, deren Aufgabe es ist, die Kinder zu disziplinieren (vgl. Schultheis 1994).

Die Schule im Wilhelminischen Kaiserreich *verkörperte* regelrecht die Ideale der *Hygiene*, um die Schülerinnen und Schüler zur Sauberkeit zu erziehen.[17] Ihre Decken und Wände waren Schmutz abweisend und ohne Stuck und Verzierungen gestaltet. Der Grundriss sah keine Nischen vor, die Fußböden waren geölt und glatt gebohnert. Durch eine solche Veranschaulichung ihrer hygienischen Grundsätze konnte die Schule selbst zum Vorbild werden. In ihrer „Architektur der Ordnung" (Bendele 1984, S. 17) wurde den Schülern und Besuchern die *hierarchische* Struktur der Schule vor Augen geführt: Unten war die Kellerwohnung für den Schuldiener, es gab einen Anbau für die Rektorenwohnung und schließlich oben ein repräsentatives Schulleiterzimmer, dessen Erker die Überwachung der Schülerbewegung auf dem Schulgebäude, besonders zu den Bedürfnisanstalten, erlaubte. Im Klassenzimmer waren die Schüler zur Immobilität verurteilt, die vor allem durch die Schulbänke gewährleistet wurde. Ihre parallele Anordnung in Reihen garantierte die äußere Ordnung des Unterrichts, da der Lehrer mit einem Blick sehen konnte, wer fehlte, störte oder unaufmerksam war. Die Bänke sollten die Schüler in die „Normalposition" zwingen. Diese gewährleistete eine normierte, gerade Haltung beim Sitzen, Schreiben und Stehen. Sie erzog dabei auch zur sittlich-manierlichen und aufrechten, eben der rechten Haltung, weil Hinlümmeln oder Flegeln durch die Konstruktion unmöglich gemacht wurde. Das Bezwingen der „Körperunruhe" und damit auch die Kontrolle der Triebe sollten Ablenkung verhindern und Konzentration und Aufmerksamkeit fördern.

Diese Beispiele des Umgangs mit dem Verhältnis von Leiblichkeit und Lernen mögen uns heute erschrecken. Sie verweisen aber, neutral betrachtet, auf die zentrale Bedeutung der leiblichen Voraussetzungen für Lehr- und Lernprozesse.

Das durch Schulkritik und Reformpädagogik bewirkte Umdenken hat dazu geführt, dass wir heute Kindgemäßheit in anderen Kategorien verstehen. Anschauung und Selbsttätigkeit, originale Begegnungen und das Aufsuchen außerschulischer Lernorte, Handlungsorientierung, Freies Arbeiten und der Einbezug vieler Sinne sind in der modernen Schule Kriterien für kindgemäß gestalteten Unterricht. Kindgemäßheit bedeutet damit gerade, dass die Schule den leiblich-sinnlichen Voraussetzungen und Bedürfnissen, insbesondere bei jüngeren Kindern, Rechnung trägt. Ideale Schulen sehen heute anders aus: Sie sind hell, freundlich und einladend, haben eine offene und flexible Raumgestaltung, bewegliches Mobiliar und sind mit Kinderarbeiten dekoriert. Leider weichen in Zeiten knapper ökonomischer Mittel die Ideale oft der Realität. Bröckelnder Putz, abgeblätterte

---

[17] Die hygienischen Anforderungen müssen natürlich nicht nur als Disziplinierung, sondern auch unter dem Aspekt der Gesundheitsförderung gesehen werden.

Farbe, Staub in den Ecken oder reparaturbedürftiges Mobiliar findet man heute häufiger an den Schulen. Damit stellt sich die Frage nach dem Verhältnis von Leiblichkeit und Schule auch heute, wenn auch wieder einmal von einer anderen Seite.

Leiblichkeit spielt aber nicht nur in den äußeren Bedingungen und der Schulorganisation eine Rolle, sondern gerade auch in der *didaktischen* Gestaltung des Unterrichts. Es ist Grundsatz jeder Didaktik, dass im unterrichtlichen Vermittlungsprozess die drei Pole Schüler, Lehrer und Themen in Korrelation zueinander gebracht werden müssen. Die Berücksichtigung der Lernvoraussetzungen der Schülerinnen und Schüler ist dabei zentral. *Welche* Lernvoraussetzungen dabei in den Blick kommen, hängt jedoch vom Alter der Schüler und von der Schulform ab. In differenzierter Weise werden sie eigentlich nur in der Grundschule erhoben. In der Gymnasialdidaktik stehen die kognitiven Voraussetzungen und der Leistungsstand im Vordergrund.

Auch das Verhältnis zur Leiblichkeit gestaltet sich nach Alter und Schulart unterschiedlich. Gefühle, Erleben, Vorerfahrungen der Schülerinnen und Schüler spielen in der gymnasialen Didaktik kaum eine Rolle. Ein Stück Literatur auch einmal zu „erleben" ist für die Sekundarstufe die Ausnahme. Der Besuch einer Theateraufführung, der Museumsbesuch oder die Filmvorführung werden analysiert, nacherzählt und abgeprüft. Im Unterricht geht es nicht um die eigene Erfahrung, die man dabei gemacht hat, sondern um objektive Aspekte, Fakten und Zusammenhänge. Dies setzt sich im Kunst- oder Sportunterricht fort, auch wenn beim bildnerischen Gestalten viel Eigenes an Gefühlen und Empfindungen einfließt oder wenn beim Sport der eigene, fühlbare Körper zum Mittel wird, Leistungen zu erbringen. Darin liegt zunächst nichts Negatives. Die Leiblichkeit lässt sich jedoch auch hier nicht völlig ausblenden, denn der Leib ist unser *Werkzeug des Lernens*, d. h. leibliche Voraussetzungen spielen immer eine Rolle für Lernprozesse. Das soll kurz erläutert werden.

Lernen ist auf unsere Wahrnehmungsfähigkeit angewiesen. Wir begreifen etwas nur, wenn es für unsere Sinne in irgendeiner Form zugänglich ist. Begrifflich-Abstraktes muss in Vorstellungen übersetzt werden, damit es verständlich werden kann. Darauf verweist bekanntlich Kants viel zitiertes Diktum. Der traditionelle Begriff dafür ist die Anschauung.

Gleichzeitig ist unser Leib aber auch ein Störfaktor beim Lernen, der im Zaum gehalten werden muss. Wir werden müde, wir können uns nicht mehr konzentrieren, wir sind hungrig oder es gehen uns ganz andere Dinge im Kopf herum. Infolgedessen sind wir gar nicht mehr motiviert, uns mit dem Lernstoff zu beschäftigen.

Wir brauchen den Leib zum Lernen, und deshalb muss ausgeblendet werden, was die Konzentration auf das Lernen stört. Wenn das geschieht, kann Lernen effektiv und zeitökonomisch organisiert werden. Organisatorische Maßnahmen, die auf die leiblichen Bedingungen des Lernens Bezug nehmen, sind vielfältiger Art: In der Schule gibt es Pausen, die der Nahrungsaufnahme und Entspannung dienen. Der Unterricht in den Kernfächern findet vormittags statt, weil hier die Konzentrationsfähigkeit am höchsten ist, oder es werden unterschiedliche Medien eingesetzt, die auch die visuelle und auditive Wahrnehmungsfähigkeit beanspruchen.

Bei jüngeren Kindern kommen weitere Maßnahmen zum Einsatz. So ist bezeichnend, dass gerade in der Grundschule der gleitende Unterrichtsbeginn entwickelt wurde. Starre Zeitstrukturen, Frontalunterricht und Lehrgänge weichen langsam, aber zunehmend neuen Ansätzen, die flexibel auf die Lernbedürfnisse und Interessen der Grundschulkinder reagieren. So können offene Unterrichtsformen das Bewegungsbedürfnis der Kinder aufgreifen, da sie nicht den Vormittag über möglichst bewegungslos auf einem Platz sitzen müssen. Vielfältige Materialangebote und Lernecken schaffen Abwechslung in den Tätig-

keiten und Sozialformen, ermöglichen Selbsttätigkeit und das Verfolgen des eigenen Lernrhythmus.

Im Folgenden sollen nun nicht didaktische Grundsätze, die Aspekte der Leiblichkeit im
Hinblick auf schulisches Lernen berücksichtigen, im Vordergrund stehen. Es wird vielmehr
untersucht, in welchen schulischen Bereichen die leiblichen Voraussetzungen der Schulkinder relevant werden. Bei genauem Hinsehen spielen diese in ganz unterschiedlichen
Hinsichten eine Rolle – gerade nicht nur bei der Vermittlung von Inhalten und Sachwissen,
sondern insbesondere auch bei solchen Aspekten, die beiläufig und mitgängig gelernt
werden. Kinder sind nicht nur mit ihren Köpfen in der Schule anwesend, sondern als
Mädchen und Jungen, die mit der Geschlechterdifferenz umgehen lernen. Sie sind soziale
Wesen, die lernen, mit anderen zu kommunizieren, Konflikte auszutragen, Gefühle zu
kontrollieren, Formen des Umgangs miteinander zu erproben, sich zu vergleichen und zu
messen, um durch die anderen etwas über sich selbst zu lernen. Die Kinder werden heute in
der Regel in der Schule durch Mitschüler mit anderen Kulturen konfrontiert, wodurch sie
andere Wertvorstellungen, Verhaltensweisen und Lebensgewohnheiten kennen lernen.
Diese werden über Kleidung, Essen, Gesten leibhaft erfahrbar. Schließlich greift ein Bereich
des außerschulischen Lebens und der Freizeit in die Schule über und zwingt diese, sich
damit auseinander zu setzen. Technische Medien vom Fernsehen über Video bis hin zum
Computer schaffen neue Wahrnehmungsgewohnheiten, die mit traditionellen didaktischen
Prinzipien kaum vereinbar erscheinen. Dazu gehören auch veränderte Konsumhaltungen
und Freizeitgewohnheiten, durch welche die Kinder neue Erfahrungen mit in die Schule
bringen und mit denen die Schule konfrontiert wird.

Im Folgenden werden nun Bereiche des schulischen Lernens herausgegriffen, in denen
die leiblichen Voraussetzungen des Kindes eine besondere Rolle spielen. Untersucht werden
die sozialen Erfahrungen der Kinder in der Schule, ihre Erfahrungen mit der Geschlechterdifferenz sowie die Erfahrungen, die aus der Konfrontation mit unterschiedlichen
Kulturen resultieren. Die mit den Erfahrungen in außerschulischen Umwelten verbundenen
Gefühle, Wertungen, Vorbilder und Haltungen lassen sich dabei nicht ausblenden, da sie in
schulische Interaktionen hineingetragen werden.

3.2 Leibliche Aspekte sozialer Erfahrungen in der Schule

Die folgenden Ausführungen greifen aus dem umfassenden Bereich der sozialen Erfahrungen, die Kinder in der Schule machen, einige Aspekte heraus, bei denen die Leiblichkeit
eine besondere Rolle spielt. Gemäß der oben getroffenen Definition von Leiblichkeit
kommen damit Lernerfahrungen in den Blick, bei denen nicht die Kognition im Vordergrund steht, sondern das unmittelbar-spontane Wahrnehmen, Erleben, das Auffassen
bestimmter Verlaufsstrukturen und Rhythmen, sowie Gefühle, die Stimmungen und Atmosphären beeinflussen können, aber auch Körperkontakte oder physische Bedürfnisse,
welche die kindliche Umwelterfahrung in sozialer Hinsicht betreffen. Dabei wird sowohl
in der Auswahl als auch der Darstellung der Gesichtspunkte auf den aktuellen Forschungs-
stand Bezug genommen.

Die gesellschaftlichen und demografischen Veränderungen der letzten Jahrzehnte haben
die Bedingungen des Aufwachsens für Kinder in vielerlei Hinsicht verändert. In der
Diskussion darüber wird häufig beklagt, dass die Zahl der *Einzelkinder* dramatisch
zunehme. Daraus wird gefolgert, dass die Entwicklung der sozialen Kompetenzen der

Kinder leide und besonderer pädagogischer Aufmerksamkeit in der Schule bedürfe (vgl. z. B. Claussen/Gobbin-Claussen 1989, S. 159).

Statistische Untersuchungen zeigen zwar, dass sich die Zahl der Kinder aufgrund der Kinderlosigkeit und durch die Abnahme von Familien mit drei oder mehr Kindern insgesamt verringert hat (vgl. Liegle 2000). Die Zahl der Einzelkinder wird aber meist überhöht angegeben, da bei Querschnittserhebungen statistisch als Einzelkind auch gezählt wird, wer bereits erwachsene Geschwister hat oder noch jüngere Geschwister bekommen könnte (vgl. Rolff/Zimmermann 1997, S. 19). Zu berücksichtigen ist also, dass sich die Zahl der Geschwister mit dem Alter der Kinder verändert: Kleinkinder haben wenig Geschwister. Nach Engstler (1999, S. 32) kann man davon ausgehen, dass weniger als ein Fünftel der 6–9-jährigen Kinder keine Geschwister im Haushalt hat. Im Westen Deutschlands hat die Zahl der Einzelkinder sogar abgenommen. Insgesamt sind in Deutschland also höchstens 19 Prozent der Kinder Einzelkinder, während 30 Prozent der 6–9-Jährigen mit zwei und mehr Geschwistern zusammenleben (vgl. a.a.O., S. 34).

Häufig wurden Einzelkinder als „pathologische Einzelgänger" (Lange 2003, S. 3) stigmatisiert. Eine solche Auffassung ist nach heutigen Forschungserkenntnissen nicht mehr haltbar (vgl. dazu Rolff/Zimmermann 1997, S. 25 f.). Man muss darüber hinaus auch davon ausgehen, dass gerade durch die Vielfalt heutiger Familienformen, die als sog. „Patchworkfamilien" durch Scheidungen oder die Entkopplung von Ehe und Familie/Haushalt entstehen, auch im Bereich des familialen Zusammenlebens für Kinder Beziehungen zum Beispiel zu Stiefgeschwistern entstehen können. Nachweislich sind aber die Sozialkontakte von Einzelkindern qualitativ anders als bei Geschwisterkindern. In der Kinderkrippe, der Tagespflege oder später im Kindergarten oder Hort ist das Kind zwar mit Kindern gleichen Alters zusammen, diese sozialen Beziehungen befinden sich aber ständig unter der Kontrolle der Erwachsenen. Es gibt für die Kinder keine Rückzugsmöglichkeiten aus dem Kontrollbereich, wie im Bereich der Familie.

Nach dem Blick auf das ohne Geschwister aufwachsende Kind stellt sich die Frage nach der Bedeutung von *Geschwisterbeziehungen* für die soziale Entwicklung. Geschwisterbeziehungen sind in der Erziehungswissenschaft ein vernachlässigtes Thema. Es gibt im Gegensatz zur psychologischen und soziologischen Forschung so gut wie keine empirische Untersuchung dazu. Ludwig Liegle (2000, S. 111) geht davon aus, dass in vormodernen Gesellschaften ältere Geschwister eine zentrale pädagogische Bedeutung in der Vermittlung von kulturspezifischen Erwartungen an jüngere Geschwister hatten. Man kann vermuten, dass auch heute noch ältere Geschwister als Vorbilder und Vermittler gesellschaftlicher Inhalte und kultureller Werte erzieherisch wirken. Sie leben den jüngeren Geschwistern viele Dinge vor, ohne dass diese im Umgang stets explizit thematisiert würden. Dies betrifft zum Beispiel „die Einübung von Gemeinschaftswerten wie Teilen, Sicheinordnen und Abgeben [...] sowie das Vorleben und die Kontrolle von geschlechtsrollenspezifischen Verhaltensweisen" (ebd.). Gerade das Mittun und Nachahmen verweist auf die leibliche Dimension des Geschwisterverhältnisses. Dies gilt auch für den emotionalen Bereich. In der Geschwisterbeziehung spielen sowohl Identifikationen als auch Differenzierung und Abgrenzung eine Rolle (vgl. Bründel/Hurrelmann 1996, S. 11). So scheint die Beziehung unter Geschwistern auch dadurch geprägt zu sein, dass negative Gefühle und Urteile eher artikuliert werden als in Eltern-Kind-Beziehungen. Ungeklärt ist aber bisher, inwieweit und wodurch Rivalität, Aggression und Konkurrenz unter Geschwistern auch entwicklungsfördernde Aspekte haben könnten (vgl. Schütze 1989, S. 322).

Emotionalität, das Erleben und der Umgang mit Gefühlen, spielen gerade auch in den sog. *Peerbeziehungen* eine Rolle. Damit sind die sozialen Kontakte mit gleichaltrigen

Kindern gemeint, die nach James Youniss (1994) im Gegensatz zu den Erwachsenen-Beziehungen der Kinder auf Gleichheit und Wechselseitigkeit aufbauen. Kinder scheinen für ihre soziale Entwicklung gerade auch Interaktionspartner zu brauchen, die nicht den Erfahrungs- und Kompetenzvorsprung der Erwachsenen haben. Dadurch können auch Kinder ohne Geschwister Erfahrungen mit Gleichaltrigen machen, die für die soziale Entwicklung von grundlegender Bedeutung sind (vgl. zum Überblick Krappmann 1998). Mütter von Einzelkindern scheinen im Übrigen verstärkt darauf zu achten, dass sie früh Kontakte mit anderen Kindern herstellen (vgl. Rollin 1993).

Im Rahmen der Peerbeziehungen spielen *Freundschaften* für die Kinder eine große Rolle. Heute ergeben sich aufgrund der gewandelten sozialen und räumlichen Bedingungen des Aufwachsens Freundschaften und Kontakte zwischen Kindern immer weniger auf der Straße (vgl. Zinnecker 1990). Sie entwickeln sich im Kindergarten, aus dem sozialen Wohnumfeld und nachbarschaftlichen Kontakten heraus, aber vor allem in der Schule, der die zentrale Rolle für die Freundschaftsbildung zukommt (vgl. Rolff/Zimmermann 1997, S. 26 f.).

Heute entstehen unter den Kindern keine Banden oder Gruppen mehr, sondern höchstens lockere „*Kindergeflechte*" (vgl. Krappmann/Oswald 1995). Die Kinder treffen Verabredungen zu zweit oder zu dritt. Dabei scheinen Kinder Beziehungen nach ihrer Qualität zu unterscheiden. Sie suchen bei Freunden Zuneigung, Vertrauen und Verlässlichkeit, im weiteren Kreis der Gleichaltrigen besonders gegenseitiges Interesse und Teilnahme. Hilfe, Unterstützung, Kameradschaft und Anerkennung beziehen sich auf beide Bereiche (vgl. Krappmann 1998, S. 363). Youniss (1994, S. 17 ff.) konnte zeigen, dass es gerade die Freundschaften mit Gleichaltrigen sind, in denen Kinder die Erfahrung von Kooperation machen. Er geht davon aus, dass sich die Heranwachsenden soziale Handlungskompetenzen selbst erarbeiten und bringt dies mit dem Begriff der „Ko-Konstruktion" zum Ausdruck. Auch Jean Piaget (1986) hat darauf hingewiesen, dass solche auf Gleichheit und Wechselseitigkeit beruhenden Beziehungen Kinder sensibel für andere Personen machen.

Freundschaften sind bis ins Grundschulalter primär an gemeinsame Interaktionen gebunden. Studien über die Sozialwelt der Kinder zeigen, dass darin besondere Regeln, Verhaltensmuster und Rituale gelten, welche die Interaktionen strukturieren. In der Neigung zu Strukturen, Regeln und Muster kann, wie oben dargelegt, ein grundlegendes leibliches Bedürfnis des Kindes gesehen werden. Für jüngere Kinder sollen Freunde zunächst eigene Bedürfnisse, wie z. B. bestimmte *Spiele* zu spielen, befriedigen. George Herbert Mead (1968) hat am Beispiel des Spiels deutlich gemacht, wie Kinder über die gemeinsame Orientierung an Objekten lernen, die Perspektive des anderen zu übernehmen. Zunächst erlaube das Spiel als „*play*" auf das konkrete Gegenüber zu reagieren. Beim „*game*" müsse sich das Kind aber auch in ein Regelsystem einfügen. Dieses wiederum vermittelt die Erfahrung, wie man Handlungen koordiniert und Absichten aushandelt und verlangt dabei, die Rolle des anderen einnehmen zu können (vgl. Krappmann 1998, S. 360).

Für ältere Kinder sind in Freundschaftsbeziehungen Sicherheit und Verlässlichkeit bedeutend: „Sie wünschen sich, dass der beste Freund und die beste Freundin Geheimnisse für sich behalten kann und zu einem steht, wenn man seinen oder ihren Schutz braucht" (Bründel/Hurrelmann 1996, S. 219). Freundschaften verstehen Kinder demnach als „auf Vertrauen gegründete Beziehungen mit gegenseitiger Unterstützung" (Krappmann 1998, S. 365). Kinder, die enge Freundschaften pflegen, scheinen meist ein größeres Selbstbewusstsein zu besitzen als Kinder ohne Freunde (vgl. Bründel/Hurrelmann 1996, S. 219; Wagner 1994). Dennoch bringen Freundschaften nicht nur angenehme Erfahrungen und

Erlebnisse mit sich. „Mit ihnen ist die gesamte Gefühlsskala von Freude, Vertrauen, Misstrauen, Neid, Eifersucht und Enttäuschung verbunden" (vgl. Bründel/Hurrelmann, ebd.).

Gerade am *Schulanfang* ist das Thema „Freundschaft" für die Kinder fundamental, wie Hanns Petillon in seiner Studie „Das Sozialleben des Schulanfängers" (1993) zeigen konnte. In seiner Untersuchung über Gefühle, die für Kinder mit sozialen Ereignissen beim Schulanfang verbunden sind, wurde deutlich, dass der Umgang mit den Mitschülern in den ersten beiden Grundschuljahren viel bedeutender als die Person der Lehrerin ist (vgl. a.a.O., S. 72). Nach Petillons Auffassung spricht dies für den Einfluss der Schülergruppe und die Wichtigkeit des sozialen Lernens zum Schulbeginn. Der mit den sozialen Beziehungen verbundenen „Gefühlsdimension" des sozialen Klimas in der Schulklasse kommt deshalb schon in der Schuleingangsphase eine große Bedeutung zu.

Krappmann und Oswald (1995), die Gleichaltrigenbeziehungen im schulischen Kontext untersucht haben, stellten fest, dass sich über dyadische Freundschaftsbeziehungen hinaus in der Schulklasse Gruppierungen und Geflechte als „Beziehungs- und Interaktionsverdichtungen im Netzwerk der Gleichaltrigenbeziehungen" bilden (a.a.O., S. 52). Diese sind in der Regel geschlechtsspezifisch differenziert. Deutlich wurde, dass sich die sozialen Geflechte bei zehnjährigen Kindern durch gegenseitige Hilfeleistungen und Unterstützung auszeichnen und dass innerhalb der Gruppierung weniger geärgert wird (vgl. a.a.O., S. 64). Gerade beim Aushandeln von Konflikten zeigte sich, dass diese bei Kindern, die als beste Freunde gesehen werden, viel differenzierter ablaufen und auch die Erwartungen des anderen einbeziehen (vgl. a.a.O., S. 102 f.).

Das Verhaltensmuster des *Ärgerns* besitzt neben der emotionalen Dimension eine weitere leibliche Komponente, da die damit verbundenen Übergriffe oft auch „handgreiflich" werden und die körperliche Integrität des anderen verletzen. „Unter Ärgern sind Handlungen zu verstehen, die Absichten oder das Wohlbefinden eines anderen beeinträchtigen, ohne dass für diesen Eingriff in die Sphäre des Gegenübers ein Grund angegeben wird, der diesem plausibel gemacht werden könnte. Es kann auch eine Kraftprobe beabsichtigt sein" (a.a.O., S. 58). In der Regel sind es nicht in Gruppierungen und Geflechte eingebundene Jungen, die andere ärgern (vgl. a.a.O., S. 60). Dennoch, so wurde in der Studie deutlich, versuchen Kinder in der Schulklasse in vielen Interaktionen rücksichtslos ihre Interessen durchzusetzen. Sie grenzen sich voneinander ab und sanktionieren Verstöße gegen Normen, die im Klassenzimmer gelten (vgl. a.a.O., S. 105–122). Die Unterlegenen müssen sich mit Gefühlen der Wut und Eifersucht, aber auch mit Trauer, Angst vor Ausschluss und Isolation auseinander setzen (vgl. Petillon 1993, S. 73).

Auch hier wird deutlich, dass das soziale Lernen bzw. der ganze Bereich der sozialen Erfahrung in der Schule eine leibliche Dimension besitzt. Dazu kommt, dass personale *Abgrenzungen* auch über die Definition von räumlichen Grenzen erfolgen. So tolerieren die Kinder häufig Verstöße gegen Raumordnungen im Klassenzimmer nicht (vgl. Krappmann/Oswald 1995, S. 105 ff.). Manchmal darf sich ein Kind nicht auf den Stuhl eines anderen setzen. Kinder rücken oft nah zusammen und machen etwas gemeinsam. Genauso wird der andere aber auch weggeschoben oder die Mitte des Tischs wird als Grenze markiert. Die Kinder dringen in den Raum des anderen auch durch (schlechte) Gerüche ein, so dass sich die Kinder dann Ekel mimend die Nasen zuhalten und auf den Verursacher zeigen. Um den anderen zu ärgern, werden Hefte beschmiert, Spitzerdreck im Schulranzen versenkt oder Radiergummis ins Klassenzimmer geschleudert.

Die Interaktionen der Kinder sind häufig durch *leibnahe Kontakte* gekennzeichnet. Oft berühren sich die Kinder liebevoll, fassen sich an, während sie sich ins Ohr flüstern oder setzen sich gegenseitig auf den Schoß. Viele Spiele haben auch körperliche Berührungen zum Inhalt, wie die Händeklatschspiele der Mädchen oder die Rangeleien oder Ringkämpfe bei Jungen. Gerade hier gibt es aber auch Verstöße gegen die körperliche Integrität, da bei solchen Spielen die Grenze des Erlaubten hoch ist. Durch langsames Steigern und von Krappmann/Oswald so genannte „Warnsanktionen" wird getestet, wie weit der Spass gehen darf und bei Überschreitung der Grenze des Erträglichen verlangt, die Steigerung zurückzunehmen (vgl. a.a.O., S. 120).

Bisweilen entstehen aber auch gewalttätige Interaktionen zwischen den Schulkindern (vgl. Krappmann/Oswald 1995, S. 123–137). Dabei versuchen die Kinder ihre Absichten mit physischer, verbaler oder symbolischer *Gewalt* durchzusetzen. Für Jungen ist besonders das Raufen typisch, bei denen die Kinder „sich knuffen, treten, miteinander ringen oder sich schmerzvoll gegenseitig auf die Hände klatschen" (a.a.O., S. 127). Rangeleien sind ein raues Spiel, bei dem Schimpfen, Griffe an die Gurgel, Kitzeln etc. erlaubt sind, die sonst nicht geduldet würden. Krappmann/Oswald unterscheiden als weitere Kategorien Prügeleien, Ablehnen/Ausstoßen, Bedrängen/Zu-nahe-Kommen, Einmischen/Bloßstellen, bei denen häufig auch Übergriffe auf den Körper vorkommen. Das Ausmaß solchen gewalttätigen Verhaltens ist davon abhängig, wie die sozialen Beziehungen der Kinder beschaffen sind. „Freundinnen und insbesondere Freunde rangeln viel und überschreiten meist nicht die Grenze zur Verletzung" (a.a.O., S. 135). So kann davon ausgegangen werden, dass enge Beziehungen Gewaltanwendungen einschränken. Festzustellen ist wohl auch, dass die zu brachialer Gewalt neigenden Kinder wenig in Freundschaften und Gruppen eingebunden sind. Dabei scheint sich die Integration in die Netzwerke der sozialen Beziehungen im Klassenzimmer auf jeden Fall positiv auszuwirken. In diesem Sinn kann auch die Schule durch die Einbindung in kooperative Zusammenhänge und Hilfen zur Konfliktbewältigung pädagogisch wirken (vgl. a.a.O., S. 137). Generell ist aber wohl davon auszugehen, dass das Austragen von Konflikten und Streit für Kinder zur Freundschaft dazugehört und bisweilen sogar dem Aufbau engerer sozialer Beziehungen dient (vgl. Krappmann 1998, S. 369).

In der sozialen Binnenstruktur der Schulklasse spielen auch soziale *Rangordnungen* und Führungsstrukturen eine Rolle (vgl. Krappmann 1998, S. 355). Jüngere Kinder orientieren sich dabei vor allem an physischer Dominanz. Für sie stehen Kinder mit physischer Stärke, sozialem Einfluss oder anderen bewunderten Merkmalen hoch im Kurs. Hingegen berücksichtigen ältere Kinder eine Vielzahl an Aspekten wie sportliche und schulische Leistungen, Sozialverhalten und Führungsqualitäten. Auch die äußerliche Attraktivität eines Kindes hat Bedeutung (vgl. a.a.O., S. 364). Mithilfe soziometrischer Untersuchungen wurde in der Schule besonders die Kategorie der Beliebtheit oder Akzeptanz von Kindern erforscht (vgl. ebd.). Dabei bleibt allerdings offen, worauf die Einschätzungen der Kinder jeweils gründen und wie diese von den Kindern selbst erlebt werden.

Zusammenfassend lässt sich feststellen, dass die leibliche Dimension der Erfahrung für das soziale Zusammenleben im Kontext der Schule eine zentrale Rolle spielt. Dies gilt für das Thema Freundschaft, die soziale Ausgrenzung, das gegenseitige Necken und Ärgern wie auch für das Austragen von Konflikten. Diese leiblich erfahrbare soziale Ebene prägt die Atmosphäre in der Klasse und beeinflusst damit grundlegend das Lernklima. Die Spannweite reicht dabei vom harmonischen Miteinander bis hin zum aggressiven Reizklima. Gerade im Fall von Problemen ist es für die Lehrenden nicht unbedingt einfach, pädagogisch zu intervenieren. Wie zu sehen war, können eine Vielfalt von Einzelfaktoren zu einer problematischen sozialen Atmosphäre beitragen. Man sollte sich darüber im Klaren sein, dass es für die Schülerinnen und Schüler gelegentlich schwierig sein kann, von sozialen

Situationen, in denen sie aktuell engagiert sind, sei es im Hinblick auf Freundschaftsgefühle, Ärger oder Aggressionen, Angst vor dem Ausgegrenztwerden oder anderem mehr, zu abstrahieren und sich von einem Moment zum anderen auf Unterrichtsthemen zu konzentrieren. Die Leiblichkeit kann insofern ihren Tribut fordern, als es notwendig sein kann, Beziehungsprobleme vor Sachproblemen zu lösen. Selbst Erwachsenen gelingt es bekanntlich nicht immer, die Sach- und Beziehungsebene problemlos auseinander zu halten.

Im Folgenden werden zwei Bereiche des sozialen Zusammenlebens, die Probleme in sich bergen, genauer in den Blick genommen. Das gilt für das Zusammenleben der Geschlechter als auch für das Miteinander unterschiedlicher Kulturen.

3.3 Leiblichkeit und geschlechtsspezifische Erfahrungen

„Kinder lassen ihr Geschlecht nicht vor der Schultür", so überschreibt Petra Milhoffer ein Kapitel ihrer Studie über Mädchen und Jungen in der Vorpubertät (vgl. Milhoffer 2000). Diese Aussage gilt bereits für Schulanfänger, denn ihre *Geschlechtsidentität* bilden Kinder etwa bis zum fünften oder sechsten Lebensjahr aus. Bis dahin hat ein Junge die Erkenntnis gewonnen, „dass er ein Junge ist und dieses männliche Geschlecht auch stets beibehalten wird, ein Mädchen, dass es ein Mädchen ist und stets eine weibliche Person bleiben wird" (Alfermann 1996, S. 57). Mit der Ausbildung der Geschlechtsidentität wird für Kinder auch bewusst und beschreibbar, worin Unterschiede zwischen Mädchen und Jungen bestehen. Aber nicht nur in der subjektiven Beobachtung lassen sich *Geschlechterunterschiede* feststellen. Unterschiede zwischen Jungen und Mädchen sind inzwischen vielfältig erforscht worden, so z. B. im Hinblick auf kognitive Fähigkeiten, Leistungs- und Wettbewerbsmotivation, Selbsteinschätzung oder Interessen. Unterschiede im sozialen Verhalten von Jungen und Mädchen sind dabei so evident, dass Eleanor Maccoby sogar von „zwei Kulturen der Kindheit" (Maccoby 2000, S. 47 ff.) spricht.

Die folgenden Ausführungen befassen sich mit phänomenologisch nachweisbaren geschlechtsspezifischen Unterschieden im Bereich leiblicher Erfahrungen in der Schule. Dazu werden unter anderem die Klassenatmosphäre, das Raumaneigungs- und Bewegungsverhalten der Kinder oder der Sport in den Blick genommen. Das sind schulische Erfahrungsbereiche, in denen im weitesten Sinn leibliche Voraussetzungen eine besondere Rolle spielen. Es soll deutlich werden, ob und inwieweit hier Unterschiede zwischen Mädchen und Jungen festzustellen sind.

In der Wahrnehmung von Lehrerinnen und Lehrer unterscheiden sich Mädchen und Jungen stark:

„Jungen sind:
- faul, aber interessant und motorischer als die Gruppe der Mädchen;
- hinterfragen mehr, da sie mehr leisten wollen;
- sie grölen, sind flapsig, sie stehen auf, sie werfen Tische um, sie poltern, lassen Stühle herumfallen, sie setzen Mädchen zu, machen Blödsinn, boxen sich gegenseitig, reißen weg oder machen etwas kaputt.

Mädchen sind:
- fleißig, lieb, adrett, brav, artig, zurückhaltend, schüchtern, schwatzhaft, gelangweilt, weniger laut, weniger aufsässig, weniger unordentlich als die Gruppe der Jungen;
- ‚funktionieren' besser als Jungen" (Brehmer 1991, S. 85).

Aus der eigenen Erfahrung heraus lassen sich diese Beobachtungen leicht bestätigen. In vielen Bereichen konnten Geschlechterunterschiede aber auch objektiv nachgewiesen werden. Dies gilt unter anderem für

„Kommunikationsstile, Schriftspracherwerb, Selbstdarstellung in freien Texten, Interesse an Naturwissenschaften und Technik, Technikwahrnehmung, Wahlverhalten in Wahlpflichtfächern der Sekundarstufe I sowie Leistungskurswahl in der gymnasialen Oberstufe, im Zusammenhang von Schulerfolg, Leistungsverhalten und schulischem Selbstvertrauen, Interaktionsstilen und Aufmerksamkeitsverteilung der Lehrkräfte, soziale Kompetenz und Wahrnehmung sozialer Zusammenhänge, sozialräumliche Aneignung und Raumnahmeverhalten, Bewegungsverhalten" (Thies/Röhner 2000, S. 34).

Im Folgenden werden einige Untersuchungen dargestellt, die im weitesten Sinn die leiblichen Grundlagen des Erfahrens und Lernens betreffen: die soziale Atmosphäre oder das Klima im Klassenzimmer, den Umgang mit räumlichen Gegebenheiten und das Bewegungsverhalten sowie die Erfahrung mit dem eigenen Körper und der Umgang mit Sexualität. Es geht damit – gemäß der hier zugrunde gelegten Definition von Leiblichkeit – nicht um die kognitive und reflektierte Erfahrung in diesen Bereichen, sondern um das, was eher intuitiv das Verhalten und den Umgang miteinander bestimmt, das Gespürte und Erlebte.

Die Atmosphäre im Klassenzimmer

Viele Studien sind zu dem Ergebnis gekommen, dass Mädchen in positiver Weise zu einem angenehmen Schulklima beitragen (vgl. Enders-Dragässer/Fuchs 1989; Brehmer 1991). Marlene Weschke-Meissner (1990) konnte anhand von Beobachtungen an einer Gesamtschule zeigen, dass Lehrerinnen und Lehrer unbewusst von Mädchen verlangen, „einen stillen Beitrag zur Schulkultur" zu leisten. So erleichtern die Mädchen den Jungen das Lernen, indem sie die Rangordnung innerhalb der Gruppe zugunsten der Jungen verändern. Sie beanspruchen weniger Aufmerksamkeit und machen damit den Jungen Platz. Sie stärkten, so die Autorin, die Autorität der Lehrenden, indem sie anpassungsbereiter seien. Zudem pflegten die Mädchen in der Gruppe einen emotional wärmeren Umgang. Dies zeige sich z. B. darin, dass sie im Gegensatz zu Jungen geduldig auch bei Themen mitarbeiteten, die sie nicht so interessierten (vgl. Weschke-Meissner 1990, S. 90 f.). Ihr Beitrag zu einer guten Klassenatmosphäre liege auch darin, dass sie bereitwillig organisatorische und pflegerische Aufgaben wie Aufräumen, Blumengießen etc. übernähmen.

Eine Studie von Tillmann u. a. (1999) macht deutlich, dass Mädchen das soziale Klima in der Klasse insgesamt positiver als Jungen wahrnehmen. Sie erfahren die Beziehung zu den Lehrenden als vertrauter und weniger restriktiv. Dem entspricht, wie Mädchen sich selbst einschätzen. Sie nehmen an sich selbst vor allem schulkonforme Tugenden wie Pünktlichkeit, Ordentlichkeit und Disziplin wahr (vgl. Faulstich-Wieland/Horstkemper 1993; 1995). Dazu internalisieren sie die „Position weiblicher Nachrangigkeit und Zurückgenommenheit" (Faulstich-Wieland/Horstkemper 1993, S. 45), obwohl sie sich selbst gar nicht als unterlegen oder schutzbedürftig erleben. Jungen wiederum schätzen die beschriebenen sozialen Eigenschaften der Mädchen, vor allem ihre Hilfsbereitschaft, ihre Fähigkeit, Streit zu schlichten, ihre Spielvorschläge oder Einfälle (vgl. a.a.O., S. 47).

Im Gegensatz zu den Mädchen prägen Jungen das Klassenklima durch ihre Dominanz. Sie ziehen mehr Aufmerksamkeit auf sich, indem sie sich auffälliger, rücksichtsloser und auch gewalttätiger verhalten (vgl. Barz 1984; Enders-Dragässer/Fuchs 1989; Tillmann u. a. 1999; Popp 2002).

Eine Untersuchung in Hamburger Grundschulklassen (vgl. die folgenden Tabellen) zu Verhaltensauffälligkeiten macht die dominante Rolle von Jungen deutlich: Im Durchschnitt entfallen 82,5% der beobachteten Auffälligkeiten auf Jungen und nur 17,5% auf Mädchen (vgl. Thies/Röhner 2000, S. 36).

Rang	Auffälligkeitsbereich	Jungen Anteile in Prozent	Mädchen Anteile in Prozent
1,5	körperlicher Bereich	84	16
1,5	emotionaler Bereich	84	16
3,5	sozialer Bereich	83	17
3,5	Lernverhalten	83	17
5	kognitiver Bereich	78	22

Rang	Auffälligkeitsbereich	Jungen Anteile in %	Mädchen Anteile in %	Auffälligkeitsbereich
1	Lernen für Belohnung	90	10	Lernverhalten
2	Hypermotorik	88,8	11,2	körperlicher Bereich
3	Erregbarkeit, Ungehemmtheit	88,2	11,8	emotionaler Bereich
4	Motorik fein/grob	86,7	13,3	körperlicher Bereich
5	Regeln nicht einhalten	85,9	14,1	sozialer Bereich
6	Dominanzverhalten/ Aggression	84,8	15,2	sozialer Bereich
7	Mangelnde Spielkompetenz, Kreativität	84,6	15,4	Lernverhalten

Tabelle 2: Auswertung von Verhaltensauffälligkeiten nach Geschlechtern (aus: Thies/Röhner 2000, S. 36)

Krappmann/Oswald stellten in ihrer Studie zum „Alltag der Schulkinder" (1995, S. 194 ff.) fest, dass Quatschmachen, Ärgern und Necken zwischen Jungen und Mädchen vom Spass und Spielerischen leicht in eine ernste Situation umschlagen könne. Fasst man Ärgern und Zurechtweisen, Stänkern und Beschimpfungen sowie Verletzung und Streit als psychische Gewalt auf, litten nach den Erkenntnissen der Autoren besonders die Mädchen darunter. „Kinder ziehen einander am Anorak, verhöhnen und verspotten sich, nehmen anderen Sachen weg oder fangen Balgereien an" (a.a.O., S. 196). Monika Barz verweist darauf, dass Jungen dabei eindeutig der aktive Part zukäme und Mädchen das Dreifache dessen einstecken würden, was sie selbst an Prügeln austeilten (vgl. Barz 1996, S. 122 ff.). Sie macht aber gleichzeitig deutlich, dass sich Mädchen eher auf das Herabsetzen, Demütigen oder Petzen verlegten. Mädchen sind nach den Erkenntnissen von Krappmann und Oswald (1995, S. 128 f.) aber auch bei schweren, körperlich ausgetragenen Konflikten zu 50 % beteiligt oder sind Anlass des Streits. Auch Ulrike Popp verweist in ihrer Studie zur Geschlechtersozialisation und Gewalt darauf, dass die Ausübung körperlicher Gewalt auch für Mädchen zu einer Handlungsmöglichkeit zu werden scheint, weil sie sich zunehmend nichts mehr gefallen ließen und sich wehren würden (vgl. Popp 2002, S. 161 ff., S. 273). Allerdings empfänden mehr Mädchen als Jungen Angst bei der Konfrontation mit gewalthaltigen Situationen (vgl. a.a.O., S. 164). In bestimmten Hinsichten scheint demzufolge die These von der „männlichen Privilegierung" und weiblichen „Benachteiligung" möglicherweise korrekturbedürftig. Bezieht man psychische Gewalthandlungen mit ein, so muss auch der Befund, Gewalt an Schulen sei ein Jungenphänomen, relativiert werden.

Damit zeigt sich ein differenziertes Bild, das aber deutlich auf Geschlechterunterschiede verweist. Insgesamt lässt sich feststellen, dass Mädchen in Konfliktsituationen zugunsten des sozialen Klimas eher nachgeben. Jungen stehen im Klassenzimmer im Zentrum der Aufmerksamkeit, wobei Mädchen diese Situation aber nicht als Benachteiligung zu empfinden scheinen (vgl. Horstkemper/Faulstich-Wieland 1993). Jungen machen vor allem durch ihr Verhalten auf sich aufmerksam. Dies gilt besonders für die Art und Weise, wie sie Räume beanspruchen und durch ihr im Vergleich zu Mädchen anders geartetes Bewegungsbedürfnis.

Raumaneignung und Bewegungsverhalten

Vor allem beim Spiel zeigt sich, dass Jungen weitaus mehr Raum beanspruchen als Mädchen. Sie setzen ihren Körper viel stärker ein und lieben das Toben und Jagen sowie Kampfspiele (vgl. Maccoby 2000, S. 49). Was im Folgenden für vierjährige Jungen beschrieben wird, gilt auch für Jungen im Schulalter:

> „Vierjährige Jungen verhalten sich bei ihren zahlreichen gleich geschlechtlichen Kontakten – Raufereien, freundlich gemeinten Hänseleien und albernen Wortspielen – wild und ungestüm. Sie veranstalten Ringkämpfe, stoßen zusammen und purzeln übereinander. Ein Junge schubst einen anderen zum Spass hin und her und ruft dabei: ‚Du bist mein Bruder.' Sie ahmen das Geräusch von Maschinengewehren nach und verfolgen einander mit Laserstrahlgewehren und Sprühflaschen. Sie winden sich in Lachkrämpfen, wenn sie ihre Spielzeugpferde wiehern und umfallen lassen. Jungen schmieren sich gegenseitig Knete ins Haar, führen Kämpfe zwischen Puppen auf, kitzeln einander und tun so, als würden sie sich gegenseitig erschießen. Dann fallen sie tot um und rollen über den Boden. Sie lassen sich von aufgestapelten Klötzen herunterrutschen, stolpern über Stühle und spielen Feuerschlucker" (Pitcher und Schultz 1983, S. 59; hier zit. n. Maccoby 2000, S. 49).

Bei ihren Aktivitäten und durch das damit verbundene Bewegungsbedürfnis wechseln sie Orte, Plätze, nehmen diese in Besitz und verlassen sie wieder. Jungen raufen und rangeln gerne, hänseln, ohne bösartig zu sein, und sind beim Toben meist guter Laune. „Ohne die Situation zu ernsten Konfrontationen eskalieren zu lassen, versuchen die Jungen offenbar, ihre Kräfte aneinander zu messen und sich gegenseitig zu beweisen, wie stark sie sind" (Maccoby 2000, S. 50). Natürlich geraten sie dabei auch manchmal an die Grenze zur Aggression und provozieren ernste Kämpfe. Jungen setzen sich darüber hinaus gern „in Szene" und rivalisieren im Wettstreit. Sie wollen, wie oben schon beschrieben, stärker und besser als die anderen sein und nicht als „Schwächling" angesehen werden (vgl. a.a.O., S. 354).

Dass Mädchen sich in ihrem Bewegungsverhalten von Jungen unterscheiden, zeigt sich bereits im Alter von drei Jahren (vgl. a.a.O., S. 51). Mädchen schubsen und drängeln nicht, um sich durchzusetzen. Sie diskutieren eher und versuchen, die anderen zu überreden. Maccoby verweist auf eine Studie, in der beobachtet wurde, wie eine Gruppe von fünf- bis siebenjährigen Jungen und Mädchen die Gelegenheit hatte, gemeinsam auf ein Angebot von Spielsachen zurückzugreifen. Man stellte fest, dass Jungen, die sich mit Fahrzeugen beschäftigten, häufig „Karambolage" spielten und absichtlich kollidierten, während die

Mädchen vorsichtig umherfuhren und Zusammenstöße vermieden (vgl. a.a.O., S. 48 f.). Auch wenn Jungen viel stärker als Mädchen wilde Kampfspiele wie Ringen oder Boxen bevorzugen, sind die Mädchen nicht weniger aktiv. In der genannten Studie hüpften sie beispielsweise häufiger und länger auf dem Trampolin und wechselten sich dabei ab.

Mit zunehmendem Alter der Mädchen nimmt aber die Bewegungslust der Mädchen ab. Gertrud Pfister untersuchte geschlechtstypische Muster bei Bewegungsaktivitäten und beobachtete dazu systematisch die Aktivitäten von Schülerinnen und Schülern zweier Grundschulen und zweier Gymnasien während der großen Pause. Dabei stellte sie sowohl geschlechts- als auch altersspezifische Unterschiede fest:

„Kinder bewegen sich mehr als Jugendliche, Jungen aller Altersstufen mehr als Mädchen. Bei Mädchen sinkt die Bewegungslust mit steigendem Alter fast auf Null. An den Gymnasien beteiligten sich nur etwa 5% der Mädchen, aber immerhin noch 24% der Jungen in den Pausen an sportlichen Aktivitäten. An den beiden Grundschulen wurden dagegen 45% der Mädchen und 64% der Jungen bei Bewegungsspielen beobachtet" (Pfister 1993, S. 72).

Ausschließlich Mädchen spielten Gummitwist oder machten Hüpfspiele; ausschließlich Jungen waren beim Fußballspielen zu beobachten. Beim Rangeln und Raufen überwogen die Jungen; Fangen war eine Aktivität, die sowohl Jungen als auch Mädchen pflegten. In der Turnhalle wurde beobachtet, dass bei freien Aktivitäten Jungen – sofern ein Ball vorhanden war – sofort zu bolzen begannen, während sich die Mädchen in eine Ecke zurückzogen (vgl. Pfister 1993, S. 75).

Gerade bei den Pausenspielen, so machen auch andere Studien deutlich, scheinen Mädchen mit dem ruppigen Spielverhalten der Jungen nicht klar zu kommen (vgl. Milhoffer 2000, S. 72). Dass die Grenze vom spielerischen Rangeln und Schubsen zu aggressiveren Verhaltensweisen bei Jungen fließend ist, könnte eine Ursache dafür sein, dass Mädchen in der Pause lieber unter sich bleiben.

Grundsätzlich ist das motorische Aktivitätsniveau bei Jungen höher als bei Mädchen. Die Geschlechter unterscheiden sich demnach deutlich hinsichtlich des Ausmaßes, mit dem sie sich täglich bewegen (vgl. Alfermann 1996, S. 120 f. mit Verweis auf eine Metaanalyse von Eaton und Enns 1986).

Insgesamt muss man davon ausgehen, dass Jungen und Mädchen unterschiedliche *Bewegungserfahrungen* machen. Jungen spielen „mehr Ballspiele und Raufspiele, Kampfspiele, wettbewerbsorientierte Bewegungsspiele; Mädchen mehr Geschicklichkeitsspiele, die dann in die späteren expressiven Sportarten einmünden, mehr Balanceübungen, Flexibilität, Gummitwist und Seilchenspringen, Hüpfekästchen und Laufspiele, Rollschuhlaufen, Nachlaufen" (Alfermann 1996, S. 120).

Damit verbunden sind Unterschiede in der *Raumaneignung*. Jungen eignen sich mehr Raum an, weil sie sich früher und weiter als Mädchen vom elterlichen Haus entfernen dürfen. Mädchen hingegen werden aus Angst vor körperlicher Gefährdung stärker an die Wohnung gebunden. Dazu trägt möglicherweise auch bei, dass sich Mädchen seltener über die Gebote und Verbote von Erwachsenen hinwegsetzen als Jungen. So konstatiert Maccoby: „Fast regelmäßig ist zu beobachten, dass sich die Jungengruppen weit konsequenter von Erwachsenen absondern, dass sie die Grenzen und die Durchsetzbarkeit der von Autoritätspersonen aufgestellten Regeln bewusst testen und Druck auf ihre Mitglieder ausüben, damit diese Regelverstöße nicht ‚verpetzen'" (vgl. Maccoby 2000, S. 354). Jungen distanzieren sich auch deshalb von den Erwachsenen, weil sie wissen, dass diese nicht alle ihre risikoreichen Unternehmungen billigen. „Sie bilden eine geschlossene Gruppe, in der sie einander vor den neugierigen Augen Erwachsener schützen" (a.a.O., S. 72), und sie neigen zu größerer Gruppenkohärenz als Mädchen. Darin fänden sie, so Maccoby, auch ein höheres Maß an Autonomie gegenüber den Erwachsenen (vgl. a.a.O., S. 354).

Für Gertrud Pfister sind es unter anderem die Angebote sozialer Geborgenheit an Mädchen, die es ihnen erschweren, sich in ‚gefährliche‘ oder konfliktreiche Situationen im Zusammenhang mit sportlichen Aktivitäten oder Spielen einzulassen (vgl. Pfister 1996, S. 49).

„Die Aneignung von Räumen und die Eroberung neuer Dimensionen, die Lust an Grenzerfahrungen, Bewegungs- und Risikofreude im Alltag, aber auch im Sport sind typische Verhaltensmuster von Männern und männlichen Jugendlichen. Frauen zeigen ebenfalls ein typisches Bewegungs- und Raumverhalten: Sie nehmen öffentliche Räume – Straßen, Parks, Wälder, Flüsse, Seen – seltener als Männer in Besitz" (Pfister 1993, S. 67).

Entsprechend wählten, so Pfister, Jungen und Männer eher die raumergreifenden und wettkampforientierten Sportarten. Mädchen und Frauen bevorzugten hingegen eher Sportarten, die in umbauten Sporträumen stattfänden und eine „Ver-Formung und eine Präsentation des Körpers" (a.a.O., S. 68) ermöglichten. Pfister spricht sogar von einer „Polarisierung in männliche und weibliche Sportaktivitäten": „Abenteuer, Kampf, Kameradschaft und Leistung sowie die damit verbundenen sportlichen Aktivitäten gehören in die Lebenswelt der Männer, während Grazie, Harmonie, Rhythmus und Kreativität als typisch für die weibliche Bewegungskultur gelten (Pfister 1996, S. 47).[18]

Diese Geschlechterdifferenz bezüglich sportlicher Präferenzen prägt sich bereits im Schulalter aus. Auch wenn Jungen und Mädchen im Kindesalter, so Pfister, über die gleichen motorischen Grundqualifikationen verfügten und auch das sportliche Leistungsniveau sich kaum unterscheiden würde, bevorzugten sie aber schon in diesem Alter eindeutig der Geschlechterrolle entsprechende Aktivitäten (vgl. Pfister 1996, S. 49).

Empirische Untersuchungen von Geschlechterunterschieden im Hinblick auf motorische Fähigkeiten und Leistungen verweisen darauf, dass Geschlechterunterschiede je nach Lebensalter unterschiedlich ausfallen (vgl. Alfermann 1996, S. 116 ff.).

- Bezüglich der Balancierfähigkeit und Handgeschicklichkeit zeigen sich bis zur Pubertät keine oder nur geringe Geschlechterunterschiede; nach der Pubertät finden sich höhere Werte für Jungen.
- Im Hochsprung gibt es keine Unterschiede bis zur Pubertät.
- Im Sprint, Weitsprung und beim Fangen besteht ein U-förmiges Muster: In der frühen Kindheit sind Jungen zunächst besser, dann gleichen sich die Unterschiede aus; nach der Pubertät sind sie wieder größer zugunsten der Jungen. Unterschiede in Kraft und Schnelligkeit sind auf das größere Längen- und Muskelwachstum zurückzuführen (Alfermann 1996, S. 121).

Bis auf den Weitwurf stellt das U-Schema den typischen Verlauf der motorischen Entwicklung dar.

Festzustellen ist, dass sich bis zur Pubertät bei den Mädchen Unlust am Sportunterricht herausbildet, die häufig zur Sportabstinenz führt (vgl. Pfister 1993, S. 76). Diese Entwick-

---

[18] Der Blick auf die olympischen Disziplinen zeigt zwar, dass es nur wenige Sportarten gibt, die jeweils nur Männern (z. B. Boxen, Gewichtheben) oder nur Frauen (z. B. Rhythmische Sportgymnastik, Softball) vorbehalten sind. Dennoch gibt es „typische" Männer- und Frauensportarten.

lung beginne, so Pfister, schon mit dem Alter von 11/12 Jahren. Sport verliere für Mädchen zunehmend seine Attraktivität zugunsten der Beschäftigung mit Mode oder Kosmetik (vgl. Pfister 1996, S. 47).

Allerdings scheint, wie der folgende Abschnitt deutlich macht, die Beschäftigung mit dem Körper über den Sport hinaus heute nicht mehr nur den Mädchen vorbehalten. Für Ulf Preuss-Lausitz ist ein Trend zur Androgynie in vielen Bereichen festzustellen: in der Schul- und Berufsausbildung, den Freizeitaktivitäten, den sozialen Kompetenzen und im Sozialverhalten – und besonders auch in der Erfahrung und Inszenierung von Körperlichkeit (vgl. Preuss-Lausitz 1998, S. 113).

Körpererfahrungen und Sexualität

Gerade die Erfahrung des eigenen Körpers trägt zum Aufbau des „Selbstkonzepts" der Kinder bei. Fasst man den Begriff etwas weiter, so lassen sich hier viele Einzelerfahrungen der Kinder mit einbeziehen, nämlich, „wie ihre Selbstwahrnehmung und Selbstwertschätzung ist, welches Verhältnis sie zu ihrem biologischen Geschlecht und ihrer Körpergestalt haben, wie sie ihre Schulleistungen einschätzen, wie sie mit ihrem Aussehen und ihren Gefühlen zurechtkommen, an wen sie sich wenden können, wenn sie Kummer haben, was sie für Lebenspläne und Hobbys haben, aber auch wie sie sich in der Schule fühlen, wie sie sich in Konfliktsituationen verhalten und was sie an der Schule auszusetzen haben" (Milhoffer 2000, S. 41). Prägend für das Selbstwertgefühl sind nach Milhoffer auch die Formen, die Kinder gelernt haben, um mit ihrer Sexualität umzugehen.

Zunächst ist festzustellen, dass sich die Selbsteinschätzung und Selbstwahrnehmung von Jungen und Mädchen stark unterscheiden. Milhoffer hat dazu verschiedene Bereiche untersucht, wie z. B. die Werte im Selbstbild, die Bedeutung von Bewegung und Attraktivität, die Identifikation mit dem eigenen Geschlecht, Vertrauen und die Fähigkeit, mit belastenden Gefühlen umzugehen, das Wohlfühlen in der Schule, Körperkontakte, Verliebtsein (vgl. Milhoffer 2000, S. 41 ff.). Im Folgenden wird auf ausgewählte Ergebnisse eingegangen, wobei das Augenmerk auf der leiblichen Dimension der kindlichen Erfahrung liegt. An einigen Stellen werden Befunde anderer Studien ergänzt.

Werte im Selbstbild

Auf die Frage: „Wie möchtest Du besonders gern sein?" nannten sowohl Mädchen als auch Jungen die Eigenschaften „klug, sportlich, hilfsbereit, mutig und gut aussehend" am häufigsten (vgl. Milhoffer 2000, S. 41 ff.). Differenzen ergaben sich aber beim Merkmal „zärtlich", das bei den Mädchen stärker betont wurde. Die Jungen gaben viel häufiger an, dass sie gern „stark" wären. Bezüglich der Selbsteinschätzung, die mit der Frage „Wie glaubst du, dass du wirklich bist?" erhoben wurde, zeigten sich Übereinstimmungen der Geschlechter bei den Attributen „sportlich, klug, witzig, mutig und hilfsbereit", wobei die Häufigkeit dieser Reihenfolge entspricht. „Ängstlich" und „zärtlich" gaben signifikant mehr Mädchen als Jungen an. Das bedeutet, dass Mädchen auch emotionale Aspekte der eigenen Person thematisieren, während Jungen eher im Sinn traditioneller Geschlechterstereotype antworten, bei denen Gefühlsäußerungen für Jungen mehr oder weniger tabu sind.

Körperliche Attraktivität und Aussehen

„Sportlich sein" bildet, wie die Ergebnisse der Studie von Milhoffer zeigen, für Jungen und Mädchen zwischen acht und vierzehn Jahren eine zentrale Kategorie des Selbst- und Wunschselbstbildes (vgl. Milhoffer 2000, S. 47). Neben Bewegung, Sport und Fitness spielen aber auch die *körperliche Attraktivität* und das eigene Aussehen eine große Rolle. Unabhängig vom Geschlecht sind nur ein Fünftel der Kinder mit ihrem Aussehen zufrieden. Die Mehrheit (80%) der Kinder hat Probleme mit ihrem Körper (vgl. ebd.). Jungen wären gern größer und stärker, Mädchen möchten eine schlankere Figur. Zwei Drittel der 13–14-jährigen Mädchen geben zudem an, dass sie ein Körperproblem hätten, über das sie nicht sprechen möchten.

Subjektiv beurteilen Mädchen auch ihren Gesundheitszustand schlechter als Jungen. Sie sind nicht nur unzufriedener mit ihrem Aussehen, insbesondere mit ihrer Figur, sondern berichten auch häufiger über körperliche und psychosomatische Beschwerden, insbesondere über mehr Magenbeschwerden, Kopfschmerzen, Schwindelgefühl, Kreuz- und Rückenschmerzen sowie Nervosität bzw. Unruhe (vgl. Alfermann 1996, S. 125).

Auch in anderen Untersuchungen äußern Mädchen stärker als Jungen, dass sie mit ihrem Körper nicht zufrieden seien. Jungen beurteilen ihren Körper eher nach funktionalen Gesichtspunkten, für die Mädchen stehen soziale und sexuelle Attraktivität im Vordergrund. Die in den Medien und allgegenwärtig vermittelten Weiblichkeitsideale bestimmen, so Pfister, das Verhalten von Mädchen: Schminken, Nagellack auftragen, Stöckelschuhe anziehen und verkleiden sind Aktivitäten, an denen sich Mädchen orientieren (vgl. Pfister 1993, S. 81).

„Mädchen entwickeln einen ‚Defizit-Blick' in Bezug auf den eigenen Körper, was in späteren Jahren ständige Aktivitäten und ein ausgefeiltes Körpermanagement zur Folge hat. Körpergestaltung und -präsentation, vom Schminken bis zur Diät, gehören zu einem wichtigen Teil des Alltags vieler Mädchen. Körper, Aussehen und Mode sind auch ein zentraler Gesprächsgegenstand in Mädchengruppen, die häufig harte Standards im Hinblick auf Kleidung und Aussehen setzen" (Pfister 1993, S. 81 f.).

Milhoffer verweist darauf, dass zu einem guten Aussehen heute auch teure Kleidung bestimmter Marken gehöre, auf die Kinder und Jugendliche viel Energie und Taschengeld verwendeten (vgl. a.a.O., S. 53). Vermutlich muss die hier angesprochene und bereits im Kindesalter praktizierte Inszenierung des Körpers, wie Ulf Preuss-Lausitz (1998, S. 112 f.) vorschlägt, auch als ein gesellschaftliches Phänomen gesehen werden. Die Konsequenzen, die daraus erwachsen, betreffen nicht nur Mädchen. So stellt Preuss-Lausitz fest, dass heute nicht mehr nur für Mädchen sozialer Erfolg von der symbolischen Darstellung des Körpers abhänge. Ein Junge

„kann und muss nun wie die Mädchen entscheiden, welche ‚Körpersprache' er qua Kleidung, Schmuck und Haltung sprechen will. Alle können – und sollen – sich inszenieren, entweder als Teil informeller Zugehörigkeit oder als Aufmerksamkeit erheischende Abweichung. Nichts ist mehr unmöglich: Was aber ein Zeichen – etwa ein Ohrring oder ein Kopftuch, eine Frisur oder eine Schuhform – *bedeutet*, erscheint nur vordergründig eindeutig, weil es abhängt von der subjektiven Zuschreibung des Trägers oder der Trägerin (und es darauf ankommt, was für ein Ohrring und welches Muster, welcher Stoff für das Tuch gewählt wurde und wie es getragen wird)" (a.a.O., S. 113).

Insofern werde es notwendig, sich sein Image und seine Selbstdefinition zu basteln, was letztlich auch die Definition von „Männlichkeit" und „Weiblichkeit" umfasst.

Dass es hinsichtlich der äußeren Erscheinung typische Unterschiede zwischen Jungen und Mädchen gibt, wurde in einem Forschungsprojekt über die Konstruktion von Geschlecht in der Sekundarstufe I deutlich (vgl. Faulstich-Wieland/Güting 2000). Jungen und Mädchen unterschieden sich kaum hinsichtlich ihrer Kleidung. Diese war eher einheitlich und „unisex", also nicht geschlechtsspezifisch differenziert. Unterschiede wurden vielmehr bezüglich der Haarlänge und hinsichtlich der Praxis des Schminkens festgestellt. So trugen die Mädchen in der untersuchten Gruppe deutlich längere Haare als die Jungen, die fast ausnahmslos kurze Haare hatten. Typisch für Mädchen war das Phänomen des „Haarebändigens", das wie ein Ritual häufig vollzogen wurde, auch wenn die Frisur eigentlich noch in Ordnung war. Schminken spielte bei älteren Mädchen eine Rolle: Sie betonten die Augen mit Lidschatten, Wimperntusche und trugen Lippenstift. Bei den Jungen hingegen fand sich als „körpernahe Inszenierungspraxis" höchstens das Stylen der kurzen Haare mit Gel – für Faulstich-Wieland ein für Männlichkeit typisches „Inszenierungsmittel" (a.a.O., S. 36). Die beschriebenen Praktiken deutet sie als „optische Verallgegenwärtigung von Geschlechtszugehörigkeit" (a.a.O., S. 34).

Für Preuss-Lausitz ist es schließlich auch die „Marktfähigkeit" im Bereich der sozialen und sexuellen Beziehungen, die den Umgang und die Bedeutung des Körpers mitbestimmt. Das bedeutet, dass Attraktivität nicht mehr nur Schicksal ist, sondern aktiv beeinflusst werden kann. Fitness, Sport, Sonnenbräune, Hautpflege und gesunde Ernährung haben heute bereits schon für Kinder Bedeutung und können auch eine Belastung für diejenigen sein, die unsportlich oder übergewichtig sind oder einen anderen „Makel" haben, der nicht dem durch Medien und Werbung vermittelten Schönheits und Attraktivitätsideal entspricht.

Einstellungen zum eigenen und zum anderen Geschlecht

Die große Mehrheit der Kinder, so konnte Milhoffer in ihrer Untersuchung feststellen, fühlt sich „in der Haut ihres biologischen Geschlechts wohl" (Milhoffer 2000, S. 55). Dennoch scheinen sie schon recht genau Besonderheiten ihrer Geschlechterrolle wahrzunehmen. Weiteren Aufschluss dazu gibt eine Studie von Valtin/Klopffleisch (1996), bei der 160 Aufsätze von Mädchen und Jungen des 4. und 5. Schuljahres ausgewertet wurden, die Kinder zum Thema „Warum ich kein Mädchen/Junge sein möchte" bzw. „Warum ich gern ein Mädchen/Junge bin" geschrieben hatten. Die folgende Tabelle gibt einen Überblick über die Ergebnisse auf die Frage, warum ein Mädchen gern ein Mädchen bzw. ein Junge gern ein Junge sei. In der Tabelle sind die positiven Äußerungen zum eigenen Geschlecht zusammengefasst, d. h. was Jungen bzw. Mädchen an sich selbst gut finden.[19]

---

[19] Zusammengestellt nach Valtin/Klopffleisch (1996, S. 105–107) sowie nach der Graphik a.a.O., S. 106.

Tabelle 3: Was Jungen und Mädchen an sich selbst gut finden

Jungen		Mädchen	
körperliche Stärke, sportliche Fähigkeiten („Jungen sind stärker, schneller, größer, Jungen spielen Fußball, können klettern, sind besser im Sport")	48%	praktische Fähigkeiten; Haushaltsarbeit („häkeln, stricken, nähen können und Hausarbeiten machen")	25%
technisch-praktische Fähigkeiten und Tätigkeiten („technisches Verständnis", „handwerkliche Fähigkeiten" wie „Angelkünste, Geländefestigkeit, Fallenstellen usw.")	20%	Attraktivität, Kleidung („Röcke und Schmuck tragen, eleganter sein, Make-up benutzen können")	22%
Sozialverhalten: Draufgängertum („mutiger und wilder", „keine Angst haben, Streiche machen, herumtoben")	16%	Sozialverhalten: Bravheit („nicht toben, nicht so viel herumrennen, sich nicht prügeln", „braver und rücksichtsvoller sein", „sauberer, ordentlicher, fleißiger, gepflegter")	20%
Äußeres, Kleidung („Jungen haben keine Kleider- und Haarprobleme")	6%	Sportliche Fähigkeiten, Spielverhalten („Gummitwist, Geräteturnen, mit Puppen spielen")	20%
Intellektuelle Fähigkeiten („Jungen sind klüger, besser im Rechnen")	3%	Intellektuelle Fähigkeiten („dass Mädchen in der Schule besser sind")	6%
Sonstiges	7%	Sonstiges	7%

Insgesamt machten Jungen häufiger als Mädchen positive Äußerungen über sich selbst. Es fällt auf, dass die Kinder dem körperlich-leiblichen Bereich eine große Rolle zumessen. Hier sind Geschlechterunterschiede für die Kinder konkret erfahrbar, sie werden im alltäglichen Miteinander sichtbar und spürbar. In der Wahrnehmung von Jungen steht dabei besonders die körperliche Stärke im Vordergrund. 48% aller Jungen nennen entsprechend als Eigenschaft, die ihnen an Jungen und am Jungensein gefällt, körperliche Stärke und sportliche Fähigkeiten. Bei den Mädchen verteilen sich die positiven Aspekte der Bewertung des eigenen Geschlechts gleichmäßiger auf verschiedene Bereiche, wobei die Fähigkeit, praktische, haushaltsbezogene Tätigkeiten ausführen zu können oder die Bemühung um Kleidung und äußerliche Attraktivität die Liste anführen.

Für Jungen spielt der körperliche Bereich auch eine große Rolle, wenn sie Kritikpunkte an Mädchen äußern sollen. 20% der Jungen kritisieren, dass Mädchen nicht Fußball spielen. Ein Drittel der Jungen findet nicht gut, dass Mädchen schwächer und schlechter im Sport sind (vgl. Valtin/Klopffleisch 1996, S. 108).

60% der Mädchen kritisieren das soziale Verhalten der Jungen. Dazu gehört, dass Jungen „prügeln, spucken, andere ärgern" sowie deren „Grobheit, Brutalität, Rücksichtslosigkeit" (ebd.). Dies betrifft vornehmlich Übergriffe im körperlichen Nahbereich. Der Grund liegt darin, dass sich Mädchen und Jungen fundamental unterscheiden, wenn es darum geht, sich Sympathie, Anerkennung und Einfluss in Binnengruppierungen zu verschaffen. Jungen versuchen, sich einen hohen Rang zu „erkämpfen", wobei körperliches Durchsetzungs-vermögen und Aggressionen, die bis zu Gewalttätigkeiten reichen, die zentrale Rolle spielen. Niederlagen und die Erfahrung der Ohnmacht sind für die Jungen mit Wut und Schmerz verbunden. Mädchen grenzen dagegen durch verbale Diskriminierungen aus.

Darüber hinaus mögen Mädchen an Jungen nicht, dass sie „schlampig, unordentlich, dreckig und faul" (ebd.) sind. Auch der emotionale Bereich wird angesprochen: Jeden neunten Jungen stört, dass Mädchen gleich weinen. Mädchen verweisen, wenn auch selten, darauf, dass Jungen sich nicht trauten zu weinen und ihre Schwächen ängstlich versteckten. Mädchen mögen an Jungen, was diese auch selbst an sich schätzen, nämlich die körperlich-sportlichen Fähigkeiten wie Schnelligkeit, Stärke, Größe (vgl. a.a.O., S. 109). Schließlich mögen Jungen an Mädchen nicht, dass sie sich gern fein machten und nicht schmutzig werden wollten, dass sie empfindlich seien und leicht einschnappen würden.

Man sieht, dass Jungen und Mädchen sich selbst, aber auch das andere Geschlecht stark in körperlich-leiblichen Dimensionen wahrnehmen. Intellektuelle Aspekte und Leistungen hingegen spielen weder im Fremd- noch im Selbstbild der Kinder dieser Altersstufe eine größere Rolle.

Wohlbefinden im Schulalltag

Nicht nur Bewegung ist für das Wohlgefühl von Jungen und Mädchen wichtig, sondern auch eine gemütliche und entspannte Atmosphäre (vgl. Milhoffer 2000, S. 64). Die von Milhoffer befragten Kinder wünschen sich nicht nur mehr Sportunterricht. Fast genauso wichtig wäre es ihnen, gemütliche Pausenräume zu haben. Ein Drittel der Mädchen sowie ein Viertel der Jungen wünschen sich einen eigenen Mädchen- bzw. Jungenraum. Insgesamt zeigen Mädchen ein stärkeres Bedürfnis nach Gemütlichkeit, Ruhe und Harmonie. Mil-hoffer fasst die Ergebnisse folgendermaßen zusammen:

> „Mädchen und Jungen wollen sich auch in der Klasse als ganze Menschen fühlen, wobei Jungen wegen ihres stärkeren Bewegungsdranges skeptischer sind, ob das gelingen kann. Wichtiger als ästhetische Raumgestaltung sind für Kinder nach Lage der Dinge sozial-atmosphärische, handlungsbezogene und kommunikative Gegebenheiten. Beide Geschlechter danken es den Lehrkräften sehr, wenn alle ihre Sinne angesprochen werden und wenn ihren leiblichen und psychischen Grundbedürfnissen (Bewegung, Entspannung, Ruhe, Harmonie, sich zurückziehen können, Essen und Trinken, mit den Händen etwas tun wollen) Rechnung getragen wird" (a.a.O., S. 68).

Körperkontakte, „Verliebtsein"

In bisher wenigen Studien konnte gezeigt werden, dass es vielfältige Aktivitäten und Interaktionen gibt, mit denen sich Jungen und Mädchen austauschen und die der Einübung geschlechtstypischen Verhaltens dienen (Krappmann/Oswald 1995). Barrie Thorne (1982) hat diesbezüglich von „borderwork" gesprochen. Unter diesem Gesichtspunkt lassen sich die körperlichen Kontakte zwischen Jungen und Mädchen in den Blick nehmen.

Untersuchungen verweisen darauf, dass *Körperkontakte* zwischen Jungen und Mädchen (positiv und in Auseinandersetzungen) vom 6. bis zum 12. Lebensjahr abnehmen (vgl.

Oswald u. a. 1988). Bei elfjährigen Kindern scheinen positiv zu bewertende Berührungen fast nur unter Mädchen stattzufinden (vgl. Pfister 1993, S. 79). Milhoffer kommt hingegen zu dem Schluss, dass Körperkontakte von Jungen und Mädchen nicht unbedingt vermieden werden (vgl. Milhoffer 2000, S. 81). Da Bewegung und körperliche Aktivitäten für Kinder eine große Rolle spielten, komme es dabei natürlich auch häufiger zu mehr oder weniger beabsichtigten Körperberührungen. Typisch für Kinder im Alter von acht bis vierzehn Jahren sind körperliche Annäherungen wie knuffen, schubsen oder rempeln. Gerade bei Fangspielen, Versteck- oder Pfänderspielen gibt es erfahrungsgemäß vielfältige Möglichkeiten zu körperlicher Nähe. Aggressive und gewalttätige Kontakte mit Jungen werden von Mädchen allerdings eher gemieden, obwohl sie selbst der Auffassung sind, dass sie häufig bei Rempeleien die Initiative ergreifen würden. Mädchen beziehen auch die Schmerzgrenzen des anderen mit in die Bewertung ihres Handelns ein, während Jungen sich viel stärker körperlich in Auseinandersetzungen einbringen. Insgesamt empfinden sie heftige Körperkontakte weniger bedrohlich als Mädchen bzw. denken weniger an die Folgen (vgl. a.a.O., S. 85).

In einem Gespräch in einer 3. Klasse artikulierten die Kinder deutlich geschlechtsspezifische Verhaltensstrategien bei Konflikten und nannten Gründe dafür:

„Jonas: Jungen gehen voll in die Gefahr rein.

Anne: Ich hab Angst, jemand doll wehzutun oder selbst was abzukriegen.

Jan: Wenn man unten liegt, kann man ja nicht einfach so aufhören, da sitzt ja einer auf dir drauf!

Tim: Mädchen tun einfach so cool, sie hauen sich nicht, aber sie reden dann so gemein über die anderen, und das tut auch doll im Herz weh.

Lisa: Jungen wollen so cool sein, sie zeigen zwar ihre Wut, aber wenn sie mal Angst haben oder traurig sind, dann tun sie obercool."

(aus: Menzel/Milhoffer 1995, S. 55)

Sexualisierte Körperkontakte (z. B. Hose/Rock runterziehen, zwischen die Beine greifen) bewerten die Kinder, wie Milhoffer zeigen konnte, in der Mehrzahl als „fies", obwohl sie für manche Kinder einen gewissen Reiz zu haben scheinen (vgl. Milhoffer 2000, S. 85). So bezeichnen noch 15% der Mädchen solche Aktivitäten als „harmlos" oder „witzig". Für Milhoffer liegt darin eher eine Provokation als sexuelle Neugier (vgl. a.a.O., S. 98).

Insgesamt lässt sich feststellen, dass für Jungen und Mädchen Berührungen und Rangeleien normal sind und Spass machen, sofern bestimmte Grenzen eingehalten werden. Für Mädchen scheinen die Grenzen dabei enger zu sein (vgl. a.a.O., S. 86).

„Verliebtsein", sexuelle Neugier und Schamgrenzen

Spätestens in den ersten Grundschuljahren deuten Kinder Kontakte zwischen den Geschlechtern auch im Hinblick auf Verliebtsein oder Sexualität. Mädchen, die mit Jungen gesehen werden, werden mit Bemerkungen aufgezogen, sie seien „verliebt", würden miteinander gehen oder sich küssen (vgl. Maccoby 2000, S. 89 f.). Das bedeutet, dass sich Jungen und Mädchen in der vorpubertären Phase keineswegs gleichgültig sind. Allerdings gehören „Sich-Verabreden, Miteinander-Gehen (wenn auch nur für kurze Zeit), ‚Sich-Heiraten' (...) bei Grundschulkindern zu den alltäglichen Verhaltensweisen" (Glück 1996, S. 29).

Auch Milhoffer kommt in ihren Befragungen zum Verliebtsein bei acht- bis vierzehn-jährigen Kindern zu der Auffassung, dass Verliebtsein bereits in der Erlebniswelt von jüngeren Kindern eine große Rolle spielt. Dies zeigen die folgenden Tabellen (vgl. Milhof-fer 2000, S. 89).

Tabelle 4: Verliebtsein von Jungen im Altersvergleich

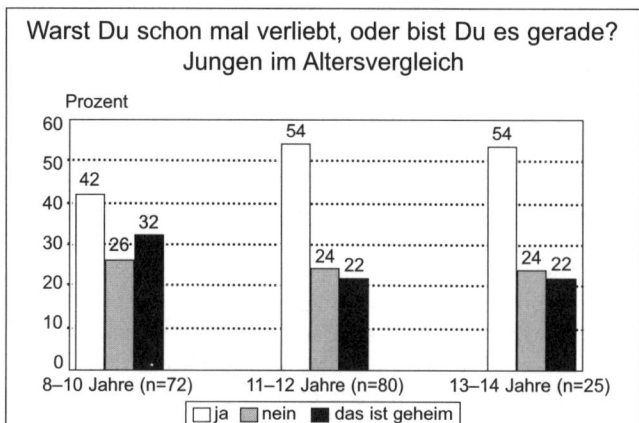

Tabelle 5: Verliebtsein von Mädchen im Altersvergleich

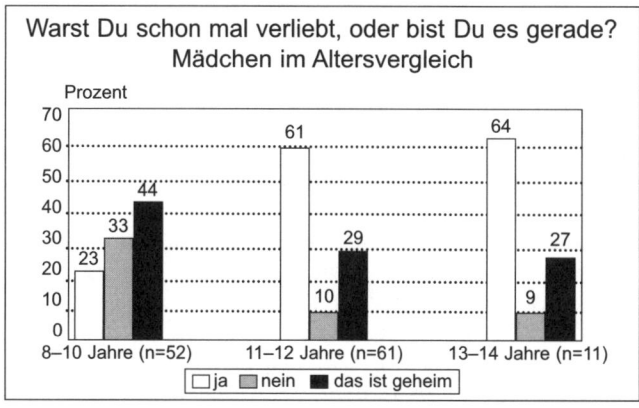

(aus: Milhoffer 2000, S. 89)

Schon in der dritten und vierten Klasse geben Kinder an, verliebt gewesen zu sein. Bei Fünft- und Sechstklässlern steigt die Zahl auf 63% an. Interessanterweise geben Jungen im Alter von 8–10 Jahren ihre Gefühle viel freimütiger zu als Mädchen. Zum Teil scheinen die Kinder auch schon Erfahrungen mit Küssen oder dem Austausch anderer Zärtlichkeiten zu haben. Im Vordergrund steht aber das Verliebtsein als etwas, von dem man schwärmen und träumen kann, z. B. dass man „miteinander geht" oder „sich verlobt". Die Kinder machen sich Geschenke oder schreiben sich Liebesbriefe (vgl. Milhoffer 2000, S. 91). Verliebtsein ist bei jüngeren Kinder zwar eher eine „Geheimsache", findet aber dennoch in größeren

Geflechten statt. Bei älteren Mädchen steht die Suche nach dem Traumpartner im Vordergrund.

Milhoffer kommt zu dem Schluss, dass Liebe, Zärtlichkeit und Eifersucht auch schon im Kindesalter eine große Rolle spielen. Kinder haben bereits in der Vorpubertät Interesse an Freundschaft, Liebe, Partnerschaft und Sexualität (vgl. a.a.O., S. 181). Dabei spielen im täglichen Zusammensein von Jungen und Mädchen in der Schule vor allem „der Wunsch nach Nähe, der Wunsch zu gefallen und geliebt zu werden, Sehnsucht und Eifersucht, Neid und Rivalität, die Angst anders zu sein, zum Gespött gemacht, entblößt oder ausgegrenzt zu werden" eine Rolle (a.a.O., S. 22). Das kindliche Verhalten und Erleben im Klassenzimmer ist also keineswegs geschlechtsneutral. Vielmehr, so Milhoffer, scheine die „Geschlechterspannung" schon in diesem Alter – für Jungen stärker als für Mädchen – das „Salz in der Suppe" des Schulalltags zu sein (vgl. a.a.O., S. 94).[20]

Insgesamt muss man wohl davon ausgehen, dass die beschriebenen Interaktionen zwischen den Geschlechtern eine wichtige Rolle im Schulalltag spielen und damit auch den positiven und negativen Erlebnissen und Gefühlen, die damit verknüpft sind, Bedeutung zukommt. Dass dieser Bereich noch wenig erforscht ist, liegt vermutlich vor allem daran, dass im Hinblick auf die Interaktionen von Jungen und Mädchen von der frühen Kindheit bis in die Pubertät weitgehend vom Phänomen der *Geschlechtertrennung* ausgegangen wird, das sich auch in vielfältigen Interaktionssituationen beobachten lässt (vgl. Maccoby 2000, S. 31). Damit ist gemeint, dass Jungen und Mädchen jeweils gleich geschlechtliche soziale Partner bevorzugen und andersgeschlechtliche Partner meiden.[21]

Für die Schule ergeben sich weit reichende Aufgaben, die unter anderem vom Bewusstmachen und Reflektieren von Geschlechterstereotypen und Rollenverhalten bis hin zur Wissensvermittlung über körperliche und seelische Vorgänge beider Geschlechter, besonders in der Pubertät, reichen, damit Mädchen und Jungen Geschlechterunterschiede verstehen, damit umgehen und in der jeweiligen Andersheit akzeptieren lernen.

3.4 Leibliche Aspekte interkulturellen Lernens

Die Migrationsbewegungen in den letzten Jahrzehnten führten zu einer Pluralität von Sprachen und Kulturen in Deutschland. Diese Entwicklung hatte ihren Anfang in der Anwerbung von Arbeitern aus süd- und südosteuropäischen Ländern in den 1960er Jahren und dem damit verbundenen Familiennachzug. Seit Ende der 1980er Jahre trugen aber auch die Einbürgerung deutscher Aussiedler aus osteuropäischen Ländern sowie die Aufnahme von Flüchtlingen zur Entstehung einer *multikulturellen* Gesellschaft in Deutschland bei. Insbesondere das Bildungssystem musste auf die damit auftretenden sozialen, kultu-

---

[20] Für Ergebnisse zur sexuellen Neugier und zum Wissen über Sexualität vgl. Milhoffer (2000, S. 94 ff. sowie S. 111 ff.).

[21] Maccoby (2000) verweist darauf, dass diese Beobachtung der Geschlechtertrennung entwicklungsabhängig ist: Spielten Kinder im Alter von drei Jahren zwar noch häufig in gemischtgeschlechtlichen Gruppen, sei von da ab schon die Bevorzugung gleich geschlechtlicher Spielkameraden zu beobachten. Sie entwickle sich bei Mädchen etwas früher als bei Jungen. Diese Tendenz zur Geschlechtertrennung präge sich in der Kindergartenzeit zunehmend aus und verfestige sich in der Grundschule. Vor allem die Jungen seien bemüht, die Geschlechtertrennung, die bis zur Pubertät anhält, aufrechtzuerhalten.

rellen und sprachlichen Probleme reagieren. Nachdem die zunächst entwickelte, auf Integration und Akkulturation setzende Ausländerpädagogik als „Assimilations- und Sonderpädagogik" in die Kritik geriet, wurde seit den 1980er Jahren versucht, den durch die Migration entstandenen Problemen mit Konzepten *interkultureller Erziehung* zu begegnen. Die Intention interkultureller Pädagogik ist es, die Kultur- und Sprachvielfalt in unserer Gesellschaft nicht als Defizit oder Problem zu sehen, „sondern als kulturelle Bereicherung und als gemeinsame Lernchance für die residente Majorität und die zugewanderten Minoritäten" (Glumpler 1996, S. 60). Interkulturelle Pädagogik lehnt Ethnozentrismus und Rassismus ausdrücklich ab und geht von der „Differenz der Kulturen" (vgl. Diehm/Ratke 1999, S. 129) aus, die prinzipiell gleichwertig sind und in eine Kultur der Vielfalt münden sollen.

Für die interkulturelle Erziehung als pädagogische Aufgabe werden vielfältige Ziele formuliert. Gemäß der Empfehlung der Kultusministerkonferenz zur „Interkulturellen Bildung und Erziehung in der Schule" (1996) sollen die Schülerinnen und Schüler

- „sich ihrer jeweiligen kulturellen Sozialisation und Lebenszusammenhänge bewusst werden;
- über andere Kulturen Kenntnisse erwerben;
- Neugier, Offenheit und Verständnis für andere kulturelle Prägungen entwickeln;
- anderen kulturellen Lebensformen und -orientierungen begegnen und sich mit ihnen auseinander setzen und dabei Ängste eingestehen und Spannungen aushalten;
- Vorurteile gegenüber Fremden und Fremdem wahr- und ernst nehmen;
- das Anderssein der anderen respektieren;
- den eigenen Standpunkt reflektieren, kritisch prüfen und Verständnis für andere Standpunkte entwickeln;
- Konsens über gemeinsame Grundlagen für das Zusammenleben in einer Gesellschaft bzw. in einem Staat finden;
- Konflikte, die aufgrund unterschiedlicher ethnischer, kultureller und religiöser Zugehörigkeit entstehen, friedlich austragen und durch gemeinsam vereinbarte Regeln beilegen können" (KMK 1996).

Interkulturelle Erziehung setzt hier auf die Förderung der kognitiven Fähigkeit des Perspektivenwechsels, um die Sichtweisen der Anderen und ihr Anderssein wahrzunehmen und zu verstehen. Die Schule vermittelt Wissen und Kenntnisse, die dazu beitragen, die eigenen Wahrnehmungen und Einsichten zu erweitern und zu differenzieren, wodurch wertorientiertes Handeln im Zusammenleben angebahnt werden kann (vgl. KMK 1996).

Die Empfehlungen verweisen aber auch auf die Bedeutung emotionaler Erlebnisse und Erfahrungen bei der Ausprägung von Einstellungen und Umgangsformen sowie auf die Bedeutung eines Schulklimas, das von Sozialbeziehungen und Denkhaltungen gegenseitigen Respekts geprägt ist. So könne in Schulgemeinschaften mit Schülerinnen und Schülern verschiedener kultureller Herkunft das interkulturelle Spannungsverhältnis in besonderer Weise fruchtbar gemacht werden, weil kulturell bedingte Unterschiede und Gemeinsamkeiten *unmittelbar* erkannt und erfahren würden. Aus der von beiden Seiten empfundenen Andersartigkeit und Fremdheit entstünden aber auch leicht Konfliktsituationen sowie Probleme durch unterschiedliche kulturelle Identitäten und Deutungsmuster. Deshalb könne es nicht nur um Sachklärung gehen, sondern es müssten auch Motive und Einstellungen, Ängste und Wünsche offen gelegt und einbezogen werden.

Daran wird deutlich, dass das Problem interkulturellen sozialen Zusammenlebens und damit auch der interkulturellen Erziehung nicht nur in fehlenden sprachlichen Kompetenzen und Kommunikationsmöglichkeiten oder in Defiziten hinsichtlich des Wissens über andere kulturelle Orientierungsmuster begründet liegt. Schwierigkeiten entstehen vor allem durch die *situative und leibliche Nähe*, die das alltägliche Miteinander in den Schulen und Klassenzimmern mit sich bringt.

Kulturelle Unterschiede müssen deshalb gerade auch hinsichtlich ihrer leiblichen Dimension betrachtet werden. Der kulturelle Hintergrund bestimmt nicht nur unsere Wertorientierungen und Interpretationsmuster. Die Kultur[22] prägt und formt auch die Art und Weise unseres Umgangs, unsere Haltung, Mimik und Gestik, wie wir jemanden anblicken, wie und welche Kleidungsstücke wir tragen oder wie wir mit anderen Kontakt aufnehmen. Genauso wie es viele Ausdrucksformen gibt, die wir im Umgang unmittelbar und kulturunabhängig verstehen, wie z. B. den Ausdruck von Angst, Bedrückung oder Freude, sind viele Verhaltensweisen und Interaktionsformen auch kulturell gefärbt. Unser von den anderen wahrnehmbares Verhalten transportiert damit immer auch eine Bedeutung, die nur vor dem Hintergrund der Kultur, der wir angehören, zu entschlüsseln ist. Durch Begrüßungsrituale, Essgewohnheiten oder die Gestaltung verwandtschaftlicher Beziehungen verkörpern und verlebendigen wir unsere Kultur.

Ernst Cassirer hat entsprechend von symbolischen Formen gesprochen, die der „Ausdruck eines ‚Geistigen' durch sinnliche ‚Zeichen' und ‚Bilder'" (Cassirer 1994, S. 174) seien. Unser Verhalten könne nicht nur eine subjektive Referenz haben, sondern – das unterscheide den Menschen vom Tier – auch eine objektive (vgl. Cassirer 1990, S. 55).

So manifestiert sich in rituellen Handlungen unsere *Vorstellung von Gott und Religion*. In konkreten sozialen Situationen in der Familie oder am Arbeitsplatz erhält unsere Auffassung vom *Verhältnis der Geschlechter* durch unser Verhalten und Tun eine bestimmte Form. In konkreten Begegnungen können auch *soziale Unterschiede* erlebbar und sichtbar werden. Daran, wie wir mit Kindern umgehen, zeigt sich unser *Verständnis von Erziehung*.

Da die in unserem täglichen Verhalten implizierten Vorstellungen, Sinn- und Wertorientierungen kulturell differieren können, werden im interkulturellen Zusammenleben Unterschiede erfahrbar. Dass daraus Schwierigkeiten entstehen können, zeigt das aktuelle Beispiel der Debatte, ob muslimische Mädchen oder Lehrerinnen in der Schule Kopftücher tragen dürfen. Die Diskussion kreist nicht nur um die Frage, ob das Kopftuch ein religiöses Symbol ist. Sie wirft auch die Frage auf, ob mit dem Zwang, Teile des weiblichen Körpers verhüllen zu müssen, auch eine Unterdrückung der Frau verbunden ist, die mit unseren modernen gesellschaftlichen Normen nicht vereinbar ist.

Wir können kulturelle Differenzen nur verstehen und damit umgehen, wenn wir sie uns bewusst machen und den „geistigen" Gehalt zu erschließen versuchen. Intuitiv vertraut sind uns nur die Formen unserer eigenen Kultur, an denen wir von Geburt an partizipiert haben. Mit ihnen leben wir zunächst selbstverständlich und hinterfragen sie nicht, weil wir sie im Regelfall objektiv gar nicht wahrnehmen.

Die Schwierigkeit interkultureller Erziehung zeigt sich vor allem dann, wenn es um das Miteinander und den Dialog in *konkreten* Situationen geht, die von den Beteiligten leiblich-ästhetisch erlebt und erfahren werden. Dann zeigen sich *Vorurteile* gegenüber dem Fremden und dem Nicht-Vertrauten.[23] Gerade in der Schule entstehen durch das intensive soziale Miteinander Situationen, die – zusätzlich erschwert durch das Fehlen von Sprachkenntnissen – das Verstehen des Fremden schwierig machen.

---

[22] Zur Kritik des Kulturbegriffs in erziehungswissenschaftlichen Kontexten, besonders der Schule, vgl. Diehm/Radtke (1999, S. 59 ff.).

[23] Zum Begriff des Vorurteils vgl. den Überblick bei Auernheimer (1995, S. 140 ff.).

Gegenseitige Akzeptanz und Toleranz zu üben ist etwas, das aus der Distanz und in der Reflexion vernünftig und notwendig erscheint. In der konkreten Situation hat man aber möglicherweise mit spontanen Emotionen und Vorurteilen zu kämpfen, die sich an den leibhaft und sinnlich erfahrenen Momenten festmachen, aber nicht recht erklären lassen. Das kann die Ablehnung des Fremden und Nicht-Vertrauten sein. Umgekehrt können uns aber auch in bestimmten Verhaltensweisen verkörperte Lebenseinstellungen positiv ansprechen, z. B. wenn man auf italienisch von „dolce vita" oder vom „Essen wie Gott in Frankreich" spricht. „In der Alltagspraxis", so Auernheimer (1995, S. 182), „geht es häufiger um Verhaltensweisen, die irritieren, stören oder gar empören, also um ethische, moralische Maßstäbe oder zumindest um Stilfragen." So könnten falsche Erwartungen – Auernheimer spricht von „interkulturellen Missverständnissen" – entstehen, wenn z. B. männliche Jugendliche, die noch nicht lange hier lebten, das unbefangene Verhalten der Mädchen missdeuteten (vgl. ebd.).

Kultur hat eine genuin leibliche Dimension (vgl. Schultheis 1998b, S. 123 ff.). Das bedeutet: Die kulturelle Verfasstheit des Lebens ist nicht abstrakt oder theoretisch, sondern sie wird im alltäglichen Zusammensein der Menschen erfahrbar. Kultur beginnt in diesem Verständnis nicht mit den geistigen Objektivationen in Wissenschaft, den Künsten oder der Religion. Es ist deshalb nicht so sehr die „Kultur der Werke" als vielmehr die „Kultur der Institutionen" (vgl. Landmann 1961, S. 110), die unseren Umgang bestimmt und auch der nachfolgenden Generation vermittelt wird. Die Kulturanthropologin Ruth Benedict hat darauf verwiesen, dass das menschliche Verhalten jeweils die Form annehme, die „die betreffenden gesellschaftlichen Institutionen bereitstellen, gelegentlich sogar bis zu einem Ausmaß, von dem der in seiner eigenen Kultur befangene Beobachter sich keine Vorstellung machen kann" (Benedict 1963, S. 181).

Kultur besitzt einen gestaltenden und formenden Charakter. Sie ist „charagmatisch-prägend" (Dietschy 1963, S. 83). Wir können die Kultur deshalb als Lebensform oder, wie Rothacker es formuliert hat, als „gelebtes Weltbild" (Rothacker 1966, S. 79) bestimmen. Kultur ist immer symbolische Umwelt, weil sie eine jeweils besondere Haltung zur Welt symbolisiert. Die symbolischen Bedeutungen sind aber immer an ein „physisches Substrat" (Landmann) gebunden.

Weil die Kultur als ein System von Mustern und Prägungen fungiert, spricht Benedict deshalb von „patterns of culture" (Benedict 1963, S. 194). Sie meint damit die Grundeinstellungen der Menschen, die teilweise unbewusst sind, die sich aber auch in äußeren, wahrnehmbaren Formen abbilden lassen. Die kulturellen Muster wirken wie ein Filtermechanismus (vgl. Douglas 1985, S. 57), der unsere Wahrnehmungen sortiert und unser Handeln einfärbt. So entsteht ein spezifischer kultureller Habitus (vgl. Bourdieu 1982). Dadurch wird vieles in unserer Kultur intuitiv und im Umgang erfahrbar und kann auch unmittelbar, d. h. ohne es explizit zu lehren, tradiert werden. Über diese kulturellen Prägungen können wir uns aber auch nur schwer hinwegsetzen, weil wir sie uns sozusagen „einverleibt" haben.

Konzepte interkultureller Erziehung müssen Antworten auf die Probleme finden, die durch die leibliche Dimension der Kultur im interkulturellen Zusammenleben entstehen. Sie können die leibliche Verwurzelung des Menschen in der Kultur nicht übergehen.

In den ersten Konzepten interkultureller Erziehung galt vor allem Empathiefähigkeit als zentrales Lernziel (vgl. Auernheimer 1995, S. 171 ff.). Vorschläge für die Unterrichtspraxis griffen dabei häufig auf szenische Darstellungen und Rollenspiele zurück. Die auftretenden Schwierigkeiten zeigt der Kommentar zu einem Unterrichtsprotokoll:

„Die Schüler erkannten anhand der vorgespielten Szene sehr genau das problematische Verhalten Peters und sprachen sich dafür aus, das fremde Kind mitspielen zu lassen. Fast im Chor kam die Äußerung, so etwas machen wir nicht. Bei einer kurz darauf durchgeführten soziometrischen Erhebung zeigte sich jedoch, dass die beiden türkischen Jungen in der Klasse (...) am stärksten abgelehnt wurden" (Renner 1982, S.184; hier zit. n. Auernheimer 1995, S. 173).

Auch Rudolf Schmitt, der 1979 ein Grundschulcurriculum zur Einstellungsänderung durch Rollenspiele veröffentlichte, konstatiert Ähnliches:

„Was die Kinder kognitiv bereits eingesehen haben, sprachlich scheinbar sicher als Lösung vertreten, bricht bei der simulativen Inszenierung wieder zusammen, wenn es mit dem emotionalen Bewertungshintergrund der Kinder nicht kongruent ist. Versteckte Ängste und Unsicherheiten kommen auf der ganzheitlichen Handlungsebene wieder zum Vorschein, obwohl sie – wenn man den verbalen Äußerungen der Kinder Glauben schenkt – schon überwunden scheinen" (Schmitt 1979, S. 237; hier zit. n. Auernheimer 1995, S. 174).

Die Beispiele zeigen die Problematik interkultureller Erziehung in der Schule. Sie kann leicht zu einem moralisierenden Unterricht werden, mit dem nur ein äußerlich aufgesetztes Verhalten erreicht wird.

Kinder sind schon früh in der Lage, sich in andere Menschen emotional hineinzuversetzen und mitzufühlen. Empathie ist der ontogenetisch erste sozial-kognitive Mechanismus und geht, entwicklungspsychologisch betrachtet, der kognitiven Urteilsfähigkeit voraus (vgl. Bischof-Köhler 1998, S. 349). Erst im Altersbereich von sieben bis zwölf Jahren beziehen sich emphatische Reaktionen nicht mehr nur auf Gefühle der anderen. Bis zu diesem Alter werden z. B. Schmerzgefühle des anderen nur als ein *unangenehmes Erlebnis für das Selbst* erfahren, das den Versuch zu helfen motiviert (vgl. Eckensberger 1998, S. 495). Dagegen ist es nun auch die *konkrete Lage* des anderen, die Empathie evoziert. „Ab zwölf Jahren und im Erwachsenenalter [...] tritt [...] die Möglichkeit auf, Empathie mit Gruppen, der Gesellschaft und später mit allgemeinen Fällen zu empfinden; entsprechend wird auch eine Solidarität zunächst mit Gruppen, dann mit der Gesellschaft und allgemeinen Fällen möglich" (a.a.O., S. 495). Man muss im Blick auf die kindliche Entwicklung deshalb davon ausgehen, dass im Kindesalter emotionale Wertungen eine bedeutende Rolle bei der Einschätzung anderer ethnischer Gruppen spielen, und zwar lange, bevor sie intellektuell kategorisiert werden können (vgl. Auernheimer 1995, S. 178).

Die Chancen interkultureller Erziehung sind damit auch vom Stand der kognitiven Entwicklung des Kindes abhängig. Methodische Vorschläge lassen interkulturelle Erziehung deshalb mit dem Einüben von Toleranz gegenüber ungewohnten und fremden Lebensweisen sowie der Vermittlung bzw. dem Erwerb einer Haltung des Respekts gegenüber anderen Kulturen beginnen. Es wird also zunächst intendiert, eine „Dezentrierung der Sichtweise und Relativierung der ethnozentrischen Bewertungen" (Auernheimer 1995, S. 180) anzubahnen. Darin wird eine Voraussetzung für die Fähigkeit gesehen, gemeinsame Verhaltensstandards und universelle Handlungsperspektiven entwickeln zu können.

Der Erwerb interkultureller Kompetenz als Schlüsselqualifikation (vgl. KMK 1996) für alle Kinder und Jugendliche kann demnach nur damit beginnen, den Schülerinnen und Schülern dabei zu helfen, die eigene emotionale Gebundenheit, Vorurteile und Meinungen oder das nicht hinterfragte Zuschreiben von Mentalitäten zu reflektieren. Um Voraussetzungen für den interkulturellen Dialog zu schaffen, müssen kulturelle Bezüge und Besonderheiten thematisiert und Wirklichkeitskonstruktionen, die in den Interaktionen deutscher Kinder und Kinder mit Migrationshintergrund eine Rolle spielen, aufgedeckt werden.

Auernheimer (1995, S. 232 ff.) nennt eine Vielfalt von Möglichkeiten für den Unterricht, die dazu beitragen können, eigene kulturelle Prägungen zu reflektieren. Dies gelänge z. B. durch die Thematisierung biografischer Erfahrungen oder durch den Einsatz von Rollenspielen, in denen eigene und fremde Verhaltensweisen verdeutlicht, problematisiert und bewusst gemacht werden könnten. Gleichzeitig ließen sich im Rollenspiel auch alternative Handlungsformen entwickeln und erproben. Weitere Möglichkeiten bieten nach Auernheimer Interaktionsspiele, Medienanalysen sowie Schüleraustausch und Klassenfahrten. Zentrale Bedeutung komme auch der Grundhaltung der Lehrerinnen und Lehrer zu. Sie sollten Schülerinnen und Schüler als Experten ihrer Kultur anerkennen, als Moderatoren fungieren und den interkulturellen Verstehens- und Verständigungsprozess methodisch anleiten (vgl. a.a.O., S. 227).

Interkulturelle Erziehung erreicht mit diesen Vorschlägen zwar die Schülerinnen und Schüler. Die Frage ist aber, wie weit die pädagogischen Bemühungen in die Gesellschaft hineinreichen. Schon im Jahr 1980 hat Jürgen Zimmer dieses Problem gesehen und formulierte eine „konkrete Utopie" interkultureller Erziehung:

„Mal angenommen, wir hätten schon eine entwickelte interkulturelle Erziehung, dann würde eine Schule mit ausländischen und deutschen Kindern in Berlin-Kreuzberg ungefähr so arbeiten: [...] Die Alltagsprobleme, die Konfliktsituationen ausländischer Kinder wären wichtiger Teil des Lernens. Sie würden nicht in den ‚heimlichen Lehrplan' abgedrängt, sondern in Gesprächen und Projekten aufgegriffen: die Hemmungen der Mädchen, sich zum Turnen umzuziehen, die Rangeleien zwischen Griechen und Türken, die Ablehnung von Schweinefleisch beim Mittagessen aus der Stadtküche, die Konflikte zwischen besorgten türkischen Vätern und ihren Töchtern, die fremdartige Stadt jenseits des eigenen Viertels, die Behörden, die beruflichen Perspektiven.
Diese Schule wäre familienfreundlich. Sie würde Eltern, Großeltern, Verwandte und Nachbarn einladen, internationale Kochkurse organisieren, Freizeitangebote für Kinder und Erwachsene anbieten, mal zu unkonventionellen Zeiten offen halten, Feste feiern und Eltern auch in Angelegenheiten beraten, die jenseits von Pädagogik liegen. Sie wäre ein kleines Stadtteilzentrum. Sie würde versuchen, Eltern mit der Schule vertraut zu machen und ihre Kompetenz für die Gestaltung schulischen Lernens und Lebens zu nutzen" (Jürgen Zimmer, hier zit. nach Pommerin 1995, S. 27).

Die hier zuletzt beschriebene Nachbarschafts- und Gemeinwesenorientierung interkultureller Pädagogik, wie sie der Berliner Modellversuch „Sozialisationshilfen für ausländische Kinder in der Grundschule" intendierte (vgl. Zimmer/Niggemeyer 1986), ist bis auf Ausnahmen wohl Utopie geblieben. Mit den Alltagsproblemen ausländischer Mitbürgerinnen und -bürger hingegen muss sich die Schule permanent auseinander setzen. Lehrerinnen und Lehrer helfen beim Ausfüllen von Anträgen für Behörden, leisten Dolmetscher-Dienste, machen Hausbesuche bei Eltern, damit Mädchen an Klassenfahrten teilnehmen dürfen u.v.m. Die Schule scheint insgesamt eher überfordert zu sein. Das Ziel, kulturelle Differenzen anzuerkennen, gerät mit unserem auf Homogenität der Lerngruppen ausgerichteten Bildungssystem in Konflikt. Die Schule tut sich schwer, den zugewanderten Schülerinnen und Schülern angesichts fehlender Lernvoraussetzungen, sprachlicher, sozialisatorischer und schulischer Defizite gleichermaßen gerecht zu werden (vgl. Diehm/Ratke 1999, S. 145). Dafür sprechen unter anderem die überproportional hohen Sonderschulüberweisungen von Migrantenkindern (vgl. a.a.O., S. 49 ff.).

Als pädagogisches Programm lässt sich vieles formulieren, was eigentlich politisch realisiert werden müsste. Interkulturelle Erziehung kann nur mit ihren Möglichkeiten versuchen, der multikulturellen Gesellschaft näher zu kommen:

„Kinder, möglichst junge Kinder, in Kindergarten und in der Schule, Jugendliche in außerschulischen Erziehungsinstitutionen sowie Erwachsene im Bereich der beruflichen Aus-, Fort- und Weiterbildung will man mit pädagogischen Mitteln davon überzeugen, Vorurteile erst gar nicht auszubilden oder wieder aufzugeben und ‚Kulturkonflikte' im Zusammenleben mit Migranten gleichsam in einer individuellen Anstrengung durch Einstellungs- und Verhaltensänderungen zu überwinden" (Diehm/ Ratke 1999, S. 143).

In diesem Sinne sollte man die Erwartungen an den Erfolg interkultureller Erziehung aber auch realistisch sehen, nämlich mit der Einsicht, „dass nicht alle Fragen der Gesellschaft an Kinder und Jugendliche adressiert und mit Pädagogik beantwortet werden können, weil Pädagogik nicht Gesellschaftspolitik ersetzen kann, sondern sie voraussetzt" (a.a.O., S. 157).

4 Erfahrung der Schule – Schultheoretische Anschlüsse

In den vorangegangenen Kapiteln wurde untersucht, welche Rolle der Leiblichkeit für das Lernen des Schulkindes zukommt. Gezeigt wurde, dass die leibliche Disposition des Menschen von Geburt an zentrale Bedeutung für das Lernen hat und damit eine nicht hintergehbare Voraussetzung für die menschliche Lernfähigkeit ist. Dies wurde deutlich für die Anfänge des Lernens beim Säugling, bei der Analyse der leiblichen Bedürfnisse des Kindes bis ins Schulalter, bei der Betrachtung der Erfahrungen, die das Kind mit den Bestandteilen seiner Umwelt macht sowie im Hinblick auf grundlegende Erfahrungsformen des Kindes im Spiel und im Tätigsein. An der exemplarischen Analyse ausgewählter sozialer Erfahrungsbereiche in der Schule ließ sich aufweisen, dass sich Schulkinder nicht nur als kognitive Wesen, sondern auch mit all ihre Bedürfnissen, Gefühlen, Wünschen, die ihr Erleben bestimmen, in der Schule einfinden. Die Schule ihrerseits muss sich zur Leiblichkeit der Kinder ins Verhältnis setzen. Sie muss auf ihre leibliche Disposition Rücksicht nehmen, geht aber gleichzeitig, wie an den obigen Beispielen deutlich wurde, auch darüber hinaus. Das gelingt ihr, weil sie den Kindern eine Fülle neuer Erfahrungen vermittelt. Sie erwerben in vielen Bereichen neue Kenntnisse und Fertigkeiten und werden dazu motiviert, begründet Stellung zu nehmen und sich für Wertorientierungen zu entscheiden. Die Schule ist aber auch selbst eine neue Erfahrung: Sie konfrontiert mit einer neuen, eigenen Form der Aneignung von Wissen, Fertigkeiten und Motiven, die sich vom Lernen in anderen, außerunterrichtlichen Lebenszusammenhängen unterscheidet. Dieser doppelte Sinn ist mit der Überschrift dieses vierten und letzten Teils impliziert. Die bisherigen Überlegungen zum Verhältnis von Schule und Leiblichkeit sollen damit in einen theoretischen Rahmen gestellt werden. Nach den vornehmlich leibphänomenologischen Untersuchungen der ersten Teile folgen nun erfahrungstheoretische Überlegungen: Die Begriffe des Lernens und der Erfahrung sollen aus pädagogisch-anthropologischer Sicht begründet werden (4.1). Was genau das schulische Lernen und die schulische Erfahrung ausmacht, kann auf dieser Grundlage erörtert werden (4.2). Damit lassen sich abschließend noch einmal die Grundzüge einer Anthropologie der Schule umreißen (4.3).

4.1 Lernen und Erfahrung aus pädagogisch-anthropologischer Perspektive

Dass Kinder lernen, ist die Grundvoraussetzung für Erziehung. Würden Kinder nicht lernen, könnten sie nicht erzogen werden. Aus anthropologischer Sicht gehört die Lernverfassung zur Natur des Menschen und ist in diesem Sinn eine anthropologische Grundtatsache. Insofern könnte man formulieren: Der Mensch ist Mensch, weil er lernt. Die pädagogische Tradition spricht hierbei von der *Bildsamkeit* des Zöglings. Bildsamkeit bildet für Johann Friedrich Herbart sogar den Grundbegriff der Pädagogik (vgl. Herbart

1984, S. 5). Sie ermögliche es dem Menschen, von der Unbestimmtheit zur Festigkeit, vom Unbestimmten zum Bestimmten überzugehen. Gerade die Tatsache, dass der Mensch sich selbst eine Bestimmung geben kann, macht seine Bildsamkeit – oder mit einem modernen Begriff – seine *Lernfähigkeit* aus.

In der Erziehungswissenschaft, insbesondere der Schulpädagogik, spielt der Lernbegriff deshalb eine wichtige Rolle. Lernen wird thematisiert als

„entdeckendes und innovatives, kreatives und handlungsgebundenes Lernen (*learning by doing*), exemplarisches und bloßes Nachlernen, neuerlich auch Deutero-Lernen und Lernen am Modell, traditionelles und neues, imitatorisches und strategisches Lernen und manches andere mehr [...]" (Prange 2002, S. 6).

Diese Fülle an Spezifikationen lässt auf einen hoch reflektierten Begriff des Lernens im pädagogischen Kontext schließen. Was also versteht die Pädagogik unter Lernen im Allgemeinen? Wie verhält sich pädagogisches Handeln zum Lernen des Subjekts? Wie ist das Verhältnis von Lernen und Bildung? Sucht man hierfür nach Antworten, wird schnell deutlich, dass die Pädagogik keinen rechten „einheimischen" Begriff des Lernens ausgebildet hat. Das zeigt aktuell beispielsweise die pädagogische Adaption konstruktivistischer Thesen, besonders auch in der Didaktik.[24] Doch wenn Lernen im konstruktivistischen Sinn als kaum beeinflussbarer solipsistischer und autonomer Prozess verstanden wird, der weitgehend sich selbst überlassen bleibt, hat das Folgen für die pädagogische Theoriebildung. Ein solches Lernverständnis erübrigt es, über die Auswahl der Inhalte, über die Formen des Lernens und der Vermittlung von Wissen, Fertigkeiten und Haltungen nachzudenken. Damit entzieht sich die Pädagogik letztlich die eigenen Grundlagen (vgl. Rustemeyer 2001).

Abgesehen davon hat der Verzicht auf einen allgemeinen „einheimischen" pädagogischen Begriff des Lernens zur Folge, dass immer nur Teilbereiche des Lernens in den Blick kommen. Der Bereich der leiblichen Erfahrung lässt sich nicht mittels eines kognitiven und konstruktiven Lernbegriffs, der Lernen als Entwicklung und Konstruktion von Wissensstrukturen und damit zuvorderst als Aufbau kognitiver Kompetenz betrachtet, erfassen. Die Pädagogik, vor allem die Grundschulpädagogik, die mit „leiblichen Lernphänomenen" ganz besonders konfrontiert wird, weicht dann – wie oben beschrieben – auf unspezifische, leicht ins Ideologische abgleitende Lernbegriffe aus und spricht vom „ganzheitlichen" Lernen, vom „Lernen mit allen Sinnen" oder vom Lernen mit „Kopf, Herz und Hand". Differenziert wird auch nach *Lernarten*, die sich zum einen an psychologischen Lerntheorien orientieren, wie z. B. die Unterscheidung von sensumotorischem, kognitivem, sozialem und affektiv-emotionalem Lernen (vgl. z. B. Lompscher u. a. 1997, S. 70 ff.). Im didaktischen Kontext erfolgt häufig die Anlehnung an Unterrichtsformen, die zur Differenzierung von entdeckendem, problemorientiertem, projektorientiertem, computergestütztem Lernen, Lernen durch Spiel usw. führt.[25] Auf lerntheoretische Begründungen wird dabei zwar häufig Bezug genommen; diese werden aber nicht auf einen pädagogisch fundierten Begriff des Lernens hin reflektiert.[26]

---

[24] Vgl. z. B. Lompscher u. a. (1997, S. 47 ff.) oder für die Grundschule die Übersicht bei Einsiedler (2001).

[25] So die Einteilung in Einsiedler, Wolfgang u. a. (Hg.): Handbuch Grundschulpädagogik und -didaktik. Bad Heilbrunn 2001, S. 330 ff. Vgl. auch Hempel (1999).

[26] Eine Ausnahme bilden dabei die Beiträge von Ludwig Duncker (1987; 1999) und Walter Popp (1999).

Das Problem einer solchen Thematisierung des Lernens liegt in der künstlichen Aufspaltung, die dabei vollzogen wird. Das mag für die psychologische Lernforschung angehen, die das menschliche Lernen analysiert und trennt, was anthropologisch gesehen zusammengehört: Motivation und Emotion, Kognition und Leiblichkeit, die Persönlichkeit und das subjektive, lebensgeschichtliche Gewordensein. Einer solchen Trennung soll die Berechtigung nicht abgesprochen werden. Betrachtet man Lernen aber unter pädagogischen Aspekten, muss anderes mit in Betracht gezogen werden. Dies umfasst die Auswahl und Präsentation der Inhalte, ihre Anschlussfähigkeit, ihre Bedeutung und die Ermöglichung von Selbsttätigkeit und Selbstbestimmung bis hin zur Gestimmtheit und Atmosphäre in der konkreten Lernsituation, den Interessen und Bedürfnissen, Vorerfahrungen und Erlebnissen der Lernenden einschließlich der damit verbundenen Emotionen. Darin liegen Momente, die in der konkreten Erfahrung zusammenwirken und pädagogische Relevanz besitzen. Das liegt daran, dass man es in der pädagogischen Situation „nicht primär mit Schülerrollenkonstrukten oder leib- und geschlechtslosen Lernern, sondern mit Menschen aus Fleisch und Blut, mit Gelenken, Gliedern, Haut und Haaren, mit lernfähigen Sinnen und offenen Händen" (Bräuer 1988, S. 38) zu tun hat.

Ein pädagogischer Begriff des Lernens, der den hier genannten Implikationen gerecht werden soll, kann nur von einem weiten Begriff der *Erfahrung* ausgehen. So beruhen Lernerfahrungen auf vielen Aspekten und beziehen vieles ein: Sie richten sich auf Inhaltliches, sie erfordern Aktivität, sie sind auf die kognitiven Fähigkeiten, den Körper und die Sinne des Lernenden angewiesen, sie tangieren sein Erleben, seine Gefühle, Anmutungen, Stimmungen und Vorlieben. Die Wortgeschichte von „erfahren" deutet, so zeigt O. F. Bollnow, auf die leibliche Gebundenheit an das Subjekt hin: „fahren" verweise auf die Fortbewegung im Raum, die Vorsilbe „er" auf das Ziel des Reisens, indem man im Fahren etwas einhole bzw. im übertragenen Sinn etwas kennen lerne (vgl. Bollnow 1970, S. 129).

Im Gegensatz zu Bollnow, der im Machen von Erfahrungen keine Tätigkeit sieht, sondern die Nähe zum „Erleiden" betont (vgl. Hahn 1994, S. 95), schreibt John Dewey der Erfahrung sowohl ein passives als auch ein aktives Element zu: Im Ausprobieren, im Versuchen *mache* man Erfahrungen. Wirke der Gegenstand zurück, *erlitten* wir die Folgen unseres Tuns (vgl. Dewey 1986, S. 140). Dem entspricht, was oben im Anschluss an Straus und Langeveld als „pathisches Verhältnis" des Kindes zur Welt und als seine Neigung zur Exploration beschrieben wurde. Dewey macht mit seinen Überlegungen deutlich, *wie* dabei gelernt wird. Um durch Erfahrung zu lernen, komme es, so Dewey, darauf an, *beides* miteinander in Verbindung zu bringen. Dies geschehe durch *Denken*: „Das Denken ist die Auseinandersetzung der Beziehungen zwischen dem, was wir zu tun versuchen, und dem, was sich aus diesem Versuche ergibt" (Dewey 1986, S. 146). Dazu, so Dewey, seien gerade auch für kognitive Dinge bestimmte körperliche Betätigungen erforderlich: der Gebrauch der Sinne, der Sprechwerkzeuge und der Hände, die dafür auch geschult werden müssten:

„Ehe das Kind zur Schule geht, lernt es mit Hand, Auge und Ohr, weil sie die Werkzeuge sind, mit denen etwas getan wird, aus dem immer neue Bedeutungen erwachsen. Der Knabe, der einen Drachen steigen lässt, muss ihn im Auge behalten, muss die wechselnde Stärke des Zuges beachten, den die Schnur auf seine Hand ausübt. Seine Sinne sind Wege zur Erkenntnis nicht deswegen, weil durch sie hindurch irgendwelche äußere Tatsachen dem Geiste zugeführt werden, sondern weil sie bei der Ausführung einer zweckvollen Tätigkeit gebraucht werden. Die Eigenschaften der gesehenen und gehörten Dinge haben Bedeutung für das, was getan wird, und werden deswegen mit wacher Aufmerksamkeit wahrgenommen; sie sind sinnvoll" (Dewey 1986, S. 143).

Im Gegensatz zu Dewey trennt Bollnow Erleben und Handeln stärker vom Denkprozess. Während für Dewey Erfahrung beim und durch Tun entsteht, erwächst Erfahrung für

Bollnow erst *nachträglich*, indem Ereignisse durch reflexive Besinnung „*verarbeitet*" werden (vgl. Hahn 1994, S. 96). Darin sieht er aber ein Moment der Offenheit, die der Erfahrung innewohne: Eine neue Erfahrung könne, so Bollnow, unseren Horizont erweitern, aber auch völlig verwandeln (vgl. Bollnow 1970, S. 145).

Die Differenz von Dewey und Bollnow ist auf unterschiedliche Denkschulen zurückzuführen und soll hier nicht weiter verfolgt werden. Hier kommt es auf den Zusammenhang von Lernen und Erfahrung an, der bei Dewey pragmatistisch gedeutet schon für das konkrete Handeln in der konkreten Umwelt besteht, für Bollnow aber auf die nachgängige Reflexion zurückzuführen ist und damit die Kognition stärker heraushebt.

Versucht man beide Deutungen des Erfahrungsbegriffs zusammenzuführen, so lassen sich im Anschluss an unsere Überlegungen drei Aspekte eines pädagogisch-anthropologischen Verständnisses von Erfahrung aufweisen:

- Wenn man Deweys Überlegungen einbezieht, kommt die *Dimension der Entwicklung* ins Spiel: Lernen durch Erfahrung und als Aufbau von Erfahrung muss in Abhängigkeit von der Entwicklung des Menschen, d. h. von seinen aktuellen physischen, kognitiven und moralischen Fähigkeiten gesehen werden. Denn Erfahrungen macht das Kind bereits von Geburt an, auch wenn es noch nicht die Fähigkeit zu nachträglicher, theoretischer Reflexion besitzt.
- Zum anderen – hier kommen Bollnows Überlegungen zum Tragen – ist eine *lebensgeschichtliche Dimension* zu berücksichtigen, denn Lernprozesse stehen nicht für sich, sondern beziehen sich auf Vorerfahrungen. Erfahrungen bauen aufeinander auf, Vorerfahrungen beeinflussen das weitere Lernen, und Erfahrungen können sich als spezifisches Wissen oder Können abbilden. Erfahrungen können nicht hintergangen oder rückgängig gemacht werden. Sie bleiben aber stets auch offen und können sich verändern. Schließlich können wir als dritten Aspekt eines erfahrungsorientierten Begriffs des Lernens die
- *leiblich-ästhetische Dimension* ergänzen. Ohne seinen Leib kann der Mensch nicht lernen. Auf der Basis seiner Leiblichkeit interagiert er mit seiner Umwelt. Erfahrung ist an die eigene Leiblichkeit gebunden, weil man Erfahrungen selbst machen muss: Man kann sie mitteilen, aber man kann sie nicht übertragen. Das führt letztlich dazu, wie Klaus Prange es formuliert hat, dass Lernen unableitbar gegeben ist, dass es individuell und unverfügbar und im Wesentlichen unsichtbar ist (vgl. Prange 2002, S. 7).

In diesem Sinn wurden die Begriffe des Lernens und der Erfahrung in den vorausgehenden Abschnitten bereits verstanden. Dabei wurde davon ausgegangen, dass sich das Lernen in der Familie vom Lernen in der Schule unterscheidet. Dem mitgängigen Lernen im Umgang und dem schulischen Lernen durch Unterricht liegen unterschiedliche Erfahrungsformen zugrunde.[27] Das soll im Folgenden erläutert werden.

---

[27] Prange (1978) unterscheidet die Umgangserfahrung von der theoretischen Erfahrung und schließlich von der durch reflexives Lernen erworbenen Selbsterfahrung.

4.2 Von der Umgangserfahrung in der Familie zur theoretischen Erfahrung in der Schule

Mitgängiges Lernen in der Familie

Das erste Lernen, mit dem auch die Lerngeschichte des Menschen beginnt, findet im *Umgang* mit anderen Menschen statt.[28] Im Dabeisein und Mittun lernen Kinder die alltäglichen Verrichtungen des Alltags wie Essen, Körperpflege oder Einkaufen kennen. Es ist ein beiläufiges Lernen, das meistens nicht ausdrücklich thematisiert wird, sondern im Mitvollziehen von Handlungen erfolgt. Kinder partizipieren an sozialen Situationen und erfahren deren Bedeutungen intuitiv durch die Teilhabe, lange bevor sie den jeweiligen Sinn kognitiv erfassen können.

Eine Geburtstagsfeier besteht z. B. aus einer Vielzahl von einzelnen Handlungen, die für uns in einem übergeordneten Sinnzusammenhang stehen und deren Bedeutung sich in der Situation als Ganzes erschließen: Wir überreichen Gegenstände als Geschenke, wir äußern Wünsche und Gratulationen und schütteln Hände, wir bringen ein Ständchen, und wir essen und trinken gemeinsam. Schon kleine Kinder haben an solchen Situationen teil. Sie sind dabei und vollziehen einzelne Handlungen mit, ohne dass sich ihnen bereits der volle Sinn der Situation kognitiv erschließen würde. Durch die Teilhabe an der Situation erfährt das Kind mitgängig die Bedeutung des Feierns als Aspekt unserer Kultur. Es lernt in konkreten Situationen, an denen es partizipiert, verschiedene Varianten von Feiern kennen: Feiern zum Geburtstag, an Weihnachten und anderen kirchlichen Festen, bei Hochzeiten oder Todesfällen usw.

Für das Kind bilden sich mit der Zeit *Muster* ab, d. h. Strukturen, die sich wiederholen. Das können ritualisierte Abläufe von Handlungen sein, aber auch zeitliche Wiederkehr oder räumliche Zuordnungen. Solche Strukturen sind für das kleine Kind zunächst noch nicht kognitiv und damit sprachlich erfassbar, sondern sie sind für das Kind nur erlebbar, d. h. anschaulich an konkretes Erleben gebunden. So ist das Lernen im Umgang ein anschauliches, situativ gebundenes Lernen. Es ist an Erlebnisse und die damit verbundenen Emotionen geknüpft.

Aufgrund dieser Nähe zum Erleben und zum Affektiven ist das mitgängige Lernen im Umgang ein *leibnahes Lernen*. Es geht in erster Linie um das *Einüben* von Formen des Miteinanders. Darin liegt kein begrifflich-theoretisches Erfassen des in der Situation Gegebenen. Im genannten Beispiel bildet sich für die Kinder noch kein objektiver, allgemeiner Begriff der Feier heraus. Trotzdem wird für sie durch die Wiederholung von Situationen, in denen „Feiern" im Mittelpunkt steht, auch wenn sich diese in der konkreten Gestalt unterscheiden, intuitiv ein Allgemeines erfahrbar, sozusagen ein allgemeiner Kern, der Lernen ermöglicht. Prange nennt dies in Bezug auf Rothacker den „immanenten Logos der Anschauung", um deutlich zu machen, dass die Anschauung immer auch ein Moment des Allgemeinen enthält (vgl. Prange 1978, S. 80).

Wenn auch in dieser ursprünglichen Lernform nicht unbedingt bewusst werden muss, *dass* man lernt, weil es sich beiläufig in der Situation vollzieht, so wird doch *etwas* gelernt, das Prange in Anlehnung an die Rhetorik als *Figur* bezeichnet (vgl. a.a.O., S. 81). Damit meint er genau dasjenige, das sich in den konkreten Situationen des Umgangs als Muster abzeichnet und als wiederkehrendes Allgemeines erfahrbar wird.

---

[28] Für eine fundierte theoretische Darstellung vgl. Prange (1978, S. 68 f.).

Figuren ermöglichen uns beispielsweise, eine Bewegung oder eine Tätigkeit als Gehen oder Reden aufzufassen, auch wenn es jeweils unvollkommen und unbeholfen ist. Wir können eine Bewegung als Tanzen bezeichnen, weil sich darin allgemeine Formen, Muster oder Schemata abbilden, die sich in ähnlichen Bewegungen, die wir beobachten, wieder finden. Figuren und Muster prägen auch den sozialen Umgang. Sie werden mitgängig durch Teilhabe und gerade nicht bewusst gelernt und sind aufgrund ihrer Form reproduzierbar.

Das mitgängige Lernen hat seinen zeitlichen Schwerpunkt im Kindesalter und seinen Ort vornehmlich in der Familie. Es ist aber in einem allgemeinen Sinn die Form des Lernens, bei der das Einleben in einen bestimmten sozialen Zusammenhang und damit das Übernehmen von spezifischen Haltungen, Werten und Normen im Vordergrund steht. Mitgängiges Lernen findet statt, weil „es immer schon eine kosubjektiv ausgelegte Welt gibt, die in ihrer Bedeutsamkeit erscheint und den einzelnen Abläufen, Verhaltensweisen und Umgangsformen ihren Ort anweist" (vgl. a.a.O., S. 73). Das gilt gerade für die Familie, aber auch für die Schule. Hier kommt bekanntlich nicht nur der offizielle Lehrplan, sondern auch der „heimliche" Lehrplan zum Tragen, nach dem in der Schule auch bestimmte Verhaltensnormen, Motive und die entsprechenden Taktiken gelernt werden.[29]

Bereits mit dem Überschreiten der Grenzen der Familie durch den Kontakt mit anderen Familien oder durch die Medien geht für das Kind die *Eindeutigkeit* der familiären Erfahrung verloren. Damit kommt eine weitere Form des Lernens ins Spiel, die in der Schule im Mittelpunkt steht.

Lernen durch Unterricht in der Schule

In der Schule findet Lernen nicht beiläufig statt, sondern die Schule hat gerade die Aufgabe, Lernprozesse anzuregen, zu lenken, zu organisieren und zu kontrollieren. Dies geschieht im Unterricht durch Lehren. Der Unterricht wird durch ausgebildete Lehrerinnen und Lehrer inhaltlich geplant, zeitlich strukturiert und findet zu festgesetzten Zeiten in dafür vorgesehenen Räumen statt.

Die Besonderheit des schulischen Lernens im Vergleich zum mitgängigen Lernen stellt Langeveld in seinem Buch „Schule als Weg des Kindes" (1960) dar. Darin bezeichnet er die *Intellektualisierung* des Kindes als grundlegende Aufgabe der Schule (vgl. a.a.O., S.104 ff.). Auf dem Weg des Erwachsenwerdens helfe die Schule dem Kind, neben der pathisch-gefühlsmäßigen Beziehung zur Welt zunehmend auch eine erkennende, intellektuelle Haltung einzunehmen. Dabei lerne das Kind, die Welt gegenständlich zu betrachten, Dinge, Menschen, das Geschehen in der Welt, aber auch seine Gefühle zu verstehen und zu erklären. Langeveld wendet sich damit deutlich gegen eine falsch verstandene Kindgemäßheit der Schule. Er betont, dass die Schule als Produkt der Kultur nicht einer postulierten „natürlichen" Entwicklung des Kindes folgen und darauf hoffen könne, dass es alles „Objektive" und kulturell Bedeutende von allein entdecke. Gerade weil die Zeit der Jugend begrenzt sei, erwachse der Schule die Verantwortung, Lern- und Lehrprozesse zu systematisieren.

Mit dem Begriff der Intellektualisierung ist für Langeveld auch impliziert, dass das Kind lernen muss, von sich und dem eigenen Erleben abzusehen, sich den Dingen „objektiv" gegenüberzustellen und die eigene Beziehung dazu zu relativieren. Damit ist die Erkenntnis verbunden, dass die eigene Wahrnehmung nur eine von vielen möglichen Perspektiven ist

---

[29] Im Sinn von Jackson (1968) und Zinnecker (1975).

und dass Deutungen kontingent sein können. Für das Kind liegt die Aufgabe darin zu lernen, sich in andere Sichtweisen hineinzudenken. Die durch die Schule vermittelte Distanz zum unmittelbaren Erleben, zu den eigenen Emotionen und damit zur eigenen Wahrnehmung konstituiert für das Kind eine andere, neue Weise, der Wirklichkeit zu begegnen. Die Schule zeigt ihm einen theoretisch-abstrakten Umgang mit der Welt, der sich von der Lebenspraxis distanziert. „Aus der Kenntnis der Dinge im Umgang wird das Erkennen", so beschreibt Prange diese neue Erfahrung (Prange 1978, S. 98).

Für Kinder bahnen sich solche Erfahrungen auch schon vor der Schule an, wenn sie z. B. den engen sozialen Bereich der Familie überschreiten und in der Familie der Spielkameraden andere Lebensgewohnheiten oder andere Bräuche kennen lernen. Hier kann die eigene unmittelbare Erfahrung zum ersten Mal relativiert werden. Gerade diese Kontingenzerfahrung ist es, die das Gewohnte verfremdet und dazu nötigt, eine beobachtende, reflektierende Haltung einzunehmen. Die Schule ermöglicht und kultiviert diese Form der Erfahrung zum Zwecke des Lernens.

In schulkritisierender Absicht beschreibt Howard Gardner in seinem Buch „Der ungeschulte Kopf" das schulische Lernen und stellt es dem Lernen in der Familie gegenüber:

„Wie sollte es sich auch nicht auswirken, wenn Schüler ihre ganze Kindheit hindurch täglich mehrere Stunden damit zubringen, still in einem Raum zu sitzen und einem Erwachsenen zuzuhören, mit dem sie nicht verwandt sind, Bücher über seltsame Gegenstände zu lesen und auf Befehl und für Prüfungen, von denen sie glauben, dass ihre Zukunft von ihnen abhängt, längliche Schreibarbeiten zu erledigen? Vergleichen Sie zum Beispiel die Art, wie in der Schule gesprochen und gedacht wird, mit der Art, wie gewöhnlich zu Hause oder auf der Straße gesprochen wird. Kinder müssen in der Schule über Persönlichkeiten sprechen, denen sie wahrscheinlich niemals selbst begegnen werden, und über Ereignisse, die sie nicht sehen können. Ältere Schüler hören Vorträge über abstrakte Grundideen, die geschaffen wurden, um einen Sinn in Daten oder Fakten zu bringen, die Gelehrte zu ihren persönlichen fachlichen Zwecken gesammelt haben" (Gardner 1996, S. 172).

Auch wenn darin Kritik an der Schule mitklingt, akzeptiert Gardner die Aufgabe der Schule, *Wissen* zu vermitteln. Dieses Wissen umfasst nach seiner Auffassung die Fähigkeit des Umgangs mit Zeichen, Symbolsystemen wie Sprache und Zahlen, mit Tabellen, wissenschaftlichen Symbolen, mit dem musikalischen Notensystem oder der Programmierung von Computern. Dazu zählt er aber auch die Grundvorstellungen innerhalb eines Faches (Schlüsselbegriffe wie z. B. in der Physik Schwerkraft, Magnetismus, thermodynamische Gesetze oder im Sozialkundeunterricht die Bedeutung politischer Revolutionen, verfassungsmäßiger Regierungen, Leistungsbilanzen oder Gleichgewicht der Kräfte). Als dritten Aspekt nennt er die Formen der Darstellung und des Denkens innerhalb eines Faches (vgl. a.a.O., S. 168 ff.). Darunter versteht er die

„Art und Weise, wie Fachexperten Probleme formulieren und angehen. Historiker sammeln ebenso wie Physiker Beweise und gelangen zu Schlussfolgerungen, aber die Beweistypen, die von Bedeutung sind, die Art und Weise, wie diese Beweise ausgewählt und beurteilt werden, und die Wege, wie Untersuchungen angestellt, Argumente vorgebracht und Schlussfolgerungen gezogen werden, sind ganz und gar verschieden" (ebd.).

Howard Gardners hier kurz dargestellte Differenzierung des Wissens, das in der Schule vermittelt wird, lässt sich auch formaler und in einer für uns gängigeren Form formulieren. Gelernt wird demnach Wissen über einzelne Inhalte (*Kenntnisse*) und Wissen in der Form von Können (*Fertigkeiten*). Lernen umfasst also das positive Lernen von Inhalten, z. B. welche Pflanzen auf der Wiese unter welchen Bedingungen wachsen oder wie Bismarck Bündnispolitik betrieben hat. Dazu müssen aber auch Fertigkeiten angeeignet werden (als methodisches Lernen): Wie man Pflanzen bestimmen und unterscheiden kann oder wie man historische Quellentexte richtig liest, interpretiert und einordnet.[30] Bereits im familiären Umgang erwerben Kinder vielfältige Kenntnisse und Fertigkeiten, wenn sie z. B. lernen, in welchem Programm zu welcher Zeit die Kindersendung kommt und wie man dazu auch das Fernsehgerät bedient.

Ergänzt werden kann schließlich als dritter Aspekt das Wissen in der Form von Haltungen und Motiven, das traditionell als *„Wollen"* bezeichnet wird. Hierbei geht es um die Einstellung und Haltung zu dem, was man an Inhalten und Fertigkeiten gelernt hat. Man muss sich selbst in Bezug zum Gelernten sehen können. Das bedeutet, eine reflexive Haltung dazu einnehmen zu können. Insofern lässt sich hier mit Klaus Prange auch von *reflexivem Lernen* sprechen. So ermöglicht einem das Beherrschen der Technik des Lesens das Lesen der Bildzeitung genauso wie Thomas Manns Buddenbrooks. Aus der Kenntnis der jüngeren Weltgeschichte heraus kann man zum Kriegsgegner und Pazifisten werden oder eben nicht. Notwendig ist die reflektierte Auseinandersetzung mit dem Wissen, indem man Argumente kritisch und objektiv prüft.

Nur dem Menschen ist die Fähigkeit der Reflexivität gegeben. Er kann sich und die Umwelt zum Gegenstand, zum Objekt machen. Tiere verfügen nur über eine begrenzte Umwelt, wie Jakob von Uexküll am Beispiel der Zecke dargestellt hat (vgl. Uexküll 1956, S. 23 ff.). Das Tier kennt nur einen Ausschnitt seiner Umwelt und weiß nicht, dass dies nur ein Ausschnitt ist. Der Mensch hingegen ist in der Lage, sich der Umwelt gegenüberzustellen und ein sachliches Verhältnis zu ihr einzunehmen. Arnold Gehlen hat hier von einem „Hiatus" gesprochen und darauf verwiesen, dass der Mensch durch die Fähigkeit zur Reflexivität dem unmittelbaren Handlungsdruck entgehen kann (vgl. Gehlen 1986, S. 52 ff.). So könne der Mensch seine Bedürfnisse und Interessen hemmen und verschieben und sich seiner Antriebe bewusst werden. Gerade dadurch sei ihm die Sachlichkeit des Verhaltens möglich.

In diesem Absehen-Können von den eigenen spontanen Bedürfnissen, in der Fähigkeit zur Sachlichkeit und Reflexivität liegen letztlich auch die Voraussetzungen für *Bildung*. Bildung entsteht mit Hegel durch die „Erhebung des Subjekts zum Allgemeinen", nicht durch „aktuelle Lagen, nicht durch existenzielle Dringlichkeit und auch nicht durch das persönliche Vorbild" (vgl. Prange 1992, S. 57). Bildung bedeutet, auf der Basis erworbener Kenntnisse und Fertigkeiten begründet Stellung zu sich und der Welt beziehen zu können. Dafür reichen die Erfahrung und das Lernen im Umgang nicht aus. Um über die bloße Meinung hinauszugelangen, muss der Mensch auf Wissen zurückgreifen können, das auch von anderen nachvollziehbar ist. Darin liegt die Bedeutung schulischer Unterweisung und schulischen Lernens.

4.3 Folgerungen für die Anthropologie der Schule

Mit Klaus Giel lässt sich zusammenfassend feststellen, dass die Schule die „ostentativen Bezüge des gelebten Lebens" (Giel 1994, S. 40) unterbricht und damit einen tief greifenden Einschnitt im Leben der Kinder markiert. Bis zum Schuleintritt hätten die Kinder, so Giel, schon gelernt, ihre Sinne zu gebrauchen, Sprache zu verwenden und Sachverhalte zu deuten. Die Schule erweitere die kindliche Lernfähigkeit, indem sie über die sinnlich wahrnehmbare Wirklichkeit hinausführe und eine Wahrnehmungsweise fordere, die

---

[30] Für die Begriffe „positives, methodisches und reflexives Lernen" vgl. Prange (1992, S. 55).

„nicht durch Alltagsbegriffe (-bedeutungen) oder durch Handlungsmuster vermittelt ist" (ebd.). Damit konstituiert die Schule eine neue, andere Zugangsweise zur Wirklichkeit und ermöglicht neue, sich vom Umgang unterscheidende Erfahrungen.

Das pädagogische Handeln im Elternhaus wie in der Schule folgt jedoch dem gleichen, allgemeinen Grundmuster der Erziehung: Es bezieht sich auf das *Nichtwissen, Nichtkönnen* und *Nichtwollen* des Kindes und die daraus resultierende Notwendigkeit des Lernens. Dieses Grundmuster findet sich in allen pädagogischen Situationen: in der Familie, in der Schule, im Unterricht in der Fahrschule oder im Kurs an der Volkshochschule. Durch Lernen wird aus dem Nichtwissen Wissen, aus dem Nichtkönnen Können und aus dem Nichtwollen Wollen. Die Eltern zeigen dem Kind, wie man die Schuhe bindet, die Lehrerin zeigt, wie man schriftlich addiert oder warum und wie man sinnvoll in der Gruppe arbeitet, der Fahrlehrer zeigt dem Schüler, was man tun muss, um das Auto in Gang zu bringen und die Volkshochschuldozentin zeigt dem Kursteilnehmer die Grammatikregeln einer Fremdsprache.

Die Form des pädagogischen Handelns ist – wie die eben vorgenommene Wortwahl bereits demonstriert – das *Zeigen*[31]. Zeigen bildet die Grundoperation der Erziehung in allen pädagogischen Kontexten.

Welche *Formen* das Zeigen annimmt, sei es als Vormachen, Unterrichten, Darstellen, Ermahnen oder Erinnern, als Beraten oder Arrangieren, ist abhängig von der jeweiligen pädagogischen Situation, den Intentionen, die damit verbunden sind, und von den Voraussetzungen der Lernenden.

Das Zeigen beginnt ontogenetisch gesehen mit der hinzeigenden Gebärde: dem Verweisen auf Gegenstände, die in Distanz zum Zeigenden stehen. Darin liegt die erste Form einer Objektivation der Welt (vgl. Strobel-Eisele 2003, S. 101). Insofern verweist die manuelle Zeigegeste

„von sich aus durch die Bedeutung, die sie trägt, über sich hinaus auf das Gezeigte. Das lässt sich schon an der körperlichen Figuration des Zeigens erkennen: die richtungsweisende Hand mit dem ausgestreckten Zeigefinger weist einerseits auf das ‚gegenständliche Etwas', das in räumlicher Entfernung in der Umwelt liegt und das eine Bedeutung oder einen Sinn trägt, während die anderen drei Finger auf den Zeigenden selbst zurückweisen. Der Zeigende bezieht einen eigenen Standort zum Gezeigten, wobei die auf den Zeigenden zurückgewandten Finger wiederum dessen Beziehung zum Sachverhalt anzeigen und ihn auch als Gegenstand des betrachtenden Subjekts erscheinen lassen" (a.a.O., S. 102).

Elementares Zeigen, wie es in Situationen des alltäglichen Umgangs stattfindet, hat den Charakter des Unmittelbaren. Wie man das Besteck beim Essen hält, wie man eine Schleife bindet, erschließt sich dem Kind im Vorgang des Zeigens direkt. Wie etwas geht oder funktioniert, zeigt sich an den einzelnen Schritten der jeweiligen Bewegungsabläufe, denen gefolgt werden muss.

Pädagogisches Zeigen im Kontext der Schule ist dagegen mittelbar. Es braucht etwas Vermittelndes und greift deshalb auf Zeichen oder Symbole zurück. Die Form des Zeigens in der Schule bestimmt Strobel-Eisele als *Darstellung*:

„Das Darstellen benötigt das Zeichen als Medium, sozusagen als Zwischenposition von realem Gegenstand und Zeichen. Darstellen heißt, in einem anderen Medium ein Entsprechendes herzu-

---

[31] Vgl. für diese Überlegungen sowie grundlegend zum Zeigen als Grundoperation der Erziehung Prange (1995) sowie (2000).

stellen, sei es ikonisch, symbolisch oder praktisch, d. h. in einem prozesshaften Nachvollzug" (a.a.O., S. 105).

Damit entsteht im Darstellen durch das Zeichen eine Vorstellung, also etwas, das sich nicht direkt beobachten lässt oder sichtbar wird. Eine Landschaft kann in poetischer Sprache dargestellt werden oder als geografische Landkarte. Die Darstellung lässt jeweils Vorstellungen entstehen über das, was nicht unmittelbar vorhanden ist. Damit eine brauchbare Vorstellung davon entstehen kann, müssen jeweils die *wesentlichen* Merkmale und Strukturen der Sache oder des Sachverhaltes repräsentiert werden.

„Darstellen transzendiert die Situation und konstruiert sie didaktisch, damit ein nicht sichtbarer Sachverhalt anschaulich wird und gelernt werden kann" (a.a.O., S. 107).

Das ist typisch für schulisches Lernen: Dargestellt werden Inhalte, die sich als kulturelles, symbolisches Wissen angesammelt haben und die der nachfolgenden Generation vermittelt werden sollen. Daraus ergibt sich zwangsläufig eine Distanz: Das schulische Wissen begegnet dem Lernenden nicht in Alltagssituationen. Es ist allgemein, abstrakt, begrifflich und muss didaktisch aufbereitet werden, damit es darstellbar wird.

Darin unterscheidet sich das Darstellen vom elementaren Zeigen im Umgang. In sozialen Situationen des Umgangs ergibt sich spontan eine Fülle von Lernanlässen. Kinder lernen Völkerball- oder Mensch-ärgere-dich-nicht-Spielen oder den Tisch zu decken, weil es sie interessiert und sie aus der Situation heraus dazu motiviert sind. Die Lerninhalte stehen ihnen sozusagen vor Augen und zeigen sich ihnen unmittelbar. Das Lernen ist mit Empfindungen und dem situativen Erlebnis verbunden und hat so eine unmittelbare leibliche Komponente.

Merkmal des darstellenden Zeigens ist dagegen die *Distanz* (vgl. Strobel-Eisele 2003, S. 108). Es erfordert, sich auf das Thema zu konzentrieren, von Nebensächlichem zu abstrahieren und die Randbedingungen der momentanen Situation abzublenden.[32] Das bedeutet damit auch, von der eigenen leiblichen Disposition, d. h. davon, „wie man sich fühlt", abzusehen und sich sachlich zu verhalten. Man muss sich auf die Darstellung einlassen, damit sich das Unsichtbare in der Vorstellung erschließen kann.

Das Lernen in der Schule hat nicht den Charakter des Zufälligen wie das Lernen im Umgang, bei dem gelernt wird, wenn es sich aus der Situation ergibt. Die Erfahrung der Schule beruht auf der systematischen Darstellung, der gezielten Auswahl und der didaktischen Aufbereitung von Themen. Damit ist schulisches Wissen und Können verlässlich, anschlussfähig und allgemein.

Es stellt sich die Frage, wie sich das skizzierte Verständnis von Schule und schulischem Lernen zu der eingangs zitierten Kritik von Horst Rumpf an der Schule, sie würde die Sinnlichkeit der Kinder übergehen, verhält. Es ist ein unklarer Begriff der Sinnlichkeit, der bei Rumpf letztlich auch zu einem unklaren Verständnis von Schule führt.

Zunächst: Sieht man die Tradierung kulturellen Wissens als Aufgabe der Schule an, dann gehört die Darstellung vermittelter, symbolischer und abstrakter Vorstellungen wesentlich dazu. Die Darstellung als schulischer Modus des Zeigens geht dem Lernen voraus, weist über die Situation und die Lernenden hinaus und ist überindividuell (vgl. Strobel-Eisele 1993, S. 111). Sie erfordert von den Schülerinnen und Schülern die sachlich-distanzierte Betrachtung und Hinwendung. Insofern muss schulisches Lernen über die subjektiven Hundeerfahrungen des zu Beginn referierten Beispiels hinausgehen:

---

[32] Zur Bedeutung des Themas in der pädagogischen Situation vgl. Schultheis (1999).

„Auch ein visuell präsentes, wahrnehmbares Objekt, z. B. ein Meerschweinchen [oder ein Hund; KS], kann immer nur als ‚dargestelltes‘ gelernt werden: seine Lebensweise, Körperformen etc. können dargestellt werden, und der Schüler kann dies lernen. Wird der Bau einer Blüte über ein Modell dargestellt, ist er lernbar, die ‚Blüte‘ an sich kann man nicht lernen. Eine schematisierte Darstellung wird generierbar und lässt sich wiederholen, weil sie von der Situation abgelöst ist" (ebd.).

Das bedeutet nicht den Verzicht auf Veranschaulichung, Anschaulichkeit oder die Rück-übersetzung und Anwendung des Abstrakten in konkrete Inhalte. Es bedeutet auch nicht zwangsläufig, wie Rumpf dies zu unterstellen scheint, die leibliche Disposition des Schul-kindes zu ignorieren und zu unterdrücken. Im Gegenteil: Die leibliche Grundlage des menschlichen Lernens zeigt sich gerade in der Abhängigkeit des Lernens von Gestimmt-heiten, Atmosphärischem, von physiologischen und emotionalen Bedürfnissen, denen die Schule durch ihre Organisation und Gestaltung Rechnung tragen muss, damit erfolgreiches Lernen möglich wird. In der Berücksichtigung der leiblichen Voraussetzungen der Schüle-rinnen und Schüler kann es der Schule gelingen, einen pädagogisch und anthropologisch fundierten Begriff der Kindgemäßheit umzusetzen. Ihre zentrale pädagogische Aufgabe liegt aber letztlich darin, das Kind dazu zu befähigen, sich aus der eigenen leiblichen Befangenheit zu lösen und aus sachlicher Distanz zu kritischer Urteils- und Entscheidungs-fähigkeit zu gelangen. In diesem Sinn kann ein recht verstandener Begriff der Leiblichkeit und seine Deutung für das schulische Lernen zur Anthropologie der Schule beitragen.

Teil 3

Annette Scheunpflug

Lernen als biologische Notwendigkeit

Schulkindheit aus der Sicht von naturwissenschaftlicher Anthropologie und evolutionärer Pädagogik

1 Einleitung: Schulkindheit zwischen Natur und Kultur

Das abendländische Denken ist seit Descartes von der Dichotomie zwischen Natur und Kultur geprägt. Einer urwüchsigen, genetisch determinierten Natur wird das kulturelle, durch Tradierung gekennzeichnete Denken und Handeln des Menschen gegenüber gestellt. In der Erziehungswissenschaft erlebte diese Dichotomie in der Auseinandersetzung um „Anlage" und „Umwelt", d. h. um die angeborenen bzw. durch Lernen und Sozialisation erworbenen Fähigkeiten, in den sechziger und siebziger Jahren einen Höhepunkt der Diskussion. Diese Dichotomie findet ebenfalls Ausdruck in der Trennung zwischen Geistes- und Naturwissenschaften.

Diese die Disziplinen trennende Unterscheidung zwischen Natur und Kultur wird allerdings in den letzten Jahren immer stärker durch die Biowissenschaften in Frage gestellt. Edward Wilson (1998) spricht diesbezüglich von der „Einheit des Wissens". In der naturwissenschaftlichen Anthropologie wird heute die Fähigkeit zur Kultur sowie das Leben mit Kultur als Ausdruck der biologischen Angepasstheit des Menschen an seine Umwelt interpretiert. Kulturfähigkeit wird über die biologische Evolution erklärt und damit nach dem biologischen Anpassungswert von Kulturausprägungen gefragt (vgl. Tooby/Cosmides 1992). Die Fähigkeit zur Kultur ist demnach das natürliche Erbe der Menschen. Der Biologe Hubert Markl hat das Verhältnis von Natur und Kultur knapp und präzise so auf den Punkt gebracht: „Es ist uns natürlich, unser Dasein durch eine Kulturtradition zu bewältigen" (Markl 1983, S. 40).

Die Schule ist – wenn man in der Dichotomie zwischen Natur und Kultur denkt – eine kulturelle Erfindung; sie wird in der Regel der Welt menschlicher kultureller Leistungen zugeordnet. Als kulturelle Erfindung führt sie meist heranwachsende Menschen in die kulturellen Errungenschaften der Menschheit ein. Wenn kulturelle Leistungen seitens der naturwissenschaftlichen Anthropologie aber als Ausdruck der Natur des Menschen interpretiert werden, dann rückt automatisch auch die Schule in den Blick.

172

Die Schulkindheit wird in dieser Perspektive als eine Phase der menschlichen Entwicklung interpretiert, die gleichermaßen durch die Naturgeschichte der Menschheit und die individuelle Entwicklungsgeschichte des einzelnen Individuums geprägt ist. Die Dichotomie zwischen Natur und Kultur aufzugeben bedeutet, die in der Rezeption naturwissenschaftlicher Ergebnisse in der Erziehungswissenschaft lange Zeit dominierende Frage nach der kulturellen oder naturgeschichtlichen Bedingtheit von Phänomenen der Erziehung zu verlassen. Schließlich ist diese Frage durch den Verweis auf das enge Wechselverhältnis zwischen Anlage und Umwelt (oder genauer gesagt durch die genzentrierte Umwelt-Selektivität[1]) häufig nicht sinnvoll beantwortbar. Vielmehr wird die Frage in den Mittelpunkt gestellt, warum Menschen die Möglichkeiten kulturellen Lernens nutzen.[2] Warum hat sich die Phase der Kindheit evolviert? Warum hat sich mit der Kindheit eine besonders sensible Phase des Lernens entwickelt? Warum stellt schulisches Lernen eine wichtige Form des Lernens für Kinder dar? Dies sind Fragen, die eine naturwissenschaftliche Anthropologie stellt und die aus der Perspektive einer evolutionären Erziehungswissenschaft von Interesse sind. Dieses Buch zur Anthropologie der Schulkindheit stellt den Aspekt des Lernens in den Vordergrund. Damit wird hier keine umfassende Anthropologie der Schulkindheit geliefert, sondern aufgrund des zur Verfügung stehenden Platzes nur ein beschränkter Ausschnitt bearbeitet. Viele Aspekte, wie beispielsweise der kindliche Umgang mit Tod und Sterben, Angst, Lebensfreude, Krankheit, Spiel oder Sport, werden nur angedeutet oder gar nicht behandelt.

Damit sind bereits die Themen der folgenden Kapitel umrissen. Zunächst geht es um die Kindheit. Was kennzeichnet Schulkinder physiologisch? Welche Implikationen ergeben sich daraus für die Möglichkeiten des Lernens? Und: Warum entwickeln sich Kinder so, wie sie sich entwickeln? Wo liegt die biologische Funktionalität dieser Entwicklung?

Das folgende Kapitel beschäftigt sich mit verschiedenen Aspekten des Lernens. Auch hier steht die Frage nach dem „Warum" im Vordergrund, also das Nachdenken über die evolvierten Mechanismen. Lernen geschieht in Beziehungen. Deshalb werden hier auch die grundlegenden Beziehungen zu Eltern und Geschwistern sowie zu den Gleichaltrigen unter dem Aspekt des Lernens reflektiert.

Im Anschluss daran geht es um die Schule. Sie stellt für Kinder die zentrale formale Institution des Lernens dar. Welche spezifischen Formen des Lernens werden – aus einer evolutionären Perspektive – durch die Schule ermöglicht?

Abschließend wird zusammenfassend nach der Bedeutung der Schulkindheit gefragt. Die Erkenntnisse evolutionärer Pädagogik werden in den erziehungswissenschaftlichen Diskurs eingeordnet.

---

1 Mit genzentrierter Umwelt-Selektivität wird das Verhältnis von Anlage und Umwelt beschrieben. Kein Organismus reagiert auf alle Aspekte seiner Umwelt; vielmehr sind „[d]ie spezifischen Umweltbeziehungen eines Organismus, also die Frage, von welchen Eigenschaften der Umwelt er sich in seiner ontogenetischen Entwicklung in welcher Weise beeinflussen lässt, [...] so gesehen genauso Produkt des evolutionären Erbes wie die Gene selbst" (Voland 2000, S. 15). Die metaphorischen Bilder naturwissenschaftlicher Anthropologie werden wissenschaftstheoretisch kritisch diskutiert (vgl. z. B. Janich 2001).

2 In der knappen Formulierung eines Biologen: „Die Frage ist nicht, ob ein bestimmtes Verhalten Ergebnis der natürlichen Selektion oder eines kulturellen Lernprozesses ist, sondern die Frage ist letztlich, aus welchen Gründen welche Lernprozesse aus der natürlichen Selektion hervorgegangen sind" (Voland 2000, S. 24; vgl. ausführlich Tooby/Cosmides 1992).

Dieser Teil des Buches nimmt damit aus der Perspektive einer „evolutionären Erziehungswissenschaft" die neuen Theorieofferten aus den Biowissenschaften auf. Hirnforschung und Neurowissenschaften, Genetik und Verhaltensforschung sind Wissenschaftszweige einer naturwissenschaftlichen Anthropologie, die neue Erkenntnisse über den Menschen ermöglichen. Im Zentrum dieser Forschungen steht als Klammer der verschiedenen biowissenschaftlichen Teildisziplinen die Evolutionstheorie, die in ihrer zentralen Erkenntnis auf die Forschungen Darwins zurückgeht. Die heutige Evolutionstheorie, die viele Darwin noch unbekannte Zusammenhänge, wie etwa die Mechanismen der Vererbung, in sich aufgenommen hat, ist für die Biowissenschaft die Einzelwissenschaften und -ergebnisse bündelnde und integrierende Theorieofferte. Eine evolutionäre Erziehungswissenschaft bzw. evolutionäre Pädagogik (Treml 2004) reagiert aus einer erziehungswissenschaftlichen Perspektive auf diese neuen Theorieherausforderungen. Diese Theorieofferte vertritt nicht den Anspruch, damit andere abzulösen. Es gibt gute Gründe dafür, dass viele der im folgenden Abschnitt beschriebenen Phänomene in der erziehungswissenschaftlichen Tradition mithilfe anderer Theorieansätze interpretiert wurden und werden. Gleichwohl kann es für die Erziehungswissenschaft nur anregend sein, die eigene Disziplin mit den Biowissenschaften ins Gespräch zu bringen. Die nachfolgenden Überlegungen reagieren auf die vorhergehenden Beschreibungen der Schulkindheit und interpretieren die zentralen Zusammenhänge aus Sicht einer naturwissenschaftlichen Anthropologie. Vollständigkeit wird dabei nicht in Anspruch genommen; vielmehr geht es darum, das Anregungspotenzial dieser Theoriebildung für eine Anthropologie der Schulkindheit aufscheinen zu lassen. Auch werden damit historische, sozialwissenschaftliche oder geisteswissenschaftliche Ansätze der Kindheitsforschung nicht in Frage gestellt, vielmehr geht es um die potenzielle Anregung des erziehungswissenschaftlichen Diskurses durch diese Forschungsrichtung.

2 Kindheit

2.1 Die biologische Funktionalität der Kindheit

Warum sind Kinder Kinder? Diese Frage ist ungewohnt, schließlich lässt es sich gar nicht vorstellen, dass es keine Kinder geben könnte. Aber es ist interessant, sich dennoch diese Frage zu stellen.

Die Angewiesenheit auf Fürsorge: Die physiologische Frühgeburt

Das besondere Merkmal menschlicher Neugeborener im Vergleich zu anderen Säugern ist, dass sie in extremer Form auf Fürsorge angewiesen sind. Verglichen mit anderen Primaten sind Säuglinge bei der Geburt sehr unterentwickelt: Ihr Gehirn ist erst zu einem Viertel der möglichen Größe herangewachsen – während hingegen das der großen Menschenaffen bereits zur Hälfte entwickelt ist (vgl. Barett u. a. 2002). Subhominide Primaten können sich kurz nach der Geburt bereits selbstständig fortbewegen und sich im Fell des Muttertieres festhalten. Menschliche Säuglinge können das nicht. Sie können nicht laufen, nicht sprechen, kurzum, sie sind völlig auf die Hilfe ihrer Eltern oder anderer Menschen angewiesen. Diese Eigenschaft der Angewiesenheit auf Hilfe und Fürsorge wird als Altrizität bezeichnet[3]. Die Hilfsbedürftigkeit nimmt im Verlauf des Älterwerdens ab, aber Kinder und in vielen Aspekten auch Jugendliche sind noch lange Jahre auf die Hilfe durch Erwachsene angewiesen.

Die Phase der Kindheit ist beim Menschen – im Vergleich zu anderen Säugern und Primaten – extrem lang. Sie ist auch dann noch überproportional lang ausgedehnt, wenn man Tiere mit ähnlichem Lebensalter in den Vergleich einbezieht. Menschen kommen extrem hilflos auf die Welt und sie sind in der Kindheit sehr auf die Unterstützung durch ihre Eltern oder andere Erwachsene angewiesen. Warum ist das so? Worin liegt die Adaptivität dieser Hilflosigkeit bzw. der langen Kindheitsphase? Dafür gibt es mehrere Gründe.

Eine häufig gegebene Antwort auf die Hilflosigkeit zum Zeitpunkt der Geburt ist der Hinweis auf die „physiologische Frühgeburt" des Menschen, wie Portmann (1973) es nannte. Menschenkinder werden demnach in einem ungewöhnlich frühen Entwicklungsstadium geboren. Eine längere Schwangerschaft sei deshalb nicht möglich, da sonst der Kopf im Verhältnis zum Beckendurchlass zu groß würde und die erfolgreiche Geburt eines Babys mit großem Kopf schwierig sei (vgl. ausführlich Barett u. a. 2002). Der Kopf ist im Verhältnis zum Rumpf beim Menschen besonders groß. Die Phase der Kindheit ist aus dieser Perspektive der Kompromiss zwischen dem großen Kopfumfang des Säuglings, der

---

[3] Altrizität bei Geburt ist keine nur menschliche Eigenschaft. Beispielsweise sind Singvögel und viele Insekten ebenfalls altrizial (vgl. Alexander 1988).

für die menschliche Gehirnentwicklung notwendig sei, und dem engen Beckendurchlass der Frauen. Die Form des Beckens ist für den aufrechten Gang erforderlich, schließlich wird der Oberkörper durch das Becken stabilisiert. Die Evolution des aufrechten Gangs einerseits und des großen Kopfes andererseits führten zum Kompromiss des weiblichen Beckens. Der Beckendurchlass ist für die Stabilität des aufrechten Gangs ein neuralgischer Punkt und schon der kleine Unterschied zwischen Männern und Frauen in der Beckenkonfiguration führt zu einem deutlichen Unterschied zwischen beiden Geschlechtern in der Schnelligkeit der Laufbewegung (z. B. im 100-m-Sprint). In der Tat ist der Kopfumfang häufig ein Problem und war in historischen Zeiten eine der häufigsten Ursachen für Todesfälle bei Geburten.

Die „Better-Adult-Hypothese"

Allerdings sind diese Geburtsprobleme in der Argumentation von Richard Alexander (1988) keine ursächlichen Gründe für die Hilflosigkeit von Säuglingen. Die meisten Säugetiere scheinen mit irgendeinem Organ oder Gliedmaß an die Grenzen mütterlicher Gebärfähigkeit zu treten, z. B. Pferde mit der Länge der Beine. Dennoch können Füllen bereits eine Stunde nach der Geburt neben der Stute herlaufen. Bei einem Vergleich des Gehirnwachstums von Tieren und Menschen kommt Alexander zu dem Schluss, dass „Geburtsprobleme [...] kein Grund für die relative Hilflosigkeit menschlicher Babys" sind (Alexander 1988, S. 157). Der Autor sieht in der langen Kindheit keinen Kompromiss zwischen Kopf- und Beckenumfang, sondern eine Form biologischer Anpassung, die es Lebewesen erlaubt, ein besserer Erwachsener zu werden und intellektuell wie sozial zu lernen. Demnach entsteht Kindheit dann, wenn ein „gegen die Gefährdung durch Räuber oder gegen andere äußere Faktoren der Sterblichkeit geschütztes Leben" geführt werden kann und „nicht in einen aufwändigen Apparat zur Nahrungssicherung investiert werden" muss (Alexander 1988, S. 159). Der geschützte Raum der Kindheit ermögliche es, zu sozial erfolgreichen Erwachsenen („better adults") heranzuwachsen.

Die Periode der Kindheit erlaubt Menschen, in dieser Zeit alle verfügbaren Kräfte in Wachstum und Entwicklung zu stecken (im Regelfall ohne sich selbst um Nahrung und das Überleben kümmern zu müssen). Jedes Kind wächst in einer ganz individuellen Situation auf und wird von seinen Eltern gemäß deren Situation, aber auch gemäß des erwarteten reproduktiven Werts des Kindes (durch das Alter der Eltern, dessen Geschlecht und Stellung in der Geschwisterfolge) unterstützt. Diese frühe Erfahrung ermöglicht Kindern eine Vorstellung über soziale Beziehungen und über die Möglichkeiten, soziale Bindungen zu pflegen. Kinder erhalten dadurch auch ein erstes Selbstbild. Sie übernehmen in dieser Zeit auch die Fortpflanzungsstrategie der erwachsenen Familienmitglieder, indem die familiale soziale Situation als exemplarisch für die später im Erwachsenenalter vorzufindende angesehen wird. Diese Erfahrungen bilden ein Raster, in das alle nachfolgenden Sozialbeziehungen eingeordnet und vor dessen Hintergrund sie bewertet werden (vgl. Keller 2001). Zwischen diesen Erfahrungen in der frühen Kindheit und zentralen Lebenserfahrungen junger Erwachsener (wie Geschlechtsreife, erster Sexualkontakt und Bindungsdauer) lassen sich Zusammenhänge feststellen (vgl. Chasiotis 1999). „In particular the resource situation and the family climate during early childhood are considered to be predictive of attachment formation" (Keller 2001, S. 5). Je nach der Qualität sozialer Beziehungen geht „das Kind im Laufe der Jahre mit bestimmten Erwartungen an seine außerfamiliäre soziale Umwelt heran, wählt oder vermeidet aktiv Interaktionspartner in außerfamiliären Kontexten wie Kindergarten, Schule und Freundeskreis und wird durch diese selektiven Interaktionserfahrungen weiter geformt" (Chasiotis 1999, S. 16; vgl. ausführlich Bischof-Köhler 1998).[4]

Die Bedeutung des Lernens in der Kindheit

Beide Begründungen für die Existenz der Lebensspanne der Kindheit, die der „physiologischen Frühgeburt" sowie die des „besseren Erwachsenen", schließen sich nicht gegenseitig aus, sondern ergänzen sich. Die Kindheit kann nach beiden Ansätzen – und dies ist für erziehungswissenschaftliche Fragestellungen essenziell – demnach als eine Phase in der menschlichen Biografie interpretiert werden, die explizit dem Lernen dient.

Nach der Theorie der physiologischen Frühgeburt wird die Entwicklung des Gehirns außerhalb des Uterus betont. Angesichts der Plastizität des menschlichen Gehirns (vgl. die Ausführungen im nachfolgenden Kapitel 3) spielen die Einflüsse der menschlichen Umwelt bei der nachgeburtlichen Entwicklung des Gehirns eine bedeutende Rolle. Die nachgeburtliche Entwicklung des Gehirns ist damit notwendigerweise durch Lernen gekennzeichnet.

Nach der „Better-Adult-Hypothese" ist die Phase der Kindheit als Lernzeit evolviert, da sich Kinder damit, losgelöst von den Sorgen um die Beschaffung der Lebensgrundlagen, die besten Strategien aneignen können, um als Erwachsene erfolgreich zu sein – mindestens so erfolgreich, wie ihre Eltern. Das Weltbild der Eltern dient dabei zunächst als Folie der Erkenntnis und der Weltdeutung. Auch wenn sich Jugendliche später von dieser Folie abgrenzen, ist es dennoch diese, die als Orientierung benutzt wird. Gäbe es keine Phase der Kindheit, wären Menschen längst nicht flexibel genug, um auf die Lebensanforderungen in unterschiedlichen sozialen und klimatischen Räumen zu reagieren.

Die Hilflosigkeit von Kindern ist es, die sie in besonderem Maße auf die Erfahrungen ihrer sozialen Umwelt, vor allem ihrer Eltern, verweist. Von diesen wird der Umgang mit der Welt weitgehend gelernt. Kinder kommen mit der lebensnotwendigen Unterstellung auf die Welt, dass die ihnen nahe stehenden Erwachsenen diejenigen sind, die ihnen das Beste, was sie haben, zu geben bereit sind. Deshalb lernen sie von den sie umgebenden Erwachsenen und ahmen diese nach, wo immer es geht. Sollte diese Vermutung in jungen Jahren enttäuscht werden, z. B. in extremer Form durch Kindesmissbrauch, sind die Folgen im psychischen Bereich und in der Lerndisposition gravierend (vgl. Kapitel 3).

Die genetisch angelegte Lerndisposition wird damit aber auch zur Verpflichtung: Kinder, die, aus was auch immer für Gründen, nicht die Möglichkeit haben zu lernen, bleiben in ihrer Entwicklung zurück. Das Erleiden von extremem Hunger während der Kindheit wirkt sich besonders auf die Entwicklung des Gehirns aus. Menschliche Kinder sind ohne den Kontakt zu anderen Menschen nicht überlebensfähig; sie lernen zu wenig[5].

---

[4] Diese Hypothese führt, konsequent weitergedacht, zu einer evolutionären Sozialisationstheorie (vgl. dazu ausführlich Kaplan u. a. 2000; Chasiotis 1999; Chisholm 1999).

[5] Die Beschreibungen so genannter „Wolfskinder", wie der berühmt gewordene Kaspar Hauser, zeigen dasselbe Phänomen. Allerdings sind die Fälle sehr unterschiedlich solide belegt (vgl. im Überblick Scheunpflug 2001a, S. 53 f.; vgl. ausführlich Scheunpflug/Treml 1995; Malson 1972).

2.2 Kinder im Alter des Schulbeginns

Die Schulkindheit bezeichnet die Zeit der Kindheit, während der die Schule besucht wird[6].

Der *Beginn* der Schulkindheit scheint ein universales Phänomen zu sein: In fast allen Kulturen dieser Erde werden Kinder zwischen dem fünften und dem siebten Lebensjahr eingeschult. Gibt es Gründe, gerade in diesem Alter den Beginn der Schulkindheit anzusetzen? Die Einschulung geht mit mehreren körperlichen Veränderungen einher, die einen Zugewinn an *Selbstständigkeit* ermöglichen und gleichzeitig eine neue Dimension in der *Qualität* des Lernens eröffnen.

(1) Die Zeit als Tragling ist beendet.
Im Alter zwischen vier und sechs Jahren können Kinder in der Regel selbstständig laufen. Menschliche Säuglinge werden – wie auch Primatenkinder – nach einem Vorschlag von Bernhard Hassenstein als ‚Traglinge' bezeichnet (vgl. Hassenstein 1973), weil sie getragen werden müssen. Zwischen dem vierten und dem sechsten Lebensjahr ist diese Zeit vorbei. Zwar lernen Kinder das Laufen wesentlich früher, es dauert aber bis etwa zum Beginn der Schulzeit, bis sie ähnlich lange Strecken wie Erwachsene zu laufen in der Lage sind. Für die nomadisch lebenden Vorfahren des modernen Menschen bedeutete dieser Zeitpunkt eine klare Zäsur für die betreuenden Erwachsenen, meistens die Mütter. Bis dahin musste ein Kind auf den zurückgelegten Strecken getragen werden, da es mit den Erwachsenen nicht Schritt halten konnte. Hrdy (2000, S. 238) weist darauf hin, dass ein Kind bis zum Alter von vier Jahren bei den !Kung[7] (einem nomadisierenden Volk des südlichen Afrikas) von der Mutter etwa bereits 7.000 km getragen worden ist. Der Geburtenabstand beträgt bei nomadisierenden Völkern deshalb häufig mindestens vier Jahre, in der Regel sechs bis sieben Jahre; denn zwei Kinder können nicht auf einmal getragen werden.

(2) Die Kinder sind endgültig abgestillt und die Milchzähne beginnen auszufallen.
Mit dem Beginn der Schulkindzeit verläuft meistens der Ausfall der Milchzähne zeitlich parallel. Dieses Datum markiert keinen so wesentlichen Abschnitt wie das Ende der Traglingszeit. Schon der Begriff „Milchzähne" verweist sprachlich aber auf das endgültige Abstillen und die Ernährung durch die gleichen Speisen wie Erwachsene. In mitteleuropäischen Verhältnissen einer guten Versorgung hat dieses Datum an Bedeutung verloren; schließlich werden Kinder, wenn sie überhaupt gestillt werden, meistens nach einem oder zwei Jahren abgestillt. Die Ernährungssituation ist so gut, dass es völlig unproblematisch ist, Nahrung, die für Kleinkinder adäquat ist, und vor allem sauberes Wasser zu finden. Unter nomadisierenden Bedingungen, d. h. die längste Zeit in der Geschichte der Menschheit, war dies so nicht der Fall, und es wurde erheblich länger gesäugt, nämlich bis in das vierte und fünfte Lebensjahr hinein. Die Schulkindheit beginnt somit zu einem

---

[6] Diese zunächst lapidare Beschreibung umgeht die Beschreibung dessen, was eigentlich unter Kindheit zu verstehen ist. Kindheit beginnt biologisch gesehen mit der Geburt und endet mit dem Eintritt in die Geschlechtsreife. Angesichts der zunehmenden Komplexität moderner Gesellschaften markiert die Geschlechtsreife allerdings nicht mehr die finanzielle und bedingt auch die soziale Selbstständigkeit. Da sich die folgenden Ausführungen aber auf die Schulkindheit konzentrieren, wird die Ausweitung der Jugendphase hier nicht weiter diskutiert.

[7] Das Ausrufezeichen gibt nach der gebräuchlichen Umschrift einen im Deutschen nicht bekannten Schnalzlaut wieder.

Zeitpunkt, an dem die Selbstständigkeit der Kinder soweit gesichert ist, dass sie keiner speziellen Nahrung mehr bedürfen und die Lebensmittel der Erwachsenen zu sich nehmen können.[8]

(3) Kinder können sich relativ selbstständig versorgen.

Mit ca. sechs Jahren sind Kinder in der Lage, sich selbst zu versorgen, wenn die benötigten Ressourcen (Nahrung, Kleidung etc.) von anderen (in der Regel den Eltern) zur Verfügung gestellt worden sind[9]. Kinder können sich in diesem Alter alleine anziehen, sie können zubereitete Nahrung selbstständig zu sich nehmen und basale Funktionen der Körperpflege übernehmen (etwa selbstständig eine Toilette aufsuchen oder die Hände waschen). Sie können dies, da das Gehirn weit genug entwickelt ist, solche *feinmotorischen Tätigkeiten* zu koordinieren sowie hinreichend *planerisch* zu denken und es in der Regel zudem in den Jahren zuvor genug *Übungsmöglichkeiten* für solche Tätigkeiten gegeben hat.

(4) Die Muttersprache ist für die Alltagskommunikation verfügbar.

Ein weiteres Merkmal des fünften bis sechsten Lebensjahrs ist, dass der Erwerb der Muttersprache für Zusammenhänge der Alltagskommunikation bereits so fortgeschritten ist, das Kinder sich in der Regel selbstständig verständlich machen können – sie können sprechen und zuhören. Gleichzeitig ist der Spracherwerb aber noch nicht abgeschlossen. Durch den bereits erworbenen Sprachschatz ist die Teilnahme an einer sachorientierten Kommunikation möglich; sprachliche Förderung ist in dieser Entwicklungsphase aber dennoch besonders effektiv (vgl. auch Kapitel 3).

(5) Die Entwicklung des Gehirns ermöglicht Metakognition.

Im Alter zwischen vier bis sechs Jahren entwickelt sich das Gehirn in bemerkenswerter Weise. Kinder entwickeln in diesem Alter eine „Theorie des Geistes", d. h. sie werden fähig, über das Denken nachzudenken, und lernen damit zu strukturieren. Lise Eliot (2001, S. 589) spricht in diesem Kontext von der „erwachenden Vernunft", und Michael Tomasello (2002, S. 222) beschreibt diese neue Fähigkeit als „Metakognition". Die physiologischen Grundlagen dieser Veränderungen sind vielfältig.

(a) Von besonderer Bedeutung ist in diesem Alter die Entwicklung des *frontalen Stirnlappens*. Der präfrontale Kortex ist entwicklungsgeschichtlich ziemlich jung; bei älteren Säugetierarten ist er kaum vorhanden. Erst bei höheren Primaten und besonders beim Menschen nimmt er eine herausragende Stellung ein. Der Stirnlappen entwickelt sich langsamer als die anderen Teile des Gehirns. Erst im Alter von ca. sieben Jahren erreicht die Synapsendichte ihren Höhepunkt und nimmt dann bis auf ein stabiles Niveau in der Adoleszenz allmählich ab (vgl. Eliot 2001, S. 575). Diese langsame Entwicklung hängt einerseits von physiologischen Gegebenheiten ab. Das Gehirn ist nicht in der Lage, alles

---

[8] Das Ende der Jugend wird bei vielen Säugerarten mit dem Erwerb des letzten bleibenden Zahns bezeichnet. Auch beim Menschen korrelierte lange das Wachstums der „Weisheitszähne" in etwa mit dem Beginn des Erwachsenenalters. Angesichts der Verlängerung der sozialen Jugendphase entwickeln sich hier biologische und soziale Zäsuren zeitlich auseinander.

[9] In Notsituationen sind Kinder ab diesem Alter in Maßen fähig, selbstständig zu ihrem Lebensunterhalt beizutragen. Das hat die Forschung über die Situation von Straßenkindern gezeigt, die in den letzten Jahren die Überlebensstrategien von Kindern in solch prekären Situationen herausgearbeitet hat (vgl. dazu im Überblick Adick 1997; Liebel 2001).

gleichzeitig zu entwickeln; denn das würde deutlich zu viel Energie verbrauchen. Schon bei dem langsamen Entwicklungstempo verbraucht das Gehirn bei Kleinkindern im Vergleich zu Erwachsenen einen höheren Prozentanteil der täglich zugeführten Kalorien (vgl. a.a.O., S. 570). Andererseits verweist die langsame Entwicklung auf das Zusammenspiel zwischen Anlage und Umwelt, auf die genetischen Gegebenheiten und die Bedeutung des Lernens. Der Aufbau des Gehirns folgt nicht nur einem Reifungsprozess, sondern bedarf wesentlich der Erfahrungen durch Lernen (vgl. Kapitel 3).

Der Frontallappen ist der Teil des Gehirns, in dem das Denken über das Denken, d. h. die Selbststeuerung oder die Metareflexion, angesiedelt ist sowie die Steuerung von Affekten und die Unterdrückung anderer Meldungen des Gehirns (vgl. Roth 2001, S. 146 ff.). Erst durch die Entwicklung des Frontallappens gelingt es beispielsweise, zu der Einsicht zu gelangen, nicht etwas sofort zu sagen, sondern darauf zu warten, bis man an der Reihe ist. Die in diesem Teil des Gehirns gesteuerten Tätigkeiten sind grundlegend für das Erlernen komplexer Zusammenhänge. Die Entwicklung des Frontallappens ermöglicht überhaupt erst, die Aufmerksamkeit auf Lehrprozesse zu richten.

(b) Neben der Entwicklung des Frontallappens ist die Ausbildung der Myelinschicht zwischen den einzelnen Nervenzellen für die physiologische Ermöglichung des Denkens von zentraler Bedeutung. Man kann sich die Myelinschicht als eine Art Isolierung um die einzelnen Nervenstränge herum vorstellen. Diese ist nicht von Geburt angegeben, sondern entwickelt sich (mit der Zufuhr von Eiweiß) in der frühen Kindheit. Etwa mit dem sechsten Lebensjahr ist die Bildung der Myelinschicht weitgehend abgeschlossen (im Frontallappen bildet sie sich noch bis nach der Pubertät weiter aus). Die Myelinschicht ist eine weitere physiologische Bedingung für eine zielgerichtete Konzentration. Fehlt diese, ist es nicht mehr möglich, Assoziationen zu unterdrücken und sich zu konzentrieren.

Es ist sehr umstritten, ob sich mit diesen physiologischen Bedingungen alleine das beschreiben lässt, was die menschliche Fähigkeit zur Metakognition, zu dem, was „Geist" genannt wird, ausmacht (vgl. Kim 1998; Roth 2001). Fest steht aber, dass ohne diese physiologischen Grundlagen diese Fähigkeit gar nicht entstehen kann. Es ist sicher kein Zufall, dass die Schulkindheit in einer Lebensphase einsetzt, in der diese Prozesse abgeschlossen und damit die Vorraussetzungen für anspruchsvolle Reflexionen aus physiologischer Perspektive gegeben sind. Freilich müssen diese durch entsprechende Lernangebote gefüllt werden.

(6) Die gerichtete Aufmerksamkeit ist entwickelt und ermöglicht die Teilhabe an Lehrprozessen.
Im Gegensatz zu Primaten können Menschen Intentionalität verstehen und reflektieren. Dies hängt eng mit den oben beschriebenen physiologischen Grundlagen des menschlichen Gehirns zusammen. Ähnlich wie andere Säuger können bereits Säuglinge andere Personen als Lebewesen verstehen und damit ihr Verhalten wahrnehmen. Etwa von neun bis zwölf Monaten ereignet sich dann eine Entwicklung, die Michael Tomasello (2002, S. 77) als „die Neunmonatsrevolution" bezeichnet: Kinder beginnen, gerichtete, gemeinsame Aufmerksamkeit zu zeigen und damit ihr Gegenüber als intentionales Wesen zu verstehen. Das unterscheidet Menschen von subhumanen Primaten und bedingt Folgeoperationen, die wiederum die Tradierung von Kultur wesentlich bestimmen. Kinder verstehen ab diesem Zeitpunkt, dass das Gegenüber intentional aufmerksam ist, und sie lernen, gemeinsam mit einem Anderen die Aufmerksamkeit auf etwas Drittes zu richten.

Diese Erkenntnis wird mit der Entwicklung der Kinder ausdifferenziert, und etwa ab dem Alter von vier Jahren können Kinder andere als geistige Akteure verstehen. Damit ist das Verstehen gemeint, „dass andere Personen nicht nur diejenigen Absichten und diejenigen Aufmerksamkeiten haben, die sich in ihrem Verhalten manifestieren, sondern auch Gedanken und Überzeugungen, die sich im Verhalten ausdrücken können und die sich von der ‚wirklichen‘ Situation unterscheiden können" (Tomasello 2002, S. 209). Damit sind Kinder dann in der Lage, Überzeugungen wahrzunehmen und die Differenz zwischen Wünschen und Wirklichkeit einzuschätzen. Durch diese Fähigkeit können Kinder beginnen, selbst zu planen:

- „Sie beginnen, Regeln zu lernen und zu befolgen, die Erwachsene ihnen beigebracht haben, um ein theoretisches Problem besser zu lösen, und sie tun das relativ selbstständig (selbstgesteuert).
- Sie fangen an, soziale und moralische Regeln selbstgesteuert zu verwenden, um ihre spontanen Handlungsimpulse zu hemmen, ihre sozialen Interaktionen zu leiten und zukünftige Handlungen zu planen.
- Sie beginnen, aktiv den sozialen Eindruck zu verfolgen, den sie auf andere Leute machen, und betreiben so aktives Impressions-Management, was ihr Verständnis der Meinungen anderer über sie selbst widerspiegelt.
- Sie fangen an, verschachtelte Sätze mit mentalen Ausdrücken zu verstehen, wie z. B. ‚Sie denkt, dass ich X denke.‘
- Sie beginnen, Fertigkeiten der Metaerinnerung zu zeigen, die es ihnen ermöglichen, bei Gedächtnisaufgaben Planungsstrategien zu verwenden, z. B. wenn Erinnerungshilfen erforderlich sind.
- Sie fangen zu lesen und schreiben an, was zum großen Teil von metasprachlichen Fertigkeiten abhängig ist, die es ihnen gestatten, über die Sprache und ihre Funktion zu sprechen" (Tomasello 2002, S. 223). Hiermit ist weniger die Fähigkeit zum selbstständigen Lesen und Schreiben gemeint, als vielmehr die Tatsache, dass Kinder in diesem Alter in der Regel beginnen, die Funktion von Schrift aufgrund ihrer beginnenden metakognitiven Fähigkeit zu verstehen.

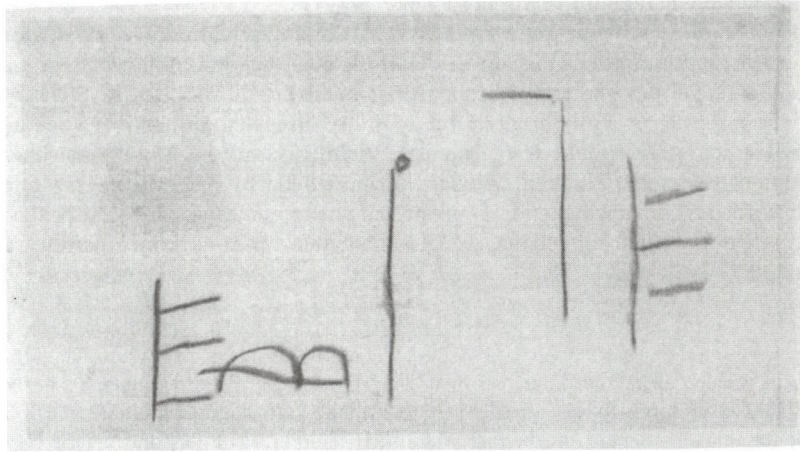

Abbildung 1: Die erste Postkarte von Clara, 4 Jahre. Clara hat verstanden, dass es Schrift gibt und mit dieser etwas ausgedrückt werden kann. Die Buchstaben eines Wortes („Liebe" als Anrede auf einer Karte) hat sie abgeschrieben, ohne aber deren Anordnung nachvollziehen zu können.

Es ist zu erwarten, dass der Beginn der Schulzeit deutlich erschwert wird, wenn, aus welchen Gründen auch immer, eine dieser Bedingungen nicht erfüllt ist. In mitteleuropäischen Zusammenhängen kann es zum einen aufgrund von familialen Konstellationen vorkommen, dass Kinder in ihrem Alltagsvollzug noch nicht hinreichend selbstständig sind (durch Überbehütung oder Vernachlässigung). Zum anderen ist nicht selten die Situation anzutreffen, dass Kinder zwar den Mutterspracherwerb hinreichend vollzogen haben, dieser stellt aber nicht die Grundlage schulischer Kommunikation dar. Die Grundschulzeit beginnt dann mit einem bedeutenden Handicap.[10]

Zusammenfassend kann festgestellt werden: Kinder werden ab der Geburt aus der völligen Hilflosigkeit (Altrizität) schrittweise immer selbstständiger. Zwischen dem vierten und dem sechsten Lebensjahr wird offensichtlich ein neues Plateau in dieser Entwicklung erreicht. Kinder sind in dieser Zeit zum einen selbstständig genug, um sich außerhalb ihrer Familie angemessen zu bewegen, zum anderen verfügen sie über sprachliche und kognitive Fähigkeiten, die ein systematisches Lernen in der Schule ermöglichen. Aufgrund der physiologischen Entwicklung des Gehirns und der damit verbundenen Metakognition sowie der Fähigkeit zur gerichteten Aufmerksamkeit beginnen Kinder am Ende der frühen Kindheit, selbstständig zu denken. Es ist von daher kein Zufall, dass in dieser Phase der Beginn der Schulzeit liegt.

(7) Das biologisches Ende der Schulkindheit: der Beginn der Pubertät bzw. der Geschlechtreife.

Während der Zeit der Schulkindheit bildet sich die synaptische Dichte des Frontallappens immer weiter aus. Durch jede Lernerfahrung verändert sich die neuronale Verschaltung des Gehirns ein wenig, so dass sich das Gehirn während der gesamten Schulzeit konstant verändert. Keines gleicht im Hinblick auf die neuronale Vernetzung dem anderen, jedes ist hoch individuell.

Das Ende der Kindheit – und damit auch der Schulkindheit – kann aus einer biologischen Perspektive durch den Beginn der Geschlechtsreife bzw. der Pubertät markiert werden. Die sexuelle Reifung und das Erwachsenenwerden setzen beim Menschen im Vergleich zu anderen Säugetieren sehr spät ein. Die Kindheit von Menschenkindern dauert doppelt so lange wie die von Menschenaffen.

Die beginnende Geschlechtsreife signalisiert das biologische Ende der Phase des Aufgezogenwerdens. In kultureller Hinsicht markiert die beginnende Geschlechtsreife unter den Lebensbedingungen des heutigen Mitteleuropas nicht den Beginn des Erwachsenenalters (der juristisch durch die Volljährigkeit auf 18 Jahre, in vielen Fällen aber auch auf einen wesentlich späteren Zeitpunkt festgelegt ist). Vielmehr sind die biologische und soziale Entwicklung auseinander gezogen. Mit dem hormonellen Umbau des Körpers während der Pubertät wird das „überschießende Denken" zugunsten eines stärker kontrollierten und systematischen Vorgehens abgebaut, die Möglichkeiten für affektkontrolliertes Verhalten nehmen zu[11].

---

[10] Gewarnt werden muss allerdings davor, solche funktionellen Überlegungen als Kriterien zur Schulfähigkeitsdiagnostik zu überdehnen: Schulfähigkeitsdiagnostik sollte der Förderung der Schulfähigkeit dienen und bedarf wesentlich feinerer Kriterien und entsprechender Instrumente (vgl. dazu ausführlich Kammermeyer 2000).

[11] Die biologischen Grundlagen des Lernens unter den Bedingungen der Pubertät wären eine eigene Darstellung wert (vgl. populärwissenschaftlich Strauch 2003).

3 Lernen: Die Plastizität des Gehirns

Die Beschreibung von Lernprozessen durch Beobachtungsmethoden und erklärende Theorien aus den Biowissenschaften steht bisher noch am Anfang. In den letzten Jahren ist zwar viel Detailwissen entwickelt worden, eine umfassende Theorie der Gehirnentwicklung, die das Gesamtsystem des Gehirns umfassend beschreiben könnte, steht aber noch aus. Zudem ist der interdisziplinäre Dialog zwischen der Erziehungswissenschaft und den Biowissenschaften an dieser Stelle noch unterentwickelt und in der Überdehnung der Aussagen häufig nicht unproblematisch (vgl. Bruer 2000; Becker 2002). Auch die nachfolgenden Aussagen sind vorsichtige Schritte in ein unübersichtliches Gelände.

3.1 Die autopoietische Erschließung von Welt

Wie arbeitet das Gehirn?

Wenn Kinder auf die Welt kommen, sind die Nervenzellen im Gehirn zum Zeitpunkt der Geburt im Wesentlichen angelegt. Sie sind nur wenig miteinander verbunden. Nicht die Nervenzellen machen die kognitive Leistung des Gehirns aus, sondern die Art ihrer Verbindung miteinander. Viele der Verbindungen wachsen im ständigen Kontakt mit der umgebenden Umwelt. Das Gehirn steht über Nervenzellen in Kontakt zu allen Körperteilen. Die aus den Sinnesorganen gesendeten Impulse regen zu entsprechenden Verbindungen an. Zudem sind die Neuronen des Gehirns noch nicht ausgewachsen, genauso wie in anderen Körperteilen findet auch im Gehirn Wachstum statt. Beide Prozesse, der Aufbau neuronaler Netze und das Wachstum der Neuronen, sind für die kindliche Entwicklung von Bedeutung.

Nun werden nicht wahllos alle neuronalen Verbindungen geknüpft und erhalten, die sich anbieten oder die entstanden sind. Vielmehr werden neuronale Verbindungen einem internen Bewertungsprozess unterzogen, der geeignete Verbindungsmuster heraussucht: „Das Gehirn entscheidet, gesteuert von seinen eigenen Bewertungen, welche Aktivitätsmuster Veränderungen der Verschaltung induzieren dürfen. Das hierfür benötigte Vorwissen liegt in der funktionellen Architektur der Bewertungssysteme gespeichert und ist genetisch festgelegt" (Singer 2001, S. 5). Ca. ein Drittel der einmal angelegten Verbindungen bleibt erhalten, der Rest wird wieder vernichtet. Nach welcher Logik diese Prozesse vollzogen werden, wird zur Zeit intensiv untersucht. Vermutlich sind sie vergleichbar mit einem darwinischen Ausleseprozess: „Kontakte werden im Überschuss angelegt und solche, die einer funktionellen Validierung standhalten, bleiben" (Singer 2001, S. 3). Werden Neuronenverbindungen nicht gebraucht, verschwinden diese.

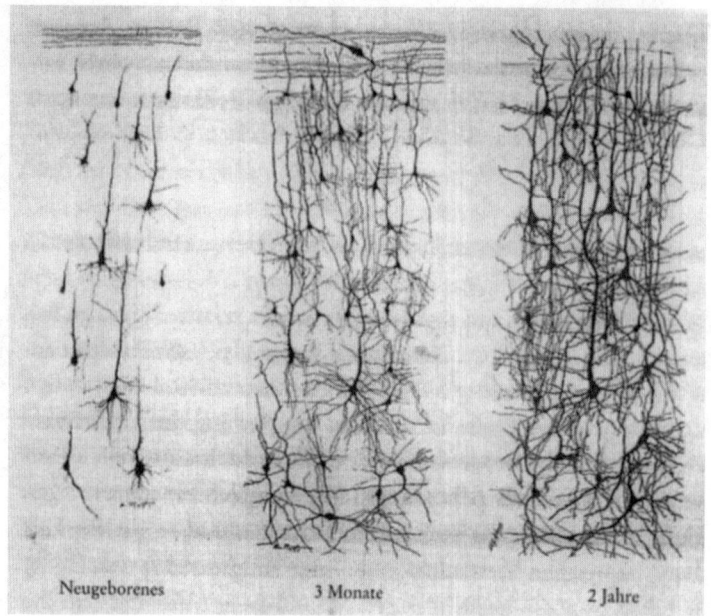

Neugeborenes   3 Monate   2 Jahre

Abbildung 2: „Zellwachstum in der Großhirnrinde während der ersten zwei Jahre. Nach der Geburt kommen keine Neuronen mehr hinzu, vielmehr sprießt während der ersten Lebensphase eines Kindes eine Fülle neuer Dendriten und Synapsen" (aus Eliot 2001, S. 42; dort zitiert nach Conel).

Genau genommen findet Lernen damit immer auf der Grundlage des schon Gekonnten oder Gekannten statt. Neues entsteht im Gehirn durch die Verknüpfung von schon Vorhandenem. Die Mannigfaltigkeit der Kombinationsmöglichkeiten lässt aber sehr unterschiedliche Denkstrukturen entstehen.

Was sind die Kriterien für eine Integration oder eine Nichtintegration von Neuronenverbindungen in den Gesamtkontext? Auch hierzu liegen einige erste Informationen vor. Offensichtlich ist das Gehirn keine „tabula rasa", sondern enthält gespeicherte Hypothesen, an denen entlang sich der Aufbau neuer Erkenntnisse organisiert. Diese sind unterschiedlich, angesichts der Tatsache, dass Menschen sehr unterschiedliche Dinge (Wissen, Verhaltensweisen, logische Muster, Bewegungen etc.) lernen.

(1) Gefühle
Gefühle stellen eine sehr wichtige Bewertungsinstanz für Eindrücke dar. Sie sind für den Aufbau der neuronalen Netze von Bedeutung sowie für die nachfolgende Handlungssteuerung. Da sie so wichtig sind, ist ihnen der nachfolgende Abschnitt 3.2 gewidmet; an dieser Stelle wird nur auf ihre Bedeutung verwiesen.

(2) Anschlussfähigkeit
Im Gehirn wird blitzschnell entschieden, ob ein Impuls aus der Umwelt an irgendeiner Stelle anschlussfähig ist. Die Anschlussfähigkeit kann im Einzelnen sehr unterschiedlich aussehen. Konvergenz und Divergenz zu bestehenden Mustern sind wichtige Aspekte, ebenso wie die konkrete Anknüpfungsmöglichkeit an bestehendes Wissen. Ohne Anschlussmöglichkeiten wird ein Impuls von Außen im Gehirn nicht aufgenommen, er rauscht einfach vorbei. Die Sinneswahrnehmungen von Außen werden in die elektrischen Reize des Gehirns umge-

wandelt und dann auf Anschlussfähigkeit überprüft. Dabei spielt die Art der Sinnesreizung – anders als in vielen pädagogischen Lehrbüchern unterstellt (z. B. bei Paradies/Linser 2003, S. 42) – keine Rolle: Die Wahrscheinlichkeit, sich eine Information zu merken, läge demnach, wenn man sie nur höre, bei 10 Prozent, jedoch bei 20 Prozent, wenn man lese und höre etc. Eine solche Argumentation bedarf der Differenzierung. Schließlich wird das Gehirn nicht durch Sinnesreizungen zu neuen Verbindungen angeregt, sondern dadurch, dass Sinnesreize als Sinneseindrücke zugelassen und diese dann im Gehirn in neuronale Verbindungen umgesetzt werden, also eine Anschlussmöglichkeit an bereits bestehende Verbindungen finden. Deshalb ist es nicht die Kombination mehrerer Sinne, die als solche zu einem besseren Lernergebnis führt, sondern bei unterschiedlichen Herangehensweisen ergibt sich eine höhere Wahrscheinlichkeit, Anschlussfähigkeit zu finden.

(3) Module

Das Gehirn verfügt vermutlich – dieser Theorieansatz ist allerdings nicht unumstritten[12] – über verschiedene *Module* zur Bearbeitung und Erkennung unterschiedlicher Probleme. Welche das sind, von wie vielen solcher „Module" man sprechen kann und wie diese im Einzelnen aussehen, ist umstritten. Bekannt ist, dass unterschiedliche Neuronen auf unterschiedliche Funktionen spezialisiert sind (vgl. Damasio 2000, S. 59 f.), z. B. auf die Bearbeitung von Formen oder Farben, Emotionen oder Sprache. Diskutiert wird, in welcher Form sich die Spezifität neuronaler Mechanismen in die Form der Informationsverarbeitung hinein verlängert. Offensichtlich ähnelt das Gehirn weniger einem Allzweckcomputer, der alle Probleme mit demselben Programm bearbeitet, sondern eher einem Schweizer Taschenmesser, das für unterschiedliche Probleme unterschiedliche Werkzeuge bereithält. Demnach wären eine Vielzahl kognitiver Programme evolviert, um spezifische Probleme lösen zu können. Diese „Module" (Cosmides/Tooby 1997) oder „Algorithmen" (Gigerenzer/Hugg 1992; Gigerenzer/Goldstein 1996) dienen z. B. dazu, den Spracherwerb zu steuern (Pinker 1998), den Umgang mit Wahrscheinlichkeiten und Häufigkeiten zu ermöglichen (Gigerenzer 2002), zu zählen (Pinker 1998, S. 419 ff.; Dehaene 1999) oder soziale Regeln zu verstehen (Cosmides/Tooby 1992). Auf die Bedeutung der Module wird in Abschnitt 3.4 eingegangen. Unklar ist bisher, wie sich die einzelnen Aktivitäten im Gehirn koordinieren bzw. wie einzelne Module gegenseitig koordiniert werden. In der Hirnforschung wird dieses Problem als „Bindungsproblem" diskutiert. Vieles spricht dafür, dass dieser Prozess dezentral abläuft (vgl. zu den einzelnen Modellen Singer 2002, S. 65–72).

(4) Eigeninitiative

Sehr bedeutend scheint die *Eigeninitiative* des Organismus zu sein. Häufig werden Verbindungen nur dann induziert, wenn sie „Folge aktiver Interaktion mit der Umwelt sind, bei denen der junge Organismus die Initiative hat" (Singer 2002, S. 50). Für viele Operationen sucht sich das Gehirn selbst die Informationen, die es braucht. Sowohl tätiges Handeln als auch Denken sind kognitiv gesteuerte Prozesse. Die Betonung der Eigentätigkeit und Eigeninitiative für das menschliche Lernen nobilitiert damit nicht die Bedeutung des praktischen Handelns vor dem Denken[13]. Vielmehr ist gerade auch die denkerische Eigentätigkeit

---

[12] Vgl. ausführlich in Abwägung verschiedener Modelle Barett u. a. (2002, 2 S. 270–294), Scheibel/Schopf (1997), auch mit Bezug auf erziehungswissenschaftliche Perspektiven Hirschfeld/Gelmann (1994).

[13] Gerade in Konzepten handlungsorientierten Lernens wird dieser Fehlschluss häufig gezogen (vgl. zur Handlungsorientierung kritisch Wöll 1998).

gemeint, die in diesem Kontext gleichermaßen wie das tätige Handeln von Bedeutung ist. Auf diesen Aspekt wird nochmals in Kapitel 4 zum schulischen Lernen eingegangen.

(5) Wiederholung

Neuronale Verbindungen bestehen umso sicherer, je öfter sie verwendet werden. Je häufiger eine Verbindung verwendet wird, umso automatisierter wird auch der mit ihr verbundene Impuls. Das Einüben bestimmter Verbindungswege, z. B. im motorischen Bereich das Erlernen des Laufens oder eines Musikinstrumentes, ist nur über die Wiederholung möglich. Wer häufig Fahrrad fährt, wird dabei geschickter. Wer sein Musikinstrument häufig übt, wird eine Zunahme der Geläufigkeit spüren. Wer den Zehnerübergang oder das Einmaleins häufig übt, wird dieses besser können. Wer die englischen Vokalen eifrig lernt, wird auch diese geläufiger verwenden können. Die Wiederholung ist damit ein wichtiges Kriterium für den Aufbau neuronaler Netze.

Zusammenfassend kann die Arbeitsweise des Gehirns stark vergröbert so beschrieben werden: Das Gehirn saugt nicht etwa wie ein Schwamm alle einströmenden Eindrücke auf, sondern arbeitet hoch selektiv nach der Maßgabe seiner eigenen Funktionalität.

Zeitliche Fenster

Mit der Geburt sind – wie bereits gesagt – die einzelnen Neuronen im Gehirn vorhanden. Mit der Entwicklung des Gehirns entstehen die Verbindungen zwischen den Neuronen. Das Gehirn bildet nach und nach seine volle Funktionalität aus. Verschiedene Bereiche der Hirnrinde entwickeln sich zu unterschiedlichen Zeiten. Dieser Prozess ist für die frühkindliche Entwicklung von großer Bedeutung und mit dem Beginn der Schulkindheit weit fortgeschritten[14]. Für manche dieser Entwicklungsvorgänge gibt es *„zeitliche Fenster" oder „sensible Phasen"*[15]. Werden diese verpasst, so verschwinden diese Neuronenverbindungen unwiederbringlich. Dies trifft z. B. auf das Sehen-Lernen zu: Kinder, die durch frühkindliche Infektionen an einer Hornhaut- oder Linsentrübung im Auge litten, sind nur dann zu heilen, wenn eine neue Hornhaut im frühen Kindesalter transplantiert wird. Eine Transplantation im Erwachsenenalter bleibt erfolglos, denn dann hat das Gehirn nicht gelernt zu sehen. Ähnliches passiert, wenn frühkindliches starkes Schielen nicht behandelt wird, dann verlieren Kinder die Fähigkeit zum Stereosehen (vgl. ausführlich Singer 2002, S. 47–49). Werden Kinder während entsprechend ensible Phasen, s.a. zeitliche Fenster",4,0,2>sensibler Phasen nicht durch Umweltreize zum Lernen angeregt, dann verkümmern die entsprechenden Dendriten. Umgekehrt können bei intensiver Förderung Areale ausgedehnt werden[16].

---

[14] Vgl. dazu ausführlich Eliot (2001). Die frühkindliche Entwicklung ist zwar wichtig, darf aber auch nicht überschätzt werden (vgl. Bruer 2000).

[15] In der Pädagogik ist das Konzept „sensibler Phasen" bereits seit dem Werk von Maria Montessori bekannt; allerdings unterscheiden sich die durch die Hirnforschung beschriebenen sensiblen Phasen von denen Maria Montessoris inhaltlich als auch in den Begründungsmustern.

[16] Werden aber beispielsweise Hirnrindenareale, die für das Sehen vorgesehen sind, durch Blindheit nicht verwendet, ist das Gehirn durch seine Plastizität in der Lage, diese für andere Tätigkeiten zu verwenden, so für den Tastsinn. Blinde, die mit den Händen Braille lesen, benutzen diese Areale, um die Muster zu entziffern (vgl. Singer 2002, S. 54).

Gibt es sensible Phasen während der Schulkindheit? Sicherlich setzt sich der bereits in der frühen Kindheit einsetzende *Spracherwerb* als sensible Phase bis in dieses Alter fort. Darauf wird in einem der folgenden Abschnitte (3.4) ausführlich eingegangen, das sei deshalb an dieser Stelle nur erwähnt. Ebenso werden viele *Bewegungsabläufe* im Kindesalter deutlich leichter gelernt, als dies im späteren Erwachsenenleben der Fall ist (vgl. Abschnitt 3.5).

Neugier und Exploration

Damit die jeweiligen Zeitfenster für Lernerfahrungen genutzt werden und Kinder hinreichende Erfahrungen für eine Entwicklung der synaptischen Dichte machen, ist *Neugier* angeboren. Das explorative Verhalten ermöglicht Kindern, unter durchschnittlichen Bedingungen menschlichen Aufwachsens diese besonders günstige Zeit des Lernens intensiv zu nutzen. Mit der Pubertät, das heißt mit dem Eintreten der Geschlechtsreife und der damit verbundenen Reproduktionsfähigkeit, nimmt das explorative Verhalten ab. Damit verbunden ist eine neuronale Umstrukturierung des Gehirns.

Kinder probieren gerne etwas aus und warten dann ab, ob dieses Verhalten durch die Umwelt bestärkt wird. Kleinkinder fangen beispielsweise von sich aus an, Laute zu bilden. Sie bieten ihrer Mitwelt eine Vielfalt von Lauten an, und die für die Muttersprache erforderlichen werden dann durch die Reaktion der Umwelt verstärkt. Ein weiteres Beispiel aus dem Schulalter: Viele Kinder fangen von sich aus an zu schreiben. Nachdem die Funktionslogik der Sprache durchschaut ist (phonologische Bewusstheit), schreiben Kinder häufig mit großer Lust selbstständige Mitteilungen.[17] Dieses Verhalten dient dem Aufbau vielzähliger Synapsenkombinationen, der Schaffung von Vielfalt, die dann im Gehirn wieder autopoietisch reduziert wird.

Für die Entwicklung der Kinder muss die Umwelt also hinreichend vielfältig sein, damit Kinder das, was sie suchen, auch finden können. Das gilt besonders auch im Hinblick auf komplexe Sozialbeziehungen. Dies bedeutet aber nicht, Kinder mit Angeboten zu überschütten: „Kinder werden aufgezwungene Angebote nicht annehmen, unnütze Zeit mit Abwehr verbringen und es schwer haben, das für sie Wichtige herauszufiltern" (Singer 2001, S. 10). Alleine aufgrund der zur Verfügung stehenden Zeit begrenzt sich das Angebot bzw. es ist nicht beliebig ausdehnbar. Neuigkeiten werden nur dann im Gehirn verankert, wenn eines oder mehrere der oben genannten Bewertungskriterien zutrifft. Das Herstellen von Anschlussmöglichkeiten und das eigene Tun spielen dabei eine große Rolle. Von daher sollte jedes Angebot an Kinder auch mit einem Reservoir an Zeit und an Möglichkeiten des Ausprobierens verbunden sein[18].

---

[17] Dieses Explorationsverhalten wird in modernen Lese- und Schreiblehrgängen gefördert und für das Erlernen der Schriftsprache fruchtbar gemacht (vgl. Brügelmann 1983; 2001).

[18] „In den allermeisten Fällen wird es [...] genügen, darauf zu vertrauen, dass die jungen Gehirne selbst am besten wissen, was sie in verschiedenen Entwicklungsphasen benötigen und dank ihrer eigenen Bewertungssysteme kritisch beurteilen und auswählen können. Kinder sind in aller Regel genügend neugierig und wissbegierig, um sich das zu holen, was sie brauchen" (Singer 2001, S. 11).

Das Gehirn als „Musterextraktionsmaschine"

Angesichts der Vielzahl an Eindrücken ist das Gehirn auf Sparsamkeit evolviert. Es werden nicht alle Einzelheiten wahrgenommen. Vielmehr findet eine Einordnung neuer Eindrücke in Kategorien sowie die Extrahierung von Gleichmäßigkeiten im Sinne von Regelhaftigkeit statt.

Das Gehirn ist unter anderem eben auch als eine „Musterextraktionsmaschine" evolviert. Mit der im Vorschulalter durch den Frontallappen und die Myelinschicht entstehenden Metakognition werden Kindern zunehmend Regelmäßigkeiten bewusst zugänglich – und gleichzeitig wird diese Fähigkeit durch Lust an Mustern trainiert. Kinder bilden gerne Muster. Sie geben ihren Spielen Regeln und sie suchen aus Vorgängen das Allgemeine (in diesem Sinne Muster) heraus. Damit werden Formen abstrakter Anschlussfähigkeit erprobt, Konvergenzen und Divergenzen erkannt und im Hinblick auf Regelkonformität unterschieden.

Das im vorhergehenden Buchteil von Ludwig Duncker beschriebene Phänomen des Sammelns bei Kindern ist vor diesem Hintergrund auch aus der Perspektive einer naturwissenschaftlichen Anthropologie zu erklären. Für die Sammeltätigkeit sind genaue Unterscheidungen von Ähnlichkeiten und Nichtähnlichkeiten als genaue Klassifizierungen notwendig. Kinder unterscheiden sehr genau, was sie sammeln und was sie nicht sammeln wollen. Ähnlich ist die kindliche Lust am Reimen zu erklären – auch hier zeigt sich die „Musterextraktion".

Autopoiese als Prinzip

Die Vorstellung vom „Nürnberger Trichter", man könne neues Wissen einfach in die Gehirne von Schülern einfüllen, hat nach den Ergebnissen der Neurowissenschaften endgültig ausgedient. Vielmehr verweist die Wirkweise des Gehirns auf den individuellen konstruktiven Anteil beim Lernen. Die Welt kommt nicht in den Kopf der Kinder; nein: Kinder machen sich Schritt für Schritt die Welt zugänglich[19]. Die Neurobiologie macht einmal mehr deutlich, was viele pädagogische Konzepte und erziehungswissenschaftliche Forschungsergebnisse schon seit längerem wissen: Kinder sind die Akteure ihres eigenen Lernprozesses. Dass sie dabei allerdings eine Umgebung brauchen, in der sie diese Lernprozesse auch machen können, ist außer Zweifel. Insofern werden sich aus den Erkenntnissen der Neurowissenschaft keine neuen didaktischen Anregungen ableiten lassen, zweifelsohne lassen sich aber bekannte didaktische Prinzipien neu begründen. Das Wissen über die Bedeutung des Kindes als Akteur seines Lernprozesses wird – mit explizitem Rekurs auf die Hirnforschung – vor allem auch in der konstruktivistischen Didaktik gepflegt (vgl. im Überblick Terhart 1999)[20]. Auch die empirische Unterrichtsforschung konnte zeigen, dass

---

[19] Das Gehirn beschäftigt sich in weit stärkerem Maße als bisher angenommen mit sich selbst: 80–90 % aller Verbindungen sind dem inneren Monolog gewidmet, die Signale aus der Umwelt werden nur über einen kleinen Anteil der Neuronen in die Großhirnrinde verwoben (vgl. Singer 2002, S. 103).

[20] In den Neurowissenschaften wird in meinen Augen allerdings intensiver als in der konstruktivistischen Didaktik über die Bedeutung der Beschränkungen als Bedingung für die Fortsetzung der Autopoiese diskutiert. Eine Untersuchung über die nur ausschnittsweise vorgenommene Rezeption neurowissenschaftlicher Semantik in der konstruktivistischen Didaktik steht noch aus (vgl. dazu Becker 2003).

die Organisation unterschiedlicher Zugänge zu Themen und das Zulassen vielfältiger Bearbeitungsformen, die dem Schüler Möglichkeiten für eigene Anschlussstellen bieten, für den Lernerfolg von elementarer Bedeutung sind (vgl. z. B. Baumert/Lehmann 1997).

Autopoietische Prozesse sind dadurch gekennzeichnet, dass sie durch die Beschränkung einer Struktur neue Vielfalt zulassen. Das Gehirn ist beschränkt, indem beispielsweise nur bestimmte Reize den Aufbau einer Neuronenverbindung ermöglichen oder bestimmte Reize nur auf eine bestimmte Weise verarbeitet werden können (nur wenige Menschen nehmen beispielsweise Töne als Farben wahr). Diese Beschränkung ermöglicht den Aufbau einer immensen Vielfalt und der Ordnung, die wir „Denken" nennen.

Lernen in der Schulkindheit

Bisher waren in diesem Abschnitt die Aussagen eher allgemeiner Natur. Unabhängig vom Alter arbeitet das Gehirn über neuronale Netze. Was lässt sich nun für das Lernen in der Schulkindheit präzisieren?

(1) Kinder, die in die Schule kommen, sind sehr verschieden.
Kinder im Schulalter haben in der Regel schon mindestens sechs Jahre Lebenserfahrung. In diesen Jahren haben sie bereits viel gelernt: über soziale Bindungen, sie haben ihre motorischen Fähigkeiten geschult, sie haben vielfältige Erfahrungen mit Sprache gesammelt, sie haben Wissen auf ganz unterschiedlichen Gebieten erworben, sie haben Freude und Angst in unterschiedlichem Ausmaß erfahren und vieles mehr. Die neuronalen Netze eines jeden Individuums haben sich völlig unterschiedlich geknüpft. Die auch aus der empirischen Grundschulforschung bekannte Tatsache „Jedes Kind ist anders" (Martschinke/Kammermeyer 2003) ist vor dem Hintergrund neurobiologischer Erkenntnisse gar nicht radikal genug zu sehen.

Die Unterschiedlichkeit der Kinder verweist auch auf die Bedeutung der *Lernerfahrungen der frühen Kindheit*. Schließlich sind die Lernerfahrungen aus dieser Zeit das Ergebnis aus den vorhergehenden Lebensjahren. Es gibt Hinweise, dass vor allem im Bereich der sozialen Bindung in den ersten drei Lebensjahren vermutlich sehr entscheidende Lernerfahrungen gemacht werden (vgl. Chisholm 1999), genauere Längsschnittuntersuchungen stehen allerdings noch aus. Auch wenn die frühe Kindheit für den Spracherwerb und die motorischen Fähigkeiten von großer Bedeutung ist: Es gibt Hinweise, dass bis zur Pubertät und zum Teil darüber hinaus hier noch viele Lernerfahrungen kompensiert werden können (vgl. Bruer 2000). Allerdings: Wenn die Schule auf diese große Unterschiedlichkeit nicht kompensierend eingeht, dann ist die Wahrscheinlichkeit groß, dass sich die Unterschiede zu gravierenden Leistungsdifferenzen ausweiten.

Damit gerade dieses nicht passiert, ist es unabdingbar, dass das Lernarrangement im Schulalter die unterschiedlichsten Anknüpfungsmöglichkeiten offeriert. Eine Vielzahl von sachlichen und methodischen Anschlussstellen macht es potenziell wahrscheinlicher, dass verschiedene Kinder sehr unterschiedliche Anschlussmöglichkeiten für ihren je eigenen Lernweg finden können. Die Integration der bereits vorhandenen Erfahrungen in das neue Lernangebot ist für den Aufbau neuronaler Netze von großer Bedeutung.

(2) Die Funktionsweise des Gehirns ermöglicht die Begründung bekannter didaktischer Prinzipien.
Mit den Neurowissenschaften werden manchmal unrealistische Heilserwartungen im Hinblick auf die Verbesserung des Unterrichtens verbunden (vgl. die kritische zusammenfassende Darstellung bei Becker 2003). Letztlich sind es nur wenige und in der Pädagogik

bekannte Zusammenhänge, die für den Aufbau einer Lernumgebung aus Sicht der Hirnforschung förderlich sind:

- *Gefühle* sind unabdingbar mit Lernprozessen verbunden. Sie können diese hemmen oder beflügeln (siehe Abschnitt 3.2).
- Die Bedeutung des *Übens* und *Wiederholens* wird herausgestellt. In jedem Lernbereich, sei es schulisches oder außerschulisches, systematisches oder gelegentliches Lernen, emotionales, kognitives oder motorisches Lernen, ist das Üben von Bedeutung.
- Die Bedeutung der *Eigentätigkeit* im Lernprozess wird herausgestellt. Lernen ist ein aktiver Vorgang, und eine Lernumgebung wird dann umso erfolgreicher, als sie Eigentätigkeit auf unterschiedlichen Gebieten ermöglicht.
- Lehrangebote sind dann attraktiver, wenn sie *Anschlussmöglichkeiten* für möglichst viele Kinder aufweisen. Kinder, die schon etwas können und etwas wissen, lernen mehr. Deshalb ist es bedeutend, dieses Vorwissen zu aktivieren.

(3) Lernen in der Kindheit ist spezifisch durch „Überschwang" geprägt.
In einer Dimension unterscheidet sich Lernen in der Kindheit gegenüber dem nachpubertären Lernen allerdings gravierend. Lernen in der Kindheit ist durch einen spezifischen Überschwang geprägt. Es ist nicht nur die häufig außergewöhnliche Energie, mit der Kinder die sie interessierenden Fragen verfolgen (die Erwachsene häufig erstaunt), sondern vor allem ihr „überschießendes" Denken (vgl. Eliot 2001, S. 47f.). Kinder produzieren Synapsenverbindungen im Überschuss, die später in der Pubertät und danach wieder abgebaut werden. Diese Überschussproduktion ist funktional; denn sie erlaubt in großem Umfang die Erprobung und den Aufbau eines Netzes durch Wiederholung (und damit die Stabilisierung der Lernerfahrungen, die auf Verstärkung stoßen). Die dadurch bedingte Vielfalt an Assoziationen und Ideen von Kindern ist Resultat dieses biologischen Vorgangs. Diese Vielfalt zu fördern und zu unterstützen ermöglicht Kindern, für sich die angemessenen Erfahrungen zu sammeln.

3.2 Lernen und Gefühle

Gefühle sind – wie oben angedeutet – ein sehr wichtiges Kriterium dafür, ob bzw. in welcher Form etwas wie gelernt wird. Gefühle sind letztlich Formen der Bewertung, die das abwägen, was auf einen Menschen einströmt. Diese Bewertung wird durch das Zwischenhirn (limbisches System) vorgenommen. Das Zwischenhirn koordiniert lebenswichtige Körperfunktionen wie das Wachen und Schlafen oder die Atmung, aber auch Aggressionen, Wut, Liebe und andere Gefühle, die weitgehend nicht durch das Bewusstsein kontrolliert werden. Sie sind dem Bewusstsein entzogen. Das Zwischenhirn ist entwicklungsgeschichtlich älter als der Neokortex (das Vorder- oder Endhirn, in dem sich das Bewusstsein überwiegend reguliert). Die unterschiedlichen Teile des Gehirns stehen in permanentem gegenseitigen Kontakt; unsere Gefühlswelt steht in Wechselbeziehungen mit dem, was wir als rational empfinden. Da Gefühle im älteren Teil des Gehirns angesiedelt sind, ist deren Kontrolle schwieriger als das bewusste Steuern von Denkprozessen. Damit kann das gesamte Gehirn letztlich als eine autopoietische Gefühlsmaschine interpretiert werden, das ständig fragt, ob es sich lohnt hinzuhören, hinzusehen, sich in eine Situation hineinzubegeben oder sich lieber zu entziehen, sich einer anderen Sache zuzuwenden, im weitesten Sinne „abzuschalten".

Bisher liegt keine allgemein akzeptierte Theorie der Emotionen vor, ebenso wenig wie ein Konsens über die Anzahl der Gefühle oder deren Klassifizierung [21]. Konsens besteht über die Aufgabe von Gefühlen als bewertender Instanz. Gefühle haben sich in der Stammesgeschichte entwickelt, um bei Veränderungen in der Umwelt sofort bewährte Reaktionsmuster zur Hand zu haben. Viele Gefühle (vor allem starke Gefühle) sind bewährte Reaktionsmuster, die direkte, angeborene physiologische Konsequenzen nach sich ziehen (vgl. Roth 2001, S. 258). Werden Menschen zornig, strömt Blut in die Hände (um verteidigungsbereit zu sein), der Puls beschleunigt sich und ein Adrenalinstoß im Körper stellt Energiereserven bereit. Lachen beruhigt und baut Stresshormone ab. Der körperliche Ausdruck von freundlicher Begrüßung über den Augengruß (Eibl-Eibesfeld 1987) ist ebenfalls angeboren und wird spontan in allen Kulturkontexten verstanden.[22]

Diese physiologischen Reaktionen auf starke Eindrücke sind jedem aus eigener Erfahrung bekannt. Sie wirken handlungsregulierend. Aber auch alle kleineren Ereignisse werden über das Gehirn durch Gefühle, die mit physiologischen Reaktionen in Verbindung stehen, reguliert. Wenn Kinder leichte Unlust verspüren, am Schreibtisch für ein Diktat zu üben, dann werden sie auch schlechter lernen – egal wie sehr sie sich zusammenreißen – als in Situationen, in denen das Üben Freude bereitet. Gelingt es ihnen aber beim Üben, selbst Anschlussmöglichkeiten zu finden und Eigentätigkeit zu erfahren, wird die Arbeit auch mehr Freude machen, sich das Gefühl positiv verändern und damit die Arbeit leichter von der Hand gehen. Gefühle sind als Bewertungsinstanz immer mit von der Partie. Sie lassen sich beeinflussen – ignoriert werden können sie freilich nicht.

Auch wenn eine Theorie der Gefühle noch aussteht, ist unstrittig, dass Gefühle und Bewusstsein sich gegenseitig beeinflussen. Unabhängig davon, wie diese Wechselbeziehungen konkret ausschauen, gilt: Der in der Pädagogik häufig aufgebaute Gegensatz von Denken und Fühlen ist nicht sinnvoll. Denken ist immer von Gefühlen als bewertender Instanz begleitet. Wie viele und welche Parameter in diese Bewertung eingehen, ist dem Lernen durchaus zugänglich. Die Angemessenheit der Bewertungsinstanzen zu üben und zu lernen ist gerade in der kindlichen Entwicklung wichtig. Goleman (1996) spricht nicht umsonst von „emotionaler Intelligenz". Mit der Entwicklung des Frontallappens im Kindesalter entstehen hier neue Möglichkeiten, da längere und über den unmittelbaren Eindruck hinausweisende Handlungszüge intellektuell zugänglich und in eine solche Bewertung integrierbar werden. Kinder sorgen selbst dafür, dieses zu lernen (beispielsweise über unendliche Fragespiele: Was ist, wenn?); eine Lernumgebung, die Konsequenzen sichtbar macht, dürfte aber sicherlich förderlich sein.

Neuigkeit, Anschlussfähigkeit und Eigenaktivität

Warum lernt man bei Unlust schlechter? Für das Gefühlserleben im Kontext von Lernen ist der Hippocampus, die Innenseite des Schläfenlappens der Großhirnrinde, von Bedeutung. In diesem, kaum Daumennagel großen Teil des Gehirns wird die Bewertung neuer Eindrük-

---

[21] Einen für Laien gut verständlichen Überblick bieten Roth (2001, S. 257–323) und Damasio (1994). Entwürfe zu einer allgemeinen Theorie der Emotion finden sich z. B. bei Ciompi (1997).

[22] Vgl. auch Scheunpflug (2001a, S. 103 ff.) und die Darstellung im Hinblick auf die Bedeutung des nonverbalen Kommunikationsverhaltens von Lehrkräften in Rosenbusch/Schober (2004).

ke vorgenommen. Lernen ist in gewisser Weise immer mit neuen Eindrücken verbunden und deshalb ist die Bedeutung dieses Gehirnteils für das Lernen in den letzten Jahren immer deutlicher geworden (vgl. Roth 2001, S. 160 ff.). Der Hippocampus hat die Aufgabe, neue Ereignisse bis zu ihrer endgültigen Vernetzung zwischen zu lagern. Man könnte ihn, grob gesprochen, mit einer Art Arbeitsspeicher des Gehirns vergleichen. Nur was hier schon einmal abgelagert wird, hat die Chance, überhaupt dauerhaft gespeichert zu werden.

Die Kriterien, mit denen hier entschieden wird, sind die gleichen, die grundsätzlich für den Aufbau neuronaler Netze stehen: Neuigkeit fokussiert die Aufmerksamkeit, Eigentätigkeit, Gefühle und Anschlussmöglichkeiten bedingen, ob etwas wahrgenommen wird. Wird einem Ereignis über eine multikriteriale Anschlussfähigkeit größere Bedeutung zugeschrieben, so werden mehr Details über dieses Ereignis in Erinnerung behalten. In der Regel können sich Menschen an das, was sie am 11. September 2001 gemacht haben, klarer erinnern als an das, was sie am 3. des gleichen Monats gemacht haben, da die Bedeutung der Zerstörung des World Trade Centers gleichsam wie ein Scheinwerfer gewirkt hat, dessen Licht das gesamte Kontextwissen mit abgespeichert hat. Damit ein Ereignis auch dann wahrgenommen wird, wenn es nicht spektakulär ist, ist die Eigenaktivität unabdingbar. Lernen setzt also immer eine gewisse Anstrengung voraus, nämlich die Anstrengung, zumindest nach einer Anschlussfähigkeit zu suchen.

Diese Notwendigkeit eigener Anstrengung steht in einem Balanceproblem zum Stress. Ist der Körper insgesamt zu stark angestrengt, dann wird ein Filter für Eindrücke geschaffen. Die Stresshomone reduzieren die Energieversorgung im Hippocampus. Damit wird die Neuigkeitszufuhr sozusagen gedrosselt (Roth 2001, S. 283 ff.).

Belohnungserwartungen

Neben den beschriebenen Kriterien für die gefühlsmäßige Bewertung kommen aber noch weitere hinzu, die sich in Gefühlsqualitäten äußern und gleichzeitig über Hormone den Körper physiologisch beeinflussen.

Zum einen belohnt sich das Gehirn – und damit auch der Körper – selbst. Das Gehirn verfügt über ein eigenes internes Belohnungssystem (wie dies funktioniert, ist im Einzelnen bei Roth 2001, S. 297 ff., zu finden), das vor allem dann anspringt, wenn etwas besser als erwartet ausfällt. Damit ist der Vorhersagewert eines Stimulus von Bedeutung und nicht nur die Belohnung an sich. Dieses Belohnungssystem arbeitet überwiegend mit dem Botenstoff Dopamin[23] sowie mit der Testosteronausschüttung[24]. Dopaminausschüttungen äußern sich in Interesse und Lust; umgekehrt äußert sich Dopaminmangel in Desinteresse und Lustlosigkeit.

Diese körpereigene Belohnung ist also weniger von der externen Zuschreibung des Erfolges abhängig, sondern vor allem von der subjektiv individuell vorgenommenen

---

[23] Dopamin spielt im Körper für verschiedene Aspekte eine Rolle, z. B. bei der Produktion des Prolaktins, einem Hormon, das für das Wachstum der Brustdrüse zuständig ist, oder für die Geschmeidigkeit von Bewegungsabläufen (bei Parkinson-Patienten liegt eine Störung des Dopaminhaushalts vor, deshalb werden die Bewegungen zunehmend zittrig). Im Folgenden wird aber aus Gründen der thematischen Straffheit ausschließlich auf die Bedeutung als internes Belohnungssystem eingegangen.

[24] Der Testosteronhaushalt wird im Folgenden übergangen; vgl. dazu im Hinblick auf schulische Fragen Scheunpflug (2001a, S. 104 f.).

Bewertung über die eigene Leistungserwartung. Wenn ein Kind die Erwartung hat, dass es in der Rechenprobe immer keinen Fehler hat, wird damit die Dopaminausschüttung bei keinem Fehler geringer sein als bei einem Kind, dessen Erwartung bei zwei Fehlern liegt, während es aber nur einen Fehler hat. Damit wird in der Schule vor allem der Umgang mit der Leistung in den Randbereichen zum Problem: Manchen Kindern werden häufig zu wenig Aufgaben gestellt, die noch eine lohnenswerte Herausforderung darstellen und die Erfahrung vermitteln, sich selbst zu übertreffen. Im unteren Leistungsbereich kann ein richtiger Teufelskreis in Gang kommen: Eine Verbesserung von 50 Fehlern im Diktat auf acht Fehler stellt eine gewaltige Leistung dar, die sich aber in der Note häufig nicht äußert.

Diese hormonelle Belohnungskaskade, die ja wiederum durch das mit ihr verbundene Interesse weiter interessensstimulierend wirkt, wird nicht nur durch übertroffene Erwartungen angeregt, sondern auch bei anderen Reizen. Die chemische Zusammensetzung von Kakao (bzw. Schokolade) regt die Dopaminproduktion ebenso an wie die von Kokain. Die bei Kindern und Erwachsenen weit verbreitete Sehnsucht oder gar Sucht nach Schokolade mag sich auch auf diese Eigenschaft gründen (vgl. Spitzer 2002, S. 184 f.). Außerdem soll die Dopaminproduktion durch angenehme Musik angeregt werden. Was jeweils als angenehme Musik empfunden wird, ist individuell sehr verschieden. Angenehme Musik führt – aus Gründen, die noch nicht eindeutig geklärt sind – offensichtlich auch zu einer solchen körpereigenen Belohnung (vgl. ebd.). Wird dieses Musikhören durch Eigentätigkeit (also durch eigenes Musizieren) ermöglicht, entsteht häufig tiefe Befriedigung[25]. Eine weitere Dopaminreaktion scheint durch freundliche Blicke hervorgerufen zu werden[26].

Kinder sind damit so evolviert, dass sie durch Erfolge lernen. Die positive Verstärkung ist Lehrkräften und Eltern in ihrer Bedeutung wohl vertraut, und die naturwissenschaftliche Anthropologie kann diese Bedeutung nur unterstreichen. Wichtig ist es vor allem auch zu verstehen, dass es sich um ein internes, durch die eigenen Erwartungen des Kindes gesteuertes Belohnungssystem handelt, das nicht immer mit der Außenperspektive von Erfolg und Nichterfolg korreliert. Das Belohnungssystem des Gehirns ist also nicht von außen direkt zugänglich, sondern wird autopoietisch produziert[27]. Gleichwohl werden Erwartungen von außen aber registriert und regen die interne Bewertung an. Das Gehirn ist so evolviert, dass nicht Gleichgültigkeit oder die Abwesenheit von Leistungserwartungen positive Gefühle induzieren, sondern eine Erwartung, die gemeistert werden kann. Ein solches positives, entspanntes Anregungsmilieu führt vermutlich am ehesten zu jener internen Bewertung, die Interesse und Lust produziert.

Angst und Furcht als schlechte Lehrmeister

Angst und Furcht sind zwar keine positiven Gefühle, sie haben sich aber aus funktionalen Gründen evolviert. In der Hominisation dürften gefährliche und angstbesetzte Situationen überwiegend überraschende Zusammentreffen mit gefährlichen Tieren oder mit Feuer

---

[25] Vgl. zur Bedeutung von Musik bzw. dem Musizieren auch die Ausführungen von Duncker aus der Perspektive einer geisteswissenschaftlichen Anthropologie in diesem Buch.

[26] In diesem Kontext ist auf die Bedeutung der nonverbalen Kommunikation über die Lehrersprache für den Unterricht zu verweisen (vgl. Rosenbusch/Schober 2004).

[27] Dieser Vorgang ist damit auch komplizierter, als es hier scheinen mag. Ein Eingriff in diese komplizierten Kreisläufe durch Medikation ist deshalb nur in gravierenden Fällen bei klarer medizinischer Indikation geboten.

gewesen sein. In einer solchen Situation ist es äußerst hilfreich, sich so schnell wie möglich aus der Gefahrenzone zu begeben. Für diese Situationen hat sich im Gehirn eine Art Notrufzentrale evolviert, die Mandelkerne. Bestimmte Reize, angeboren oder erlernt, werden, bevor sie überhaupt eingehend im Neocortex bearbeitet sind, an die Mandelkerne geleitet, die sofort dafür sorgen, dass der Körper auf Flucht und Abwehr vorbereitet wird: Puls, Blutdruck, Zuckerspiegel und Muskelspannung werden über die Hormone Adrenalin und Noradrenalin gesteigert, und damit wird ein schnelles Wegrennen erleichtert. Gleichzeitig werden neuronale Aktivitäten im Gehirn unterbunden, schließlich wäre langes Nachdenken bei drohender Gefahr eher kontraproduktiv.

Welche Reize sind es, die solche Abwehrreaktionen hervorrufen? Offensichtlich gibt es angeborene Muster (Schmerzen, extreme Reize wie Höllenlärm, aber auch das visuelle Muster von Schlangen etc.) sowie erlernte Muster aufgrund von Erfahrungen, beispielsweise bei Angst vor Hunden nach einem Hundebiss. Häufig werden aber auch Lernsituationen durch mit ihnen verkoppelte schlechte Erfahrungen, etwa im schulischen Kontext (Rechnen an der Tafel, Hausaufgabenkontrolle, Sprechen vor der Gruppe), mit Angst besetzt. Gerade in diesen Situationen ist der evolvierte Mechanismus (Weglaufen, nicht Denken) wenig hilfreich, sondern führt eher in einen Teufelskreis negativer Verstärkung. Da das Denken blockiert ist, kommt es wiederum zu einer schlechten Rückmeldung, die die Angst verstärkt und das Denken nachhaltig hemmt. Besonders stark blockiert ist die neuronale Neuvernetzung – während das Abrufen von bereits Gelerntem zwar nicht mehr gut, aber noch leidlich funktioniert, wird in solchen Situationen außer der Angst nichts hinzugelernt.

Leben Kinder in Angst, sei es durch die familiäre Situation, sei es durch die schulische Situation oder sei es durch das Umfeld, beispielsweise in einer Bürgerkriegssituation, sind sie in ihrer Entwicklung davon besonders betroffen. Angst gräbt sich tief in das Bewusstsein ein und später erlebte Situationen werden immer mit diesem Bewertungshintergrund bearbeitet. Zudem wird – vor allem bei länger andauernden Angstzuständen – nicht gelernt. Und dieses ist besonders für Kinder fatal.

Angsthormone werden – entsprechend ihrer Funktionalität – im Körper überwiegend durch Bewegung abgebaut. Bewegung entspannt. Auf die Bedeutung von Bewegung wird in Abschnitt 3.5. nochmals eingegangen, deshalb hier nur die kurze Erwähnung.

Körperkontakt und Lachen

Freiwilliger Körperkontakt wird in der Regel als sehr schön empfunden. Gestreichelt werden hat eine entspannende Wirkung, da über die damit verbundene Hautreizung Endorphine (das sind körpereigene Opiate) freigesetzt werden. Sie wirken schmerzlindernd, entspannend und beruhigend.

Kinder suchen diese entspannende Wirkung. Je jünger sie sind, desto intensiver werden Schmerzen (durch die noch nicht ausgereifte Handlungssteuerung im Frontallappen) erfahren und umso leichter lassen sie sich auch wieder durch die körpereigenen Opiate beruhigen. Haben sich Kinder weh getan, so suchen sie Körperkontakt bei einer vertrauten Person und lassen sich streicheln. Im schulischen Kontext ist dieser Körperkontakt zwar auch möglich, aber nicht mehr so leicht und einfach gegeben wie in der Familie und im Kindergarten. Viele Lehrkräfte nutzen aber die beruhigende Wirkung, die vom Streicheln ausgeht, in dem sie beispielsweise die Kinder anregen, sich mit Igelbällen gegenseitig vorsichtig zu massieren.

Bei Primaten lässt sich auch beobachten, dass sie sich gegenseitig kraulen, um freundschaftliche Beziehungen zu festigen. Bei Menschen hat sich aufgrund der Gruppengröße eine andere Form der sozialen Zuwendung etabliert, die die gleiche Wirkung haben kann. Dem Biologen Robin Dunbar (1998) zufolge entwickelte sich aus diesem Grund die menschliche Sprache zur Regelung von Sozialbeziehungen als ein funktionales Äquivalent zum Kraulen. Allerdings ist die beruhigende und stressabbauende Wirkung des Kraulens hier nicht gegeben. Alleine das Lachen regt ebenfalls die Endorphinproduktion an und wirkt entspannend, stressabbauend und schmerzlindernd. Mit dem Lachen wird es Menschen ermöglicht, auf Distanz zu kraulen (vgl. Dunbar 1998, S. 242 ff.), und Kinder tun dies besonders gern. Eine entspannte, fröhliche Atmosphäre trägt deshalb ebenfalls zu guten Lernvoraussetzungen bei.

Fazit

Gefühle sind dominante Faktoren für das Gelingen von Lernprozessen. Emotionen und Vernunft bzw. Kognition sind sehr eng verknüpft. Wer rationale Inhalte schulischen Lernens losgelöst von der Atmosphäre der Lernsituation oder den durch Vorerfahrungen bedingten Emotionen sieht, verkennt die dominante Rolle, die Gefühle im Lernprozess spielen. Eine *entspannte, vergnügte Atmosphäre* ist die beste Ausgangssituation, um neugierig neue Zusammenhänge kennen zu lernen. Lachen kann zu einer solchen Situation beitragen. Wichtig ist außerdem ein Anregungsmilieu, das erreichbare Erwartungen erkennen lässt. Von daher ist Anstrengung für Lernen förderlich. Als hinderlich erweisen sich Stress und vor allem Angst und Furcht.

3.3 Lernen: Nachahmung von Erfolgreichem

Über die bisher beschriebenen Mechanismen, dem Aufbau neuronaler Netze und der Bedeutung von Gefühlen, ließe sich wohl die individuelle Entwicklung von Menschen in ihrer Umgebung, kaum aber der Aufbau komplexer Wissensbestände und deren Weitergabe erklären. Gerade für das Lernen in der Schulkindheit ist dieses aber von Wichtigkeit. Welchen Grund sollte es haben, dass Kinder in der Regel gerne und vergnügt rechnen und schreiben und andere menschliche Kulturgüter lernen?

Zu dieser Frage gibt es unterschiedliche Theorien (Tomasello 2002; Boyd/Richerson 1992). Ihnen ist gemeinsam, dass die Imitation, d. h. die Nachahmung, für das Lernen eine wichtige Rolle spielt.

Imitation

Das „Nachahmen" wird umgangssprachlich auch mit dem Begriff des „Nachäffens" beschrieben. Im Vergleich zwischen Menschen und Primaten lassen sich allerdings zwei unterschiedliche Formen des Nachahmens feststellen: Nachahmen im Kontext der Veränderung des Zustands der Umgebung (Emulation) oder Nachahmung im Hinblick auf das Verhalten von Artgenossen (Imitation). Während Primaten überwiegend emulativ nachahmen, ist es das spezifische Verhalten von Menschen, imitativ nachzuahmen. Was ist der Unterschied?

Wenn Schimpansen ihrer Mutter zuschauen, die einen Holzblock wegrollt, um darunter Insekten zu finden und zu verzehren, werden sie dies nachahmen. Allerdings lernen sie dabei, dass sich unter dem Holzblock Insekten befinden – nicht aber die Strategie, wie die Mutter den Holzblock wegrollt. Menschenkinder hingegen ahmen die gesamte Strategie nach und verstehen die dahinter liegende Intention. Das bedeutet auch, dass sie – im Gegensatz zu Primaten – uneffektives Verhalten nachahmen. Tomasello und andere konnten in einem Experiment zeigen, dass Menschenaffen und Kleinkinder deutlich unterschiedliche Strategien verfolgen:

„Nagell, Olguin und Tomasello zeigten z. B. Schimpansen und zweijährigen Menschenkindern ein rechenartiges Instrument und einen Gegenstand, der außer Reichweite lag. Das Instrument konnte auf eine von zwei Weisen verwendet werden, die zu demselben Ergebnis führten, nämlich zum Erreichen des Gegenstands. Eine Gruppe von Probanden der jeweiligen Art beobachtete, wie ein Vorführender eine Methode des Werkzeuggebrauchs verwendete, die weniger effizient war, und eine andere Gruppe beobachtete die andere, effizientere Methode des Gebrauchs. Der Versuch ergab, dass, während die Menschenkinder im Allgemeinen in beiden Versuchsbedingungen die Methode des Vorführenden nachmachten (Imitationslernen), die Schimpansen verschiedene Dinge taten, um den Gegenstand zu erreichen, und diese waren von der selben Art, gleichgültig welche Methode sie beobachtet hatten (Emulationslernen). Interessanterweise bestanden viele Kinder selbst im Falle der weniger effizienten Methode auf der Reproduktion des Erwachsenenverhaltens, was in dieser Versuchsbedingung zu einer Leistung mit geringerem Erfolg führte als bei den Schimpansen" (Tomasello 2002, S. 41).

Imitationslernen ist also nicht immer effektiver als Emulationslernen. Imitation stellt anders als die Emulation eine stärker sozial orientierte Strategie dar. Für Menschen ist die unterstellte Zielstellung einer nachgeahmten Vorführung ein zentraler Aspekt der Wahrnehmung. Das Ziel wird von den Mitteln der Durchführung unterschieden und damit die Strategie zur Erreichung des Ziels in besonderer Weise wahrgenommen. Schimpansen hingegen konzentrieren sich auf die Änderung eines Zustands der an einer Handlung beteiligten Gegenstände und nehmen die Handlungsschritte ihrer Vormachenden nur als ungefähre Körperbewegung wahr.

Die Fähigkeiten des Menschen, etwas genau zu imitieren, sind von der bereits oben beschriebenen Fähigkeit, die Intentionalität des Gegenübers zu unterstellen, nicht zu trennen. Diese Fähigkeit hat zwei Konsequenzen: Die Potenzialität der Fokussierung auf gemeinsame Aufmerksamkeit ermöglicht, dass das Nachahmen durch Zeigen über intentionale Lehre effektiviert wird (darauf wird in Kapitel 4 weiter eingegangen). Zudem wird die kulturelle Tradierung durch gezielte Nachahmung des kulturell Erfolgreichen beschleunigt.

Nachahmung: Die Bedeutung der Eltern und sozial akzeptierter Bezugspersonen

Warum ist die Imitation für die kulturelle Tradierung von Bedeutung? Kulturelle Errungenschaften können in der Regel als erfolgreiche Lösungen für ein Problem[28] beschrieben werden. Erfolgreiche Lösungen sind aber nicht immer aus der Perspektive des einzelnen Individuums als solche zu erkennen. Beispielsweise ist es hoch riskant, den Giftgehalt von Pflanzen durch eigenes Probieren herauszufinden. Weit einfacher ist es, zunächst das zu essen, was in der eigenen sozialen Umgebung vor allem von den Menschen, denen man vertraut, gegessen wird. Oder: Die mit der ‚Null' verbundenen Vereinfachungen im Rechnen lassen sich erst über Mathematikkenntnisse verstehen; es ist einfacher, die Existenz der Null einfach mitzulernen, da die Umgebung mit dieser rechnet. Die erfolgreichen Lö-

---

[28] Diese Beschreibung ist stark vereinfacht, soll aber für den hier beschriebenen Zusammenhang genügen; ausführlich aus biowissenschaftlicher Perspektive Boyd/Richerson (1985).

sungen lassen sich als solche häufig nicht selbst erkennen, sondern es wird unterstellt, dass das, was in der Umgebung passiert, das Erfolgreiche darstellt.

Kinder scheinen mit der Hypothese auf die Welt zu kommen, dass das, was in ihrer Umgebung passiert, erfolgreiche Lösungen sind, die sich zu imitieren lohnen. Sie sind deshalb darauf evolviert, das Verhalten ihrer Umgebung zu imitieren. Schon Säuglinge ahmen die Laute nach, die von der Umwelt verstärkt werden. Diese Verhaltensweisen wirken bis in die Schulkindheit. Schulkinder gehen noch von der Hypothese aus, dass das, was ihre Eltern ihnen vormachen, das ist, was sich nachzuahmen lohnt. Im Sinne der oben entfalteten „Better-Adult-Hypothese" ist dieses Verhalten in der Regel für viele Bereiche der Lebensbewältigung funktional. Schulkinder haben sich damit in den bereits hinter ihnen liegenden Lebensjahren elementare Verhaltensstrategien von ihren Eltern abgeschaut. Da sie weniger Emulationslernen als vielmehr Imitationslernen verfolgen, liegen die Nachahmungsleistungen weniger im Gebrauch von Messer und Gabel oder der Zahnbürste als vielmehr in den komplexen Strategien und Werten der Eltern: der Einschätzung der Bedeutung von Bindung und sozialer Verlässlichkeit, der Sprache, der Bedeutung von Kommunikation etc. Ist das Vertrauen von Kindern in ihre Bezugspersonen in der Zeit der frühen Kindheit empfindlich missbraucht worden, dann zieht diese Enttäuschung häufig schwer wiegende Konsequenzen in der Entwicklung nach sich.

Nachahmung des Erfolgreichen

Sich alleine auf die Eltern zu verlassen, kann allerdings keine Strategie sein, die durch die gesamte Kindheit trägt. Für Menschen ist aufgrund ihrer Gefühlsausstattung Erfolg attraktiv. Gefühle prämieren dadurch Erfolg, dass übertroffene Erwartungen durch Hormonausschüttung Wohlgefühle produzieren (wie bereits dargestellt, siehe Abschnitt 3.2). Das, was in der Umgebung der Kinder Erfolg auf sich zieht, wird damit zu einem besonderen Anziehungspunkt, zu einem Fokus von Nachahmung[29].

Nur: Was heißt erfolgreich? Unter Berücksichtigung des oben beschriebenen hormonellen Mechanismus wird Erfolg als das Übertreffen der eigenen Erwartungen beschrieben. Dieser Erfolg bezieht sich zunächst einmal auf das eigene Verhalten, dann aber auch auf das anderer: Erfolg ist das, was andere besser machen als man es selbst vermag. Imitationswert wird der Bereich, der am ehesten Erfolg verspricht.

Erfolg ist damit zunächst eine hoch *individuelle Bezugsnorm*. Diese individuelle Bezugsnorm ist vermutlich auch durch das Bemühen um bestmögliche *biologische Funktionalität*, d. h. um die Erhöhung der eigenen Reproduktionschancen gekennzeichnet. Dieser Zusammenhang zwischen Erfolgsimitation und Reproduktion ist zwar theoretisch gut begründet (vgl. Voland 2002, S. 21 ff.; Chisholm 1999), allerdings steht der empirische Beleg für entsprechendes Verhalten im Kindesalter noch aus (vgl. in Ansätzen Chasiotis 1999). Diese Bezugsnorm wird geschlechterspezifisch differieren, da das Investment in die Reproduktion zwischen den Geschlechtern unterschiedlich ist (dieser Aspekt wird in Abschnitt 3.6 genauer entfaltet). Mögliche Kriterien für Erfolg sind sozialer Erfolg oder Leistungserfolge auf verschiedenen Gebieten. Der Erfolg kann sich sofort einstellen (z. B.

---

[29] Naturwissenschaftler begründen über diese Strategie die Entstehung kultureller Tradierung bzw. das Entstehen von Kultur: „Kulturgeschichte begann, als das survival of the fittest ein imitation of the fittest in Schlepptau nahm" (Voland 2000, S. 24; i.O.h.; vgl. Boyd/Richerson 1985; im Überblick Voland 2000, S. 21 f.).

durch das Tragen modischer Kleidung und einer damit verbundenen Anerkennung durch die Gruppe) oder erst langfristig ermöglicht werden, etwa im Hinblick auf die Möglichkeit, ein Instrument spielen zu können oder eine Fremdsprache zu beherrschen. Das langfristige Erfolgsversprechen ist gegenüber kurzfristig einlösbaren Erfolgen natürlich weniger attraktiv – ein Grund für die Affinität der Schule zu Leistungskontrollen (vgl. Kapitel 4).

Die Bedeutung des Erfolgreichen im Kontext evolutionärer Theoriebildung kann leicht als normatives Erfolgskriterium missverstanden werden. Erfolg ist hier als eine subjektive, individuelle Bezugsnorm vor dem Hintergrund eigener Verhaltensbilanzen zu verstehen. Eine Karriere, die im Knast endet, ist für manche Menschen durchaus ein individueller Erfolg. Sie kann dann als Vorbild dienen, wenn sich damit in einer entsprechenden sozialen Umgebung ein Gewinn an sozialer Anerkennung verbuchen lässt (auch wenn gesamtgesellschaftlich gesehen mit einem solchen Verhalten eher ein Verlust des Sozialprestiges einhergeht). Gesamtgesellschaftlich lassen sich Wahrscheinlichkeiten für Erfolg beschreiben, die allerdings nicht zwingend individuelle Bilanzen kennzeichnen müssen. Es gibt Verhaltensformen, die im Hinblick auf bestimmte Kriterien (zum Beispiel Verdienstmöglichkeiten, persönliches Risiko, Chancen auf Gründung einer Familie) im statistischen Durchschnitt mit mehr oder weniger Aussichten auf Erfolg beschrieben werden können. Ein hoher Bildungsabschluss ermöglicht wahrscheinlich ein höheres Einkommen bei geringerem persönlichen Risiko als ein niedrigerer oder gar kein Bildungsabschluss. Damit ist aber noch nichts über die jeweils individuelle Erfolgsbilanz ausgesagt. Vor diesem Hintergrund ist die Chiffre „Erfolg" nicht mit einem impliziten normativen Hintergrund zu gebrauchen. Vielmehr ließen sich Wahrscheinlichkeiten für erfolgreiches Verhalten beschreiben, ohne jedoch damit Vorhersagen für individuelles Verhalten verknüpfen zu können.

Nachahmung und schulisches Lernen

Bildung ermöglicht potenziell wahrscheinlich den Zugang zu einem ökonomisch erfolgreicheren Leben. Lernen im Alter der Schulkindheit profitiert von dieser Präferenz des Erfolgreichen. Von daher wird Schule für die Mehrzahl der Kinder attraktiv; sie unterstellen, dass in der Schule etwas für sie Wichtiges passiert.

Dabei ist die Kongruenz zwischen schulischer und elterlicher Weltwahrnehmung förderlich. Aus der Schulpädagogik ist die Kooperationsnotwendigkeit zwischen Elternhaus und Schule schon lange bekannt; aus der Perspektive einer naturwissenschaftlicher Anthropologie wird sie nochmals begründbar. Da Kinder ihre Eltern als Bezugsgröße gleichsam internalisiert haben, werden Lehrkräfte, die Eltern kritisch gegenüberstehen und Schüler dies spüren lassen, nicht überzeugend wirken. Gleichzeitig können Eltern, die ihre Kinder zu Komplizen ihrer eigenen Schulkritik machen, das positive Verhältnis ihrer Kinder zum schulischen Lernen nachhaltig gefährden. Das Modell der Eltern genießt im Kindesalter gegenüber anderen Präferenz; dies ändert sich erst mit der einsetzenden Pubertät.

Auch die pädagogisch schon seit Generationen bekannte Tatsache, dass Lehrkräfte hinter dem stehen müssen, was sie unterrichtlich vermitteln, kann aus der Perspektive dieses Theorieangebotes neuerlich begründet werden. Wenn nicht einmal die Lehrerin bzw. der Lehrer den vermittelten Unterrichtsstoff als kulturell erfolgreich und deshalb zu tradierendes Gut ansieht, dann werden es die Schüler vermutlich nicht für wichtig erachten. Glaubwürdigkeit und Authentizität werden von Schülern als Indizien für die Nachahmenswürdigkeit von Verhalten bzw. zu lernenden Inhalten gegenüber der nur sachlichen Nennung der Dringlichkeit und Wichtigkeit von Dingen bevorzugt werden, da rationale Einsicht gegenüber den Botschaften des Gefühls weniger Bedeutung beigemessen wird.

3.4 Lernen: Sprache, Zahlensinn und andere Module

Es wurde bereits angesprochen, dass einige biologische Theorien davon ausgehen, dass Menschen mit Modulen der Welterkennung geboren werden und die damit verbundenen Fähigkeiten im Laufe ihrer Entwicklung – zum Teil in „sensiblen Phasen" – erweitern und vertiefen. Im Folgenden werden zwei der für das schulische Lernen besonders wichtigen Module genauer dargestellt: Der Spracherwerb und der Umgang mit Zahlen.

Das Erlernen von Sprache

Eines der Module des Menschen ist der Spracherwerb. Kinder lernen in einer entsprechenden Sprachumgebung von alleine eine Sprache. Die Grundlagen dieses Prozesses sind nicht hinreichend geklärt. So wird unter Biologen zur Zeit darüber gestritten, wie sich der Algorithmus zum Spracherwerb genau beschreiben lässt. Stephan Pinker (1996) geht davon aus, dass Menschen eine Universalgrammatik angeboren ist (er nennt sie „mentalesisch"; vgl. auch die empirischen Ergebnisse von Musso u. a. 2003), die im Umgang mit einer Sprache dann spezifisch ausdifferenziert wird. Michael Tomasello (2002) interpretiert das Sprachmodul als Konsequenz einer angeborenen Fähigkeit zur gerichteten Aufmerksamkeit. Der Konsens der Forscher liegt aber darin, die Sprachfähigkeit des Menschen als Teil seiner biologischen Ausstattung zu interpretieren: „Sprache ist kein kulturelles Artefakt, das wir auf dieselbe Art und Weise erlernen wie das Lesen einer Uhr oder den Aufbau der Bundesregierung. Sie bildet vielmehr einen klar umrissenen Teil der biologischen Ausstattung unseres Gehirns. Sprache ist eine komplexe, hoch entwickelte Fertigkeit, die sich ohne bewusste Anstrengung oder formale Unterweisung beim Kind ganz spontan entwickelt und sich entfaltet, ohne dass das Kind sich der ihr zugrunde liegenden Logik bewusst wird [...]" (Pinker 1996, S. 21).

Folgende Hinweise sprechen für die Interpretation der Sprachfähigkeit als einem angeborenen Modul:

- Bei allen Menschen, die in einer sprachlichen Umgebung aufwachsen, lässt sich ein spontaner Mutterspracherwerb beobachten. Dieser spontane Spracherwerb ist unabhängig von anderen allgemeinen Fähigkeiten wie der allgemeinen Informationsverarbeitung oder der generellen Intelligenz.
- Die Zeichensprachenrepräsentation von Taubstummen findet im Gehirn im Sprachzentrum statt (und nicht in der Gegend, in der nonverbale Kommunikation decodiert wird; vgl. Roth 2001, S. 360).
- Wachsen Kinder in einer Pidgin-Umgebung auf, bilden sie diese Sprache beim Lernen zu einer voll funktionsfähigen Kreol-Sprache um. Erwachsene können dies nicht (vgl. Pinker 1996).
- Kinder können im Unterschied zu Primaten kommunikative Absichten verstehen. Geteilte Aufmerksamkeit spielt vor allem im Säuglingsalter eine große Rolle beim Spracherwerb (Tomasello 2002, S. 122).

Charakteristisch für die Sprachentwicklung ist die *Alterssensibilität*. Die Sprachentwicklung findet in einer dafür sensiblen Phase statt – danach können Sprachen nur noch als Fremdsprachen ohne die Sicherheit der Muttersprache erlernt werden. Die sensible Phase für den Spracherwerb beginnt mit der so genannten Lallphase im ersten Lebensjahr und endet spätestens mit der Pubertät. Nach der Pubertät gelingt der akzentfreie Erwerb einer Zweitsprache in der Regel nicht mehr. Wichtige Schritte des Spracherwerbs finden in der frühen Kindheit statt. Das hängt damit zusammen, dass für die komplexen Prozesse des Grammatikerwerbs offensichtlich das Bewusstsein ausgeschaltet ist. Je weiter entwickelt der Frontallappen ist (der ca. mit dem fünften Lebensjahr planvolles Handeln zulässt und bis zur Pubertät an synaptischer Dichte zunimmt), desto schwieriger wird das Erlernen von Grammatik (vgl. Dichgans 1994; Eliot 2001, S. 523 ff.). Mit sechs bis sieben Jahren sinkt damit die Möglichkeit, eine Sprache als Muttersprache zu erlernen, im Vergleich zu den Vorjahren ab. Die Grundlagen für den Spracherwerb werden in den Jahren der frühen Kindheit im Elternhaus und im Kindergarten sowie in den ersten beiden Jahren der Grundschule gelegt. Aber auch in den nachfolgenden Schuljahren kann noch viel zur Kompensation sprachlicher Defizite getan werden.

Bedingungen für den Spracherwerb

Der Spracherwerb läuft als Modul weitgehend automatisiert ab. Die einzige Bedingung ist eine Umgebung, die eine Sprache spricht, die Möglichkeit, diese Sprache zu hören (durch hinreichendes Hörvermögen) und sie selbst ebenfalls zu sprechen. Der Verlauf des Spracherwerbs verläuft geschlechtsspezifisch leicht differierend, bei Mädchen beginnt der Spracherwerb im statistischen Durchschnitt etwas früher als bei Jungen. Eliot führt dieses darauf zurück, dass die dominanten Sprachzentren des Gehirns in der linken Hemisphäre bei Mädchen früher reifen als bei Jungen, ohne allerdings dieses Phänomen wiederum erklären zu können (vgl. Eliot 2001, S. 545).

Darüber hinaus lassen sich Bedingungen beschreiben, die qualitativ den Spracherwerb beeinflussen und damit auch für die schulische Organisation von Sprachentwicklungsprozessen von Bedeutung sind (vgl. Eliot 2001, S. 546 ff.):

- Je *früher* Kinder mit Sprache konfrontiert werden, umso problemloser und besser verläuft die Sprachentwicklung.
- Der *Umfang* der Interaktion zwischen Kindern und ihren Bezugspersonen hat einen Einfluss auf die Sprachentwicklung. Je früher und häufiger Bezugspersonen mit Kindern sprechen, umso souveräner lernen Kinder mit Sprache umzugehen. Dabei ist es von Bedeutung, dass die Sprache an das Kind selbst gerichtet wird.
- Die *emotionale Qualität* der Interaktion ist für den Spracherwerb von Bedeutung. Eine positive und lobende Interaktion bestärkt die Sprachentwicklung, hingegen wird sie durch einen einschränkenden Sprachgebrauch („Nein, mach das nicht!", „Hör auf damit!" etc.) deutlich negativ beeinflusst.
- Die *sprachliche Qualität* ist für den Spracherwerb von Bedeutung. Während in der Säuglingsphase die so genannte „Babysprache" (hoher Tonfall, Glissandi, kurze Sätze) von Bedeutung ist, um das Lallen des Kindes zu evozieren (vgl. Barett u. a. 2002, S. 345), wird mit zunehmendem Alter der Kinder eine klare und ihrem Entwicklungsstand angemessene Sprache von Wichtigkeit.
- Eine wichtige Funktion für den Spracherwerb haben *Wiederholungen*. Kinder haben daran Freude, mehrfach die gleiche Kassette oder Geschichte zu hören. Diese Wiederholungen sind funktional, da damit die neuronalen Leitungsbahnen im Gehirn verstärkt werden.
- Überaus wichtig für den Spracherwerb ist das *eigene Sprechen*. Kinder, die von ihren Eltern nicht zum Sprechen ermutigt werden oder nur dem Fernseher zuhören, lernen eine Sprache signifikant schlechter als diejenigen, die selbst die Gelegenheit zum Sprechen haben. Dabei sind vor allem Gespräche mit einem inhaltlichen Faden von

Bedeutung, die Korrektur von Grammatikfehlern hat auf den Spracherwerb einen negativen Einfluss (da sie den unmittelbaren und spontanen Sprachzugang hemmt).

- Das *Vorlesen* stärkt den Spracherwerb deshalb signifikant, da der Alltagswortschatz erweitert wird und die grammatikalischen Strukturen klar hervortreten. Besonders effektiv ist das Vorlesen, wenn es mit Gesprächen verbunden wird.
- Sprachförderung braucht *Geduld* und *Zeit*. Der Spracherwerb ist biologisch als mehrjähriger Prozess in einer sprachlichen Umgebung angelegt. Ist diese sprachliche Umgebung, z. B. durch deprivierte Lebensverhältnisse bei gleichzeitig hohem Medienkonsum, unterdurchschnittlich sprachintensiv, ist nicht zu erwarten, dass ein sprachlicher Rückstand durch eine Stunde Förderunterricht innerhalb eines Schuljahres ausgeglichen wird. Vielmehr ist eine konsequente und zeitintensive Sprachförderung in der Kindergartenzeit und über die gesamte Grundschulzeit notwendig.
- Bei guten Bedingungen läuft der Spracherwerb *selbstständig* und wird durch das *Kind gesteuert* (z. B. durch den Wunsch nach Vorlesen, durch gesuchte Gespräche etc.).

Lesen: Sprache in Schrift

Der Erwerb der Schriftsprache ist eines der wesentlichen Merkmale der Grundschulzeit. Die kulturelle Errungenschaft der Schrift wird nicht durch Module gleichsam von alleine gelernt – obwohl viele Kinder durch ihre Neugier, ihren Lerndrang, die Allgegenwärtigkeit der Schrift im Alltag und die menschliche Fähigkeit, Symbole verstehen zu können, die Schrift gleichsam wie von alleine erlernen und mit erheblichen Lesekompetenzen eingeschult werden. Solche Beispiele können aber nicht darüber hinwegtäuschen, dass der Schriftspracherwerb nicht in derselben Leichtigkeit wie der Erwerb der mündlichen Sprache verläuft – obwohl die Symbole der Schriftsprache deutlich weniger komplex sind als die Vielfalt der Laute der mündlichen Sprache, die sie abbilden (vgl. zu den Schwierigkeiten der Worterkennung Pelli u. a. 2003; Geisler/Murray 2003).

Dies deutet darauf hin, dass der Schriftspracherwerb als sehr junge Errungenschaft nicht durch ein evolviertes Modul unterstützt wird, sondern durch die generelle Fähigkeit des Menschen zum Umgang mit Symbolen (die nach Tomasello 2002 auf der Fähigkeit zur gerichteten Aufmerksamkeit beruht) bedingt ist. Damit läuft dieser Lernprozess individuell sehr unterschiedlich ab; das heißt die Strategien, die zum Erlernen des Lesens benutzt werden, orientieren sich nicht an grammatikalischen Regeln oder an anderen, universellen Zusammenhängen, sondern an der Erfahrung, die ein Kind im Laufe seines Lebens im Umgang mit Symbolen sammeln konnte. Der Schriftspracherwerb nimmt heute auf diese unterschiedlichen Strategien der Kinder Rücksicht bzw. ermöglicht unterschiedliche Lernzugänge (vgl. Brügelmann 1983; 2001; Schründer-Lenzen 2004). Das bedeutet auch, dass dort, wo nicht auf solche Vorerfahrungen zurückgegriffen werden kann, Erfahrungen ermöglicht und bewusst gemacht werden[30].

---

[30] Der Schriftspracherwerb greift ebenso wie die Verwendung der Schriftzahlensprache auf komplexe Repräsentationsmöglichkeiten im Gehirn zurück, die eine gewisse Störanfälligkeit aufweisen und sich in Dyslexie oder Dyskalkulie zeigen. Die neurologischen Zusammenhänge sind inzwischen beschrieben (vgl. Murphy 2003), ohne dass diese bisher Hinweise auf die Ursachen (und damit Prävention oder ursächliche Behandlung) ermöglichen würden. Zum Überblick über die didaktischen Möglichkeiten im Umgang mit Dyslexie vgl. Schründer-Lenzen (2004).

Zweitspracherwerb und Fremdspracherwerb

Innerhalb des Zeitfensters des Spracherwerbs bis zur Pubertät ist problemlos ein *Zweitspracherwerb* möglich. Zweitsprachen werden, wenn sie in dieser Zeit erworben werden, in denselben Hirnregionen abgespeichert wie die Muttersprache (hingegen nach der Pubertät an anderen Orten; vgl. referiert bei Kramer 2003). Dazu ist es nötig, dass die Zweitsprache sehr oft gehört und selber gesprochen wird sowie zudem emotional positiv besetzt ist. Der bilinguale Spracherwerb muss über die Pubertät hinausgehen, wenn eine der Sprachen nicht wieder in Vergessenheit geraten soll. Wenn die Sprache der Eltern oder eines Elternteils mit der des gesellschaftlichen Umfelds verschieden ist, ist die Bedingung für den Zweitspracherwerb dann günstig, wenn Kinder bereits in ihrem Umfeld vor dem Schuleintritt über die Sprachförderung im Kindergarten die Dominanzsprache so weit erlernen, dass sie dem späteren schulischen Unterricht zu folgen imstande sind.

Der frühe Fremdsprachenerwerb in der Grundschule ist insofern nahe liegend, als die kindliche Fähigkeit zum Spracherwerb ausgenutzt wird. Allerdings ist zu bezweifeln, dass die Bedingungen des Fremdsprachenerwerbs hinreichend sind: der zeitliche Aufwand ist in der Regel zu gering, um die kindlichen Lernmöglichkeiten wirklich auszunützen.

Zahlensinn und Rechnen

Auch die Fähigkeit, rechnen zu können, ist auf das engste mit der Beschaffenheit des menschlichen Gehirns verknüpft. Säuglinge kommen bereits mit einem elementaren Mengenverständnis auf die Welt, das denen von Säugetieren und höheren Primaten ähnelt.

Das Zählen ist in der Tierwelt weit verbreitet. Beispielsweise können Tauben unterscheiden, ob sie 45 oder 50 mal für eine Belohnung picken müssen (Dehaene 1999, S. 33). Schimpansen vermögen numerische Größen zu vergleichen. Sie wählen nach kurzem Überlegen aus zwei Tabletts mit Belohnungen dasjenige aus, auf dem mehr liegt. Sie wählen auch dann die größere Anzahl, wenn die Belohnung, beispielsweise Schokoladenstückchen, in unterschiedlichen Häufchen verteilt sind. Liegt auf einem Tablett ein Häufchen mit vier Stückchen Schokolade und eines mit dreien, auf einem zweiten Tablett ein Häufchen mit fünf Stückchen und einem einzigen Stück, dann wählt das Tier das erste Tablett, obwohl optisch das zweite Tablett den größeren einzelnen Haufen darstellt (vgl. Dehaene 1999, S. 37). Schon Primaten können einfache Rechenoperationen ausführen. Allerdings verfügen Tiere nicht über die Fähigkeit, Zahlen durch Wörter oder Symbole auszudrücken. Deshalb wird eher von Numerosität oder Zahligkeit, nicht aber von Zählen im engeren Sinne des Wortes gesprochen (vgl. Woodruff/Premack 1981).

Piagets Annahme war, dass Kinder logische und mathematische Fähigkeiten erwerben, indem sie die Regelhaftigkeit der Außenwelt verstehen. Danach würden Kinder ohne Ideen über das Rechnen geboren und würden diese durch die Beobachtung ihrer Umwelt erlernen. Abgesehen davon, dass eine Lerntheorie, die vom Gehirn als tabula rasa ausgeht, schon aus erkenntnistheoretischen Gründen nicht überzeugt (vgl. Scheunpflug 2003), zeigen neuere Ergebnisse der Verhaltensforschung, dass Kinder offenkundig mit angeborenem Zahlenverständnis zur Welt kommen. Schon wenige Tage alte Neugeborene können zwischen einer Anzahl von zwei oder drei Dingen unterscheiden und verstehen offensichtlich, dass zwischen zwei Punkten und drei Punkten ein Unterschied besteht (vgl. Antell/Keating 1983; Xu/Carey 1996). Kinder können bereits als Säuglinge einfache Additionsaufgaben durchführen bzw. die Änderung der Anzahl der Elemente einer Menge bemerken (vgl. Wynn 1992). Interessant ist, dass sich zunächst ähnliche Begrenzungen der Rechenfähigkeit zeigen wie bei Primaten: Menschliche Fähigkeiten scheinen im Bereich der Arithmetik unter denen von Primaten zu liegen, das heißt, die Fähigkeit zur genauen Berechnung liegt im Zahlenraum von eins bis drei, vielleicht noch vier (Primaten können sicher bis in den Zahlenraum von sieben rechnen). Allerdings können sich Kleinkinder, wie auch Primaten, im Zahlenraum darüber hinaus näherungsweise bewegen. Sie „wissen also vielleicht nicht, ob 2 + 2 gleich 3, 4 oder 5 ist, wundern sich aber, wenn sie eine Szene sehen, die nahe legt, dass 2 + 2 = 8 ist" (Dehaene 1999, S. 71). Zudem haben Kleinkinder Schwierigkeiten, Objekte zu Gruppen zusammenzufassen. Sehen sie zwei Äpfel und drei Bananen, so antworten sie auf die Frage, wie viele Obstsorten zu sehen sind, mit „fünf", auch wenn der Unterschied zwischen Bananen und Äpfeln ihnen vertraut ist. Jedes Objekt wird von Kleinkindern anscheinend extra gezählt. „Die Maxime: Die Anzahl ist eine Eigenschaft von Mengen unterscheidbarer Dinge, [...] scheint tief in ihr Gehirn eingebettet zu sein" (a.a.O., S. 75). Der Zahlenvergleich ist eine nicht linguistische Fähigkeit. Beobachtet man das menschliche Gehirn durch bildgebende Verfahren beim Mengenvergleich, so wird erkennbar, dass zunächst das Sprachzentrum nicht beteiligt ist. Mengen können offenbar sprachfrei verglichen werden (vgl. a.a.O., S. 252).

Mit dem Lernen der Zahlwörter erlernen Kleinkinder spontan (wie beim Spracherwerb) den Zusammenhang zwischen Wort und Anzahl und können sich von dort aus verschiedene Formen der Grundrechenarten erschließen. Dabei erproben Kinder in der Regel von sich aus verschiedene Rechenverfahren. Der (häufig später einsetzende) Mathematikunterricht ermöglicht die Aneignung neuer Rechenwege und macht explizit das ökonomischste Rechenverfahren deutlich (vgl. a.a.O., S. 144 ff.).

Die Bedeutung der Sprachfähigkeit für das Rechnen

Die spezifisch menschliche Fähigkeit, mit Symbolen und Wörtern umzugehen, erlaubt es, über die mathematische Näherung hinauszugehen und genaue arithmetische Kenntnisse zu erlangen. Dazu ist der Spracherwerb von Bedeutung; nicht zuletzt die Ergebnisse von PISA haben die sich aus diesem einfachen Befund ergebende Bedeutung der Sprache für die mathematische Leistung eindrucksvoll auch für 15-jährige Schülerinnen und Schüler belegen können.

Gerade diese Bedeutung von Sprache ist es aber auch, die den Mathematikunterricht in den ersten Klassen der Grundschule vor besondere Herausforderungen stellt. Aufgrund der angeborenen Fähigkeit von Kindern, bis drei zu zählen, können viele Kinder über diese Zahlen hinaus zählen, ohne aber einen komplexen Zahlbegriff über die Zahl zehn hinaus entwickelt zu haben. Sie können zählen, aber nicht rechnen.

Rechnen lernen

Rechnen zu lernen heißt u. a., die Position der Einer und Zehner zu verstehen. Dies ist eine große intellektuelle Herausforderung, die der Reflexionskraft symbolischer Repräsentationen bedarf und nicht durch das angeborene Zahlenverständnis vorgegeben ist. Deshalb ist der Zehnerübergang für Kinder nicht einfach und sollte von ihnen gut verstanden werden. Gleichzeitig verfügen Kinder auf diesem Gebiet über eine große Kompetenz, die häufig unterschätzt wird.

Ähnlich wie das Lesen ist Rechnen eine komplexe Tätigkeit, die an verschiedenen Orten im Gehirn stattfindet. Die durch die Struktur des Gehirns gegebenen Stärken und Schwächen der menschlichen Rechenfähigkeit liegen diametral entgegengesetzt zu der des Computers: „In Bereichen, in denen sich der Computer auszeichnet – bei der fehlerlosen Ausführung einer langen Reihe logischer Schritte –, stellt sich unser Gehirn als langsam und fehlbar heraus. Umgekehrt glänzt unser Gehirn durch seine außerordentliche Geschwindigkeit in Bereichen, in denen die Informatik auf die größten Schwierigkeiten stößt – bei der Gestalterkennung und bei der Bedeutungszuschreibung" (Dehaene 1999, S. 268). Das Abschätzen von Größenordnungen gelingt häufig leichter als das exakte Berechnen von Größen.

Das Gehirn arbeitet modular. Die Schwierigkeiten komplexer mathematischer Aufgaben besteht darin, diese Modularität zu überschreiten und zwischen der formalen Rechenoperation und dem Sinngehalt des dahinter liegenden Problems sowie den damit verbundenen Größen zu vermitteln. Genau darin liegt die Aufgabe des Mathematikunterrichts, denn basales Rechnen lernen Kinder in entsprechend anregender Umgebung quasi von alleine. Das reine Zählen stellt sich häufig als das geringere Problem heraus. Im Vergleich dazu ist das Lösen alltäglicher Aufgaben mithilfe der Mathematik nicht so einfach[31].

Rechnen und die Schulkindheit

Für die Grundschulzeit lassen sich aus diesen Zusammenhängen folgende Erkenntnisse gewinnen:

- Zählen zu können und mit einer Anzahl von Objekten näherungsweise umzugehen, fällt Kindern eher leicht. Sie kommen mit einer Menge diesbezüglicher Fähigkeiten zur Welt und verfeinern diese im alltäglichen Umgang mit Zahlen.
- Rechnen ist, wenn es über das Zählen hinausgeht, eine abstrakte, symbolisch vermittelte Fähigkeit, die symbolischer Kommunikationsmedien (wie Zahlsystemen und Zahlwörtern) bedarf. Diese müssen gelernt werden. Der Mathematikunterricht der Grundschule führt in diese komplexe Fähigkeit ein und ist dafür von Bedeutung. Während das Abzählen und einfache Rechenoperationen als Module spielend bei entsprechend anregender Umgebung quasi von alleine erworben werden, ist dieses im Hinblick auf das Verständnis mathematischer Gesetzmäßigkeiten nicht der Fall.
- Kinder gehen dabei vor allem nach logischen Regeln vor. Sie verwenden die ihnen bereits bekannten logischen Regeln und suchen kreativ neue Regeln. Da Gehirne als Musterextraktionsmaschinen arbeiten, wird diese Regelsuche häufig lustvoll erlebt. Die Freude daran vergeht allerdings, wenn Mathematik ausschließlich im Hinblick auf das Erreichen des richtigen Ergebnisses betrieben wird und über die dahinter liegenden Regeln nicht hinreichend nachgedacht wird. Kinder zeigen eine erstaunliche Kreativität, hinter die der Mathematik innewohnenden Regeln zu kommen – und diese Kreativität wird gestört, wenn man die mathematische Kompetenz von Kindern nicht wahrnimmt (vgl. dazu mit vielen Praxisbeispielen Spiegel/Selter 2003; ein schönes Buch für Kinder ist Enzensberger 1997).

---

[31] Vgl. dazu im Hinblick auf das Rechnen von Textaufgaben ausführlich Reusser (1997); mit entsprechender Bestätigung aus der empirischen Unterrichtsforschung Stern (1997); für die Mathematik der Sekundarstufe II besteht dieses Problem der Modularität vor allem im Hinblick auf Wahrscheinlichkeiten und Häufigkeiten (vgl. dazu Gigerenzer 2002).

- Gerade bei schwierigen abstrakten Operationen, wie die Mathematik sie darstellt, ist die emotionale Einbettung überaus wichtig (siehe Abschnitt 3.2., vgl. auch Damasio 1994). Die Freude an der Lösung mathematischer Probleme zu wecken ist deshalb eine ebenso wichtige Aufgaben der Grundschulmathematik wie das Erlernen der Grundrechenarten (vgl. dazu Spiegel/Selter 2003).
- Üben ist für den Aufbau neuronaler Verbindungen von Bedeutung – das gilt auch für das Erlernen der Mathematik. Gerade da die Mathematik über die „spontane menschliche Vernunft" hinausgeht, bedarf sie konsequenten Übens. Allerdings darf sich das Üben nicht nur auf die reine Rechenfertigkeit beziehen, sondern sollte auch das mathematische Verständnis schulen.

Weitere Module

Es wird vermutet, dass Kinder mit weiteren Modulen als angeborene „a priori der Erkenntnis" (in Anlehnung an Kant Lorenz 1941/997; Riedl 1980; kritisch Vollmer 1985, S. 102 ff.; 1995) zur Welt kommen, die sich im Laufe des Lebens durch Erfahrung und Lernen weiter ausdifferenzieren. Die Forschung zu diesen Fragen steht erst in den Anfängen. Recht weit erforscht ist die Tatsache, dass Säuglinge bereits Vermutungen zur Schwerkraft haben. Wird die Schwerkraft in Experimenten außer Kraft gesetzt, wundern sich Säuglinge physiologisch spürbar (z. B. messbar an den Augenbewegungen und am Hautwiderstand; vgl. Eliot 2001, S. 579 ff.).

Je nach Forschergruppe werden weitere angeborene „Erkenntnismodule" angenommen. Die angesprochene Vermutung über die Schwerkraft wird in dem Modul „Intuitive Mechanik" zugerechnet, einem intuitiven Wissen über Bewegungen und die Wirkung von Kräften (vgl. Pinker 1996, S. 472). Pinker nennt insgesamt 15 unterschiedliche Modularten intuitiven Wissens, zu denen neben den bereits genannten Zahlen auch intuitive Ideen über Gefahren, Gerechtigkeit, mentale Landkarten oder Partnerschaft gehören (vgl. ebd.). Bugental (2000) identifiziert verschiedene Module im Bereich des sozialen Lernens. Inwieweit diese Module einer empirischen Prüfung standhalten, ist noch ungeklärt. Ebenso ist offen, ob und inwiefern diese Module für erziehungswissenschaftlich bzw. fachdidaktisch relevante Kontexte von Bedeutung sind. Allerdings dürfte es wahrscheinlich sein, dass gerade im Hinblick auf naturwissenschaftliche und sozialwissenschaftliche Theoriebildung Kinder mit weitaus elaborierteren Hypothesen in den Grundschulunterricht kommen als manchmal angenommen wird. Auch wenn die empirischen Befunde bisher eher schwach sind, stärkt die modulare Theorie des Gehirnaufbaus die grundschuldidaktischen Ansätze, die anspruchsvolle Theorien über die Welt vermitteln (vgl. Möller u. a. 2002; Stern 2002).

3.5 Die Bedeutung von Bewegung für das Lernen

Bewegungsnotwendigkeit

Menschen haben die überwiegende Zeit ihrer Gattungsgeschichte als nomadisierende Jäger und Sammler verbracht. Menschen sind als „gehirnige Läufer" (Reichholf 2002, S. 112) aus den Primaten evolviert. Ihre tägliche Laufleistung als nomadisierende Lebewesen lag bei bis zu 20 km pro Tag. Kinder im Alter ab ca. fünf Jahren können kaum noch getragen werden – zumal wenn kleinere Kinder und die gesammelten Nahrungsvorräte bereits getragen werden. Für die Entwicklungsgeschichte von Kindern war es also wichtig, Strecken dieser Art bewältigen zu können. So sind Kinder mit einem häufig unterschätzen Potenzial an Bewegungskraft ausgestattet. Das Wandern längerer Strecken ist für Kinder eher eine Frage der Motivation als der körperlichen Fitness. Damit sich diese Bewegungsfähigkeit trainiert, sind Kinder mit einem Bewegungsdrang ausgestattet. Sie suchen sich geradezu Bewegungsmöglichkeiten, um ihre eigenen Fähigkeiten lustvoll zu erproben und weiter zu trainieren.

Diese evolvierte Strategie kann von vielen Kindern unter den Lebensbedingungen von Städten und Bewegungsarmut nicht mehr gelebt werden. Damit werden Möglichkeiten motorischer Beweglichkeit nicht geübt. Viele Kinder in den Industriestaaten verfügen über zu wenig motorische Erfahrungen. Sie verlieren dann die Lust an Bewegung und kommen in eine zu weiterer Bewegungsarmut führenden Spirale. Gleichzeitig verlieren sie aber potenziell auch an Lebensfreude und Erfolgsgefühlen. Auch bei motorischen Prozessen setzen die bereits beschriebenen Gefühlskaskaden ein: Jede übertroffene Erwartung gibt Erfolgsgefühle, die durch einen entsprechenden Hormonausstoß belohnt werden und zum Aufbau von Selbstvertrauen und Selbstwertgefühl beitragen. Zudem baut – wie beschrieben – Bewegung Stresshormone ab. Gerade dieses ist auch für Kinder wichtig, die in zwischenmenschlichen Beziehungen, in der Schule oder durch die Bilder des Fernsehens Stress erfahren und häufig einen entsprechend hohen Cortisolspiegel im Blut haben. Bewegung hilft diesen abzubauen. Bewegungsmöglichkeiten zu schaffen wird angesichts der fehlenden häuslichen Bewegungsmöglichkeiten zu einer immer wichtiger werdenden Aufgabe der Grundschule.

Lernen von Bewegungen

Für die Schulkindheit charakteristisch ist die Tatsache, dass grundlegende Bewegungen wie Laufen, Sitzen und Kauen etc. bereits erlernt sind[32]. In der Schulkindheit ist das Erlernen automatisierter Bewegungsabläufe wie Fahrradfahren oder Schwimmen ebenso charakteristisch wie die Einübung feinmotorischer Bewegungsabläufe.

Im Kindesalter lassen sich komplexe Bewegungsabläufe aufgrund des überschießenden Denkens leichter als im späteren Erwachsenenleben erlernen. Ein Beispiel dafür ist das Fahrradfahren. Es erfordert eine kontraintuitive Bewegungskontrolle: „Will man eine Linkskurve fahren, muss man zunächst nach rechts lenken. Das bewirkt eine Neigung nach links, die dann unter Ausnutzung der Zentrifugalkraft durch Lenken nach links abgefangen wird" (Singer 2002, S. 53). Gut, dass dieser komplizierte Ablauf durch das eigene Ausprobieren erlernt wird und nicht intellektuell verstanden sein muss! Das Erlernen des Fahrradfahrens ist in der Kindheit deutlich leichter als in späteren Lebensjahren.

---

[32] Neurologen unterscheiden sechs Arten von Bewegungen, unterschieden nach dem Grad ihrer bewussten Steuerung: „(1) reine mono- oder disynaptische Reflexe; (2) rhythmische, hochgradig stereotype Bewegungen wie Atmen, Laufen, Kauen und Schlucken; (3) reflexartige Leistungen der Stützmotorik; (4) automatisierte Hinwende-, Schreck- und Abwehrreaktionen; (5) automatisierte Handlungsabläufe wie Radfahren, sich die Schuhe zubinden, eine Tastatur bedienen; und (6) Planhandlungen im eigentlichen Sinne" (Roth 2001, S. 378). Vgl. zu den hirnphysiologischen Voraussetzungen von Bewegungen ausführlich Roth (2001, S. 377 ff.); vgl. zur Darstellung der motorischen Entwicklung von Kleinkindern Eliot (2001, S. 373 ff.).

In der Grundschule wird in der Regel darauf geachtet, dass das Fahrradfahren in diesem Alter gelernt wird. Ähnlich verhält es sich mit dem Schwimmen: ruhige Bewegungen im Wasser sowie die Koordination der Atmung (Ausatmen im Wasser, Einatmen über Wasser) lernen sich in der Kindheit leichter als im späteren Erwachsenenleben.

Auch im *feinmotorischen Bereich* ist das Üben von Bewegungen unabdingbar, um Geschicklichkeit zu erwerben. Werden Bewegungen geübt, so erhöht sich die Anzahl der Neuronenverbindungen. Dazu ist es allerdings notwendig, dass sich die Aufmerksamkeit auf die Bewegung konzentriert und die Bewegung eigentätig durchgeführt wird. Die Eigentätigkeit ist hier – wie in allen Bereichen – von zentraler Bedeutung: Stabhochsprung kann nicht beim Zuschauen vor dem Fernsehapparat gelernt werden, ebenso lässt sich das Geigenspielen nicht durch Zusehen erlernen. Diese Beispiele sind trivial, da diese Eigenschaft des Gehirns im Umgang mit Bewegungen vertraut ist. Allerdings gilt dieses Prinzip auch für andere Tätigkeiten, die zu neuronalen Vernetzungen führen: schreiben, rechnen oder den Umgang mit Wissen. Etwas gehört zu haben bedeutet nicht, es zu wissen. Das Prinzip der eigentätigen Verbindung von neuronalen Netzen ist beim Lernen von Bewegungen gegenwärtig, es gilt aber auch für alle anderen Bereiche des Lernens (vgl. Singer 2002, S. 50). Feinmotorische Geschicklichkeit bedarf ebenso wie grobmotorische der kontinuierlichen Übung. Feinmotorische Übung führt zur Vergrößerung der entsprechenden Bereiche der Großhirnrinde (vgl. Geary/Huffman 2002).

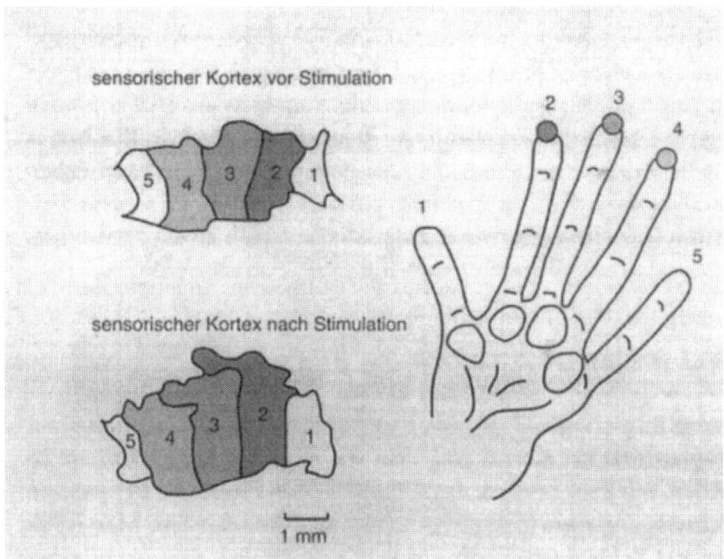

Abbildung 3: Die Ergebnisse eines berühmten Experiments aus der Primatenforschung von Jenkins u. a. 1990: Ein Affe wurde darauf trainiert, mit dem zweiten, dritten und vierten Finger die Frequenzen der Schwingung eines Plättchens zu unterscheiden, und über Belohnungen wurde seine Aufmerksamkeit auf diesen Lernvorgang gerichtet. Nach dem vierzehntägigen Lernprogramm war der sensorische Kortex, der die Finger zwei, drei und vier repräsentierte, deutlich vergrößert. Damit konnte die erfahrungsabhängige Veränderung kortikaler Repräsentationen nachgewiesen werden (Zeichnung entnommen aus: Spitzer 2002c, S. 154).

Bewegung und kognitive Prozesse

Häufig wird unterstellt, dass Bewegung über die beschriebenen Funktionen hinaus kognitive Entwicklungsprozesse unterstütze. Für die Kleinkindentwicklung sind solche Prozesse nachgewiesen (vgl. Eliot 2001, S. 373 ff.), z. B. beim Erlernen des Greifens und bei der Entwicklung des Selbstwertgefühls sowie der räumlichen Repräsentation von Dingen. Bei einer verzögerten Entwicklung sind solche Übungen auch im Alter der Schulkindheit von Bedeutung. Inwiefern Bewegung für kognitive Prozesse, also über das Training der Wahrnehmung hinaus bei Kindern im Schulalltag eine Rolle spielt, ist unklar.

3.6 Lernen als kommunikatives soziales Ereignis

Auf die Bedeutung der Eltern im Rahmen des Imitationslernens wurde bereits hingewiesen, ohne dieses allerdings näher zu begründen. Viele andere Menschen neben den Eltern haben eine große Bedeutung für das Lernen. Lernen vollzieht sich überwiegend in der Kommunikation mit Personen, egal ob mit Eltern, Geschwistern, Lehrkräften, anderen Bezugspersonen oder gleichaltrigen Freunden. Lernen ohne Kommunikation ist erst mit höherem Alter erwartbar, wenn gleichsam die Kommunikation nach innen umgestellt wird und Lernen in Kommunikation mit sich selbst erfolgt. Kinder unterbreiten für ihren eigenen Lernfortschritt Kommunikationsangebote. Ein Mangel an Kommunikationspartnern wird Konsequenzen für den Lernerfolg haben. Lernfreude und Selbstvertrauen werden geschwächt. Im Folgenden werden aus Sicht einer naturwissenschaftlichen Anthropologie Eltern und die Gleichaltrigengruppe im Hinblick auf ihre Bedeutung für das Lernen beschrieben. Da die Phänomene, vor allem die Bedeutung von Freundschaften bei Kindern, bereits im vorhergehenden Teil des Buches von Klaudia Schultheis umfassend dargestellt wurden, wird hier auf die Darstellung der Befunde aus der Schulkindheit überwiegend verzichtet und gleich eine Interpretation aus Sicht einer naturwissenschaftlichen Anthropologie vorgestellt. Zudem wird die Bedeutung des Geschlechts thematisiert.

Die Bedeutung der Eltern für das Lernen

Im Regelfall haben Eltern ein evolviertes genegoistisches Interesse daran, dass es ihren Kindern gut geht. Kinder sind ihre Genreplikate, die wiederum Chancen auf Genreplikate haben. Schließlich stellt das Genom die Kontinuität des Lebens dar, denn es wird weiter vererbt. Die Evolution ist ein genzentriertes Prinzip[33]. Das Genom führt zu Verhaltensstrategien, die eine möglichst gute Genreplikationschance eröffnen.

---

[33] Dieses genzentrierte Prinzip der Evolution wird missverständlich auch als ‚Genegoismus' bezeichnet. Dieser Begriff geht auf Richard Dawkins zurück, der ihn mit seinem 1976 erschienenen Buch ‚The Selfish Gene' (deutsch 1978 ff.) prägte. Der Begriff – bzw. dessen deutsche Übersetzung in ‚egoistisch' – ist missverständlich, da er, anthropomorph geprägt, ein Bewusstsein des Gens suggeriert. Dieses zu unterstellen ist unangemessen. Gene haben kein Bewusstsein und keinen Willen und können demzufolge nicht egoistisch handeln. Wahrscheinlich wäre es treffender, nicht vom egoistischen, sondern vom selbstbezogenen Gen zu sprechen.

Von daher ist anzunehmen, dass Eltern ihren Kindern optimalen Schutz gewähren und alles in ihrer Macht Stehende dafür tun, damit ihre Kinder im Leben erfolgreich sind. Kinder kommen mit der Hypothese zur Welt, dass Eltern sich in dieser Weise verhalten. Primatenkinder flüchten bei Gefahr nicht möglichst weit von der Angst auslösenden Gefahrenquelle weg, sondern fliehen zum Elterntier mit der Erwartung, hier den effektivsten Schutz und eine Beruhigung zu finden (vgl. Haug-Schnabel 2002, S. 33). Auch Kleinkinder leben mit dieser Hypothese. Wird ihre Erwartung verletzt, führt dies zu emotionalen Verunsicherungen. Eltern werden aus diesem Grund als Lehrmeister bevorzugt.

Zu diesem unterstellten genegoistischen Interesse kommt noch ein zweiter Aspekt. Menschliches Lernen ist (wie dargestellt) in besonderem Maße durch gerichtete Aufmerksamkeit (Tomasello 2002) gekennzeichnet. Diese bedarf sozialer Kontakte. Ohne soziale Kontakte, d. h. ohne die Verstärkung gemeinsam verstandener gerichteter Aufmerksamkeit, ist das Lernen deutlich schwieriger, ja im Kleinkindalter (angesichts des noch nicht ausgebildeten Frontallappens) nicht erwartbar. Ein neues Wort wird dann besser gelernt, wenn es durch Bezugspersonen bestärkt wird: „Ja, das ist ein Apfel". Gerichtete Aufmerksamkeit wird in der Regel als Kleinkind am häufigsten im Umgang mit den wichtigsten Bezugspersonen, also Eltern oder andere Pflegepersonen, erfahren. Die Hypothese, von diesen Personen lernen zu wollen, ist von daher funktional. Deshalb unterstellen Kinder, dass Eltern – oder andere vertraute Betreuungspersonen – effizientere Lernmodelle abgeben als andere Personen in ihrer Umgebung. Erst mit dem Einsetzen des selbstständigen Nachdenkens wird diese Unterstellung langsam differenziert. Frühestens im Schulalter können Kinder deshalb eventuelle Probleme ihrer Eltern (z. B. hinsichtlich von Missbrauch oder Alkoholkonsum) überhaupt wahrnehmen, dieses fällt ihnen aber unglaublich schwer. Deshalb halten Kinder auch dann noch häufig zu ihren Eltern, wenn sie von diesen schlecht behandelt werden. Die gefühlsmäßige Bindung bzw. die Wertschätzung der Eltern als Modell ist äußerst stabil und erst mit zunehmender geistiger Selbstständigkeit überhaupt bearbeitbar.

Die Bedeutung der Gleichaltrigengruppe

Allerdings wäre es nicht funktional, nur von den Eltern zu lernen. Einerseits könnten deren Erfahrungen nicht hinreichend sein, zum anderen teilt man mit diesen ohnehin schon die Gene, das Milieu, die Wohnumgebung und ist ihrem Erziehungsstil ausgesetzt. Je älter die Kinder werden (und das beginnt ebenfalls mit der beginnenden Selbstständigkeit und eigenen Planungen), umso größer wird ihr Interesse an Erfahrungen außerhalb der Familie in der Gleichaltrigengruppe.

Warum ist das so? Dies ist in der Zwillings- und Geschwisterforschung gut beschrieben. Kinder erleben in ihrer Familie zum einen Teil dieselbe Umwelt. Dazu gehören etwa die soziale Schicht, die Wohnumgebung, der Erziehungsstil der Eltern oder das sprachliche Milieu („geteilte Umwelt"). Ein anderer Teil der Umwelt von Geschwistern ist hingegen grundverschieden, so beispielsweise die persönlichen Erfahrungen eines jeden Geschwisterkindes in der Schule, individuelle Krankheiten, Freunde oder die Situation im Familiengefüge und anderes mehr („ungeteilte Umwelt"). Der amerikanische Psychologe David Rowe (1997) konnte über empirische Studien an Geschwistern wie Zwillingen zeigen, dass für die Entwicklung von sozialen Einstellungen, religiösen Interessen, Interessen und Suchtverhalten gegenüber dem familiären Einfluss besonders die ungeteilten Umwelten von Bedeutung sind. Die geteilten Umwelten treten demgegenüber in den Hintergrund, allerdings seien sie dann von besonderer Relevanz, wenn sie emotionale oder körperliche

Narben hinterlassen, also in das negative Extrem tendieren (und die Sicherheits- und Schutzbedürfnisse von Kindern nicht erfüllen). Dieser Zusammenhang wird damit erklärt, dass Kinder mit ihren Eltern ohnehin bereits ihre Gene teilen. Der Vorteil von Lernprozessen gegenüber der Weitergabe genetischer Informationen liegt darin, dass sie von der genetischen Information abweichende Einstellungen, sozusagen eine Feinabstimmung der Umweltanpassung, ermöglichen. Die Bedeutung des Lernens für die menschlichen Entwicklung sei es, die den Einfluss der geteilten Umwelt, also der Familie, mit steigendem Alter in den Hintergrund treten lasse. Deshalb wird die Gleichaltrigengruppe für Kinder mit steigendem Alter von zunehmender Bedeutung. Schließlich prämiert die Evolution Vielfalt. Vielfalt und Unterschiedlichkeit einer Population führt zu breiten Anpassungsmöglichkeiten an unbestimmte Umwelten und Zukünfte. Würden Kinder vor allem von ihren Eltern lernen, würde hier relativ wenig Variation ermöglicht werden. Von daher ist die Neigung, von Gleichaltrigen und nicht verwandten Menschen zu lernen, eine durch die Evolution eingebaute Garantie für gesellschaftliche Innovationen (vgl. auch Harris 2000). Mit zunehmender Selbstständigkeit nutzen Kinder diese Möglichkeit mehr und mehr aktiv. Es entstehen eigenständige Jugendkulturen in bewusster Abgrenzung zur Welt der Erwachsenen mit dichten und intensiven Freundschaftsgeflechten (vgl. auch die Ausführungen von Klaudia Schultheis im vorhergehenden Teil des Buches zum Thema Freundschaften).

Unterschiedliche Verhaltensstrategien der Geschlechter

Naturwissenschaftliche Anthropologie bietet einen Theoriehintergrund, das Verhalten von Mädchen und Jungen zu interpretieren. Die US-amerikanische feministische Theorie hat diese Theorieansätze intensiv rezipiert (vgl. z. B. Gowaty 1997), während sie in der deutschen Debatte zum Teil kritisch gesehen werden (z. B. Faulstich-Wieland 2000). Diese Theorien sind voraussetzungsreich und von daher im Rahmen der hier möglichen Darstellung letztlich nicht hinreichend zu diskutieren[34]. Hier müssen Andeutungen genügen.

Ausgangspunkt ist die Beobachtung, dass sich das Verhalten von Jungen und Mädchen tendenziell im statistischen Durchschnitt unterscheidet. Mädchen zeigen im Durchschnitt eine höhere Affinität zu positiven sozialen Beziehungen als Jungen, hingegen neigen Jungen statistisch wahrscheinlicher als Mädchen zu riskantem Verhalten (vgl. zu den Folgen im Hinblick auf gewalttätiges Verhalten Euler 1997). Männer entwickeln in ihren Verhaltensweisen eine größere Varianz als Frauen. So gibt es deutlich mehr Männer als Frauen, die in ihrem Sozialverhalten von der Norm abweichen: es gibt mehr männliche Künstler, Kriminelle, Förderschüler und Überflieger als weibliche – und dieses beginnt sich im Kindesalter zu entwickeln. Büttner und Dittmann berichten, dass Erzieherinnen das Verhalten von Jungen und Mädchen in Kindergruppen als sehr unterschiedlich wahrnehmen (vgl. Büttner/Dittmann 1993, S. 170–174): Demnach spielten Mädchen im Vergleich zu Jungen ruhiger. Mädchen würden im Spiel die Pflege der eigenen Schönheit betreiben und soziale Zusammenhänge bearbeiten. Hingegen würden Jungen im Vergleich zu Mädchen aggressiver und lauter spielen sowie sich häufiger an hierarchischen Gruppenstrukturen orientieren (vgl. auch die ausführliche Darstellung des Verhaltens von Mädchen und Jungen im vorhergehenden Teil von Klaudia Schultheis).

---

[34] Vgl. Hrdy (2000), für die Erziehungswissenschaft Scheunpflug (2004c).

Ausgangspunkt naturwissenschaftlicher Anthropologie zum Verhalten der Geschlechter ist die Tatsache, dass – wie bei allen Säugern – Männer und Frauen unterschiedlich in den Nachwuchs investieren. Frauen haben durch Schwangerschaft und Geburt einen größeren Aufwand für den Nachwuchs zu erbringen als Männer. Dieses unterschiedliche Investment in die Reproduktion – so die Fortführung dieser Überlegung – bedingt eine zwischen den Geschlechtern unterschiedliche *Präferenz bei der Partnerwahl.* Schon Darwin hatte beobachtet, dass sich Individuen, die sich in ihrer natürlichen Anpassung gleichen, dennoch im Hinblick auf ihren Reproduktionserfolg durch Partnerwahl und innergeschlechtliche Konkurrenz unterscheiden können. Schließlich könnte ein Männchen mit vergleichsweise geringem Aufwand theoretisch sehr viele Weibchen befruchten, da aber beide Geschlechter ungefähr gleich verteilt vorhanden sind, müsste dies zu einer Verschärfung der innergeschlechtlichen Konkurrenz unter männlichen Tieren führen. Darwin beobachtete, dass häufig die Männchen einer Population um den Zugang zu den Weibchen konkurrieren und Weibchen sich wählerisch ihren Partner aussuchen. Dies wird mit den heute verfügbaren Beobachtungsmethoden (vgl. grundlegend Trivers 1972) bestätigt.

Hieraus resultieren nicht nur unterschiedliche Dilemmata der Partnerwahl, vielfältige Tragödien und gegenseitige Kontroll- und Unterdrückungsmechanismen der Geschlechter, sondern auch unterschiedliche *konditionale Verhaltensstrategien,* die sich bereits im Kindesalter bemerkbar machen können. Eine konditionale Verhaltensstrategie ist eine evolvierte Verhaltensvorschrift, die in unterschiedlichen individuellen Lebenssituationen zu unterschiedlichen Verhaltensweisen führt. Menschen sind offensichtlich darauf evolviert, Partnerwahlpräferenzen unter der Perspektive von Reproduktionsinvestment zu verrechnen und durch individuelles Verhalten auszudrücken. Wie eine individuell getroffene Präferenz – und damit individuelles Verhalten – aussieht, ist ein Produkt der Anpassung an eine konkrete ökologische Situation und damit der Ausdruck der Bilanzierung von Verhalten (vgl. zum Konzept der Anpassung und der Angepasstheit Voland 2000, S. 17f.). Diese Interpretation von Verhalten zeigt wiederum, dass die Dichotomie von Anlage und Umwelt oder genetisch bedingtem Verhalten auf der einen Seite und Sozialisation und Lernen auf der anderen von der naturwissenschaftlichen Anthropologie aufgegeben wurde. Vielmehr verweist die „Rede von der kulturellen Inszenierung der Geschlechtlichkeit [...] von sich aus auf die Frage nach den natürlichen Grundlagen" (Bischof-Köhler 2002, S. 20). Gleiche Sozialisationseinflüsse werden von Jungen und Mädchen vor dem Hintergrund ihres unterschiedlich erwarteten Reproduktionsinvestments unterschiedlich bewertet. Dieses erwartete Investment führt in unterschiedlichen Sozialisationsbedingungen bzw. unterschiedlichen sozialen Umwelten zu unterschiedlichem Verhalten. Wie eingangs ausgeführt, lassen sich von biologische Verhaltensgrundlagen nicht starre Reaktionsmuster erwarten; vielmehr führen evolvierte Verhaltensstrategien als Algorithmen zu sehr unterschiedlichen individuellen Verhaltensweisen.

Diese Strategien zeigen sich schon im Kindesalter, da Kinder aufgrund des Verhaltens ihrer Eltern ihre eigene Situation einschätzen bzw. deren Wahrnehmung ihrer sozialen Umwelt übernehmen. Aus der hohen männlichen Reproduktionsvarianz resultiert eine intensive innergeschlechtliche Konkurrenz für Männer, die über unterschiedliche Verhaltensweisen ausgedrückt wird. Da Männer mit hohem Sozialprestige bessere Reproduktionschancen haben als mit geringem, ist zu erwarten, dass bereits Jungen versuchen, ihre soziale Reputation zu erhöhen. Der eingeschlagene Weg (über glänzende Schulleistungen oder über auffallendes Verhalten) hängt von den konkreten Möglichkeiten im Umfeld eines Individuums ab. Oftmals ist es vorteilhaft, ,Verhaltensnischen' zu besetzen. Deshalb entwickeln Männer in ihren Verhaltensweisen eine größere Varianz als Frauen, die sich schon im Kindesalter zeigt. So ist der Anteil der Förderschüler bei Jungen deutlich höher als bei Mädchen. Mit dem Ende der Kindheit und der beginnenden Geschlechtsreife neigen Jungen statistisch wahrscheinlicher als Mädchen zu riskantem Verhalten. Vor dem Hintergrund, dass Männer bei der Partnerwahl das Risiko tragen, leer auszugehen, war es für sie in der Geschichte der männlichen Evolution vorteilhaft, neben dem kommunikativen Konkurrenzverhalten eine hohe Risikobereitschaft zu entwickeln. Unternehmenslust und Risikobereitschaft werden in dieser Konkurrenzsituation evolutionär ebenso belohnt wie dominantes Gesprächsverhalten. Zudem kann die geschlechterspezifisch hoch signifikante männliche Gewaltbereitschaft als ein Ausdruck innergeschlechtlicher Konkurrenz interpretiert werden. Junge Männer neigen aufgrund der innergeschlechtlichen Konkurrenz dazu, sich in Gruppen zusammenschließen, um sich gegenseitig (gegen eine andere Gruppe) zu unterstützen. Je weniger soziale Achtung ein einzelner Mann zu erwarten hat, umso wahrscheinlicher wird es sein, miteinander in Gruppen zu kooperieren, um gemeinsam auf sich aufmerksam zu machen. Männer profitieren von der physischen oder psychischen Stärke der gesamten Gruppe (oder den Qualitäten ihres Anführers) im Hinblick auf ihren eigenen Status (vgl. Dunbar 1998).

Frauen neigen zu wählerischem Sozialverhalten und haben, auch bedingt durch potenzielle Reproduktivität, ein höheres Interesse an Sozialverhalten. Dies zeigt sich ebenso bereits im Kindesalter. Mädchen interessieren sich häufig für soziale Beziehungen und finden beispielsweise Geschichten, in denen soziale Beziehungen im Vordergrund stehen, interessant. Für Jungen sind solche Geschichten weniger von Interesse. In der Grundschulpädagogik wird die im Vergleich zu Mädchen schlechtere Leseleistung von Jungen im Grundschulalter beispielsweise unter anderem darauf zurückgeführt, dass weibliche Grundschullehrerinnen mit ihrem eigenen Interesse an sozialen Beziehungen für Jungen zu wenig interessanten Lesestoff aus dem Abenteuer-Genre anbieten würden (vgl. Hartung/ Richter 2004). Gleichzeitig ist die weibliche Attraktivität für Jungen ein bedeutendes Selektionskriterium; von daher ist es zu erklären, dass für Mädchen schon im Kindesalter Attraktivität ein Thema darstellt.

Naturwissenschaftliche Anthropologie macht darauf aufmerksam, dass sich Verhaltensweisen von Kindern als individuelle Bilanz in einer Lebensrechnung interpretieren lassen, die sich am vermuteten oder erfahrenen Reproduktionswert orientieren und damit immer geschlechtsspezifisch unterschieden sind. Diese Bilanzierung wird unbewusst vorgenommen und ist nicht Produkt einer intentionalen Handlung. Die – in der Schule häufig sichtbar werdende – Bandbreite des Verhaltens von Jungen, die im Vergleich zu Mädchen ausgeprägter ist, lässt sich vor diesem Hintergrund erklären, ohne allerdings damit das individuelle Verhalten eines bestimmten Kindes vorhersehbar zu machen. Lehrkräfte stehen vor einer Herausforderung, wenn die Neigung zu riskantem Verhalten nicht im Alltagsvollzug befriedigt werden kann, sondern überwiegend in der Schule ausgedrückt wird. In einer postmodernen Gesellschaft, in der die Bedeutung körperlicher Arbeit sinkt, ist es zudem nicht evident, für riskantes Verhalten positive Rückmeldungen zu bekommen. Gleichzeitig ist es für Mädchen im Hinblick auf die Anerkennung ihrer Leistungen nicht förderlich, diese kommunikativ nicht zu transportieren oder gar abzuwerten. Auch an dieser Stelle ist eine geschlechtersensible Erziehung herausgefordert.

3.7 Die Bedeutung des Schlafs für das Lernen

Lernen ist zwingend auf den Schlaf angewiesen (vgl. Hennevin-Dubois 2003). Die Neurologie macht die Bedeutung des Schlafes gerade für die Entwicklung von Kindern transparent. Jede Grundschullehrerin kennt die Erfahrung eines schwierigen Schulbeginns am Montag aufgrund von übermüdeten und aus dem Schlafrhythmus gekommenen Schulkindern. Neurologische Forschung kann diese verbreitete Erfahrung begründen und erklären, warum Lernen auf genügendem und qualitätsvollem Schlaf gründet. Da die Schule zu einer bestimmten Uhrzeit beginnt, kann fehlender Schlaf nicht einfach durch eine längere Schlafphase in den Morgen hinein ausgeglichen werden – die Kinder kommen müde in die Schule.

Der Schlaf ist durch zwei unterschiedliche, sich im Verlauf der Nacht abwechselnde Phasen gekennzeichnet: den Tiefschlaf und den so genannten REM-Schlaf (eine Schlafphase, die durch schnelle Augenbewegung [Rapid-Eye-Movement] und häufig durch Träume gekennzeichnet ist). Beide Schlafphasen haben für Lernprozesse – bei Erwachsenen und Kindern gleichermaßen – unterschiedliche Funktionen. Durch Tierversuche als auch durch Experimente in Schlaflabors gelang eine genaue Analyse dieser Vorgänge über die Ableitung der Vorgänge im Gehirn durch feine Elektroden.

Neue Lerneindrücke werden im Gehirn im Hippocampus abgelegt. Dieser Bereich kann in Analogie zur vertrauten Arbeitsweise von PCs als Arbeitsspeicher des Gehirns verstanden werden. Als Arbeitsspeicher verfügt der Hippocampus über eine rasche Aufnahmeleistung, aber über eine begrenzte Speicherkapazität. Hingegen ist im Kortex eine immense Speicherkapazität vorhanden, allerdings ist hier die Aufnahmeleistung deutlich langsamer. In Analogie zum PC ließe sich der Kortex als Festplatte bezeichnen. Im Tiefschlaf werden neue Episoden aus dem „Arbeitsspeicher Hippocampus" in den Kortex übertragen. In der REM-Schlafphase werden diese Episoden nochmals aktiviert und optimal in das bestehende neuronale Netz eingefügt. Die Neuaktivierung in der REM-Phase hat auch die Funktion, Episoden nach ihrer Bedeutung zu sortieren. Dazu gehört es, emotionale Eindrücke zu sortieren und auch Dinge zu vergessen (vgl. Winson 1996). Die Einordnung in Sinnzusammenhänge bedeutet das Vergessen anderer Dinge und stellt eine große Leistung des Gehirns dar. Die Aktivität des Gehirns entspricht in dieser Phase dem Aktivierungsgrad während der Wachphase, allerdings ist es maximal gegenüber der Außenwelt abgeschottet (z. B. ist deshalb in dieser Phase die Weckschwelle maximal hoch). Das Gehirn arbeitet sozusagen off-line, von der Außenwelt abgeschottet (vgl. Stickgold 2001).

Der Tiefschlaf sorgt damit dafür, dass gelernte Inhalte dauerhaft behalten werden; der REM-Schlaf sorgt für die Konsolidierung des Gelernten, für die Einordnung, Bewertung und Verknüpfung mit bestehenden Inhalten.

Der Effekt des Schlafes lässt sich empirisch nachweisen: Schlaf ist zum Lernen notwendig (vgl. Stickgold 2000a; b; Wagner u. a. 2004).

Jonathan Winson (1996) hat darauf hingewiesen, dass Kinder so viel Schlaf brauchen, da sie täglich besonders viele neue Eindrücke verarbeiten müssen. Gerade für Schulkinder ist ausreichender und regelmäßiger Schlaf von immenser Bedeutung. Beides ist häufig nicht selbstverständlich. Ungestörter Schlaf, der Tiefschlaf als auch REM-Schlaf in ausreichendem Maße zulässt, ist für effektives Lernen unabdingbar. Lehrerinnen und Lehrer sollten gegebenenfalls Eltern dezidiert auf dieses Phänomen hinweisen. Gerade da die Kindheit Lernzeit ist, wird wesentlich mehr Schlaf als im Erwachsenenalter benötigt. Zudem ist regelmäßiger Schlaf (und zwar sowohl in der Häufigkeit als auch hinsichtlich der Zeiten) von großem Vorteil. Es ist zu vermuten, dass viele Schulkinder durch die Lebensgewohnheiten ihrer Eltern bzw. deren fehlende Konsequenz im Hinblick auf ein regelmäßiges, frühes Tagesende bereits gravierende Lernnachteile haben. Lehrkräfte könnten die Effektivität ihres Unterrichts steigern, indem sie darauf achten, dass zwischen dem Neulernen eines Unterrichtsinhalts, dessen Übung und dessen Abprüfung jeweils mindestens eine Nacht liegt.

4 Lernen in der Schule

Lernen wird erleichtert durch Erfahrungen, bedarf der Bewegung und des Schlafs, beruht auf Nachahmung und sollte Freude machen. Die Schule bietet diese Bedingungen häufig nicht. Die Schule ist eine Sitzschule, Erfahrungslernen spielt in ihr eine geringe Rolle, sie kann Schlaf rauben, und häufig ist sie nicht sehr kommunikativ angelegt. Ja, es scheint so, als sei Schule strukturell nicht lernfreundlich konzipiert. Reformpädagogische Literatur berichtet in vielen Facetten über diese Unzulänglichkeiten schulischer Bildung. Die Möglichkeiten anthropologischer Reflexion würden allerdings verkürzt, wenn alleine die Lernbedürfnisse des Kindes die zentrale Kategorie zur Analyse schulischer Bedingungen darstellten. Vielmehr werden mit dem schulischen Lernen – das ist die zentrale These dieses Kapitels – besondere Anforderungen bewältigt: der Umgang mit abstrakten Zusammenhängen, die der sinnlichen Anschauung nicht unmittelbar zugänglich sind. Mit dem schulischen Lernen hat sich offensichtlich eine Form des Lehrens und Lernens evoliert, die die Nachteile ihrer Kommunikationsform mit wichtigen strukturellen Vorteilen aufwiegt.

4.1 Lehren

Gerichtete Aufmerksamkeit

Zunächst einmal ist die oben bereits beschriebene menschliche Fähigkeit, bei der Imitation von Vorgängen zwischen den verwendeten Mitteln und der unterstellten Intention einer Handlung unterscheiden zu können, für die Möglichkeit intentionaler Belehrung durch schulische Bildung von grundlegender Bedeutung. Diese Fähigkeit der „gerichteten Aufmerksamkeit" (Tomasello 2002) ermöglicht überhaupt erst das, was die Grundlage von Unterricht ausmacht: das Zeigen (vgl. Prange 1999; Treml 1995; 2000, S. 86 f.).

Im Unterschied zu Primaten bilden Menschen bei der Imitation von Verhalten Hypothesen über das Ziel des Handelnden und seine Absichten und vermögen, diese Hypothesen auf eigene Ziele und Strategien abzustimmen (vgl. Tomasello 2002, S. 45). Intentionales Lehren wird bei Primaten nur sehr selten beobachtet, Anweisungen an Jungtiere sind so gut wie nicht zu beobachten (vgl. Tomasello 2002, S. 46). Neben dem Imitationslernen ist „der Prozess aktiver Instruktion sehr wahrscheinlich [...] entscheidend für die spezifisch menschliche Form kultureller Evolution" (ebd.).

Lehren ist zwingend auf die Fähigkeit zur gerichteten, gemeinsam geteilten Aufmerksamkeit angewiesen. Nur wenn die hinter einer Aktion stehende Intention bewusst wird, es also möglich wird, durch die Identifikation mit dem Anderen dessen Absichten zu verstehen und gemeinsam zu teilen, wird Lehren möglich.

Schon junge Kinder imitieren Verhalten, das sie zufällig sehen, deutlich seltener als dasjenige, das ihnen Erwachsene explizit vormachen (Killen/Uzgiris 1981; berichtet nach Tomasello 2002, S. 100) und deren kommunikative Absichten sie verstehen (vgl. a.a.O.,

S. 122). Dabei ist der Verstehensprozess relativ komplex: Man muss verstehen, dass der andere die Absicht hat, dass die eigene Aufmerksamkeit auf etwas Drittes gelenkt wird (vgl. a.a.O., S. 124).

Zeigen

Diese menschliche Fähigkeit bildet die Grundlage für die allgemeinste Form der Instruktion, dem *Zeigen*. Zeigen knüpft an die visuellen Fähigkeiten des Menschen, d. h. an die Möglichkeiten des Sehens an. Das Gezeigte findet unmittelbar vor den Augen des Beobachters statt.

Durch das Zeigen wird die eigene Aufmerksamkeit auf etwas Drittes gelenkt. Zeigen strukturiert die Beobachtung durch Verengung des Beobachtungshorizontes auf einen ganz bestimmten Zusammenhang (vgl. Treml 2000, S. 88). Damit wird es wahrscheinlicher, dass der Zeigende, der auf das Lernen des Gegenübers ja keinen direkten Zugriff hat, die Gedanken des Gegenübers in den Bereich der von beiden gemeinsam geteilten Aufmerksamkeit lenkt. „Der ausgestreckte Zeigefinger des Lehrenden im Handlungsraum [...], oft noch verstärkt durch einen Zeigestock (als Organverstärkung), beginnt eine Linie im Handlungsraum, die nur durch Zuhilfenahme vom Vorstellungsraum verlängert und schließlich beim ‚gedeuteten‘ Gegenstand mündet" (Treml 2000, S. 88). Durch das Zeigen wird die Aufmerksamkeit des Gegenübers auf einen ganz bestimmten Zusammenhang gerichtet. Treml weist darauf hin, dass diese räumliche Komponente des Lehrens heute noch im Wort ‚Unterricht‘ erhalten ist (ebd.).

Das Zeigen weist dem Gezeigten Bedeutung zu. Das Gezeigte hebt sich damit von anderen Dingen ab. Gerade diese Bedeutungszuschreibung bedarf der oben beschriebenen Fähigkeit gemeinsamer gerichteter Aufmerksamkeit und damit der Fähigkeit, Sinn zuzuschreiben. Zeigen bzw. Lehren bedeutet somit immer auch Selektion, denn aus der Vielfalt der möglichen Gegenstände wird einer durch Zeigen herausgehoben. Zeigen fordert dazu auf, der Aufmerksamkeitszuwendung des Lehrenden zu folgen bzw. dessen Blickwinkel zu übernehmen. Dieser Selektionsvorgang wird je wahrscheinlicher, desto klarer der Selektionsraum begrenzt wird – darauf wird im nächsten Abschnitt 4.2 im Hinblick auf die Organisation der Schule eingegangen.

Das Zeigen knüpft an die hohe sinnliche Auflösungsmöglichkeit des menschlichen Auges an. Das Auge ist das menschliche Sinnesorgan, das die dichteste Informationsvermittlung ermöglicht (mit ca. 3.000.000 bit/sec.) und zudem Informationen aus dem Fernbereich übermittelt. Die Ohren sind weit weniger sensibel (20.000 – 50.000 bit/sec), ermöglichen aber ebenfalls, Informationen aus dem Fernbereich wahrzunehmen. Alle anderen Sinne sind entweder relativ schwach entwickelt (wie der chemische Sinn der Nase) oder nicht für den Fernbereich geeignet (wie der Tastsinn). Das Zeigen nützt diese hohe Auflösungsmöglichkeit des Sehens, indem etwas in die Anschauung des Betrachters gestellt wird. Zeigen bedient also zum einen die visuelle Präferenz des Menschen, zum anderen wird durch das Zeigen eine Konzentration auf eine Sache ermöglicht bzw. diese in ihrer Bedeutung herausgehoben.

Sagen

Angesichts der Möglichkeit des Menschen, akustische Signale wahrzunehmen und Sprache zu verstehen, wird das Zeigen häufig durch die Sprache unterstützt. Sprachliche Äußerungen können das Gezeigte verklaren. Zudem kann Sprache auch dort angewandt werden, wo es nicht mehr möglich ist, Dinge konkret zu zeigen. Sprache kann durch die mit der Sprache verbundene Möglichkeit der symbolischen Repräsentation auf abstrakte, d. h. auf sinnlich und durch konkretes Zeigen nicht mehr wahrnehmbare Zusammenhänge, verweisen. Gleichzeitig wird durch Sprache Selektion von Aufmerksamkeit bedingt. Ebenso wie beim visuellen Zeigen deutet Sprache auf nur einen Zusammenhang; schließlich kann immer nur eine Sache kommuniziert werden und nicht alles gleichzeitig. Sprechen bringt, genauso wie das Zeigen, Aufmerksamkeit in eine zeitliche Struktur.

Sprache ermöglicht zudem, zwei Dinge zu transportieren: den zu erklärenden Sachverhalt und – metasprachlich – die Begründung der Selektionsofferte. Diese kann rein appellativ und die Autorität der lehrenden Person nutzend verwendet werden (z. B. durch Aufforderungen wie „Hört zu!", „Das ist wichtig!") oder inhaltlich begründet werden. Mit solchen Äußerungen wird der intendierte Sinn des Gemeinten zusätzlich transportiert und abgesichert. Je häufiger der Sinn des Gemeinten über Metasprache eingefordert werden muss, desto stärker verliert die Darstellung selbst an Gewicht.

Anschauung

Lehren – und auch schulisches Lehren – lässt sich auf diese Grundform des Zeigens zurückführen (vgl. Treml 2000; Prange 1995). Allerdings entsteht für Lehren ein Problem: Visuelles Zeigen bedarf der Anschauung, die gezeigten Zusammenhänge müssen sich entsprechend darstellen lassen.

Gerade diese Anschaulichkeit ist bei den Wissensbeständen, um die sich die Schule seit Beginn ihrer Existenz kümmert, nicht unmittelbar gegeben. Die Erfindung der Schrift stellt eine symbolische Präsentationsform dar, die nur noch mittelbar anschaulich ist. Immerhin lässt sich auf Schrift zeigen, in diesem Sinne ist sie konkret visualisierbar. Viele Zusammenhänge, die hinter der Verschriftlichung stehen, sind nicht mehr sinnlich wahrnehmbar, wie Interpretationen von Literatur oder mathematische Zusammenhänge.

Menschen sind jedoch einerseits auf Anschaulichkeit evolviert: Das sinnlich Wahrnehmbare ist leichter verständlich. Dort, wo Lernen die – oben dargestellten – evolvierten Module bedient, gelingt es deutlich leichter. Andererseits ist es gerade der Mensch, der durch seine Fähigkeit gerichteter Aufmerksamkeit auch abstrakte Zusammenhänge verstehen kann. Diese werden aber sehr viel leichter aufnehmbar, wenn es gelingt, deren Komplexität in die sinnliche Anschauung zurückzuführen. Dort, wo Lernen nicht die menschlichen evolvierten Module bedient, sondern mithilfe Symbolrepräsentation über diese hinaus geht (z. B. bei der Bewusstmachung grammatikalischer oder orthografischer Regeln, im Rechnen beim Zehnerübergang, bei abstrakten sozialen Beziehungen in der Weltgesellschaft oder in der Beschreibung der chemischen Elemente), wird Anschauung zu einem didaktischen Prinzip, das an die konkreten Erfahrungen von Schülerinnen und Schüler anknüpft und damit die Grundidee des zu Lernenden aufzeigt. Deren Realisierung kann allerdings, da nicht mehr anschaulich, nur außerhalb des konkreten Raums in abstrakten Operationen stattfinden und bedient sich der Sprache.

Anschaulichkeit ist damit nicht zufällig ein bedeutendes didaktisches Prinzip. Da sprachliche Kommunikation ein Variationspool von Sinn darstellt und immer auch anders verstanden werden kann (vgl. Treml 2000, S. 92), ist die Unterstützung durch sinnliche Anschauungsformen von hoher Bedeutung. Das durch Sprache vermittelte Selektionsangebot wird dadurch attraktiver gestaltet, um die Wahrscheinlichkeit seiner Wirkung zu erhöhen. Anschauung ist eines der wichtigsten Mittel, die Wahrscheinlichkeit der Anregung der Gedanken des Gegenübers in die gewünschte Richtung zu erhöhen.

Diese Wahrscheinlichkeit, Aufmerksamkeit auf bestimmte Dinge zu lenken, kann weiter erhöht werden. Bereits im Tierreich lassen sich Formen der Kommunikation beobachten, die auch für didaktische Kommunikation von Bedeutung sind (vgl. Treml 2000, S. 94 f.). Signale sollten möglichst prägnant und unverwechselbar sein. Ein Mittel dazu ist das der *Kontrastverstärkung*. Auslösende Mechanismen sind im Tierreich häufig dadurch nicht zu übersehen, weil sie über besondere Kontraste hervorgehoben werden (so werden z. B. mögliche Sexualpartner, etwa bei Vögeln und Fischen, über ein farbenfrohes Äußeres leicht erkennbar). Auch didaktische Signale bedienen sich dieses Mittels: An der Tafel werden z. B. wichtige Aussagen durch Farbkreide hervorgehoben. Besonders wichtige Mittel der Kontrastverstärkung sind schematische Zeichnungen, die das Wesentliche herausheben und alle anderen Gestaltmerkmale weglassen. Anschaulichkeit wird durch Kontrastverstärkung erhöht.

Ein weiteres Mittel, Aufmerksamkeit zu lenken, ist das der *Einfachheit* der gezeigten Dinge. Auslösende Mechanismen sind im Tierreich häufig sehr einfach und auf wenige Merkmale reduziert. Gänseküken brauchen nicht das komplizierte Abbild einer Gänsemutter, um geprägt zu werden, vielmehr genügt schon ein Objekt mit einer einfachen Bewegung und rhythmischen Lauten (z. B. ein Ball mit einem kleinen Lautsprecher oder ein Mensch). Anschaulichkeit wird häufig über Formen der Vereinfachung hergestellt, so durch Elementarisierung (etwa der Newtonschen Mechanik), durch exemplarische Lehre (etwa des Hundes als ein Beispiel für ein Tier im Heimat- und Sachkundeunterricht der Grundschule) oder durch Modellbildung (wie das Atommodell in Physik oder der Teufelskreis der Armut im Geografieunterricht).

Ein weiteres Mittel ist das der *Wiederholung*. Viele auslösende Mechanismen erhalten im Tierreich ihre Wirkung dadurch, dass sie nicht nur einmal auftreten, sondern wiederholt werden. Nahrungsprägung entsteht durch die wiederholte Aufnahme einer bestimmten Nahrung. Wiederholung ist zwar aus informationstheoretischer Perspektive überflüssig und redundant, didaktisch aber nützlich, da sie Aufmerksamkeit durch Differenz in der Zeit wahrscheinlicher macht. Wiederholung schließt an die Affinität des Gehirns an, neuronale Verbindungen umso sicherer zu verankern, je häufiger sie verwendet werden. Jede Form des Übens im Unterricht nutzt dieses Prinzip, aber auch ritualisierte Abläufe der Unterrichtseröffnung, des Hefteintrags oder sonstiger unterrichtlicher Organisationsaufgaben.

Diese Mittel, die beim Zeigen und Sagen in didaktischer Absicht angewendet werden, verstärken die Möglichkeiten und vermindern die Unwahrscheinlichkeit der Anregung der Autopoiese des Gehirns im Hinblick auf die Intentionen anderer und machen damit unterrichtliche Kommunikation wahrscheinlicher.

4.2 Die Struktur der Schule und das Lernen

Die Schule ist die Institution, die durch ihre Struktur das intentionale Zeigen perfektioniert hat. Schulische Kommunikation ist durch folgende, selbstverständliche, allgemeine Merkmale gekennzeichnet[35]:

---

[35] Dieser Blick auf Schule schließt an die Debatte über den heimlichen Lehrplan der Schule aus psychoanalytischer (Fürstenau 1973) oder aus gesellschaftlicher Perspektive (Dreeben 1968/1980; Zinnecker 1975) an und führt diese mit dem begrifflichen Instrumentarium evolutionärer Theoriebildung weiter (vgl. auch Treml 1998).

- Die Schule kann in *räumlicher Perspektive* beschrieben werden. Sie findet meist in *Gebäuden* statt. Selbst in Ländern, in denen aus klimatischen Gründen Unterricht im Freien möglich wäre, gibt es Schulgebäude bzw. entsprechende Räumlichkeiten.
- Die Struktur der Schule ist in *sachlicher Hinsicht* bemerkenswert. Schulischer Unterricht bezieht sich auf Themen. Dazu gibt es Lehrpläne, Schulbücher und die Einteilung in Schulfächer – sowie deren Überschreitung durch fächerübergreifenden Unterricht.
- In *zeitlicher Perspektive* ist die Schule durch eine nicht beliebige zeitliche Struktur durch *Schulstunden, Schultage, Schulwochen und deren Unterbrechung (Pausen, Ferien)* gekennzeichnet.
- Auch in *sozialer Perspektive* ist die Struktur der Schule nicht beliebig. Eine häufig *altershomogene,* manchmal auch *leistungshomogene Gruppe* wird durch einen *Lehrer* oder eine *Lehrerin* unterrichtet.

Im Folgenden wird dargestellt, inwieweit diese allgemeinen Merkmale von Schule dazu dienen, die Wahrscheinlichkeit unterrichtlicher Kommunikation zu erhöhen und damit die Unwahrscheinlichkeit des Umgangs mit abstrakten Zusammenhängen zu minimieren.

Die räumliche Perspektive: Lebenswelt und Klassenraum

Unterricht ereignet sich in abgeschlossenen Räumen. Kinder bemerken häufig gar nicht, dass für die Institution und deren Manifestation als Gebäude dasselbe Wort verwendet wird: „Schule". Der Raum ist für die Funktionalität der Schule konstitutiv. In klarer Trennung zum Alltagsleben, zur Lebenswelt der Schülerinnen und Schüler, werden hier die schulischen Inhalte, die Schrift und das Rechnen, Sport, Handarbeiten oder Musik gelernt. Für den regelmäßigen Unterricht wird, von Ausnahmen abgesehen, am Unterrichten in Räumen festgehalten. Diese Trennung von der Lebenswelt lässt sich in ihrer dienenden Funktion besser verstehen, wenn gleichzeitig die Struktur der sachlichen Gliederung des Schulalltags in den Blick kommt.

Die sachliche Struktur: Lebenswelt und Themen

Die Trennung von der Lebenswelt erreicht die Schule neben ihrer räumlichen Abschirmung auch durch einen sachlichen Kunstgriff: durch die künstliche Aufteilung ihrer Gegenstände in Themen.

Schule trennt sich vom Leben durch die Ordnung des Wissens in künstlichen *Fächern*. Im Gegensatz zur Lebenswelt, in der die Dinge sachbezogen miteinander verknüpft erscheinen, werden Lerngegenstände in eine künstliche Ordnung gebracht, die sich von ihrem Auftreten in lebensweltlichen Zusammenhängen deutlich unterscheidet. Auch Projektunterricht schneidet Themen zu; es entsteht eine neue Struktur, die häufig ebenso – nur anders als Fächer – durch das Projekt (und nicht den Lebensvollzug) eine künstliche Ordnung herstellt.

Unterricht bezieht sich auf *Themen*: Nicht alles wird in der Schule zum Thema, sondern nur manches, vieles exemplarisch und vor allem nicht alles gleichzeitig. Immer steht nur ein Thema im Vordergrund, aber das im stetigen Wechsel. Damit wird die systematische Erhöhung der Aufmerksamkeit ermöglicht – zum Preis von potenzieller Lebensferne. Diese Trennung wird durch den fächerübergreifenden Unterricht in ihrer Struktur nicht aufgehoben. Die Tatsache, von einer fächerübergreifenden Perspektive zu sprechen, bezieht sich auf eine Ordnung durch Fächer (vgl. Huber/Henkel 2003).

Die Trennung von der Lebenswelt als didaktischer Kunstgriff

Worin liegt der Lernanreiz durch diese räumliche und sachliche Trennung von der Lebenswelt der Schüler durch die Struktur der Schule?

Die Schule bereitet auf ein Leben außerhalb der Schule vor, das durch schnellen sozialen Wandel gekennzeichnet und damit grundsätzlich unbekannt ist. Heutzutage ist der soziale Wandel schnell und die Kontingenz der Zukunft fast schon allgemeines Bewusstsein. Die Schule bereitet durch die Vermittlung allgemeiner und abstrakt anwendbarer Fähigkeiten auf ein potenzielles Leben nach der Schule vor. Die durch sie vermittelten Fähigkeiten sollten eine gewisse Unspezifität aufweisen, um an ganz unterschiedliche Situationen anschlussfähig zu sein. Würde die Schule auf ein konkretes Leben vorbereiten, so wie es sich bereits in der Gegenwart als kindliche Lebenswelt darstellt, dann würde sie die Zukunft systematisch verfehlen, weil das Wissen schon veraltet und vor allem unterkomplex wäre. Die Schule ermöglicht damit Lernen, das sich von der Lebenswelt der sie besuchenden Kinder unterscheidet. Für die Ermöglichung abstrakten Wissens produziert Schule Aufmerksamkeit und Konzentration durch Abschirmung – und deshalb separiert sie sich künstlich durch Räume aus der sie umgebenden Welt. Die oben beschriebene notwendige Selektion der Aufmerksamkeit wird damit deutlich erleichtert – es entsteht Raum, auf das Gezeigte und Gehörte zu achten, da dieses isoliert wird.

Die Schule handelt sich durch die Trennung von der Welt im Leben und der Welt im Klassenraum allerdings ein gravierendes Folgeproblem ein: das Motivationsproblem. Lernen für eine abstrakte Zukunft ist langweilig, und die Frage nach der Relevanz des zu Lernenden ist eine ständige kritische Anfrage. Menschen sind als steinzeitliche Nahbereichswesen biologisch auf ihren eigenen Erfahrungshorizont und sinnliche Erfahrung evolviert und sie lernen deshalb im Nahbereich ihrer eigenen Lebenswelt. Pädagogen wissen, dass die Lebenswelt als *didaktischer Kunstgriff* in den Unterricht als Vehikel für Aufmerksamkeit integriert werden sollte. Die Lebenswelt wird selektiv und dosiert in den Unterricht rückintegriert, um Anschlussfähigkeit für das Gelernte herzustellen, ohne zum Selbstzweck zu werden. Diese Formen der Rückintegration werden seit langem als offener Unterricht, Wochenplanarbeit, Projektunterricht etc. intensiv diskutiert. Gleichzeitig darf durch derartige Formen der Zugang zu abstrakter Erkenntnis nicht verbaut werden. In der Gestaltung der Struktur der Schule entsteht damit eine schwierige *Balancesituation*, sich von der Lebenswelt deutlich zu unterscheiden, diese aber aus didaktischen Gründen in den Unterricht quasi in homöopathischen Dosen rückintegrieren zu müssen.

Die zeitliche Perspektive: Lebenszeit und Stundenplan

Die strukturelle Verfasstheit der Schule bedingt einen eigenen Umgang mit Zeit, der sich im Zusammenspiel von kindlicher Lebenszeit und schulischem Stundenplan fassen lässt. Im schulischen Umgang mit Zeit werden zwei Formen des Umgangs mit Zeit erkennbar: die strukturelle Anbindung an vergangene Zeiten und die Strukturierung gegenwärtiger Zeit.

In der Schule steht die *vergangene Zeit* im Vordergrund. Die eigene Lebenszeit ist im Vergleich zur Weltzeit sehr kurz, und die Erfahrungen, die zum Überleben in einer Gesellschaft erforderlich sind, können nicht alle selbst gemacht werden, denn dazu ist diese Gesellschaft zu komplex, unser Leben zu kurz und dessen Anforderungen zu hoch (vgl. Blumenberg 2001; Luhmann 1975). Unterricht ermöglicht über Sprache und Schrift den Rückgriff auf Erfahrungen anderer. Dabei geht es nicht nur um die Erfahrungen von Klassenkameraden, sondern vor allem um jene von persönlich völlig unbekannten Menschen aus anderen Gegenden und anderen Zeiten. Das meiste, was in der Schule gelernt wird, greift auf (in Schulbüchern) tradierte Erfahrung anderer und nicht auf eigene Erfahrung zurück. Die tradierten Erfahrungen sind (unterstellte) erfolgreiche Erfahrungen, die sich im Laufe der Jahrhunderte bewährt haben. Sie sind kollektive Erinnerungen an erfolgreiche Problemlösungen, sozusagen komprimierte und gestauchte menschliche Geschichte und Kultur. Im Sinne der beschriebenen Nachahmung des Erfolgreichen ermöglicht diese Struktur die Wahrnehmung kulturell erfolgreicher Problemlösungen über die individuelle Erfahrung hinaus. Die Schrift, das Regelwerk der Mathematik, physikalische und chemische Gesetze, das Wissen über die Zelle, hermeneutische Verfahren der Literaturinterpretation und deren kritische Reflexion im Deutschunterricht – alles dies sind kulturell erfolgreiche Problemlösungsmuster, die Anschlussmöglichkeiten an weitere gesellschaftliche Herausforderungen eröffnen.

Durch Unterricht wird damit doppelt Zeit für Schüler gespart: Es wird Wartezeit gespart, bis eine Situation eintritt, die ermöglicht, bestimmte Erfahrungen zu machen, und es wird Reaktionszeit gespart, bis man über Irrtum und Erfolg Lösungen findet – von negativen Erfahrungen durch Irrtümer ganz zu schweigen. Für das Leben in einer Weltgesellschaft brauchen Kinder diese Zeitverkürzung, denn deren Komplexität ist nicht mehr durch eigene Erfahrungen zu bewältigen. Diese Zeitersparnis geht allerdings auf Kosten einer individuellen Zeitverschwendung: Unterricht ist im Gleichtakt organisiert – und unterschiedliche Lerntempi können nur begrenzt berücksichtigt werden. Schule spart deshalb Zeit, auch wenn die einzelnen Kinder die Länge der Schulzeit und den erzwungenen Gleichtakt als lähmend empfinden.

Schulisches Lernen steht auch an dieser Stelle wieder vor einem Balanceproblem: Viele Erfahrungen können heute nicht mehr selber gemacht werden, sondern müssen als Wissen gelernt werden. Menschen sind aber so evolviert, dass sie aus Erfahrung lernen – aus Erfahrung wird man klug, sagt die Volksweisheit, und gerade Kinder brauchen eigene Erfahrung. In dem Maße, in dem sich Schule aus konkreten gegenwärtigen Erfahrungen in die Vermittlung tradierter Erfahrungen verabschiedet, kommt es also auch hier zum Problem, wie man Erfahrungen didaktisch vermittelt wieder rückintegrieren kann.

Über Unterricht wird in der Schule aber auch *gegenwärtige Zeit* begrenzt. Dies ist sicherlich eines der wichtigsten Strukturmerkmale von Schule. Warum ist die Lernzeit nicht beliebig?

Lernprozesse werden durch Lehrprozesse nicht determiniert, sondern nur vorbereitet – lernen muss jeder Schüler selbst. Dafür wird er durch die Lust belohnt, etwas zu können und zu leisten – wie dargestellt durch einen Endorphinausstoß (Abschnitt 3.2). Dass Anstrengung durch Lust belohnt wird, ist ein altes evolutionäres Prinzip, das im menschlichen Hormonhaushalt tief verankert ist. (Dies wird dann vergessen, wenn irrtümlich davon ausgegangen wird, dass Lust Voraussetzung und nicht Folge von Anstrengung wäre.) Nicht die Maxime „Lernen muss Spass machen" ist im menschlichen Hormonhaushalt verankert, sondern umgekehrt die Erfahrung: Lernen bringt Freude.

Diese Erfahrung bedarf der Zeitbegrenzung. Durch Zeitbegrenzung ermöglicht die Schule strukturell Anstrengung und die nachfolgende lustvolle Belohnung.

Lernen wird durch den Wechsel von Aufmerksamkeit und Entspannung über thematische Abwechslung und Pausen optimiert. Der Zeitrhythmus der Schule effektiviert die Arbeitsleistung von Schülerinnen und Schülern und übt in die für funktional ausdifferenzierte Gesellschaften so wichtige Quantifizierbarkeit von Arbeit ein. Kontinuierlich zu arbeiten, ohne sich zu erschöpfen, vielmehr den Rhythmus des Körper zu achten, wird durch die schulische Zeitstruktur potenziell erlernt.

Die zählbare und berechenbare Zeit, auf griechisch „chronos", ist eine wichtige Vorraussetzung für die Koordination sozialer Systeme. Die eingehaltene Zeit ist nicht nur die Grundlage für die Einhaltung von Verabredungen, sondern sie ermöglicht die genannte Beschränkung auf Themen. Durch Limitation von Zeit wird Selbstdarstellung begrenzt und die Einübung in Sozialität ermöglicht – da die Zeit anderer nicht ungebührlich in Anspruch genommen wird. Zeitbegrenzung führt häufig zur Effektivierung der Arbeit – und dies wird in der Schule durch die vorgenommenen zeitlichen Einschränkungen genutzt.

Zudem erhöht das künstliche soziale System der Schule über die Zeitbegrenzung seine Selbstlegitimation. Zeitbegrenzung erzeugt Dringlichkeit und Vorrangigkeit. Über Zeitbegrenzung – z. B. hinsichtlich der wiederholbaren Schuljahre, den Fristen für die Versetzung oder für die zeitliche Fixierung der nächsten Klassenarbeit – wird Dringlichkeit erzeugt und damit das Gefühl von Wichtigkeit hergestellt. Dies ist gerade auch aufgrund der von der Schule vorgenommenen Trennung von der sinnlich erfahrbaren Lebenswelt notwendig. Denn wer würde lebensfremde Inhalte wie die schriftliche Division oder die Hohlmaße lernen, würden sie nicht zu einem gesetzten Zeitpunkt benötigt?

Die Beschränkung von Zeit ist also ein wichtiges Strukturmerkmal der Schule. Die Erfahrungen der Vergangenheit stehen im Vordergrund und die gegenwärtige Zeit wird begrenzt. Schule steht auch hier wieder vor einem Balanceproblem: Diese Zeitbegrenzung und Zeitharmonisierung ist funktional notwendig; sie läuft aber dem evolvierten Erfahrungshunger gerade von Kindern entgegen. Der Lustgewinn, etwas können zu können, wird durch Überforderung in Frustration verwandelt. Die Rhythmisierung von Zeit kann dem eigenen kindlichen Zeitrhythmus zuwider laufen und die Koordinierung von Zeit läuft Gefahr, Stress zu erzeugen. Pädagogische Reformsemantik stellt damit ein wichtiges Korrektiv dar, das als Dauerwarnung an die Ausbalancierung dieser unterschiedlichen Pole erinnert.

Die soziale Dimension: Klassengemeinschaft und Gesellschaft

Die Form schulischer Erziehung in Klassenverbänden stellt vermutlich einen wichtigen Beitrag zur Erprobung und Einübung in Verhaltenserziehung in einer Gesellschaft dar.

Schulischer Unterricht weist eine steigende soziale Komplexität auf, die von einer strukturell familienähnlichen Situation allmählich in das Leben in einer anonymen Massengesellschaft überführt. Schulische Erziehung erweitert systematisch den Umgang mit sozialer Komplexität von der Klassenlehrerin in der Grundschule (als quasi Eltern-Ersatz) über das Fachlehrersystem der Sekundarstufe I und dem Kurssystem der Sekundarstufe II bis hin zur komplexen und anonymen Sozialsituation von Universitäten und Betrieben. Als biologische Nahbereichswesen werden Menschen in eine Familie geboren – in die Gesellschaft müssen sie sich aber selbst zuordnen. Durch die Struktur ihrer Organisation ermöglicht die Schule, dies zu lernen. Zudem lernen Kinder damit sukzessive, mit wechselnden Profilen sozialer Komplexität umzugehen; sie erlernen potenziell soziale Flexibilität.

Schulischer Unterricht übt in regulierte Konkurrenz wie in Kooperation ein. Leben ist strukturell durch Knappheit von Ressourcen wie Nahrung, Geld, Arbeit und soziale Anerkennung gekennzeichnet. Es steht immer weniger zur Verfügung, als jedes Kind gerne haben möchte. Für menschliche Gesellschaften ist ein regelgeleiteter und damit humanisierter Umgang mit dieser Konkurrenzsituation erstrebenswert. Die Verfasstheit von Schule reduziert die Konkurrenz auf Leistung und schließt andere Konkurrenzkriterien – wie beispielsweise Clanzugehörigkeit, Hautfarbe, Religion oder Kultur etc., die in der Geschichte der Menschheit zeitweise dominant waren, – weitgehend aus. Die Konkurrenz über Leistung wird durch Regeln begrenzt und zudem von der Person getrennt. Schüler sollten in der Schule lernen, dass sie auch unabhängig von ihrer Leistung als Person wertgeschätzt werden. Dort, wo der Schule dies nicht gelingt und wo nur Leistung, nicht aber auch die Wertschätzung des einzelnen Kindes zählt, hat sie versagt.

Schulischer Unterricht belohnt außerdem Kooperation. Menschliches Leben ist wie das nur weniger anderer Arten durch soziale Kooperativität gekennzeichnet. Kooperation basiert auf sozialer Nähe. Eltern investieren in ihre Kinder, da sie mit ihnen meistens verwandt sind. Schule simuliert diese Situation durch die Organisation in sozialen Kleingruppen, die wir Schulklassen nennen, und stimuliert durch diese Gruppen, Kooperation auch in unübersichtlichen sozialen Situationen einzuüben. Dass dies nicht selbstverständlich ist, davon wissen Lehrkräfte ein Lied zu singen. Es dauert manchmal mehr als ein ganzes Schülerleben,

- zu lernen, darauf zu achten, dass alle Mitglieder der Schulklasse zu ihrem Recht kommen,
- zu lernen, gegenseitig Rücksicht zu nehmen,
- und zu lernen, mit Partnern und in Gruppen konstruktiv gemeinsam zu arbeiten. Das Lernen in einer nicht selbst ausgewählten Gleichaltrigengruppe ist gerade dafür so wichtig.

Lehrkraftdominanz und Schülerselbstbestimmung

Damit die Gleichzeitigkeit von Konkurrenz und Kooperation in Schulklassen strukturell möglich ist, gibt es in der Schule eine bewertende Instanz: die Lehrkraft. In der Schule lehrt in der Regel die Lehrkraft und die Schüler lernen. Lehren und Lernen sind asymmetrisch verteilt. Diese Asymmetrie knüpft an das evolutionäre Prinzip an, dass die Variationsofferten eines Systems immer durch die Umwelt (und nicht durch das System selbst) selektiert werden. Die Lehrkraft organisiert das Lehren und ermöglicht von daher Lernen. Ohne diese Asymmetrie wäre Schule Geselligkeit – in der man bekanntlich auch lernen kann, aber nicht zwingend lernen muss. Intentionale Erziehung ist durch Asymmetrie gekennzeichnet, denn erst Bewertung ermöglicht Entwicklung.

Lehrkräfte ermöglichen durch ihre Erfahrung, ihre Professionalität, ihr Alter und ihre Rolle diese Bewertung auf vielfältige Weise:

- Sie strukturieren das Lehrangebot als Offerte, an dem Schüler lernen oder nicht lernen. Jedes Lehrangebot stellt eine Auswahl aus der Welt der Möglichkeiten dar und ist vor diesem Hintergrund Begrenzung.
- Lehrkräfte strukturieren die Kommunikation im Klassenzimmer. Sie fungieren quasi als kommunikative Schiedsrichter im Klassenzimmer. Sie kommentieren die Äußerungen der Schüler – durch Lob, durch Tadel und vor allem durch Überhören.
- Lehrkräfte organisieren Leistungsbewertung in der Schule. Erfolg und Misserfolg sind Selektionen durch die Umwelt, die im Unterricht durch Lehrkrafthandeln simuliert werden. Unterricht übt in den angemessenen Umgang mit Erfolg und Misserfolg ein.

Schule organisiert Sozialkontakte und ermöglicht damit, die evolutionäre Familienbindung auf eine gesellschaftliche Bindung potenziell auszuweiten. Auch hier entsteht ein *Balanceproblem*: Diese Beschränkung von Sozialkontakten kann überfordern und zu Einsamkeit führen. Es besteht die Gefahr, dass die funktional nötige Differenz zwischen

Lehrkraft und Schülern nicht ausgependelt ist – so dass entweder Schülerinnen und Schüler Angst vor der dadurch entstehenden Hierarchie haben oder umgekehrt Lehrkräfte Angst vor Schülern empfinden, wenn ihre strukturierende und bewertende Kompetenz nicht akzeptiert oder gefährdet ist.

Die Struktur der Schule und das Lernen

Angesichts der Nahbereichsorientierung des Menschen, seiner Erfahrungsabhängigkeit und der Bindung an die familiale Kleingruppe ist es unwahrscheinlich, dass Menschen das abstrakte Wissen und die abstrakte soziale Orientierung für das Leben in der heutigen Weltgesellschaft im Lebensvollzug erlernen. Die Schule kann als funktionale Antwort auf dieses Problem interpretiert werden. Über ihre strukturelle Verfasstheit – und damit durch die von ihr geschaffene eigene Lernumgebung – wird die Wahrscheinlichkeit des Lernens von Abstraktem in jeder Dimension (im Umgang mit Zeit, mit abstrakten Dingen und mit abstrakten Sozialbeziehungen) größer. Schule schränkt als Organisation die Aufmerksamkeit ein, um damit diejenige Erweiterung im Geiste zu ermöglichen, die systematisches Lernen ausmacht.

Die Beschränkung liegt – wie bereits oben ausgeführt – in der *räumlichen Dimension* in der Abschirmung von der Lebenswelt durch die Klassenraumstruktur, in der *sachlichen Dimension* in der Struktur der Unterrichtsfächer und der thematischen Struktur des Unterrichts. Dadurch wird das Lernen von abstrakten Zusammenhängen möglich; dadurch wird möglich, dass Kinder schrittweise ihre evolvierte Nahbereichspräferenz kognitiv überschreiten.

Die schulische Struktur beschränkt *Zeit* in mehrfacher Weise: Zum einen erlangen in der Schule kulturell erfolgreiche Erfahrungen Bedeutung. Die gegenwärtige Zeit wird eingeschränkt und rhythmisiert. Durch diese Begrenzungen wird Lernlust und die Dringlichkeit des Befristeten erzeugt und damit Lernen erleichtert.

Die Schule ermöglicht das Hineinwachsen in eine Gesellschaft. Menschen sind familial geprägte Hordentiere, die lernen müssen, in einer nach Leistung funktional ausdifferenzierten Gesellschaft einigermaßen zurechtzukommen. Die Beschränkung der *Sozialbeziehungen* auf die Klassenstruktur ermöglicht, schrittweise in diese Welt hineinzuwachsen, und die asymmetrische kommunikative Struktur schafft die Möglichkeit für die beschriebenen Begrenzungen.

In dieser Struktur hat sich die Schule evolutionär stabilisiert und ihre Reform kreist letztlich um die Feinabstimmung dieser widersprüchlichen Verfasstheit der Schule zwischen Lebenswelt und Abstraktion, Vergangenheit und Gegenwart, Zeitermöglichung und Zeitdruck, Konkurrenz und Kooperation, nicht aber darum, das eine zu tun und das andere zu lassen. Die Trennung von der Lebenswelt, die Zeitbegrenzung und die Trennung von der Familie machen die dominante Struktur schulischen Lernens aus. Jede Form der System-Umwelt-Differenzierung, d. h. der klaren Trennung zwischen einem System und seiner Umwelt, ist ein systembildendes Element, das es dem System erlaubt, hohe Komplexität aufzubauen. Der Aufbau abstrakter Ordnung im Kopf wird durch das Zurücktreten aus dem Hier und Jetzt möglich. Durch Begrenzung wird die Entwicklung geistiger Erweiterung wahrscheinlicher. Das Aufmerksamkeitspotenzial vergrößert sich in dem Maße, in dem der Aufmerksamkeitsradius verkleinert wird. Diese Begrenzung erleichtert die Erweiterung menschlichen Denkens für abstrakte Zusammenhänge, die für ein Leben im 21. Jahrhundert von unverzichtbarer Bedeutung ist. Die Funktionalität von Schule lässt sich damit mit dem evolutionären Organisationsprinzip von gleichzeitiger Begrenzung und Erweiterung, von Selektion und Variation beschreiben und erklären.

Der Blick auf die naturwissenschaftliche evolutionäre Anthropologie macht zudem verständlich, dass sich die pleistozän evolvierten Säugetiere, die Menschen nun einmal sind, wahrscheinlich nicht spontan in einer abstrakten Weltgesellschaft zurechtfinden. Vielmehr lernen Kinder dieses schrittweise. Schule ist die Institution, die, anders als die emotional nahbereichsweltlich gekennzeichnete Familie, die dazu notwendigen Anregungen liefert. Schule lässt sich damit als Einübung in das Leben in einer abstrakten Weltgesellschaft unter herabgesetztem Risiko des Scheiterns beschreiben.

Schule kann so als Simulation von Evolution verstanden werden (vgl. Scheunpflug 2001b). Als Einübung in das Leben ist sie nicht das Leben selbst. Vielmehr wird Leben pädagogisch – und das heißt reversibel – vermittelt. Noten können verbessert und verschlechtert werden, nicht Gelerntes kann nachgeholt werden. Scheitern Schüler in der Schule ernsthaft, dann hat die Schule pädagogisch versagt. Schule ermöglicht pleistozän evolvierten Menschen den Anschluss an Gesellschaft. Die *Organisationsstruktur* von Schule deutet auf die abstrakte Weltgesellschaft – ihre *Interaktionsstruktur* durch Unterricht knüpft hingegen an der Nahbereichsprägung von uns Menschen an.

Ein solcher Blick auf Schule macht auch die Probleme schulischen Lernens verständlich: Die durch die Schule gegebenen strukturellen Begrenzungen auf bestimmte Unterrichtsinhalte, auf bestimmte Unterrichtsfächer und -themen, auf ein bestimmtes Zeitverständnis und auf Regeln des Umgangs miteinander sind solange relativ unproblematisch, als die Gesellschaften, in denen schulischer Unterricht stattfindet oder stattfand, selbst eine solche geschlossene Struktur aufweisen und durch einen entsprechend geschlossenen Kulturentwurf die Beschränkung der eigenen Weltsicht nicht deutlich wird. Schule nimmt aber gerade in einer immer offeneren und individualisierten Gesellschaft starke Einschränkungen vor. Der Lehrerberuf wird damit immer anstrengender, denn Lehrer müssen nun diese Beschränkungen organisieren und legitimieren und die damit verbundene Enttäuschung emotional abfedern. Gleichzeitig reagieren Schulen auf diese offene Gesellschaft und ermöglichen punktuell selbst diese Offenheit: fächerübergreifender Unterricht, Projekttage, Lernevents außerhalb des Klassenzimmers und die zunehmende Autonomie der Einzelschule sind aus dieser Perspektive Reaktionen der Schule auf eine sich individualisierende Gesellschaft. Schulen individualisieren sich selbst, ohne ihre grundlegende Struktur der Beschränkung aufgeben zu können. Damit wächst der Zwang zur Selbstzuordnung in die Schule: und sowohl Lehrkräften als auch Schülerinnen und Schülern wird aufgebürdet, nicht Sinn vermittelt zu bekommen, sondern diesen finden zu müssen. Aber auch das ist eine Form der Anpassung an immer komplexer werdende Gesellschaften, die ihren Mitgliedern zumuten, sich selbst in die Gesellschaft zu integrieren.

5 Zusammenfassung:
Die Schulkindheit als Lebensphase

Abschließend werden die zentralen Erkenntnisse einer naturwissenschaftlich fundierten Anthropologie der Schulkindheit zusammengefasst und diskutiert.

Lernen als Fokus

In den hier vorgestellten anthropologischen Überlegungen spielte das Thema „Lernen" eine wichtige Rolle. Das ist dadurch bedingt, dass die Phase der Kindheit in besonderem Maße durch Lernvorgänge konstituiert ist. Um lernen zu ermöglichen, sind Kinder Kinder. Aus einer biologischen Perspektive kann quasi von einer Lernnotwendigkeit gesprochen werden.

Schulkindheit als eigene Lebensphase

Aus Sicht einer naturwissenschaftlichen Anthropologie erstaunt der Zeitpunkt des Beginns der Schulkindheit zwischen dem vierten und siebten Lebensjahr nicht, haben Kinder in diesem Alter doch die Vorraussetzungen für systematisches Lernen und eine basale Selbstständigkeit erreicht. Ein später Schulanfang ist nur dann funktional, wenn für eine möglichst große Gruppe von Kindern im Elternhaus gute Entwicklungsbedingungen gegeben sind und zudem von kultureller Homogenität ausgegangen werden kann. Ein früher Schulbeginn kann kompensatorisch wirken, wenn im Elternhaus keine optimalen Entwicklungsbedingungen gegeben sind. Ein früher Beginn benötigt eine differenzierende und für Heterogenität sensible Gestaltung der Schuleingangsphase. Mit einem frühen Schulanfang können Kinder aus weniger lernfördernden Umgebungen optimal gefördert und häusliche Entwicklungsdefizite ausgeglichen werden.

Die Schulkindheit unterscheidet sich von anderen Lebensphasen durch ein spezifisches Fenster der Hirnentwicklung: Im Zeitabschnitt zwischen der Kindheit und der Pubertät ist der Frontallappen in der Entwicklung so weit fortgeschritten, dass das eigene Handeln reflektiert, geplant und gesteuert werden kann. Gleichzeitig hat das „Neuronensterben" der Pubertät noch nicht eingesetzt. Schulkinder denken „überschießend". Diese Form der Informationsverarbeitung dient dazu, eine größtmögliche Vielfalt von Synapsenverbindungen im Gehirn aufzubauen.

Kinder als aktive Subjekte

Aus Sicht dieser Theoriebildung werden Kinder als aktive Subjekte ihrer eigenen Lerngeschichte interpretiert. Die Konstruktion der eigenen Lernbiografie erfolgt allerdings nach Maßgabe evolvierter Mechanismen. Bedeutend sind für diesen autopoietischen Prozess einerseits die Steuerung durch Gefühle, die sich in Abschätzung individueller Bilanzen einstellen, sowie andererseits die Verarbeitung durch evolvierte Module der

Welterkennung. Diese Mechanismen sind evoliert und damit universell. Durch die sehr verschiedenen Umwelten, in denen Menschen leben, und deren unterschiedliche Lebensbedingungen entstehen in Folge aber individuell höchst unterschiedliche Lernbiografien.

Heutige naturwissenschaftliche Anthropologie bietet der Grundschulforschung damit keine Reifungstheorien, die eine determinierte Entwicklung unabhängig von Umwelteinflüssen beschreibt. Zwar bleibt diese Theorie in ihrem Grundverständnis insofern deterministisch, da Menschen als biologisch evolvierte Lebewesen interpretiert werden, die auf Umweltreize reagieren. Die moderne Hirnforschung stellt die Willensfreiheit des Menschen infrage (vgl. Roth 2001, S. 427 ff.; Singer 2003, S. 24 ff.), ohne damit aber die individuelle Entwicklung vorhersagen zu können. Im Sinne genzentrierter Umweltselektivität wird der Mensch vielmehr so interpretiert, dass er sich aus einer Vielzahl von Umwelten das individuell anregende Umweltmilieu auswählt. Kindheit wird damit als aktiver Lebensvollzug in einer je individuellen Umwelt beschrieben.

Eine naturwissenschaftliche Anthropologie verhält sich vor diesem Hintergrund gegenüber allen Phasentheorien der Reifung skeptisch. Diese Skepsis rührt einerseits aus dem Wissen über die ungeheuren Kompetenzen schon von Säuglingen und Kleinkindern (z. B. im Hinblick auf das Erfassen von Mengen, der Schwerkraft etc.). Wenn schon kleine Kinder, lange bevor sie sprechen können, eine intuitive Ahnung von physikalischen Grundgesetzen haben, dann werden in Stufen folgende Phasen der kognitiven Entwicklung brüchig. Die Skepsis rührt andererseits auch aus der Erkenntnis, dass das Gehirn weit stärker als bisher angenommen modular aufgebaut ist und Erkenntniswege vor diesem Hintergrund nicht mit einer einheitlichen operativen Logik bearbeitet werden[36]. Vor diesem Hintergrund ist es aus der Sicht der Hirnforschung fraglich, von allgemeinen, inhaltsfreien Schlüsselkompetenzen auszugehen. Auch aus dieser Forschungsrichtung wird die Bedeutung bereichsspezifischer Kompetenzen betont; ein Konzept, das die Unterrichtsforschung schon seit einigen Jahren diskutiert (vgl. dazu z. B. Weinert/Schneider 1986 ff.).

Die Bedeutung von Fürsorge und einer anregenden Umwelt

Damit betont die naturwissenschaftliche Anthropologie einerseits die Kompetenz von Kindern als eigenen Akteuren ihrer Lernbiografie, andererseits verweist diese Theorie aber auch auf die besonderen Bedürfnisse von Kindern: Sie benötigen für diese Phase des Lernens eine geschützte Umgebung, die sie von den Sorgen alltäglicher Existenzsicherung entlastet. Es bleibt ein Skandal, dass die Forderung nach „Bildung für Alle" der Weltbildungskonferenzen 1990 in Jomtien/Thailand und 2000 in Dakar/Senegal nach wie vor nicht umgesetzt ist (vgl. Lang-Wojtasik 2002; UNESCO 2002; 2003). Kinder sind in bewaffneten Konflikten nach wie vor oft die Hauptleidtragenden. Auch wenn in Industriestaaten die Versorgung von Kindern deutlich besser ist als in Ländern des Südens, ist es auch hier diese Bevölkerungsgruppe, die überdurchschnittlich von Armut und Unterversorgung betroffen ist. Die naturwissenschaftliche Anthropologie lenkt den Blick auf die Bedeutung des Lernens in der Kindheit. Sie macht deutlich, dass der Spracherwerb eine besonders wichtige Bedeutung für nachfolgende Lernprozesse hat. Sie lenkt den Blick auf die auch durch PISA belegte Tatsache, dass Defizite im sprachlichen Bereich den Wissens-

---

[36] Damit ist eine Revision der Bedeutung der Theorie Piagets in der Grundschulforschung angesagt (vgl. auch Stern 2003).

erwerb auch in mathematischen und naturwissenschaftlichen Kontexten erschweren. Zudem verdeutlicht sie die Bedeutung des Lernens in der Kindheit bzw. lenkt den Blick auf die Wissenskumulation durch Vorerfahrung (d. h., je mehr Erfahrungen vorhanden sind, desto mehr kann gelernt werden). Von daher ist die Fürsorge für Kinder eine der großen Herausforderungen aller Gesellschaften.

Die Bedeutung der Sozialität

Die naturwissenschaftliche Anthropologie lenkt den Blick auf die sozialen Lebensbezüge des Menschen. Bereits für frühe Lernformen wie der Imitation muss das Verständnis von Intentionalität und Sozialität vorausgesetzt werden. Die Entwicklung der Sprache ist ohne andere nicht denkbar. Leben vollzieht sich in Kooperation und Konkurrenz mit anderen Menschen, und schulisches Lernen bedient sich beider Prinzipien gleichermaßen.

Lehren und Lernen

Durch eine naturwissenschaftliche pädagogische Anthropologie wird auf die Notwendigkeit einer komplexen Theorie des Lehrens verwiesen. Unabweislich deutlich wird mithilfe dieser Theorie die in der Pädagogik und der Erziehungswissenschaft schon länger bekannte Tatsache, dass Kinder selbst – nach ihren eigenen inneren Gesetzen – lernen und damit in letzter Konsequenz nicht belehrt werden können im Sinn der direkten Umsetzung des Lehrangebots in eigenes Wissen. Lehren bedeutet vielmehr Lernumgebungen zu schaffen, die die Selektion von Aufmerksamkeit begünstigen. Gleichzeitig verweist diese Theoriebildung auf die Notwendigkeit von Lehre, da es ohne diese nicht zu erwarten ist, dass sich Menschen abstrakte, der sinnlichen Wahrnehmung nicht unmittelbar zugängliche Zusammenhänge verfügbar machen.

Eine solche Theoriebildung ist an die Unterrichtsforschung anschlussfähig und verweist auf die Notwendigkeit komplexer Unterrichtsarrangements und vielfältiger Lernzugänge. Sie lenkt den Blick darüber hinaus auf die Struktur schulischen Unterrichts und den damit verbundenen Anregungsmilieus. Diese Theoriebildung interpretiert die Schule nach den gleichen Prinzipien wie das Bewusstsein: Durch Beschränkung wird der Aufbau von Ordnung und die Zunahme von Kompetenz ermöglicht. Gleichzeitig werden vielfältige Anregungspotenziale geboten und damit eine größtmögliche Anschlussfähigkeit eröffnet.

Das erziehungswissenschaftliche Technologiedefizit

Die naturwissenschaftliche Anthropologie und vor allem die Hirnforschung machen damit einmal mehr das Grunddilemma pädagogischen Handelns und erziehungswissenschaftlicher Theoriebildung deutlich: Ein direktes Einwirken auf das Bewusstsein oder auf den Lernzuwachs ist nicht möglich, dieses entzieht sich allen Lehrversuchen. Dieses Problem ist in der Erziehungswissenschaft spätestens seit den Ausführungen von Luhmann und Schorr als das „Technologiedefizit der Erziehungswissenschaft" (1979) bekannt, seine Bearbeitung durchzieht die Bildungsphilosophie wie ein roter Faden (vgl. in seiner Konsequenz für die didaktische Theoriebildung Scheunpflug 2001b; 2004a).

Dieses zu betonen ist vor allem deshalb notwendig, da in der Öffentlichkeit gerade mit der Hirnforschung Machbarkeitsphantasien verbunden werden. Vor allem Lehrerinnen und Lehrer sind an den Ergebnissen der Hirnforschung deshalb interessiert, da sie sich davon

Rezepte zur Vermittlung von Wissen erwarten (vgl. Becker 2003)[37]. Die Rezeption der Hirnforschung in der Pädagogenschaft in dieser Form ist eher eine Aussage über die heimliche Technologiesehnsucht der Pädagogen als über reale Möglichkeiten.

Jedoch bietet die naturwissenschaftliche Anthropologie Möglichkeiten, das pädagogische Technologiedefizit mit Mitteln empirischer Forschung nicht nur in neuer Form zu begründen, sondern auch zu präzisieren. Dieser Impuls für die theoretische als auch die empirische Forschung dürfte für die Bildungstheorie von großem Interesse sein. Gleichzeitig ist damit aber auch das Terrain für eine seriöse Rezeption naturwissenschaftlicher Anthropologie abgesteckt: mit dieser Theoriebildung lassen sich keine Heilserwartungen verbinden, wie sie in der pädagogischen Theoriebildung leider Tradition haben. Die naturwissenschaftliche Anthropologie kann keine Bildungstheorie ersetzen. Sie ermutigt im Gegenteil dazu, manche Fragen der Bildungstheorie vor dem Hintergrund naturwissenschaftlicher Anthropologie zu reformulieren, etwa die Frage nach der Auswahl des Bildungsinhalts angesichts autopoietisch arbeitender Gehirne, nach der Unterrichtsplanung oder der Zurechnung von Bildungserfolg. Sie regt dazu an, den Bildungsbegriff semantisch über den Begriff der Autopoiese und Selbstorganisation mithilfe einer evolutionären Theoriebildung an die empirische Forschung anschlussfähig zu machen (vgl. Scheunpflug 2004b; Lenzen 1997).

Gleichzeitig bietet diese Theorie aber auch Möglichkeiten, das im Zuge des Technologiedefizits in der Erziehungswissenschaft ausgesprochene Technologieverdikt aufzuweichen. Die Tatsache, dass Kinder autopoietisch lernen, entbindet nicht von der Verantwortung, Unterricht handwerklich angemessen zu gestalten. Anschaulichkeit, Wiederholung, Kontrastverstärkung, Einfachheit, Ermöglichung von Eigenaktivität etc. sind unterrichtliche Prinzipien, die handwerklich gelernt und angewendet werden können.

Die Möglichkeiten und Grenzen dieses Paradigmas

Was bringt ein naturwissenschaftlicher Blick auf das Lernen in der Schulkindheit[38]?

Eine naturwissenschaftliche Anthropologie nimmt das Phänomen der Schulkindheit jenseits verschiedener Kulturen und Gesellschaften in den Blick. Damit werden ethnozentrische und anthropozentrische Verzerrungen vermieden. Biowissenschaftliche Forschung erweitert den Forschungsraum zeitlich wie räumlich und bietet für die Kindheitsforschung einen Theorierahmen, der sowohl gleichermaßen humane wie subhumane Lebewesen als auch Menschen unterschiedlicher Kulturen in den Blick nimmt. Diese Forschungsrichtung betont die aktive Rolle von Kindern in ihrer je eigenen Umgebung beim Aufbau ihrer je spezifischen Lernbiografie. Sie verweist auf die ökologische Beeinflussbarkeit von Verhalten und die Bedeutung von Rahmenbedingungen für Verhaltensweisen. Damit kommen auch die ökonomischen Bedingungen des Aufwachsens von Kindern in den Blick. Die naturwissenschaftliche Anthropologie betont die Individualität und Unterschiedlichkeit des einzelnen Kindes, ohne damit auf allgemeine Theorieaussagen verzichten zu müssen.

Angesichts der noch nicht entwickelten pädagogischen Forschung auf diesem Gebiet bleiben Fragen für die theoretische wie empirische Forschung offen. Eine evolutionäre

---

[37] Offensichtlich ein ähnliches Phänomen wie zur Anfangszeit der Rezeption der Psychologie in der Erziehungswissenschaft (vgl. Oelkers 2002).

[38] Vgl. zu den Möglichkeiten und Grenzen dieses Paradigmas auch Treml (2002) und Nipkow (2002).

Sozialisationstheorie liegt beispielsweise nur in Ansätzen vor (vgl. Chasiotis 1999); ebenso gibt es bisher noch kaum fachdidaktische Forschung, die die Modularität des Gehirns zum Ausgangspunkt nimmt.

Gleichzeitig werden aber auch die Beschränkungen dieses Theorieansatzes deutlich. Als funktionale Theorie ermöglicht eine naturwissenschaftliche Kindheitsforschung keine Aussagen darüber, wie die Kindheit aussehen *solle*. Diese Forschungsrichtung macht selbst keine *normativen Aussagen*. Zwar kann sie die Realisierungschancen normativer Aussagen in den Blick nehmen, diese selbst zu formulieren ist allerdings mithilfe dieser Forschungsrichtung nicht möglich[39]. Sie ermöglicht zudem keine Vorhersagen über das *individuelle Verhalten* eines bestimmten Kindes. In einer ökologischen-sozialen Umwelt spielen so viele Faktoren eine Rolle, dass aus erkenntnistheoretischen wie forschungstechnischen Gründen eine präskriptive Aussage nicht möglich ist. Damit ist sie als individuell-diagnostisches Instrument zum momentanen Zeitpunkt nicht geeignet.

Eine naturwissenschaftliche Anthropologie gibt Hinweise über Formen des Lernens und trägt dazu bei, Lernen und das Verhalten von Schulkindern zu interpretieren. Die Frage, wem was wie gelehrt (Comenius) oder wozu erzogen (Adorno) werden soll, lässt sich mithilfe dieser Theoriebildung nicht beantworten. Das Kennen der Grundlagen einer naturwissenschaftlichen Anthropologie entlässt nicht aus der Bearbeitung dieses erziehungswissenschaftlichen Kerngeschäfts. Allerdings klärt die evolutionäre Perspektive über einen bedeutenden Gegenstand erziehungswissenschaftlicher Reflexion, das lernende Kind, auf. Diese Theorieofferte bietet damit für Pädagogen und Erziehungswissenschaftler neue Begründungsmuster für schon lange bekannte Sachzusammenhänge an.

Diese Einschränkungen zeigen, dass es nötig ist, eine solche Forschungsperspektive in ihrer Reichweite zu kennen und nicht zu überdehnen. Gerade mit solchen Überdehnungen schadet sich die naturwissenschaftliche Anthropologie – vor allem in ihren populären Varianten – selbst. Von einer selbstreflexiven biowissenschaftlichen Forschung ist für die Erziehungswissenschaft im Hinblick auf die Kindheits- und Grundschulforschung vermutlich hingegen noch einiges zu erwarten.

---

[39] Und wenn in diesem Text normative Aussagen gemacht wurden, dann vor dem Hintergrund, dass in der Phase der Schulkindheit gelernt werden sollte. Die Prädisposition für das Lernen in der Kindheit wird durch die naturwissenschaftliche Anthropologie beschrieben; die normative Wendung, dass damit auch gelernt werden solle, speist sich nicht aus der evolutionären Anthropologie, sondern vielmehr aus der pädagogischen Praxis und Theorie sowie aus der Konvention unserer Gesellschaft. Diese Norm ist gewissermaßen eine der Prämissen der Pädagogik, dass die Wissensbestände von einer Generation an die andere weitergegeben werden und daran möglichst alle Menschen teilhaben sollen (vgl. zum Problem des naturalistischen Fehlschluss Scheunpflug 2001a, S. 36; Treml 1996).

Literatur

Adick, C. (Hg.): Straßenkinder und Kinderarbeit. Sozialisationstheoretische, historische und vergleichende Studien. Frankfurt am Main 1997.

Alaanen, L.: Modern childhood? Exploring the ‚Child Question‘ in sociology. University of Jyväskylä. Research Reports, Vol. 50. Jyväskylä 1992.

Alexander, R. D.: Über die Interessen der Menschen und die Evolution von Lebensläufen. In: Meier, H. (Hg.): Die Herausforderung der Evolutionsbiologie. München 1988, S. 129–172.

Alfermann, D.: Geschlechterrollen und geschlechtstypisches Verhalten. Stuttgart u. a. 1996.

Andresen, U.: Versteh mich nicht so schnell. Gedichte lesen mit Kindern. Weinheim 1992.

Antell, S. E./Keating, D. P.: Perception of numeral invariances in neonates. In: Child Development, 54, 1983, S. 695–701.

Appel, S. (Hg.): Handbuch Ganztagsschule. (In Zusammenarbeit mit G. Rutz) Schwalbach/Ts. 2003[3].

Ariés, Ph.: Geschichte der Kindheit. München 1975.

Auernheimer, G.: Einführung in die interkulturelle Erziehung. Darmstadt 1995[2].

Baacke, D.: Jugendliche Lebensstile: Vom Rock'n Roll bis zum Punk. In: Bildung und Erziehung, 1985, S. 201–212.

Baacke, D.: Die 6–12-jährigen. Einführung in die Probleme des Kindesalters. Weinheim u. a. 1999.

Balhorn, H./Niemann, H. (Hg.): Sprachen werden Schrift. Lengwil 1997.

Barett, L./Dunbar, R./Lycett, J.: Human Evolutionary Psychology. Princeton 2002.

Bartnitzky, H./Cristiani, R.: Zeugnisschreiben in der Grundschule. Heinsberg 1987.

Barz, M.: Körperliche Gewalt gegen Mädchen. In: Brehmer, I./Enders-Dragässer, U. (Hg.): Die Schule lebt – Frauen bewegen die Schule. DJI-Materialien für die Elternarbeit. Bd. 12. München 1984, S. 47–76.

Barz, M.: Jungengewalt gegen Mädchen. In: Valtin, R./Warm, U. (Hg.): Frauen machen Schule. Frankfurt am Main. 1996[2], S. 122–126.

Bastian, H.-G.: Kinder optimal fördern – mit Musik. Intelligenz, Sozialverhalten und gute Schulleistungen durch Musikerziehung. Mainz 2001.

Bauer, K.W./Hengst, H.: Wirklichkeit aus zweiter Hand. Kindheit in der Erfahrungswelt von Spielwaren und Medienprodukten. Reinbek 1980.

Baumert, J./Lehmann, R.: TIMSS – Mathematisch-naturwissenschaftlicher Unterricht im internationalen Vergleich. Deskriptive Befunde. Opladen 1997.

Baumert, J. u. a.: PISA 2000: Basiskompetenzen von Schülerinnen und Schülern im internationalen Vergleich. Opladen 2001.

Literatur

Bäuml-Rossnagl, M.-A.: Tasten mit Auge-Hand-Fuß als „Fühl"-Erkennen. In: Lauterbach, R. u. a. (Hg.): Wie Kinder erkennen. Kiel 1991, S. 34–48.

Beck, J./Wellershoff, H.: SinnesWandel. Die Sinne und die Dinge im Unterricht. Frankfurt am Main 1989.

Beck, U. u. a.: Eigenes Leben. Ausflüge in die unbekannte Gesellschaft, in der wir leben. München 1997.

Becker, N.: Perspektiven einer Rezeption neurowissenschaftlicher Erkenntnisse in der Erziehungswissenschaft. In: Zeitschrift für Pädagogik, 48. Jg., 2002, Heft 5, S. 707–717.

Becker, N.: Hirnforschung und Schule. Was sagt die Hirnforschung über Lehren und Lernen aus? Unveröff. Ms., Hanse Wissenschaftskolleg, Delmenhorst 2003.

Behnken, I./Zinnecker, J. (Hg.): Kinder – Kindheit – Lebensgeschichte. Ein Handbuch. Seelze-Velber 2001.

Bendele, U.: Krieg, Kopf und Körper. Lernen für das Leben – Erziehung zum Tod. Frankfurt am Main, Berlin, Wien 1984.

Benedict, R.: Urformen der Kultur. Hamburg 1963.

Bernfeld, S.: Trieb und Tradition im Jugendalter. Kulturpsychologische Studien an Tagebüchern. Reprint Frankfurt 1978 (zuerst Leipzig 1931).

Bilden, H.: Geschlechtsspezifische Sozialisation. In: Hurrelmann, K./Ulich, D. (Hg.): Handbuch Sozialisationsforschung. Erstmals 1991. Weinheim und Basel 1998[5], S. 279–302.

Bischof-Köhler, D.: Von Natur aus anders. Die Psychologie der Geschlechtsunterschiede. Stuttgart u. a. 2002.

Bischof-Köhler, D.: Zusammenhänge zwischen kognitiver, motivationaler und emotionaler Entwicklung in der frühen Kindheit und im Vorschulalter. In: Keller, H. (Hg.): Lehrbuch Entwicklungspsychologie. Bern u. a. 1998, S. 319–376.

Blos, P.: Adoleszenz. Stuttgart 1977.

Blumenberg, H.: Die Lesbarkeit der Welt. Frankfurt am Main 1986.

Blumenberg, H.: Lebenszeit und Weltzeit. Frankfurt am Main 2001.

Bollnow, O. F.: Existenzphilosophie und Pädagogik. Stuttgart 1959.

Bollnow, O. F.: Philosophie der Erkenntnis. Das Vorverständnis und die Erfahrung des Neuen. Stuttgart u. a. 1970.

Bollnow, O. F.: Anthropologische Pädagogik. Bern und Stuttgart 1983[3].

Bollnow, O. F.: Vom Geist des Übens. Eine Rückbesinnung auf elementare didaktische Erfahrungen. Stäfa 1991[3].

Bönsch, M.: Variable Lernwege. Ein Lehrbuch der Unterrichtsmethoden. Paderborn 1991.

Bourdieu, P.: Die feinen Unterschiede. Kritik der gesellschaftlichen Urteilskraft. Frankfurt am Main 1994[7].

Bowlby, J.: Attachment and loss. Vol. 1: Attachment. New York 1969.

Boyd, R./Richerson, P. J.: Culture and the Evolutionary Process. Chicago 1985.

Boyd, R./Richerson P. J.: How microevolutionary processes give rise to history. In: Nitecki, M. H./Nitecki, D. V. (Hg.): History and Evolution, Albany 1992, S. 179–202.

Bräuer, G.: Grundschuldidaktik im Übergang – Probleme und Perspektiven. In: Schneider, G. (Hg.): Ästhetische Erziehung in der Grundschule. Weinheim und Basel 1988, S. 31–47.

Bräuer, G.: Zugänge zur ästhetischen Elementarerziehung. In: Deutsches Institut für Fernstudien an der Universität Tübingen: Musisch-Ästhetische Erziehung in der Grundschule. Teil 1. 1989, S. 31–102.

Brehmer, I.: Schule im Patriarchat – Schule fürs Patriarchat? Weinheim und Basel 1991.

Breidenstein, G./Kelle, H.: Geschlechteralltag in der Schulklasse. Ethnografische Studien zur Gleichaltrigenkultur. Weinheim und München 1998.

Bronfenbrenner, U.: Die Ökologie der menschlichen Entwicklung. Natürliche und geplante Experimente. Erstmals 1979. Frankfurt am Main 1993.

Bruder, K.-J.: Taylorisierung des Unterrichts. Zur Kritik der Instruktionspsychologie. In: Kursbuch 24. Berlin 1971, S. 113–132.

Bruer, J. T.: Der Mythos der ersten Jahre. Warum wir lebenslang lernen. Weinheim 2000.

Brügelmann, H.: Kinder auf dem Weg zur Schrift. Konstanz 1989[3].

Brügelmann, H.: Lesenlernen – Schreibenlernen. In: Einsiedler, W./Götz, M./Hacker, H./Kahlert, J./Keck, R. W./Sandfuchs, U.: Handbuch Grundschulpädagogik und Grundschuldidaktik. Bad Heilbrunn 2001.

Bründel, H./Hurrelmann, K.: Einführung in die Kindheitsforschung. Weinheim u. a. 1996.

Büchner, P./Koch, K.: Von der Grundschule in die Sekundarstufe. Band 1: Der Übergang aus Kinder- und Elternsicht. Opladen 2001.

Bugental, D. B.: Acquisition of the Algorithm of Social Life: A Domain-Based Approach. In: Psychological Bulletin, 2000, 126, S. 187–219.

Bühler, Ch.: Kindheit und Jugend. Genese des Bewusstseins. Erstmals 1928. Darmstadt 1967[4].

Bundesministerium für Familie, Senioren, Frauen und Jugend (BMFSFJ) (Hg.): 10. Kinder- und Jugendbericht. Bericht über die Lebenssituation von Kindern und die Leistungen der Kinderhilfen in Deutschland. Bonn 1998.

Burk, K. u. a.: Grundschule mit festen Öffnungszeiten. Weinheim und Basel 1998.

Büttner, C./Dittmann, M. (Hg.): Brave Mädchen, böse Buben? Erziehung zu Geschlechtsidentität in Kindergarten und Grundschule. Weinheim und Basel 1993.

Buytendijk, F. J. J.: Allgemeine Theorie der menschlichen Haltung und Bewegung. Berlin u. a. 1956.

Buytendijk, F. J. J.: Prolegomena einer anthropologischen Physiologie. Salzburg 1967.

Cassirer, E.: Der Begriff der symbolischen Formen im Aufbau der Geisteswissenschaften. (1921/1922). Nachgedruckt in: Wesen und Wirkung des Symbolbegriffs. Darmstadt 1956, S. 171–200.

Cassirer, E.: Philosophie der symbolischen Formen. (zuerst 1923 bis 1929). 3 Bände. Darmstadt 1959.

Cassirer, E.: Versuch über den Menschen. Einführung in eine Philosophie der Kultur. (zuerst engl. 1944). Frankfurt am Main 1990.

Cassirer, E.: Wesen und Wirkung des Symbolbegriffs. Darmstadt 1994[8].

Chasiotis, A.: Kindheit und Lebenslauf. Untersuchungen zur evolutionären Psychologie der Lebensspanne. Bern/Göttingen 1999.

Château, J.: Das Spiel des Kindes. Paderborn 1969.

Chisholm, J. S.: Death, Hope and Sex. Steps to an Evolutionary Ecology of Mind and Morality. Cambridge 1999.

Ciompi, L.: Die emotionalen Grundlagen des Denkens. Entwurf einer fraktalen Affektlogik. Göttingen 1997.

Claussen, C./Gobbin-Claussen, Ch.: Soziales Lernen in altersgemischten Lerngruppen. In: Fölling-Albers, M. (Hg.): Veränderte Kindheit – Veränderte Grundschule. Frankfurt am Main 1989, S. 159–170.

Cosmides, L./Tooby, J. E.: Cognitive Adaption for Social Exchange. In: Barkow, J. H./Cosmides, L./Tooby, J. E. (Hg.): The Adapted Mind. Evolutionary Psychology and the Generation of Culture. New York/Oxford 1992, S. 163–228.

Cosmides; L./Tooby, J.: The modular nature of human intelligence. In: Scheibel, A. B./Schopf, J. W. (Hg.): The Origin and Evolution of Intelligence. Boston 1997, S. 71–101.

Dahmer, I./Klafki, W. (Hg.): Geisteswissenschaftliche Pädagogik am Ausgang ihrer Epoche – Erich Weniger. Weinheim und Basel 1968.

Damasio, A. R.: Descartes' Irrtum. Fühlen, Denken und das menschliche Gehirn. München 1994.

Damasio, A. R.: Wie das Gehirn Geist erzeugt. In: Spektrum der Wissenschaft Spezial 1/2000, S. 65–61.

Dartsch, M.: Musik und Transfer – ein weites Feld. In: Neue Musikzeitung, 2003, Heft 2, S. 24 f.

Dawkins, R.: Das egoistische Gen. Reinbek 1996.

Dehaene, S.: Der Zahlensinn oder Warum wir rechnen können. Basel/Berlin 1999.

Deutsch, W.: Aus dem Kinderzimmer in die Wissenschaft. Entwicklungspsychologische Tagebuchstudien. In: Behnken, I./Zinnecker, J. (Hg.): Kinder – Kindheit – Lebensgeschichte. Ein Handbuch. Seelze-Velber 2001, S. 340–351.

Dewey, J.: Erziehung von und für Erfahrung. Hg. von Helmut Schreier. Stuttgart 1986.

Dichgans, J.: Die Plastizität des Nervensystems. Konsequenzen für die Pädagogik. In: Zeitschrift für Pädagogik, 40, 1994, Nr. 2, S. 229–246.

Diehm, I./Radtke, F.-O.: Erziehung und Migration. Stuttgart u. a. 1999.

Dietschy, H.: Von zwei Aspekten der Kultur. In: Schmitz, C. A. (Hg.): Kultur. Frankfurt am Main 1963, S. 77–94.

Dilthey, W.: Gesammelte Schriften. Band I, Stuttgart u. a. 1966.

Dornes, M.: Der kompetente Säugling. Die präverbale Entwicklung des Menschen. Frankfurt am Main 1993.

Douglas, M.: Reinheit und Gefährdung. Berlin 1985.

Dreeben, R.: Was wir in der Schule lernen. Frankfurt am Main 1980.

Du Bois-Reymond, M./Büchner, P./Krüger, H.-H./Ecarius, J./Fuhs, B.: Kinderleben. Modernisierung von Kindheiten im interkulturellen Vergleich. Opladen 1994.

Dunbar, R.: Klatsch und Tratsch. Wie der Mensch zur Sprache fand. München 1998.

Duncker, L.: Erfahrung und Methode. Studien zur dialektischen Begründung einer Pädagogik der Schule. Langenau/Ulm 1987.

Duncker, L.: Eine Schulreform gegen die Schrift? Zur Bedeutung der Literalität für das Lernen. In: Neue Sammlung 1992, S. 535–547.

Duncker, L.: Lernen als Kulturaneignung. Schultheoretische Grundlagen des Elementarunterrichts. Weinheim und Basel 1994.

Duncker, L.: Zeigen und Handeln. Studien zur Anthropologie der Schule. Langenau/Ulm 1996 (1996a).

Duncker, L.: Zur Komplexität der Zeitverhältnisse in Schule und Unterricht. In: Ders.: Zeigen und Handeln. Studien zur Anthropologie der Schule. Langenau/Ulm 1996, S. 153–166 (1996b).

Duncker, L.: Staunen – Erleben – Genießen. Ästhetische Erfahrungen im Kindes- und Jugendalter. In: Biehl, P. u. a. (Hg.): Kunst und Religion. Jahrbuch der Religionspädagogik 13, Neukirchen-Vluyn 1997, S. 85–108 (1997a).

Duncker, L.: Ästhetische Alphabetisierung als Aufgabe der Elementarbildung. In: Grünewald, D./Legler, W./Pazzini, K.-J. (Hg.): Ästhetische Erfahrung. Perspektiven ästhetischer Rationalität. Seelze-Velber 1997, S. 165–170 (1997b).

Duncker, L.: Methodisches Lernen im Sammeln und Ordnen. Zur didaktischen Genese des Wissens. In: Hempel, M. (Hg.): Lernwege der Kinder. Subjektorientiertes Lernen und Lehren in der Grundschule. Baltmannsweiler 1999, S. 76–93.

Duncker, L.: Die linearisierte und zerstückelte Zeit. Prozesse der Zeitoptimierung als pädagogisches Problem. In: Hofmann, Chr. u. a. (Hg.): Zeit und Eigenzeit als Dimensionen der Sonderpädagogik. Luzern 2001, S. 349–356 (2001a).

Duncker, L.: Anthropologie des Kindes. In: Einsiedler, W. u. a. (Hg.): Handbuch Grundschulpädagogik und Grundschuldidaktik. Bad Heilbrunn 2001, S. 109–114 (2001b).

Duncker, L./Frohberg, M./Zierfuß, M.: Sammeln als ästhetische Praxis des Kindes. Eine Befragung Leipziger Grundschulkinder. In: Neuß, N. (Hg.): Ästhetik der Kinder. Interdisziplinäre Beiträge zur ästhetischen Erfahrung von Kindern. Frankfurt am Main 1999, S. 63–83.

Duncker, L. /Hanisch. H. (Hg.): Sinnverlust und Sinnorientierung in der Erziehung. Rekonstruktionen aus theologischer und pädagogischer Sicht. Bad Heilbrunn 2000.

Eckensberger, L. H.: Die Entwicklung des moralischen Urteils. In: Keller, H. (Hg.): Lehrbuch Entwicklungspsychologie. Bern u. a. 1998, S. 475–516.

Eibl-Eibesfeldt, I.: Grundriss der vergleichenden Verhaltensforschung. Ethologie. München 1987.

Einsiedler, W.: Lehr-Lern-Konzepte für die Grundschule. In: Einsiedler, W. u. a. (Hg.): Handbuch Grundschulpädagogik und -didaktik. Bad Heilbrunn 2001, S. 317–330.

Elias, N.: Über den Prozess der Zivilisation. Soziogenetische und psychogenetische Untersuchungen. Band 1 und 2. Frankfurt am Main 1991[16].

Eliot, L.: Was geht da drinnen vor? Die Gehirnentwicklung in den ersten fünf Lebensjahren. Berlin 2001.

El'konin, D. B.: Psychologie des Spiels. Köln 1980.

Enderlein, O.: Wer fragt nach den Lebensbedürfnissen der „Großen Kinder"? In: Neue Sammlung, Heft 2, 2002, S. 69–81.

Enders-Dragässer, U./Fuchs, C.: Interaktionen der Geschlechter. Sexismusstrukturen in der Schule. Weinheim und München 1989.

Engstler, H.: Die Familie im Spiegel der amtlichen Statistik. Lebensformen, Familienstrukturen, wirtschaftliche Situation der Familien und familiendemografische Entwicklung in Deutschland. Bonn 1999[5].

Enzensberger, H. M.: Der Zahlenteufel. Ein Kopfkissenbuch für alle, die Angst vor der Mathematik haben. München/Wien 1997.

Erikson, E. H.: Identität und Lebenszyklus. Frankfurt am Main 1993[13].

Euler, H. A.: Geschlechtsspezifische Unterschiede und die nicht erzählte Geschichte in der Gewaltforschung. In: Holtappels, H. G. /Heitmeyer, W. /Melzer, W./Tillmann, K.-J. (Hg.): Forschung über Gewalt an Schulen. Erscheinungsformen und Ursachen, Konzepte und Prävention. Weinheim/München 1997, S. 191–206.

Ewers, H.-H.: Kinderliteratur als Medium der Entdeckung von Kindheit. In: Behnken, I./Zinnek-ker, J. (Hg.): Kinder – Kindheit – Lebensgeschichte. Ein Handbuch. Seelze-Velber 2001, S. 47–62.

Fatke, R. (Hg.): Phantasiegeschichten. In: Ders. (Hg.): Ausdrucksformen des Kinderlebens. Bad Heilbrunn 1994, S. 9–21.

Fatke, R./Flitner, A.: Was Kinder sammeln. Beobachtungen und Überlegungen aus pädagogischer Sicht. In: Neue Sammlung 1983, S. 600–611.

Faulstich-Wieland, H.: Diskussionsbeitrag. In: Tillmann, K.-J. u. a.: Zwischen neuen Erkennt-nissen und reiner Analogiebildung? Abschließende Diskussion zur Serie ‚Biowissenschaft und Pädagogik'. In: Pädagogik, 2000, H. 7, S. 53–59.

Faulstich-Wieland, H./Güting, D.: Die Inszenierung von Geschlecht in Körperpraxen von Schul-klassen. In: Thomas, H./Weber, N. (Hg.): Kinder und Schule auf dem Weg. Bildungsreform-politik für das 21. Jahrhundert. Weinheim 2000, S. 29–43.

Faulstich-Wieland, H./Horstkemper, M.: „Nur Mädchen in einer Klasse ist eine leere Klasse" – Selbstbilder von Grundschülerinnen. In: Pfister, G./Valtin, R. (Hg.): MädchenStärken. Prob-leme der Koedukation in der Grundschule. Frankfurt am Main 1993, S. 40–50.

Faulstich-Wieland, H./Horstkemper, M.: „Trennt uns bitte nicht!" Koedukation aus Mädchen-und Jungensicht. Opladen 1995.

Fend, H.: Theorie der Schule. München 1980.

Fend, H.: Vom Kind zum Jugendlichen. Der Übergang und seine Risiken. Entwicklungspsycho-logie der Adoleszenz in der Moderne. Band 1, Stuttgart 1990.

Fend, H.: Der Umgang mit Schule und Adoleszenz. Aufbau und Verlust von Lernmotivation, Selbstachtung und Empathie. Bern 1997.

Flechsig, H.: Vom Ertrag des Übens. In: Duncker, L./Popp, W. (Hg.): Über Fachgrenzen hinaus. Chancen und Schwierigkeiten fächerübergreifenden Lehrens und Lernens. Heinberg 1997, S. 226–235.

Flitner, A.: Konrad, sprach die Frau Mama... Über Erziehung und Nicht-Erziehung. Berlin 1982.

Fölling-Albers, M.: Entscholarisierung von Schule und Scholarisierung von Freizeit? Überlegun-gen zu Formen der Entgrenzung von Schule und Kindheit. In: Zeitschrift für Soziologie der Erziehung und Sozialisation, 20, 2000, Heft 2, S. 118–131.

Freese, H.-L.: Kinder sind Philosophen. Weinheim und Berlin 1989.

Freie und Hansestadt Hamburg, Amt für Schule (Hg.): Michael Knight und Batman, Pippi Langstrumpf und die kleine Hexe – Zugänge zur Schriftkultur. Hamburg 1993.

Freinet, C.: Pädagogische Texte. Mit Beispielen aus der praktischen Arbeit nach Freinet. Hg. von H. Boehncke und Ch. Hennig. Reinbek 1980.

Fuchs, Th.: Leib Raum Person. Entwurf einer phänomenologischen Anthropologie. Stuttgart 2000.

Fuhr, Th.: Das Glück des Kindes. In: Zeitschrift für Pädagogik, 48, 2002, S. 514–533.

Gardiner, M. F. et al.: Learning improved by arts training. In: Nature, 381, 1996, S. 284.

Gardner, H.: Der ungeschulte Kopf. Wie Kinder denken. Erstmals 1991. Stuttgart 1996[3].

Gardner, H.: Intelligenzen. Die Vielfalt des menschlichen Geistes. Stuttgart 2002.

Geary, D. C./Huffman, K.: Brain and Cognitive Evolution. Forms of Modularity and Functions of Mind. In: Psychological Bulletin 2002, Vol. 128, Nr. 5, S. 667–698.

Gehlen, A.: Der Mensch. Seine Natur und seine Stellung in der Welt. Erstmals 1940. Wiesbaden 1986[12].

Geisler, W./Murray, R.: Cognitive neuroscience: Practice doesn't make perfect. In: Nature, 432, 2003, S. 696–697.

Gibson, J. J.: Wahrnehmung und Umwelt. Der ökologische Ansatz in der visuellen Wahrnehmung. München u. a. 1982 (Orig. u.d.T.: The ecological approach to visual perception. Boston 1979).

Giel, K.: Vorbereitungen zu einer Theorie des Elementarunterrichts. In: Giel, K./Hiller, G. G. u. a.: Stücke zu einem mehrperspektivischen Unterricht, Band 2. Stuttgart 1975, S. 8–181.

Giel, K.: Der Elementarunterricht aus anthropologischer Sicht. In: Hemmer K. P./Wudtke, H. (Hg.): Enzyklopädie Erziehungswissenschaft, Bd. 7: Erziehung im Primarschulalter. Stuttgart 1985, S. 21–50.

Giel, K.: Rhythmik in der Grundschule. Ein Versuch zur Elementarform der ästhetischen Erziehung. In: Musisch-ästhetische Erziehung in der Grundschule. Studieneinheit Bewegungserziehung und ästhetische Erfahrung. Herausgegeben vom Deutschen Institut für Fernstudien an der Universität Tübingen. Tübingen 1987, S. 68–79.

Giel, K.: Versuch über den schulpädagogischen Ort des Sachunterrichts. Ein philosophischer Beitrag zum Curriculum Sachunterricht. In: Lauterbach, R./Köhnlein, W./Koch, I./Wiesenfahrth, G. (Hg.): Curriculum Sachunterricht. Kiel 1994, S. 18–50.

Giel, K.: Zur Philosophie der Schulfächer. In: Duncker, L./Popp, W. (Hg.): Über Fachgrenzen hinaus. Chancen und Schwierigkeiten fächerübergreifenden Lehrens und Lernens. Heinsberg 1997, S. 33–71.

Giel, K.: Lernen – Erweiterung des Sinnhorizonts. In: Duncker, L./Hanisch, H. (Hg.): Sinnverlust und Sinnorientierung in der Erziehung. Rekonstruktionen aus pädagogischer und theologischer Sicht. Bad Heilbrunn 2000, S. 51–88.

Giel, K.: Die ästhetische Darstellung der Welt im naturwissenschaftlichen Unterricht – Bemerkungen zur Didaktik Martin Wagenscheins. In: Duncker, L./Popp, W. (Hg.): Kind und Sache. Zur pädagogischen Grundlegung des Sachunterrichts. Weinheim und München 2004[4], S. 163–178.

Gigerenzer, G.: Das Einmaleins der Skepsis: Über den richtigen Umgang mit Zahlen und Risiken. Berlin 2002.

Gigerenzer, G./Goldstein, D. G.: Reasoning the fast and frugal way: models of bounded rationality. In: Psychological Review, 102, 1996, S. 650–669.

Gigerenzer, G./Hugg, K.: Domain specific reasoning: social contracts, cheating and perspective change. In: Cognition, 43, 1992, S. 127–171.

Glück, G.: Küssen, Petting, große Liebe. Sexualität bei Jugendlichen. In: Biermann, Ch. u. a. (Hg.): Schüler '96. Liebe und Sexualität. Seelze 1996, S. 29–33.

Glumpler, E.: Interkulturelles Lernen im Sachunterricht. Bad Heilbrunn 1996.

Gogolin, I./Lenzen, D. (Hg.): Medien-Generation. Opladen 1999.

Göhlich, M.: System, Handeln, Lernen unterstützen. Eine Theorie der Praxis pädagogischer Institutionen. Weinheim 2001.

Göhlich, M.: Institution des Lernens. Überlegungen zu einer Anthropologie der Schule. In: Zeitschrift für Erziehungswissenschaft, Beiheft 1/2002: Forschungsfelder der Allgemeinen Erziehungswissenschaft. Hg. von L. Wigger u. a. Opladen 2002, S. 73–80.

Goleman, D.: Emotionale Intelligenz. München/Wien 1996.

Goody, J.: Die Logik der Schrift und die Organisation der Gesellschaft. Frankfurt am Main 1990.

Goody, J. u. a.: Entstehung und Folgen der Schriftkultur. Frankfurt am Main 1986.

Gowaty, P. A.: Feminism and Evolutionary Biology. New York 1997.

Gregor-Dellin, M. (Hg.): Deutsche Schulzeit. Erinnerungen und Erzählungen aus drei Jahrhunderten. München 1979.

Grossmann, K. E. u. a.: Die Bindungstheorie. Modell, entwicklungspsychologische Forschung und Ergebnisse. In: Keller, H. (Hg.): Handbuch der Kleinkindforschung. Bern u. a. 1997[2], S. 51–95.

Grossmann, K./Grossmann, K.: Die Bedeutung der ersten Lebensjahre für die Persönlichkeitsentwicklung. Ergebnisse der Bindungsforschung. In: Deutschen Liga für das Kind in Familie und Gesellschaft Berlin (Hg.): Frühe Kindheit. 4, 2001, Nr. 4, S. 30–38. Unter: http://www.liga-kind.de/pages/401grossmann.htm.

Hacker, H.: Vom Kindergarten zur Grundschule. Bad Heilbrunn 1992.

Hahn, A.: Erfahrung und Begriff. Frankfurt am Main 1994.

Hansen, W.: Die Entwicklung des kindlichen Weltbildes. München 1960[5].

Harris, J.R.: Ist Erziehung sinnlos? Die Ohnmacht der Eltern. Reinbek 2000.

Hartwig, H.: Jugendkultur – Ästhetische Praxis in der Pubertät. Reinbek 1980.

Hasler, H.: Lehren und Lernen der geschriebenen Sprache. Darmstadt 1991.

Hassenstein, B.: Verhaltensbiologie des Kindes. München 1973.

Haug-Schnabel, G.: Schutzpanzer für Kinderseelen. In: Gehirn und Geist, 2, 2002, S. 33–35.

Havelock, E. A.: Als die Muse schreiben lernte. Frankfurt am Main 1992.

Haven, H.: Darstellendes Spiel. Funktionen und Formen. Düsseldorf 1970.

Heidegger, M.: Sein und Zeit. Tübingen 1986.

Hempel, M. (Hg.): Lernwege der Kinder. Subjektorientiertes Lernen und Lehren in der Grundschule. Hohengehren 1999.

Hennevin-Dubois, E.: Lernen im Schlaf. In: Spektrum der Wissenschaft, Spezial: Gedächtnis, 2003, 2, S. 64–69.

Herbart, J. F.: Umriss pädagogischer Vorlesungen. Paderborn 1984.

Herndon, J.: Die Schule überleben. Stuttgart 1972.

Herrmann, U./Priem, K. (Hg.): Konfession als Lebenskonflikt. Weinheim und München 2001.

Hetzer, H.: Kind und Jugendlicher in der Entwicklung. Hannover 1948[2].

Hirschfeld, L. A./Gelman S. A.: Mapping the Mind. Domain Specificity in Cognition and Culture. Cambridge 1994.

Höhn, E.: Der schlechte Schüler. München 1967.

Honig, M.-S./Leu, R./Nissen, U. (Hg.): Kinder und Kindheit. Soziokulturelle Muster – sozialisationstheoretische Perspektiven. Weinheim und München 1996 (1996a).

Honig, M.-S./Leu, R./Nissen, U.: Kindheit als Sozialisationsphase und als kulturelles Muster. Zur Strukturierung eines Forschungsfeldes. In: Dies. (Hg.): Kinder und Kindheit. Soziokulturelle Muster – sozialisationstheoretische Perspektiven. Weinheim und München 1996, S. 9–29 (1996b).

Horstkemper, M.: Schule, Geschlecht und Selbstvertrauen. Eine Längsschnittstudie über Mädchensozialisation in der Schule. Weinheim und München 1987.

Hrdy, S. B.: Mutter Natur. Die weibliche Seite der Evolution. Berlin 2000.

Huber, L./Henkel, C.: Didaktik und Methodik des fächerübergreifenden Unterrichts. Eine Bestandsaufnahme. Unveröff. Ms., Oberstufenkolleg Bielefeld, Bielefeld 2003.

Husserl, E.: Husserliana. Gesammelte Werke. Band VI: Die Krisis der europäischen Wissenschaften und die transzendentale Phänomenologie. Eine Einleitung in die phänomenologische Philosophie. Dordrecht u. a. 1976².

Jackson, Ph. W.: Life in Classrooms. New York u. a. 1968.

Janich, M.: Metaphern in der Genomforschung. In: Gegenworte. Zeitschrift für den Disput über Wissen. Berlin-Brandenburgische Akademie der Wissenschaften, 2001, H. 7, S. 33–36.

Jegge, J.: Angst macht krumm. Erziehen oder Zahnrädchen schleifen. Bern 1979.

Jenkins, W. M./Merzenich, M. M./Recanzone G.: Neocortical represantational dynamics in adult primates: implications for neuropsychology. Neuropsychologia 28, 1990, S. 573–584.

Jürgens, E.: Die „neue" Reformpädagogik und die Bewegung Offener Unterricht. Sankt Augustin 2000⁵.

Kahlert, J.: Vielseitigkeit statt Ganzheit. Zur erkenntnistheoretischen Kritik an einer pädagogischen Illusion. In: Duncker, L./Popp, W. (Hg.): Über Fachgrenzen hinaus. Chancen und Schwierigkeiten fächerübergreifenden Lehrens und Lernens. Heinsberg 1997, S. 92–118.

Kaiser, G./Schwarz, I.: Mathematische Literalität unter einer sprachlich-kulturellen Perspektive. In: Zeitschrift für Erziehungswissenschaft, 2003, Heft 3, S. 357–377.

Kammermeyer, G.: Schulfähigkeit. Kriterien und diagnostische/prognostische Kompetenz von Lehrerinnen, Lehrern und Erzieherinnen. Bad Heilbrunn 2000.

Kamper, D./Wulf, Ch. (Hg.): Das Schwinden der Sinne. Frankfurt am Main 1984.

Kant, I.: Über Pädagogik. Bad Heilbrunn 1960.

Kant, I.: Kritik der reinen Vernunft. Werkausgabe Bd. III. Hg. v. W. Weischedel. Frankfurt am Main 1992, S. 98; A 52.

Kaplan, H./Hill, K./Lancaster, J./Hurtado, M.: A Theory of Human Life History Evolution: Diet, Intelligence, and Longevity. In: Evolutionary Anthropology, 2000, S. 156–185.

Kaufmann-Hayoz, R./Leeuwen, L. v.: Entwicklung der Wahrnehmung. In: Keller, H. (Hg.): Handbuch der Kleinkindforschung. Bern u. a. 1997², S. 483–507.

Kegan, R.: Die Entwicklungsstufen des Selbst. Fortschritte und Krisen im menschlichen Leben. München 1986.

Kelle, H.: Geschlechterunterschiede oder Geschlechterunterscheidung? Methodologische Reflexion eines ethnografischen Forschungsprozesses. In: Dausien, B./Hermann, M./Oechsle, M./Schmerl, Ch./Stein-Hilbers, M. (Hg.): Erkenntnisprojekt Geschlecht. Feministische Perspektiven verwandeln Wissenschaft. Opladen 1999, S. 304–324.

Keller, H. (Hg.): Lehrbuch Entwicklungspsychologie. Bern u. a. 1998.

Keller, H.: Human Parent-Child Relationships From an Evolutionary Perspective. In: American Behavioral Scientist, Vol. 43, March 2000, Nr. 6, S. 957–969.

Keller, H.: Evolutionary Perspectives o Lifespan Development. In: Smelser, N. J./Baltes. P. B. (ed.): International encyclopedia of the social and behavioral science. London 2001.

Kim, J.: Philosophie des Geistes. Wien 1998.

Kirchhhöfer, D.: Poesiealben. Selbstvergewisserung – Wertetransfer – Zeitdokument. In: Behnken, I./Zinnecker, J. (Hg.): Kinder – Kindheit – Lebensgeschichte. Ein Handbuch. Seelze-Velber 2001, S. 636–651.

Klafki, W.: Studien zur Bildungstheorie und Didaktik. Weinheim 1963.

Klafki, W.: Zum Verhältnis von Didaktik und Methodik. In. Zeitschrift für Pädagogik, 19, 1976, H.1.

Klippert, H.: Methoden-Training. Weinheim und München 2002.

Knörzer, W./Grass, K.: Den Anfang der Schulzeit pädagogisch gestalten. Weinheim und Basel 1992.

Kochan, B. (Hg.): Rollenspiel als Methode sprachlichen und sozialen Lernens. Kronberg/Ts. 1975.

Kohlberg, L.: Zur kognitiven Entwicklung des Kindes. Frankfurt am Main 1974.

Köhnlein, W.: Der Vorrang des Verstehens. Zur Pädagogik und Didaktik Martin Wagenscheins. Bad Heilbrunn 1998.

Kohnstamm, R.: Praktische Psychologie des Schulkindes. Bern u. a. 1988.

Kramer, K.: Mehrsprachigkeit – wie werde ich ein Sprachgenie? In: Gehirn und Geist, 2003, H. 3, S. 48–51.

Krämer, O.: Hans Günther Bastians Transfereffekte-Studie in der Wahrnehmung der Öffentlichkeit. In: Diskussion Musikpädagogik, 2001, Heft 12, S. 18–27.

Krappmann, L./Oswald, H.: Freunde, Gleichaltrigengruppen, Geflechte. Die soziale Welt der Kinder im Grundschulalter. In: Fölling-Albers, M. (Hg.): Veränderte Kindheit – Veränderte Grundschule. Frankfurt am Main 1989, S. 94–102.

Krappmann, L./Oswald, H.: Alltag der Schulkinder. Beobachtungen und Analysen von Interaktionen und Sozialbeziehungen. Weinheim und München 1995.

Krappmann, L.: Sozialisation in der Gruppe der Gleichaltrigen. In: Hurrelmann, K./Ulich, D. (Hg.): Handbuch der Sozialisationsforschung. Weinheim und Basel 1998[5], S. 355–375.

Kris, E.: Die ästhetische Illusion. Phänomene der Kunst in der Sicht der Psychoanalyse. Frankfurt 1977.

Krüger, H.-H./Grunert, C.: Geschichte und Perspektiven der Kindheits- und Jugendforschung. In: Dies. (Hg.): Handbuch Kindheits- und Jugendforschung. Opladen 2002, S. 11–40.

Kükelhaus, H./zur Lippe, R.: Entfaltung der Sinne. Ein Erfahrungsfeld zur Bewegung und Besinnung. Erstmals 1982. Frankfurt am Main 1990.

Kümmel, F.: Die geisteswissenschaftliche Pädagogik. In: Giel, K. (Hg.): Studienführer Allgemeine Pädagogik, Freiburg 1976, S. 70–84.

Kümmel, F.: Die hermeneutische Position im Positivismusstreit. In: Büttemeyer, W./Möller, B. (Hg.): Der Positivismusstreit in der deutschen Erziehungswissenschaft. München 1979, S. 122–156.

Landmann, M.: Der Mensch als Schöpfer und Geschöpf der Kultur. Geschichts- und Sozialanthropologie. München und Basel 1961.

Landmann, M.: Philosophische Anthropologie. Berlin und New York 1982[5].

Lange, A.: Kinderwelten heute – Ein soziologischer Panoramablick. 2003. Unter: http://www.akf-bonn.de/sonderseiten-la.html.

Langeveld, M. J.: Die Schule als Weg des Kindes. Versuch einer Anthropologie der Schule. Braunschweig 1960.

Langeveld, M. J.: Das Ding in der Welt des Kindes. In: Ders.: Studien zur Anthropologie des Kindes. Tübingen 1968[3].

Langeveld, M. J.: Studien zur Anthropologie des Kindes. Tübingen 1968[3].

Langeveld, M. J.: Erziehungskunde und Wirklichkeit. Studien und Gedanken zur Theorie und Praxis der Erziehung. Braunschweig 1971.

Lang-Wojtasik, G.: Bildung für alle? Grundbildung in globaler Perspektive. In: Kreienbaum, M.-A./Gramelt, K./Pfeiffer, S./Schmitt, T. (Hg.): Bildung als Herausforderung. Leben und Lernen in Zambia. Frankfurt am Main 2002, S. 141–160.

Lee, C. A.: Anne Frank. München 2001.

Lenhardt, G.: Bildung als Schulzweck. Frankfurt 1984.

Lenzen, D.: Lebenslauf oder Humanontogenese? Vom Erziehungssystem zum kurativen System – von der Erziehungswissenschaft zur Humanvitologie. In: Lenzen, D./Luhmann, N. (Hg.): Bildung und Weiterbildung im Erziehungssystem. Lebenslauf und Humanontogenese als Medium und Form. Frankfurt am Main 1997, S. 228–247.

Leontjew, A. N.: Tätigkeit, Bewusstsein, Persönlichkeit. Stuttgart 1977.

Leroi-Gourhan, A.: Hand und Wort. Die Evolution von Technik, Sprache und Kunst. Frankfurt am Main 1988.

Leschinsky, A./Roeder, P. M.: Schule im historischen Prozess. Frankfurt am Main, Berlin, Wien 1983.

Levine, R.: Eine Landkarte der Zeit. Wie Kulturen mit Zeit umgehen. München 1998.

Leyendecker, B.: Die Entdeckung der subjektiv relevanten Handlungsangebote. In: Keller, H. (Hg.): Handbuch der Kleinkindforschung. Bern u. a. 1997[2], S. 509–515.

Lichtenstein-Rother, I.: Grundschule. Der pädagogische Raum für Grundlegung der Bildung (zusammen mit E. Röbe). Weinheim und Basel 1982.

Lichtenstein-Rother, I.: Schulanfang. Frankfurt 1969.

Liebel, M.: Kindheit und Arbeit. Wege zum besseren Verständnis arbeitender Kinder in verschiedenen Kulturen und Kontinenten. Frankfurt am Main 2001.

Liedtke, M.: Pestalozzi – Plädoyer für die Methode. In: Zeitschrift für Pädagogik, 1977, 14. Beiheft, S. 249–258.

Liegle, L.: Geschwisterbeziehungen und ihre erzieherische Bedeutung. In: Lange, A./Lauterbach, W. (Hg.): Kinder in Familie und Gesellschaft zu Beginn des 21sten Jahrhunderts. Stuttgart 2000, S. 105–130.

Lipp, W.: Kulturtypen, kulturelle Symbole, Handlungswelt. Zur Plurivalenz von Kultur. In: Kölner Zeitschrift für Soziologie und Sozialpsychologie 31, 1979, S. 450–484.

Lippitz, W.: „Zurück zu den Sachen selbst!" – Konzepte und Prospekte phänomenologisch orientierter Forschungen in der Erziehungswissenschaft. In: Huppertz, N. (Hg.): Zu den Sachen selbst. Phänomenologie in Pädagogik und Sozialpädagogik. Freiburg 1997, S. 27–54.

Lippitz, W.: Aspekte einer phänomenologisch orientierten pädagogisch-anthropologischen Erforschung von Kindern. Anmerkungen zur aktuellen These der Kindheitsforschung: „Das Kind als sozialer Akteur". In: Vierteljahrsschrift für Wissenschaftliche Pädagogik, 1999, H. 2, S. 238–247.

Lippitz, W.: Differenz und Fremdheit. Phänomenologische Studien in der Erziehungswissenschaft. Frankfurt am Main u. a. 2003.

Loch, W.: Anfänge der Erziehung – Zwei Kapitel aus einem verdrängten Curriculum. In: Maurer, F. (Hg.): Lebensgeschichte und Identität. Beiträge zu einer biografischen Anthropologie. Frankfurt am Main 1981, S. 31–83.

Loch, W.: Forschungen zur Anthropologie des Kindes. In: Bartmann, Th./Ulonska, H. (Hg.): Kinder in der Grundschule. Anthropologische Grundlagenforschung. Bad Heilbrunn 1996, S. 147–180.

Lompscher, J./Nickel, H.: Entwicklung und Erziehung. In: Lompscher, J./Schulz, G./Ries, G./ Nickel, H. (Hg.): Leben, Lernen und Lehren in der Grundschule. Neuwied 1996, S. 7–32.

Lompscher, J./Ries, G.: Das Kind als Lernender. In: Lompscher, J./Schulz, G./Ries, G./Nickel, H. (Hg.): Leben, Lernen und Lehren in der Grundschule. Neuwied u. a. 1996, S. 47–68.

Lorenz, K.: Kants Lehre vom Apriorischen im Lichte gegenwärtiger Biologie. In: Blätter für Deutsche Philosophie. Berlin, Band 15, 1941/1942, wiederabgedruckt in ders.: Er redete mit dem Vieh, den Vögeln und den Fischen. München 1997.

Louie, K./Wilson M. A.: Temporally structured replay of awake hippocampal ensemble activity during rapid eye movement sleep. Neuron 2001, 29, S. 145–156.

Luhmann, N.: Weltzeit und Systemgeschichte. Über Beziehungen zwischen Zeithorizonten und sozialen Strukturen gesellschaftlicher Systeme. In: Ders.: Soziologische Aufklärung 2. Aufsätze zur Theorie der Gesellschaft. Opladen 1975, S.103–133.

Luhmann, N./Schorr, K.-E.: Das Technologiedefizit der Erziehung und die Pädagogik. In: Luhmann, N./Schorr, K.-E. (Hg.): Zwischen Technologie und Selbstreferenz. Fragen an die Pädagogik. Frankfurt am Main 1982, S. 11–39.

Maccoby, E. E.: Psychologie der Geschlechter. Sexuelle Identität in den verschiedenen Lebensphasen. Stuttgart 2000.

Macha, H.: Pädagogisch-anthropologische Theorie des Ich. Bad Heilbrunn 1989.

Malson, L.: Die wilden Kinder. Frankfurt am Main 1972.

Markl, H.: Wie unfrei ist der Mensch? Von der Natur in der Geschichte. In: Ders. (Hg.): Natur und Geschichte. München/Wien 1983, S. 11–50.

Martens, E./Schreier, H. (Hg.): Philosophieren mit Schulkindern. Philosophie und Ethik in Grundschule und Sekundarstufe I. Heinsberg 1994.

Martschinke, S./Kammermeyer, G.: Jedes Kind ist anders. Jede Klasse ist anders. Ergebnisse aus dem KILA-Projekt zur Heterogenität im Anfangsunterricht. In: Zeitschrift für Erziehungswissenschaft, 6. Jg., 2003, Heft 2, S. 257–275.

Maurer, F.: Sachunterricht als Erschließen der kindlichen Lebenswirklichkeit. Zur anthropologischen Grundlegung des Sachunterrichtes. In: Deutsches Institut für Fernstudien an der Universität Tübingen: Sachunterricht. Zur Pädagogik des Heimat- und Sachunterrichts. Tübingen 1985, S. 45–61.

Mead, G. H.: Geist, Identität und Gesellschaft. Frankfurt am Main 1968.

Meiers, K.: Schulanfang – Anfangsunterricht. Bad Heilbrunn 1981.

Menzel, A./Milhoffer, P.: „Die paar Raufereien..." oder: Gewalt in der Schule hat ein Geschlecht. In: Valtin, R./Portmann, R. (Hg.): Gewalt und Aggression. Herausforderungen für die Grundschule. Frankfurt am Main 1995, S. 54–59.

Merleau-Ponty, M.: Phänomenologie der Wahrnehmung. Berlin 1966.

Meyer, H.: UnterrichtsMethoden. 2 Bände, Berlin 2002 und 2003.

Meyer-Drawe, K.: Leiblichkeit und Sozialität. Phänomenologische Beiträge zu einer pädagogischen Theorie der Inter-Subjektivität. München 1987[2].

Meyer-Drawe, K./Waldenfels, B.: Das Kind als Fremder. In: Vierteljahrsschrift für Wissenschaftliche Pädagogik, 64, 1988, S. 271–287.

Milhoffer, P.: Wie sie sich fühlen, was sie sich wünschen. Eine empirische Studie über Mädchen und Jungen auf dem Weg in die Pubertät. Weinheim und München 2000.

Mitzlaff, H.: Heimatkunde und Sachunterricht. Historische und systematische Studien zur Entwicklung des Sachunterrichts, zugleich eine kritische Entwicklungsgeschichte des Heimatideals im deutschen Sprachraum. Bd. 2. Dortmund 1985.

Mitzlaff, H./Wiederhold, K. A.: Gibt es überhaupt ein Übergangsproblem? Erste Ergebnisse aus einem Forschungsprojekt. In: Portmann, R. u. a. (Hg.): Übergänge nach der Grundschule. Frankfurt 1989, S. 12–41.

Mollenhauer, K.: Zur Entstehung des modernen Konzepts von Bildungszeit. In: Ders.: Umwege. Über Bildung, Kunst und Interaktion. München 1987, S. 68–91.

Mollenhauer, K.: Ästhetische Erfahrung von Kindern beim Textschreiben. In: Neuß, N. (Hg.): Ästhetik der Kinder. Interdisziplinäre Beiträge zur ästhetischen Erfahrung von Kindern. Frankfurt am Main 1999, S. 83–102.

Möller, Ch.: Technik der Lernplanung. Methoden und Probleme der Lernzielerstellung. Weinheim 1973.

Möller, K./Jonen, A./Hardy, I./Stern, E.: Die Förderung von naturwissenschaftlichem Verständnis bei Grundschulkindern durch Strukturierung der Lernumgebung. In: Prenzel, M./Doll, J. (Hg.): Bildungsqualität von Schule: Schulische und außerschulische Bedingungen mathematischer, naturwissenschaftlicher und überfachlicher Kompetenzen. Zeitschrift für Pädagogik, 2002, 45. Beiheft, Weinheim, S. 176–191.

Montessori, M.: Kinder sind anders. Frankfurt am Main u. a. 1980.

Muchow, M./Muchow, H. H.: Der Lebensraum des Großstadtkindes. Freiburg i. Br. 1972[3].

Mühlbauer, K. R.: Sozialisation. München 1980.

Murphy, G.: Lost for words. In: Nature, Vol. 425, 25, 2003, S. 340–342.

Mussen, P. H./Conger, J. J./Kagan, J./Huston, A. C.: Lehrbuch der Kinderpsychologie. Band 1 und Band 2. Stuttgart 1999 (Orig.: Child Development and Personality. New York 1990).

Musso, M./Moro, A./Glauche, V./Rijntjes, M./Reichenbach, J./Büchel, C./Weiller, C.: Broca's area and the language instinct. In: Nature Neuroscience Online, 2003, S. 1–8.

Nauck, B./Bertram, H. (Hg.): Kinder in Deutschland. Opladen 1995.

Neubrand, M.: „Mathematical literacy"/„Mathematische Grundbildung". Der Weg in die Leistungstests, die mathematikdidaktische Bedeutung, die Rolle als Interpretationshintergrund für den PISA-Test. In: Zeitschrift für Erziehungswissenschaft, 2003, Heft 3, S. 338–356.

Neuhaus-Siemon, E.: Zur Entwicklung des Sachunterrichts. In: Deutsches Institut für Fernstudien an der Universität Tübingen: Sachunterricht. Zur Pädagogik des Heimat- und Sachunterrichts. Tübingen 1985, S. 9–43.

Neuhaus-Siemon, E.: Frühleser in der Grundschule. Bad Heilbrunn 1993.

Neuß, N. (Hg.): Ästhetik der Kinder. Interdisziplinäre Beiträge zur ästhetischen Erfahrung von Kindern. Frankfurt am Main 1999.

Nickenig, R.: Rhythmisierung des Schulmorgens: Phasen der Ruhe und Aktivität. In: von den Steinen, S. u. a. (Hg.): Phänomene des Übergangs im Primarbereich. Baltmannsweiler 1996, S. 102–116.

Nießeler, A.: Formen symbolischer Weltaneignung. Zur pädagogischen Bedeutung von Ernst Cassirers Kulturphilosophie. Würzburg 2003.

Nipkow, K. E.: Neue Religiosität, gesellschaftlicher Wandel und die Situation der Jugendlichen. In: Zeitschrift für Pädagogik, 1981, S. 379–402.

Nipkow, K. E.: Möglichkeiten und Grenzen eines evolutionären Paradigmas in der Erziehungswissenschaft. In: Zeitschrift für Pädagogik, 2002, H. 5, S. 670–698.

Noack, M.: Der Schulraum als Pädagogikum. Zur Relevanz des Lernorts für das Lernen. Weinheim 1996.

Oelkers, J./Wegenast, K. (Hg.): Symbol – Brücke des Verstehens. Stuttgart 1991.

Oelkers, J.: Einige historische Erfahrungen im Verhältnis von Psychologie und Pädagogik. In: Reichenbach, R./Oser, F. (Hg.): Die Psychologisierung der Pädagogik. Übel, Notwendigkeit oder Fehldiagnose. Weinheim/München 2002, S. 12–28.

Oerter, R.: Psychologie des Spiels. Weinheim und Basel 1999.

Oerter, R./Montada, L.: Entwicklungspsychologie. München und Weinheim 1987².

Ong, W.: Oralität und Literalität. Die Technologisierung des Wortes. Opladen 1987.

Oswald, H./Krappmann, L./v. Salisch, M.: Miteinander – Gegeneinander. Eine Beobachtungsstudie über Mädchen und Jungen im Grundschulalter. In: Pfister, G. (Hg.): Zurück zur Mädchenschule? Pfaffenweiler 1988, S. 173–192.

Panagiotopoulou, A./Brügelmann, H. (Hg.): Grundschulpädagogik meets Kindheitsforschung: Zum Wechselverhältnis von schulischem Lernen und außerschulischen Erfahrungen im Grundschulalter. Jahrbuch der Grundschulforschung 7. Opladen 2003.

Papoušek, M.: Die Rolle des Spiels für die Selbstentwicklung des Kindes. Vortrag anlässlich der Jahrestagung der Deutschen Liga für das Kind „Beziehung und Erziehung in der frühen Kindheit" am 2./3.11.2001 in der Berliner Charité. Unter: http://www.liga-kind.de/pages/401papousek.htm.

Papoušek, M./Papoušek, H.: Stimmliche Kommunikation im Säuglingsalter als Wegbereiter der Sprachentwicklung. In: Keller, H. (Hg.): Handbuch der Kleinkindforschung. Bern u. a. 1997², S. 535–562.

Paradies, L./Linser, H. J.: Üben, Wiederholen, Festigen. Praxishandbuch für die Sekundarstufe I und II. Berlin 2003.

Parsons, T.: The Organisation of Personality as a System of Action. In: Parsons, T./Bales, R. F.: Family, Socialisation and Interaction Process. London 1956, S. 133–184.

Pelli, D./Farell, B./Moore, D.: The remarkable inefficiency of word recognition. In: Nature 432, 2003, S. 752–756.

Petillon, H.: Das Sozialleben des Schulanfängers. Die Schule aus der Sicht des Kindes. Weinheim 1993.

Pfeffer, F.: Die „Methode" im Lebenswerk Johann Heinrich Pestalozzis. In: Pestalozzi, J. H.: Wie Gertrud ihre Kinder lehrt und Ausgewählte Schriften zur Methode. Besorgt von F. Pfeffer. Paderborn 1961, S. 236–257.

Pfister, G.: Der Widerspenstigen Zähmung. Raumaneignung, Körperlichkeit und Interaktion. In: Pfister, G./Valtin, R. (Hg.): MädchenStärken. Probleme der Koedukation in der Grundschule. Frankfurt am Main 1993, S. 67–83.

Pfister, G.: „Als Mädchen darf man keinen Fußball spielen. Über das Einüben von Geschlechtsrollen im Sportunterricht. In: Valtin, R./Warm, U. (Hg.): Frauen machen Schule. Probleme von Mädchen und Lehrerinnen in der Grundschule. Frankfurt am Main 1996², S. 47–54.

Piaget, J.: Die Entwicklung des Erkennens. Band II. Das physikalische Denken. Stuttgart 1973.

Piaget, J.: Das moralische Urteil beim Kind. München 1986.

Piaget, J./Inhelder, B.: Die Psychologie des Kindes. Stuttgart 1991⁴.

Pinker, S.: Der Sprachinstinkt. Wie der Geist die Sprache bildet. München 1996.

Pinker, S.: Wie das Denken im Kopf entsteht. München 1998.

Plessner, H.: Die Stufen des Organischen und der Mensch. Einleitung in die philosophische Anthropologie. Berlin u. a. 1975.

Polzin, M.: Spielen in der Grundschule. In: Ders. (Hg.): Bewegung, Spiel und Sport in der Grundschule. Fachliche und fächerübergreifende Orientierung. Frankfurt am Main 1992.

Pommerin, G.: Gemeinsame Grundschule für alle Kinder – Hirngespinst oder konkrete Utopie? In: Dies. (Hg.): „Und im Ausland sind die Deutschen auch Fremde...". Interkulturelles Lernen in der Grundschule. Frankfurt am Main 1995[2].

Popp, U.: Geschlechtersozialisation und schulische Gewalt. Geschlechtstypische Ausdrucksformen und konflikthafte Interaktionen von Schülerinnen und Schülern. Weinheim und München 2002.

Popp, W.: Lernen durch Staunen und Fragen. In: Hempel, M. (Hg.): Lernwege der Kinder. Hohengehren 1999, S. 94–101.

Portmann, A.: Vom Lebendigen. Versuch einer Wissenschaft vom Menschen. Frankfurt am Main 1973.

Postman, N.: Das Verschwinden der Kindheit. Frankfurt 1983.

Prange, K.: Pädagogik als Erfahrungsprozess. Band I: Der pädagogische Aufbau der Erfahrung. Stuttgart 1978.

Prange, K.: Pädagogik als Erfahrungsprozess. Band III: Die Pathologie der Erfahrung. Stuttgart 1981.

Prange, K.: Reflexives Lernen im Fachunterricht. In: Deutsches Institut für Fernstudien an der Universität Tübingen (Hg.): Bildung und Lernen im Fachunterricht. Erziehungswissenschaftliche Bestimmungen. Studienbriefreihe „Bildung im Fachunterricht". Tübingen 1992, S. 53–79.

Prange, K.: Über das Zeigen als operative Basis der pädagogischen Kompetenz. In: Bildung und Erziehung, 48. Jg., 1995, H. 2, S. 145–158.

Prange, K.: Der Zeitaspekt des Formproblems in der Erziehung. In: Zeitschrift für Pädagogik, 45. Jg., 1999, H. 3, S. 301–312.

Prange, K.: Übergänge. Zum Verhältnis von Erziehung und Lernen. In: Ders.: Plädoyer für Erziehung. Baltmannsweiler 2000, S. 235–256.

Prange, K.: Was bedeutet eigentlich „lernen"? In: Praxis Schule 5–10, Heft 5, 2002, S. 6–8.

Preuß-Lausitz, U. u. a.: Kriegskinder, Konsumkinder, Krisenkinder. Zur Sozialisationsgeschichte seit dem Zweiten Weltkrieg. Weinheim und Basel 1991[3].

Preuss-Lausitz, U.: Körpersozialisation und Modernisierung: Freundschaft und Kooperation zwischen Jungen und Mädchen. In: Horstkemper, M./Zimmermann, P. (Hg.): Zwischen Dramatisierung und Individualisierung. Geschlechtstypische Sozialisation im Kindesalter. Opladen 1998, S. 109–123.

Pringle, M. K.: Was Kinder brauchen. Stuttgart 1979.

Rammstedt, O.: Alltagsbewusstsein von Zeit. In: Kölner Zeitschrift für Soziologie und Sozialpsychologie 1975, S. 47–63.

Rauh, H.: Frühe Kindheit. In: Oerter, R./Montada, L. (Hg.): Entwicklungspsychologie. Ein Lehrbuch. München u. a. 1987[2], S. 131–203.

Rehle, C./Thoma, P.: Einführung in grundschulpädagogisches Denken. Donauwörth 2003.

Reicholf, J.: Der Mensch als Produkt der Evolution. In: Beyer, A. (Hg.): Fit für Nachhaltigkeit. Biologisch-anthropologische Grundlagen einer Bildung für nachhaltige Entwicklung. Opladen 2002, S. 107–122.

Renner, E.: Entwicklung und Erprobung für den gemeinsamen Sachunterricht mit ausländischen Kindern: Szenen zu einem sozialen Lernfeld. In: Frey, H./Piroth, G./Renner, E. (Hg.): Ausländische Kinder im Unterricht. Erfahrungen, Materialien, Hilfen zu einer mehrkulturellen und integrativen Pädagogik. Heinsberg 1982, S. 161–232.

Reusser, K.: Erwerb mathematischer Kompetenzen – Literaturüberblick. In: Weinert, F. E./Helmke, A.: Entwicklung im Grundschulalter. Weinheim 1997, S. 141–156.

Riedel, M.: Einleitung zu Wilhelm Dilthey: Der Aufbau der geschichtlichen Welt in den Geisteswissenschaften. Frankfurt am Main 1981, S. 9–86.

Riedl, R.: Biologie der Erkenntnis. Berlin/Hamburg 1980.

Rittelmeyer, Ch.: Studien zu einer empirischen Phänomenologie der Schulbau-Architektur. In: Zeitschrift für Pädagogik, 36, 1990, H. 4, S. 495–522.

Rittelmeyer, Chr.: Pädagogische Anthropologie des Leibes. Weinheim und München 2002.

Röbe, H.: Klassenraum und Schülersein. In: Priebe, H./Röbe, E. (Hg.): Blickpunkt Grundschule. Bilder einer zukunftsoffenen Schullandschaft. Donauwörth 1992, S. 12–24.

Rolff, H.-G./Zimmermann, P.: Kindheit im Wandel. Eine Einführung in die Sozialisation im Kindesalter. Weinheim und Basel 1997[5].

Rollin, M.: „Typisch Einzelkind". In: Deutsches Jugendinstitut (Hg.): Was für Kinder. Aufwachsen in Deutschland. München 1993, S. 142–148.

Rosenbusch, H./Schober, O.: Körpersprache im Unterricht. Hohengehren 2004.

Roth, G.: Fühlen, Denken, Handeln. Wie das Gehirn unser Verhalten steuert. Frankfurt am Main 2001.

Rothacker, E.: Philosophische Anthropologie. Bonn 1966[2].

Rowe, D.: Genetik und Sozialisation. Die Grenzen der Erziehung. Weinheim 1997.

Rumpf, H.: Die übergangene Sinnlichkeit. Drei Kapitel über die Schule. München 1981.

Rumpf, H.: Die künstliche Schule und das wirkliche Lernen. München 1986.

Rustemeyer, D.: Nichtsehen sehen. In: Faulstich, P./Wiesner, G./Wittpoth, J. (Hg.): Wissen und Lernen, didaktisches Handeln und Institutionalisierung: Befunde und Perspektiven der Erwachsenenbildungsforschung. Bielefeld 2001, S. 15–28.

Sacher, W.: Schule Medienarbeit im Computerzeitalter. Grundlagen, Konzepte und Perspektiven. Bad Heilbrunn 2000.

Scheibe, W.: Die reformpädagogische Bewegung. Eine einführende Darstellung. Weinheim und Basel 1994.

Scheibel, A. B./Schopf, J. W. (Hg.): The Origin and Evolution of Intelligence. Boston 1997.

Scheler, M.: Die Stellung des Menschen im Kosmos. Bern u. a. 1983.

Scheuerl, H.: Über die „geisteswissenschaftliche" Tradition in der Pädagogik und ihre Rekonstruktion. In: Zeitschrift für Pädagogik, 27, LK, 1981, S. 1–6.

Scheufele, U.: Weil sie wirklich lernen wollen. Bericht von einer anderen Schule. Das Altinger Konzept. Weinheim/Berlin 1996.

Scheunpflug, A.: Biologische Grundlagen des Lernens, Berlin 2001 (2001a).

Scheunpflug, A.: Evolutionäre Didaktik. Unterricht aus system- und evolutionstheoretischer Perspektive. Weinheim 2001 (2001b).

Scheunpflug, A. (Hg.): Evolutionäre Pädagogik. Themenheft Evolutionäre Pädagogik, Zeitschrift für Erziehungswissenschaft, 2002, H. 5.

Scheunpflug, A.: Natur oder Kultur? Anmerkungen zu einer alten pädagogischen Debatte. In: Liebau, E./Peskoller, H./Wulf, C. (Hg.): Natur. Pädagogisch-anthropologische Sichten. Weinheim 2003, S. 149–160.

Scheunpflug A.: Das Technologiedefizit. Nachdenken über Unterricht aus systemtheoretischer Perspektive. In: Lenzen, D. (Hg.): Irritationen des Erziehungssystems. Pädagogische Resonanzen auf Niklas Luhmann. Frankfurt am Main 2004, S. 65–87 (2004a).

Scheunpflug, A.: Bildung. In Wigger, L. (Hg.): Bildung. Bad Heilbrunn 2004 (2004b).

Scheunpflug, A.: Der Blick auf evolvierte Verhaltensstrategien: Anregungen aus der Soziobiologie. In: Prengel, A. u. a. (Hg): Handbuch erziehungswissenschaftliche Geschlechterforschung, Weinheim 2004, S. 201–215 (2004c).

Scheunpflug, A./Treml, A. K.: Das Wilde – Faszination und Angst. In: Ränsch-Trill, B./Wagner, E. (Hg.): Das Fremde in der Nähe. Beiträge zur Reflexion der Begegnung mit dem ‚Anderen' in Kultur und Gesellschaft. Hildesheim 1995, S. 66–87.

Schleiermacher, F. D.: Pädagogische Schriften. Die Vorlesungen aus dem Jahr 1826, herausgegeben von Th. Schulze und E. Weniger. Düsseldorf München 1966[2].

Schmitt, R.: Kinder und Ausländer. Einstellungsänderung durch Rollenspiel. Eine empirische Untersuchung. Braunschweig 1979.

Schmitz, H.: Der unerschöpfliche Gegenstand. Grundzüge der Philosophie. Bonn 1990.

Schneewind, K. A.: Familienpsychologie. Stuttgart u. a. 1999[2].

Schründer-Lenzen, A.: Schriftspracherwerb. Basiswissen für Studierende der Grundschulpädagogik. Opladen 2004.

Schulenberg, W.: Schule als Institution der Gesellschaft. In: Speck, J./Wehle, G. (Hg.): Handbuch pädagogischer Grundbegriffe., Bd. II. München 1970, S. 391–422.

Schultheis, K.: Form als Zwang. Zur Pathologie ästhetischer Erziehung. In: Koch, L./Marotzki, W./Peukert, H. (Hg.): Ästhetik und Bildung. Weinheim 1994, S. 125–144.

Schultheis, K.: Vom Sinn der Sinne im Sachunterricht der Grundschule. In: Pädagogische Welt, 49, 1995, Heft 11, S. 492–496.

Schultheis, K.: Rituale als Lernhilfen. In: Grundschulmagazin, 10, 1998, S. 4–10 (1998a).

Schultheis, K.: Leiblichkeit – Kultur – Erziehung. Zur Theorie der elementaren Erziehung. Weinheim 1998 (Schultheis 1998b).

Schultheis, K.: Die pädagogische Situation. Überlegungen zu einem Grundbegriff der Allgemeinen Pädagogik. In: Fuhr, Th./Schultheis, K. (Hg.): Zur Sache der Pädagogik. Untersuchungen zum Gegenstand der allgemeinen Erziehungswissenschaft. Bad Heilbrunn 1999, S. 303–317.

Schultheis, K.: Computerspiele – einige wohlwollend-kritische Bemerkungen. In: Sache Wort Zahl, Heft Nr. 37, 2001, Heft 4, S. 22–24.

Schultheis, K.: Grundschulkinder und Internet. Zur „Kompatibilität" von Internet und der Logik kindlicher Lern- und Bildungsprozesse. In: Grundschulmagazin, 3, 2002, S. 10–14.

Schütze, Y.: Geschwisterbeziehungen. In: Nave-Herz, R./Markefka, M. (Hg.): Handbuch der Familien- und Jugendforschung. Bd. 1: Familienforschung. Neuwied und Frankfurt 1989, S. 311–324.

Schweitzer, F./Thiersch, H. (Hg.): Jugendzeit – Schulzeit. Von den Schwierigkeiten, die Jugendliche und Schule miteinander haben. Weinheim und Basel 1983.

Sekretariat der Ständigen Konferenz der Kultusminister der Länder in der Bundesrepublik Deutschland: Empfehlung „Interkulturelle Bildung und Erziehung in der Schule". Beschluss der Kultusministerkonferenz vom 25. 10. 1996. Unter: http://www.learn-lne.nrw.de/angebote/umweltgesundheit/medio/hinter/u_e/globlern/gl14.htm.

Selle, G.: Kultur der Sinne und ästhetische Erziehung. Köln 1981.

Singer, W.: Was kann ein Mensch wann lernen? Vortrag anlässlich des ersten Werkstattgesprächs der Initiative Mc Kinsey bildet in der Deutschen Bibliothek, Frankfurt/Main, 12. Juni 2001; veröffentlicht unter http://www.mpih-frankfurt.mpg.de/global/np/mckinsey.htm vom 30.7. 2001.

Singer, W.: Der Beobachter im Gehirn. Essays zur Hirnforschung. Frankfurt am Main 2002.

Singer, W.: Ein neues Menschenbild? Gespräche über Hirnforschung. Frankfurt am Main 2003.

Spiegel, H./Selter, C.: Kinder & Mathematik. Was Erwachsene wissen sollten. Seelze 2003.

Spitta, G.: Schreibkonferenzen in Klasse 3 und 4. Berlin 1992.

Spitz, R.: Vom Säugling zum Kleinkind. Naturgeschichte der Mutter-Kind-Beziehungen im ersten Lebensjahr. Stuttgart 1976[5].

Spitzer, M.: Lernen. Gehirnforschung und die Schule des Lebens. Heidelberg 2002 (2002c).

Spreckelsen, K.: Kindliches Umweltverstehen und seine Bedeutung für den Sachunterricht. In: Duncker, L./Popp, W. (Hg.): Kind und Sache. Zur pädagogischen Grundlegung des Sachunterrichts. Weinheim und München 2004[4], S. 213–224.

Staudte, A.: Mit allen Sinnen lernen. In: Kunst + Unterricht, 87, 1984, S. 8–15.

Stern, D. N.: Tagebuch eines Babys. Was ein Kind sieht, spürt, fühlt und denkt. München 2000[8].

Stern, E.: Erwerb mathematischer Kompetenzen – Ergebnisse aus dem SCHOLASTIK-Projekt. In: Weinert, F. E./Helmke, A.: Entwicklung im Grundschulalter. Weinheim 1997, S. 157–170.

Stern E.: Lernen – der wichtigste Hebel der geistigen Entwicklung. Vortrag am Hanse-Wissenschaftskolleg, 13. Januar 2003 (veröffentlicht unter http://www.hanse-wissenschaftskolleg.de); gekürzt in: Universitas, 58. Jg., 2003, S. 454–465.

Stern, E.: Wie abstrakt lernt das Grundschulkind? Neuere Ergebnisse der entwicklungspsychologischen Forschung. In: Petillon, H. (Hg.): Jahrbuch Grundschulforschung, Band 5: Individuelles und soziales Lernen – Kindperspektive und pädagogische Konzepte. Leverkusen 2002, S. 22–28.

Stern, W.: Psychologie der frühen Kindheit. Erstmals 1914. Heidelberg 1967[9].

Stickgold, R./Whidbee, D./Schirmer, B./Patel, V./Hobson, J. A.: Visual discrimination task improvement: A multi step process occurring during sleep. In: Journal of cognitive Neurosience, 2000, 12, S. 246–254 (2000a).

Stickgold, R./James, L./Hobson, J. A.: Visual discrimination learning requires sleep after training. In: Nature Neuroscience, 2000, 3, S. 1237–1238 (2000b).

Stickgold, R./Hobson, J. A./Fosse, R./Fosse, M.: Sleep, learning and dreams: off-line memory reprocessing, Science, 294, S. 1052–1057 (2001).

Sting, S.: Schrift, Bildung und Selbst. Eine pädagogische Geschichte der Schriftlichkeit. Weinheim 1998.

Strauch, B.: Warum sie so seltsam sind. Gehirnentwicklung bei Teenagern. Berlin 2003.

Straus, E.: Vom Sinn der Sinne. Ein Beitrag zur Grundlegung der Psychologie. Berlin u. a. 1956[2].

Strobel-Eisele, G.: Unterricht als pädagogische Konstruktion. Die Logik des Darstellens als Kern von Schule. Weinheim u. a. 2003.

Süß, W.: Didaktische Arrangements für integrative Lernsituationen. In: Grundschule 5, 1991, S. 22–25.

Terhart, E.: Konstruktivismus und Unterricht. Gibt es einen neuen Ansatz in der Allgemeinen Didaktik? In: Zeitschrift für Pädagogik, 45. Jg., 1999, Heft 5, S. 629–666.

Thies, W./Röhner, Ch.: Erziehungsziel Geschlechterdemokratie. Interaktionsstudie über Reformansätze im Unterricht. Weinheim und München 2000.

Thorne, B.: Girls and Boys together ... but Mostly Apart: Gender Arrangements in Elementary Schools. Harwichport /Mass. 1982.

Tillmann, K.-J.: Schule als soziales Erfahrungsfeld. Frankfurt am Main 1976.

Tillmann, K.-J. (Hg.): Schultheorien. Hamburg 1987.

Tillmann, K.-J./Holler-Nowitzki, B./Holtappels, H. G./Meier, U./Popp, U.: Schülergewalt als Schulproblem. Verursachende Bedingungen, Erscheinungsformen und pädagogische Handlungsperspektiven. Weinheim und München 1999.

Tomasello, M.: Die kulturelle Entwicklung des menschlichen Denkens. Zur Evolution der Kognition. Frankfurt am Main 2002.

Tooby, J. E./Cosmides, L.: The Psychological Foundations of Culture. In: Barkow, J./Cosmides, L./Tooby, J. E. (Hg.): The Adapted Mind. Evolutionary Psychology and the Generation of Culture. New York/Oxford 1992, S. 19–135.

Trautner, H. M.: The development of sex typing in children: A longitudinal analysis. German Journal of Psychology, 16, 1992, S. 183–199.

Treml, A. K.: Das Zeigen. Funktion und Folge der Zeigetechnik in der Kulturgeschichte aus pädagogischer Sicht. In: Liedtke, M. (Hg.): Kulturethologische Aspekte der Technikentwicklung. Wien/Graz 1995, S. 241–264.

Treml, A. K.: Die Schule. Form und Funktion einer evolutionären Erfolgsgeschichte. In: Zeitschrift für internationale Bildungsforschung und Entwicklungspädagogik, 22. Jg., 1998, H. 2, S. 18–25.

Treml, A. K.: „Biologismus" – ein neuer Positivismusstreit in der deutschen Erziehungswissenschaft. In: Erziehungswissenschaft, 7. Jg., 1996, H. 14, S. 85–98.

Treml, A. K.: Allgemeine Pädagogik. Grundlagen, Handlungsfelder und Perspektiven der Erziehung, Stuttgart 2000.

Treml, A. K.: Evolutionäre Pädagogik. Umrisse eines Paradigmenwechsels. In: Zeitschrift für Pädagogik, 2002, Heft 5, S. 652–669.

Treml, A. K.: Evolutionäre Pädagogik, Stuttgart 2004.

Trevarthen, C.: Instincts for human understanding and for cultural cooperation: their development in infancy. In: Cranach, M. v./Foppa, K./Lepenies, W./Ploog, D. (Hg.): Human ethology: Claims and limits of a new discipline. Cambridge: Cambridge University Press 1979, S. 530–571.

Trivers, R. L.: Parental investment and sexual selection. In: Campbell. B. (ed.): Sexual Selection and the Descent of Man 1871–1971, Chicago, Aldine, 1972, S. 136–179.

Türcke, Ch.: Erregte Gesellschaft. Philosophie der Sensation. München 2002.

Uexküll, J. v./Kriszat, G.: Streifzüge durch die Umwelten von Tieren und Menschen. Ein Bilderbuch unsichtbarer Welten. Bedeutungslehre. Erstmals Berlin 1934. Hamburg 1956.

Ulich, K.: Schulische Sozialisation. In: Hurrelmann, K./Ulich, D. (Hg.): Handbuch der Sozialisationsforschung. Weinheim und Basel 1998[5], S. 377– 397.

Ulich, M.: Inszenierungen im Kinderspiel. In: Fatke, R. (Hg.): Ausdrucksformen des Kinderlebens. Bad Heilbrunn 1994, S. 23–34.

UNESCO: Education for All. Is the world on track? EFA Global Monitoring Report. Paris 2002.

UNESCO: Gender and Education for All. The leap to equality. EFA Global Monitoring Report. Paris 2003.

Unterbrochene Schulstunde. Schriftsteller und Schule. Zusammengestellt von Volker Michels. Frankfurt 1980.

Valtin, R./Klopffleisch, R.: „Mädchen heulen immer gleich" – Stereotype bei Mädchen und Jungen. In: Valtin, R./Warm, U.: Frauen machen Schule. Probleme von Mädchen und Lehrerinnen in der Grundschule. Frankfurt am Main 1996[2], S. 103–111.

Voland, E.: Kindheit in evolutionsbiologischer Perspektive. In: Markefka, M./Nauck, B. (Hg.): Handbuch der Kindheitsforschung. Berlin 1993, S. 3–16.

Voland, E.: Grundriss der Soziobiologie. Heidelberg/Berlin 2000[2].

Vollmer, G.: Auf der Suche nach der Ordnung. Beiträge zu einem naturalistischen Welt- und Menschenbild. Stuttgart 1985.

Vollmer, G.: Was evolutionäre Erkenntnistheorie nicht ist. Gemeinsamkeiten und Unterschiede zwischen Lorenz und Popper. In: Ders.: Biophilosophie. Stuttgart 1995, S. 133–161.

Wagenschein, M.: Kinder auf dem Weg zur Physik. Weinheim und Basel 1990.

Wagner, J.: Kinderfreundschaften. Wie sie entstehen – was sie bedeuten. Berlin u. a. 1994.

Wagner, U./Gais, S./Haider, H./Verleger, R./Born, J.: Sleep inspires insight. In: Nature, Vol. 427, 2004, S. 352–355.

Walter, G.: Spiel und Spielpraxis in der Grundschule. Donauwörth 1993.

Weinert, F. E./Helmke, A.: Entwicklung im Grundschulalter. Weinheim 1997.

Weinert, F. E./Schneider, W.: Report on the Munich Longitudinal Study on the Genesis of Individual Competencies (LOGIC), Reports 1-12, München 1986 ff.

Weißbach, B.: Ist der Sekundarstufenschock vermeidbar? Neue Forschungsergebnisse zur Auseinandersetzung um die Förderstufe in Hessen. In: Die Deutsche Schule, 77, 1985, 4, S. 293– 303.

Wellendorf, F.: Schulische Sozialisation und Identität. Weinheim und Basel 1973.

Wendorff, R.: Der Mensch und die Zeit. Ein Essay. Opladen 1988.

Weschke-Meissner, M.: Der stille Beitrag der Mädchen zur Schulkultur. In: Die Deutsche Schule, 1. Beiheft 1990, S. 89–96.

Whitrow, G. J.: Die Erfindung der Zeit. Hamburg 1999.

Williams, J. E./Best, D. L.: Measuring sex stereotypes. New York 1982.

Wilson, E. O.: Die Einheit des Wissens. Berlin 1998.

Wimmel, W.: Die Kultur holt uns ein. Die Bedeutung der Textualität für das geschichtliche Werden. Würzburg 1981.

Winson, J.: Neurobiologie des Träumens. In: Biologie des Menschen. Beiträge aus Spektrum der Wissenschaft. Mit einer Einführung versehen von Volker Sommer. Heidelberg/Berlin 1996, S. 72–82.

Wirth, H.-J.: Die Schärfung der Sinne. Jugendprotest als persönliche und kulturelle Chance. Frankfurt 1984.

Wöll, G.: Handeln. Lernen durch Erfahrung. Handlungsorientierung und Projektunterricht. Hohengehren 1998.

Woodruff, G./Premack, D.: Primative mathematical concepts in the chimpanzee: Proportionality and numerosity. In: Nature, 1981, 293, S. 568–570.

Wulf, Ch.: Die Wendung zur historisch-pädagogischen Anthropologie. In: Zeitschrift für Erziehungswissenschaft, Beiheft 1/2002, S. 13–33.

Wynn, K.: Addition and subtraction by human infants. In: Nature, 1992, 358, S. 749–750.

Xu, F./Carey, S.: Infants metaphysics: The case of nummerical identity. In: Cognitive Psychology, 30, 1996, 2, S. 111–153.

Youniss, J.: Soziale Konstruktion und psychische Entwicklung. Frankfurt am Main 1994.

Zacharias, W.: Kindheiten zwischen Sinnenreich und Cyberspace. In: Neuß, N. (Hg.): Ästhetik der Kinder. Interdisziplinäre Beiträge zur ästhetischen Erfahrung von Kindern. Frankfurt am Main 1999, S. 165–188.

Zeiher, H.: Die vielen Räume der Kinder. Zum Wandel räumlicher Lebensbedingungen seit 1945. In: Preuss-Lausitz, U. u. a. (Hg.): Kriegskinder, Konsumkinder, Krisenkinder. Zur Sozialisationsgeschichte seit dem Zweiten Weltkrieg. Weinheim 1983, S. 176–194.

Zeiher, H./Zeiher, H.: Orte und Zeiten der Kinder. Soziales Leben im Alltag von Großstadtkindern. Erstmals 1994. Weinheim und München 1998[2].

Zeiher, H.: Über den Umgang mit der Zeit bei Kindern. In: Folling-Albers, M. (Hg.): Veränderte Kindheit – Veränderte Grundschule. Beiträge zur Reform der Grundschule 75, Hg. vom Arbeitskreis Grundschule e.V., Frankfurt am Main 1992[4], S. 103–113.

Ziehe, Th.: Pubertät und Narzissmus. Frankfurt 1975.

Zimmer, J./Niggemeyer, E.: Macht die Schule auf, lasst das Leben rein. Von der Schule zur Nachbarschaftsschule. Weinheim/Basel 1986.

Zinnecker, J. (Hg.): Der heimliche Lehrplan. Untersuchungen zum Schulunterricht. Weinheim 1975.

Zinnecker, J.: Vom Straßenkind zum verhäuslichten Kind. Kindheitsgeschichte im Prozess der Zivilisation. In: Behnken, I. (Hg.): Stadtgesellschaft und Kindheit im Prozess der Zivilisation. Opladen 1990, S. 142–162.

Zinnecker, J.: Soziologie der Kindheit oder Sozialisation des Kindes? Überlegungen zu einem aktuellen Paradigmenstreit. In: Honig, M.-S./Leu, R./Nissen, U. (Hg.): Kinder und Kindheit. Soziokulturelle Muster – sozialisationstheoretische Perspektiven. Weinheim und München 1996, S. 31–54.

Zinnecker, J./Silbereisen, R. K.: Kindheit in Deutschland. Aktueller Survey über Kinder und ihre Eltern. Weinheim und München 1996.

Zitzlsperger, H.: Ganzheitliches Lernen. Welterschließung über alle Sinne mit Beispielen aus dem Elementarbereich. Weinheim und Basel 1991[2]

Register

Kindheit 9 ff., 17, 19 ff., 24 ff., 36 f., 42 ff.,
47, 51, 54, 58 ff., 62 f., 69, 75, 84 f., 88, 92,
146, 154, 167, 173, 175 ff., 180, 182, 187,
189 f., 197, 200, 206 f., 212 f., 226 ff., 230
Kindheitserfahrung 100
Kindheitsforschung 11 ff., 16, 18, 24, 39, 75,
84, 100, 174, 229 f.
– ethnografische 12, 16
Klassenatmosphäre 141 f.
Klassenklima 142
Klassenlehrerprinzip 50, 58, 111
Kleinkind 110, 209
Kleinkindalter 102, 106, 209
Kognition 95, 104, 108, 112, 136, 163 f.,
195
Kommunikation 26, 35, 40, 74, 81, 91, 99,
104 ff., 115, 118, 179, 182, 197, 199, 208,
217 ff., 223
– leibliche 99, 105 f., 118
– offene 115
Kommunikationsfähigkeit 30
kommunikationstheoretisch 89
Komparation 41
– kulturelle 41, 44, 77, 158
Kompetenz 77, 81 f., 91, 106, 142, 158 f.,
162, 203 f., 224, 227 f.
– analytische 81
– kulturelle 77, 158
– methodische 20, 64, 76, 81
– musikalische 82
Komplexität 40, 44 f., 47, 54, 64, 84, 217,
221 f., 224
Konstruktivismus 12
Konsumorientierung 11
Konzentration 36, 46 f., 50 f., 54, 78 ff., 124,
134 f., 180, 216, 220
Konzentrationsfähigkeit 80, 128, 135
Konzeptionen, didaktische 49
Körper 22, 38 f., 77, 97, 99, 115, 121, 128,
132, 135 f., 140, 142, 144, 147 f., 151 f.,
163, 171, 190 ff., 194, 221
Körperkontakt 194
Körperlichkeit 147
Kreativität 40, 59, 110, 146, 204
Kreativitätsmuster 83
Krisen 55 ff.
Kritikfähigkeit 26, 35
Kultur 9, 12, 17 ff., 22, 24, 44 f., 61 ff., 69,
79, 81, 84 ff., 92, 98, 105, 131 f., 155 ff.,
159 f., 165 f., 172 f., 180, 191, 221 f.
– orale 23
Kulturaneignung 10, 15, 17, 20 f., 62 ff.,
84 ff.
Kulturanthropologie 24

kulturgeschichtlich 46, 50
Kulturphilosophie 9, 14, 87, 89
Kultursoziologie 9
Kulturtechnik 22
Kulturtheorie 25, 85
Kunst 65, 78, 80, 87, 124 f.
Künste 64 f., 157

L

Lachen 191, 195
Langeweile 73
Lebensgeschichte 15, 26
Lebenslauf 9, 56, 131
Lebenssinn 51
Lebenswelt 52, 99 ff., 113, 125, 146, 219 f.,
222, 224
Lehren 101, 120, 166, 215 ff., 223, 228
Lehrer/Lehrerin/Lehrkraft 27, 31, 36, 39, 52,
93 f., 107 f., 116, 119 f., 134 f., 139, 141 f.,
159, 166, 169, 198, 213, 219, 223, 225,
228
Lehrgänge 46, 50, 135
Lehrplan 39, 48, 122, 166
Leib 79 ff., 97 ff., 105, 112, 120, 128, 130,
132 ff., 164
Leibgebundenheit 77, 79, 81
leiblich 78, 99, 105 f., 112 f., 116, 119, 122,
124, 129, 140
leiblich-ästhetisch 156
leibliche Voraussetzungen 102, 131, 135,
141
Leiblichkeit 10, 14, 93 ff., 97 ff., 101 f., 108,
126, 133 ff., 141 f., 161, 163 f., 171
Leibphänomenologie 15, 98 f., 105 f.
Leistung 54, 56, 64, 77, 80, 92, 107, 146,
183, 193, 196, 203, 213, 222 ff.
Leistungsanforderung 46
Leistungsbereitschaft 46, 58
Leistungsdruck 26, 46
Leistungserwartung 193
Leistungsgesellschaft 92
Leistungskontrolle 198
Leistungsprinzip 47, 58
Leistungsverweigerung 46
Leistungszwänge 44
Lernarrangements 58
Lernbiografie 41, 226 f., 229
Lernen 9 f., 13 ff., 18, 20, 41, 45, 47 ff., 51,
54, 58, 60 ff., 68, 70, 76 f., 80, 82, 84, 89,
95, 100 ff., 106, 109 ff., 115, 120 ff., 125,
128 ff., 139, 142 f., 161 f., 177, 180,
182 ff., 188 ff., 195, 198 f., 203, 205 ff.,
211, 213, 215 ff., 220 f., 223 f., 226, 228 ff.

Namensregister

Die Autoren

Prof. Dr. Ludwig Duncker, Professor für Erziehungswissenschaft mit Schwerpunkt Pädagogik des Primar- und Sekundarbereichs am Fachbereich Sozial- und Kulturwissenschaften der Justus-Liebig-Universität Gießen

Prof. Dr. Annette Scheunpflug, Professorin für Allgemeine Pädagogik an der Erziehungswissenschaftlichen Fakultät der Friedrich-Alexander-Universität Erlangen-Nürnberg

Prof. Dr. Klaudia Schultheis, Professorin für Grundschulpädagogik und Grundschuldidaktik an der Philosophisch-Pädagogischen Fakultät der Katholischen Universität Eichstätt-Ingolstadt

Tassilo Knauf

Einführung in die Grundschuldidaktik

Lernen, Entwicklungsförderung und Erfahrungswelten
in der Primarstufe

2001. 308 Seiten. Kart. € 20,35
ISBN 3-17-015905-4

Diese Einführung in die Grundschulpädagogik schließt eine Lücke,
die von Grundschullehrerinnen und -lehrern, Studierenden für das
Lehramt Primarstufe und von ExpertInnen im Bereich der Grundschulforschung mit Bedauern wahrgenommen wurde.

Der Autor arbeitet ebenso anspruchsvoll wie praxisorientiert alle
aktuellen Fragestellungen und Qualitätsmerkmale didaktischen
Handels in der Grundschule heraus und stellt sie in einen facetten-
reichen Gesamtzusammenhang bildungstheoretischer, lernpsycho-
logischer und unterrichtspraktischer Reflexion. Dabei gelingt es der
Darstellung, Konsequenzen der heutigen Fachdiskussion und der
erziehungswissenschaftlichen Forschung für eine lebendige Gestaltung schulischer Lernprozesse von Kindern in einer sich verän-
dernden Welt konkret und plausibel zu machen.

▶ **www.kohlhammer.de**

W. Kohlhammer GmbH
70549 Stuttgart · Tel. 0711/7863 - 7280 · Fax 0711/7863 - 8430

Jörg Schlee

Kollegiale Beratung und Supervision für pädagogische Berufe

Hilfe zur Selbsthilfe. Ein Arbeitsbuch

2004. 168 Seiten. Kart. € 20,–
ISBN 3-17-017828-8

Entscheidend für die Qualität und die Wirksamkeit der pädagogischen Arbeit sind die Handlungsfähigkeit, der Elan und das Ethos der Pädagogen. Dass es damit oft nicht zum Besten steht, beweisen Alltagsbeobachtungen ebenso wie Forschungsergebnisse. Wie kaum ein anderer Beruf ist das Lehrerdasein anfällig für Burnout-Syndrome. Für Sozialpädagogen ist es schon seit langem selbstverständlich, sich bei der Bewältigung der beruflichen Schwierigkeiten durch Beratung und Supervision Unterstützung zu holen. Für die Pädagogen anderer Arbeitsbereiche wird der unterstützende Nutzen zunehmend entdeckt. Kollegiale Beratung und Supervision bildet dabei so etwas wie eine Hilfe zur Selbsthilfe.

Das Buch stellt die theoretischen Grundlagen sowie die praktischen Verfahrensschritte für ein kollegiales Beratungs- und Supervisionsmodell in ihrer äußern Form und ihrem Ablauf anschaulich und leicht nachvollziehbar vor.

▶ **www.kohlhammer.de**

W. Kohlhammer GmbH
70549 Stuttgart · Tel. 0711/7863 - 7280 · Fax 0711/7863 - 8430